FUNÇÃO JUDICANTE DOS ÓRGÃOS REGULADORES

Tratamento adequado dos litígios entre consumidores e agentes regulados

Fernanda Rosa Coelho

FUNÇÃO JUDICANTE DOS ÓRGÃOS REGULADORES

Tratamento adequado dos litígios entre consumidores e agentes regulados

Apresentação: Handel Martins Dias

Prefácio: José Rogério Cruz e Tucci

2025

EDITORA *Jus*PODIVM

www.editorajuspodivm.com.br

EDITORA *Jus*PODIVM
www.editorajuspodivm.com.br

Rua Canuto Saraiva, 131 – Mooca – CEP: 03113-010 – São Paulo – São Paulo
Tel: (11) 3582.5757
• Contato: https://www.editorajuspodivm.com.br/central-de-relacionamento

Copyright: Edições *Jus*PODIVM

Diagramação: Equipe *Jus*PODIVM

Capa: Ana Caquetti

C672f Coelho, Fernanda Rosa
Função Judicante dos Órgãos Reguladores: Tratamento adequado dos litígios entre consumidores e agentes regulados / Fernanda Rosa Coelho – São Paulo: Editora JusPodivm, 2025.

320 p.

ISBN: 978-85-442-5270-3

1. Direito Processual Civil. 2. Jurisdição Contemporânea. I. Coelho, Fernanda Rosa. II. Título.

CDD 341.46

BIBLIOTECÁRIA RESPONSÁVEL

Ana Carolina Ribeiro Mois – CRB7 – RJ 007348/0

À minha vó Geci (*in memoriam*), por todo amor e orgulho com que falava para todo mundo da neta advogada que fazia um "curso" em São Paulo (e agora escreveu um livro).

Dizem que antes de um rio entrar no mar, ele treme de medo. Olha para trás, para toda jornada que percorreu, para os cumes, as montanhas, para o longo caminho sinuoso que trilhou através de florestas e povoados e vê à sua frente um oceano tão vasto, que entrar nele nada mais é do que desaparecer para sempre. Mas não há outra maneira. O rio não pode voltar. Ninguém pode voltar. Voltar é impossível na existência. O rio precisa aceitar sua natureza e entrar no oceano. Somente ao entrar no oceano o medo irá se diluir, porque apenas então o rio saberá que não se trata de desaparecer no oceano, mas de se tornar o oceano.

Khalil Gibran

NOTA DA AUTORA

Essa obra é a versão comercial de minha dissertação de mestrado, defendida em uma quente manhã de outubro de 2023, na Faculdade de Direito do Largo de São Francisco, com os devidos ajustes e considerações feitos pela banca examinadora. Além de meu orientador, Prof. Dr. José Rogério Cruz e Tucci, contei com as brilhantes arguições dos Profs. Drs. Antonio do Passo Cabral (UERJ) e Eduardo Talamini (UFPR), e da Profa. Dra. Susana Henriques da Costa (USP), grandes referências da área. Ainda hoje, quando penso nesse dia, tenho o mesmo sentimento de gratidão e surpresa pelo fato de esses doutrinadores, cujas obras servem de base para meus estudos, terem lido, debatido e criticado (na melhor acepção acadêmica da palavra) as minhas ideias. Por isso, agradeço sinceramente à Editora Juspodivm pela aceitação e publicação do trabalho, possibilitando a ampliação desse debate para outros estudiosos.

Porém, me permito dizer que esta obra começou há muitos anos. Foi por volta do quinto semestre da graduação, quando comecei a estudar a fundo o processo civil, que conheci os processualistas do Largo de São Francisco e logo nasceu em mim o sonho de lá estudar, berço de meus doutrinadores favoritos. Foi assim (mas não tão simples assim, é bom dizer) que cheguei na São Franciso para cursar o mestrado. E percorri esse (longo e árduo) caminho com o apoio essencial de algumas pessoas que merecem meus eternos agradecimentos.

À minha mãe, Laureci, por aguentar meu (mau) humor e estresse durante as longas jornadas de escrita; por, mesmo sem ter formação jurídica, me ouvir falando sobre várias teorias de processo civil, e, principalmente, pelo apoio nos momentos difíceis. Te amo infinito!

Às melhores amigas que eu poderia ter, Luiza Klug, Mari Ana Bueno, Isadora Gross, Roberta Ludwig, Cíntia Burille, Realda Pozzebon e Victória Sanhudo, por estarem comigo em cada passo dessa jornada. Obrigada por não duvidarem nem por um segundo que seria possível. Ver vocês acreditando me fez acreditar.

Ao grande amigo e professor Conrado Paulino da Rosa, quem generosamente me abriu inúmeras portas desde quando fui sua monitora durante a graduação (em um não tão longínquo 2017...), pelas oportunidades, parceria e inspiração durante esses anos. Obrigada por acreditar em mim mesmo quando eu duvidava.

Tive, ainda, o privilégio de ter dois grandes processualistas como orientadores, que desempenham até hoje essa missão – não apenas academicamente, é verdade – e me presentearam com a apresentação e o prefácio desta obra.

Ao querido amigo e eterno professor Handel Martins Dias, agradeço pela condução de meus primeiros passos na pesquisa do processo civil, pela cumplicidade e torcida durante o processo seletivo do mestrado, pelos infindáveis conselhos (e pela paciência também) e por ter me apresentado aos trabalhos do (agora nosso) orientador.

Agradeço, especialmente, ao meu orientador, José Rogério Cruz e Tucci, quem eu sempre admirei pelos excelentes trabalhos e agora, também, pela pessoa incrível que é. Obrigada pela oportunidade concedida, pela confiança em mim depositada, pela gentileza e generosidade durante a orientação e por ser um grande exemplo de conduta profissional e pessoal. É uma honra e um privilégio ser sua orientanda!

Quanto à pesquisa em si, tenho apenas a dizer que meu objetivo foi, além de contribuir minimamente com o combate ao já famigerado congestionamento judiciário, convidar o leitor para refletir sobre essa necessária temática, olhando o velho problema por novos ângulos. Ainda que minhas propostas não sejam acolhidas, fico feliz em ter tentado. Às vezes, excluir uma possibilidade pode levar mais facilmente ao caminho certo. Veremos.

Muito mais que fruto de uma pesquisa acadêmica, esta obra é, para mim, a concretização de um sonho.

Entre São Paulo e Porto Alegre, abril de 2024.

Fernanda Rosa Coelho

Mestra em Direito Processual Civil pela Universidade de São Paulo (USP).

Membro do Instituto Brasileiro de Direito Processual (IBDP).

Advogada.

APRESENTAÇÃO

Tenho o privilégio de acompanhar a trajetória acadêmica da autora desde o curso de Bacharelado em Direito, na Faculdade de Direito da Fundação Escola Superior do Ministério Público. Ela foi minha aluna na disciplina de Processo Civil III, orientanda na iniciação científica e no Trabalho de Conclusão de Curso, produzindo o excelente *Conversão da ação individual em ação coletiva: o veto presidencial ao artigo 333 do Código de Processo Civil*, avaliado com a nota máxima pela Banca Examinadora. A autora integra, há oito anos, desde o curso de graduação, o grupo de pesquisa por mim liderado na Faculdade de Direito da Fundação Escola Superior do Ministério Público. Ainda na condição de estudante, ela desenvolveu importantes pesquisas no grupo, como *O controle da representatividade adequada nos julgamentos de casos repetitivos*, premiada no IX Salão de Iniciação Científica da Faculdade de Direito da Fundação Escola Superior do Ministério Público e na I Mostra Internacional de Pesquisas Científicas, promovido pela Associação Mundial de Justiça Constitucional.

Evidentemente que essa capacidade e desenvoltura da autora potencializaram-se ainda mais a partir da colação de grau, quando se efetivou como pesquisadora destacada e atuante. Tive inclusive a oportunidade de desenvolver pesquisas conjuntas com ela, atestando o seu comprometimento e seriedade. Por isso, não houve nenhuma surpresa nas conquistas que a autora vem galgando apesar de sua juventude, como a VIII Edição do Prêmio IBDP, promovido pelo Projeto Mulheres no Processo do Instituto Brasileiro de Direito Processual, e, mormente, a aprovação no processo seletivo do Programa de Pós-Graduação em Direito da Faculdade de Direito da Universidade de São Paulo. Com essa vocação para a pesquisa científica era um passo natural ingressar no Mestrado Acadêmico em uma Instituição de Ensino Superior de excelência.

Sendo assim, é com enorme prazer que cumpro o convite gentilmente feito pela Fernanda Rosa Coelho de apresentar a sua obra *Função judicante dos órgãos reguladores: tratamento adequado dos litígios entre consumidores e agentes regulados*, fruto de pesquisa científica séria e destacada no âmbito do Programa de Pós-Graduação em Direito da Faculdade de Direito da Universidade de São Paulo, sob a distinta orientação do ilustríssimo Prof.

Dr. José Rogério Cruz e Tucci, mestre que também me honrou com a sua orientação no Doutoramento em Direito, no princípio da década passada, no PPGD da USP. Como não poderia deixar de ser, o pendor da autora para o estudo do Direito Processual Civil pautou as suas pesquisas no curso de Mestrado, assim como a sua preocupação com a realização da justiça e o viés prático das investigações. Sob a competente mão de seu orientador, a autora elaborou uma formidável dissertação, aprovada plenamente pela Banca Examinadora presidida pelo Prof. Dr. José Rogério Cruz e Tucci e que contou com as distintas presenças da Prof.ª Dr.ª Susana Henriques da Costa (USP), do Prof. Dr. Eduardo Talamini (UFPR) e do Prof. Dr. Antonio do Passo Cabral (UERJ). As valiosas arguições desses eminentes processualistas permitiram que a autora encorpasse o trabalho a partir das reflexões por eles proporcionadas, qualificando ainda mais a obra que vem a lume pela prestigiada Editora JusPodivm.

Ao escolher o tema de sua dissertação, a autora demonstrou sensibilidade característica de quem adquiriu a maturidade acadêmica. A função judicante dos órgãos reguladores necessitava de pesquisa aprofundada da academia, sobretudo sob a óptica de método adequado ao tratamento de litígios entre consumidores e agentes regulados. E foi o que fez a autora, segmentando o desenvolvimento do trabalho em quatro capítulos. Em um primeiro momento, a título propedêutico, ela aborda o acesso à justiça, a litigiosidade e a jurisdição contemporânea, quanto analisa a transformação havida desde o movimento de acesso à justiça até a crise atual do Poder Judiciário, bem como as possibilidades de resolução de conflitos pela tutela jurisdicional extrajudicial. Em sequência, a autora dedica-se a explorar a atuação dos órgãos reguladores no direito brasileiro, para, no capítulo seguinte, tratar da resolução de litígios dos setores regulados pelo Poder Judiciário com o escopo de demonstrar a inadequação dessa via resolutiva. No capítulo final de desenvolvimento, a autora centra-se em apresentar propostas para o aprimoramento da função judicante dos órgãos reguladores com o desígnio de que se torne, com efeito, em um método adequado de resolução de litígios entre consumidores e agentes regulados.

Desejo uma excelente leitura a todos(as)!

Handel Martins Dias

Professor do Programa de Pós-Graduação em Direito da FMP. Diretor no Brasil do Colegio de Abogados Procesalistas Latinoamericanos. Secretário-Geral do Colegio de Doctores en Ciencias Jurídicas de Iberoamérica. Vice-Presidente para a América do Sul da Associação Mundial de Justiça Constitucional.

PREFÁCIO

É realmente com enorme satisfação que, à guisa de prefácio, apresento aos cultores do direito processual civil a versão revista e atualizada do trabalho acadêmico com o qual a minha estimada orientanda Fernanda Rosa Coelho obteve, com distinção, o título de Mestre em Direito na Faculdade de Direito do Largo de São Francisco.

Submetendo-se à concorrida seleção de ingresso no programa de pós-graduação, não hesitei em admiti-la como orientanda, sobretudo pelo seu vivo interesse pelo estudo do direito processual, ocasião em que me apresentou um esboço de ousado projeto de dissertação, sobre um importante tema, a despeito de ser pouco investigado na nossa literatura jurídica, qual seja o da função judicante dos órgãos reguladores.

Durante estes últimos quatro anos, o relacionamento cordial entre professor e aluna transformou-se em sólida e sincera amizade, nutrida pelo interesse comum na pesquisa séria e dedicada.

Essa fecunda relação é a razão precípua da dedicação ao magistério universitário, sobretudo quando se torna possível observar, de perto, a trajetória exitosa de jovens processualistas, como sucedeu com a doutora Fernanda Rosa Coelho.

Após a apresentação da versão definitiva da original dissertação, foi então designada a data da respectiva arguição do trabalho. Com muita desenvoltura, a evidenciar o domínio sobre o tema desenvolvido, a doutora Fernanda revelou para a banca examinadora, para meu orgulho, o seu preparo intelectual, à altura do nosso curso de pós-graduação.

A Autora, estribada em abalizada e minuciosa bibliografia, no seu texto seminal, procura aprofundar o estudo sobre o tratamento adequado de conflitos oriundos dos setores regulados, notadamente entre consumidores e agentes regulados.

A rica monografia, além da introdução e da conclusão, encontra-se dividida em quatro capítulos, nos quais são sucessivamente abordados: (i) o acesso à justiça e a sempre crescente exacerbada litigiosidade; (ii) a atuação dos órgãos reguladores no direito pátrio; (iii) a resolução de litígios dos setores regulados pelo Poder Judiciário; e, por fim, (iv) reflexões para o aprimoramento da função judicante dos órgãos reguladores, sendo este último, o capítulo central da dissertação.

Saliente-se que todo esse temário vem examinado de modo absolutamente original, visto que a Autora demonstra profundo conhecimento da literatura especializada, nacional e estrangeira.

Aquele trabalho submetido à comissão examinadora, com as devidos ajustes e correções sugeridas ao ensejo da arguição, vem agora a público. Trata-se, como facilmente se observa, de uma verdadeira contribuição à teoria geral do processo civil.

Em suma: pela sua abrangência e atualidade, não tenho dúvida em recomendar a consulta da obra aos operadores do direito que se interessam pela temática.

Uma última palavra à Editora Juspodivm, que não vacilou em prestigiar a jovem Autora da *Função judicante dos órgãos reguladores*, reafirmando, destarte, a sua conhecida tradição de revelar novos talentos às letras jurídicas nacionais.

José Rogério Cruz e Tucci
Professor Titular Sênior da disciplina Direito Processual Civil no Curso de Pós-Graduação da Faculdade de Direito da Universidade de São Paulo.

SUMÁRIO

INTRODUÇÃO

A crise do Poder Judiciário, consubstanciada em sua sobrecarga, mostra-se tão nociva ao órgão judicial quanto ao jurisdicionado, refém de um sistema falho e moroso. Logo, é premente a adoção de novos meios de solução de conflitos para equacionar a ânsia de reduzir a demanda judicial e a necessidade da prestação de uma tutela efetiva, tempestiva e adequada. A partir da concepção do sistema de justiça multiportas, tem-se, nos meios extrajudiciais de resolução de conflitos, uma esperança de emprestar tutela satisfatória ao jurisdicionado e, bem por isso, de atenuar o aporte de novos processos judiciais. Esses mecanismos, para serem verdadeiramente adequados, devem levar em consideração as peculiaridades do litígio, a fim de desenhar um procedimento que atenda efetivamente aos interesses ali em jogo.

Analisando os maiores litigantes do Brasil, percebe-se uma quantidade expressiva de processos envolvendo instituições bancárias, empresas de telefonia, companhias de seguros e planos de saúde, ou seja, integrantes dos setores regulados da economia. A grande judicialização de litígios, com esses atores de um lado e os consumidores de outro, leva a crer que os meios extrajudiciais de resolução desses conflitos são insuficientes para atendê-los. Já no âmbito do Poder Judiciário, dada a peculiaridade dessas relações, que envolvem não somente os interesses individuais dos litigantes, mas também a política regulatória subjacente, o exame das questões pode levar a uma resposta insuficiente, com fundamento em apenas um dos aspectos envolvidos na matéria, *v.g.*, a relação econômica do agente regulado com o mercado ou o viés protetivo do direito consumerista.

Uma vez que esses setores têm órgãos específicos para regular e fiscalizar suas atividades, entende-se ser imprescindível sua participação na resolução dos conflitos que envolvam as relações reguladas. Além disso, a capacidade para dirimir tais conflitos pode muito bem ser inserida em seu âmbito de atuação. Cabe, aqui, a reflexão sobre a forma como se deve estruturar esse mecanismo e efetivar essa participação. Nesse contexto, o presente trabalho tem como temática central o tratamento adequado de conflitos oriundos dos setores regulados, notadamente entre consumidores[1] e agentes regulados, a fim de proporcionar uma tutela adequada, efetiva e tempestiva.

1. Sabe-se que a Lei de Concessões (Lei n. 8.987/1995) utiliza a nomenclatura "usuário" para os beneficiários do serviço público, mas ressalta a aplicação do Código de Defesa do Consumidor nessas

Embora o bom funcionamento dos órgãos reguladores, mormente sua atividade precípua de regulação e controle, possa mitigar o surgimento de conflitos, soa ingênuo acreditar que essa atuação *per se* seja suficiente para amainar os litígios entre consumidores e agentes regulados, que, repisa-se, representam grande parte das demandas judicializadas atualmente. E isso não é um demérito à sua atuação, mas uma decorrência natural da própria sociedade, em que é ínsito o surgimento de conflitos. Nesse ponto, vale o exame de outra perspectiva da atuação contemporânea desses órgãos, sob a ótica de sua função judicante.

Partindo dessas premissas, a pesquisa tem como objetivo precípuo investigar de que maneira o aprimoramento da função judicante dos órgãos reguladores no Brasil pode servir como instrumento apto e útil ao jurisdicionado e ao sistema de justiça no que diz respeito aos litígios entre consumidores e agentes regulados. Além disso, dada a expressiva quantidade de processos judiciais sobre tais matérias, busca-se sugerir técnicas de aperfeiçoamento do tratamento judicial desses conflitos. Esse duplo viés de exame do tema é importante diante da característica dos órgãos reguladores, que são "a um só tempo, *porta* de acesso e *sujeito* atuante no sistema brasileiro"[2]. Assim, entende-se que as proposições sobre o âmbito judicial e extrajudicial são complementares e, em alguma medida, interdependentes, incrementando a proposta do trabalho.

O tema, inequivocamente, comporta uma análise sob o viés de diversas áreas do Direito (administrativo, consumerista, etc.) e de outros ramos do conhecimento (economia e sociologia, por exemplo), além de permitir o uso de variados métodos de estudo (sobretudo empírico e comparado). Opta-se pelo recorte a partir das lentes do direito processual civil, em uma aproximação predominantemente teórica e dogmática. Tem-se que a ciência processual deve contemplar de forma ampla os meios de extinção do litígio, analisando as particularidades das diferentes espécies desse gênero[3], atualmente bem ilustradas pela ascensão da justiça multiportas. É dizer, "a cartografia dos caminhos da Justiça é hoje uma das principais preocupações dos processualistas"[4].

---

relações (arts. 7º. e 7º.-A). Por esse motivo e para destacar sua vulnerabilidade em comparação ao agente regulado, prefere-se o uso do termo "consumidor", adotado em todo o trabalho.

2. DIDIER JÚNIOR, Fredie; FERNANDEZ, Leandro. *Introdução à justiça multiportas:* sistema de solução de problemas jurídicos e o perfil de acesso à justiça no Brasil. São Paulo: Juspodivm, 2024, p. 425.

3. ALCALÁ-ZAMORA Y CASTILLO, Niceto. *Proceso, autocomposición y autodefensa.* Contribuición al estudio de los fines del proceso. 3. ed. México: Universidad Nacional Autónoma de México, 1991. p. 22.

4. DIDIER JÚNIOR, Fredie. Do que se ocupa um(a) processualista? *Civil Procedure Review,* v. 12, n. 3, p. 119-127, set./dez. 2021. p. 120.

Não obstante, esse estudo amplo do "sistema de distribuição de justiça civil" impõe, por vezes, o diálogo com outros saberes[5], apresentados na presente pesquisa sempre que pertinentes (em especial, para o objeto de estudo proposto, os aportes do direito administrativo e constitucional). Afinal, como bem pondera Cândido Rangel Dinamarco, o processualista, sem deixar de sê-lo, há de estar informado dos conceitos e sugestões que outras ciências possam lhe oferecer e, com a vivência do processo como instrumento, "conhecer sua potencialidade a conduzir a resultados, ter sensibilidade para suas deficiências, disposição a concorrer para seu aperfeiçoamento"[6].

Diante do propósito da pesquisa, o trabalho se desenvolve em quatro capítulos, excetuadas introdução e conclusão, sendo os dois primeiros mais descritivos, embora críticos quando necessário, com o fito de assentar premissas importantes para a temática, e os dois últimos mais propositivos, relacionando-se com maior intensidade aos objetivos norteadores do estudo.

O primeiro capítulo enceta uma exposição perfunctória do movimento de acesso à justiça no Brasil e sua alegada relação com a crise do Poder Judiciário. Traça-se um panorama do cenário contemporâneo da litigiosidade brasileira, evidenciando o protagonismo dos litígios entre consumidores e agentes regulados, o que justifica o objeto do estudo. Por fim, com foco na resolução de conflitos, busca-se perquirir os contornos contemporâneos da jurisdição, instituto que sofre a influência direta de seu tempo. Debruça-se, especialmente, sobre a tutela jurisdicional extrajudicial, movimento que, embora tenha ganhado alguns adeptos (sobretudo com o entendimento majoritário da natureza jurisdicional da arbitragem), ainda encontra acentuada resistência de boa parte da doutrina.

Ato contínuo, o segundo capítulo tem por objetivo entender as características e a atuação dos órgãos reguladores no contexto contemporâneo. A abordagem geral dos reguladores em detrimento de um recorte específico sobre um ou alguns desses entes se justifica por sua própria natureza. Embora cada setor regulado tenha suas peculiaridades, compartilham a mesma função constitucional, havendo um objetivo central comum entre eles, que permite uma reflexão conjunta de alguns de seus institutos fundamentais (entre eles, a função judicante, objeto principal do trabalho). Além disso, a proposta do

---

5. Heitor Sica vislumbra uma potencial ramificação da ciência jurídica processual, entre o direito processual civil propriamente dito, focado no estudo do instrumento processual, e o "direito judiciário civil", cujo objeto seria a operação de todo o sistema de distribuição de justiça civil. Esse último ramo "contemplaria de maneira mais intensa influxos de outros 'ramos' do Direito (em especial o direito constitucional e o direito administrativo) e de outros campos do conhecimento (como a política, a sociologia e a economia)". (SICA, Heitor Vitor Mendonça. Congestionamento viário e congestionamento judiciário. *Revista de Processo*, São Paulo, v. 39, n. 236, p. 13-26, out. 2014. p. 18).

6. DINAMARCO, Cândido Rangel. *A instrumentalidade do processo*. 16. ed. São Paulo: Malheiros, 2022. p. 138.

presente estudo é a de uma primeira aproximação com o tema, assentando algumas ideias introdutórias para o desenvolvimento da função judicante, que poderão, oportunamente, ser aprofundadas, levando em conta eventual peculiaridade do setor e, especialmente, do conflito tutelado.

Parte-se de uma breve contextualização do Estado regulador no Brasil, que justifica a criação dos órgãos reguladores, para, então, adentrar na análise específica desses entes, notadamente acerca de sua especialidade, autonomia e alinhamento com as políticas públicas do setor regulado, ou seja, com a política regulatória. De suma importância é o exame das funções dos órgãos reguladores, que refletem, em boa medida, as funções típicas dos Poderes Executivo, Legislativo e Judiciário. Em sua função executiva, ressalta-se a capacidade fiscalizatória e sancionatória dos reguladores, tipicamente exercida pela Administração Pública. Já em sua função normativa, ainda polêmica entre os administrativistas, merecem destaque as diretrizes legais sobre o tema – hoje, sobretudo, o consequencialismo e a participação na elaboração das normas regulatórias. Por fim, a função judicante – menos exercida e estudada que as demais – é analisada de forma crítica, traçando-se as potencialidades de tal atuação e o modo como os reguladores atualmente a exercem (se e quando exercem), sobretudo para resolução de conflitos entre consumidores e agentes regulados.

Dado o protagonismo do Judiciário na resolução desses conflitos, o terceiro capítulo objetiva examinar como os litígios oriundos das relações reguladas são tratados judicialmente. Inicia-se com o estudo do controle judicial dos atos regulatórios como um todo, tema de grande atenção da doutrina administrativista e com estreita relação com o direito processual. À guisa de contribuição para o aprimoramento desse controle, reflete-se sobre a especialização judiciária em matéria regulatória. A seguir, delimitando o estudo para os litígios entre consumidores e agentes regulados, além de sua tutela pela via dos julgamentos de casos repetitivos, examina-se a diferença de tratamento dado pelo Judiciário em uma ação individual ou coletiva sobre a matéria, verificando-se, também, as vicissitudes das soluções adjudicada e autocompositiva desses conflitos. Destaca-se, nesse ponto, a necessidade de fomentar-se a participação dos órgãos reguladores nos casos que versem sobre a relação regulada, seja ela qual for.

Finalmente, o quarto e último capítulo desenvolve a proposta central da pesquisa. Trata-se, em síntese, de reflexões iniciais sobre o aprimoramento da função judicante dos órgãos reguladores, a fim de implementar-se um meio adequado auto e heterocompositivo de resolução de conflitos entre consumidores e agentes regulados, por meio de um "devido processo legal regulatório judicante". As sugestões apresentadas podem ser implementadas de *lege lata*, a partir da mudança de postura e comportamento do próprio regulador, não obstante seja salutar a positivação dessas questões (por lei ou norma regulatória), oferecendo mais clareza, segurança e, até mesmo, maior atenção ao estudo da temática. Por se tratar de uma primeira aproximação com o assunto, prefere-se indicar aspectos introdutórios e gerais, passíveis de utilização também em outros mecanismos de resolução de conflitos fora do Judiciário, em uma espécie de "conteúdo mínimo" para proposições semelhantes à presente.

Sob essa perspectiva, sistematizam-se os pontos estudados, classificando-os em três diferentes fatores. Os fatores institucionais se dão a partir das características ínsitas à instituição responsável por resolver o conflito, pressuposto essencial à adequação do mecanismo. Os fatores subjetivos referem-se aos sujeitos envolvidos na resolução do conflito. Por um lado, impõe-se delimitar as características do terceiro intermediador (tanto como mediador quanto como julgador), além dos limites e possibilidades de sua atuação. Por outro, deve-se pensar sobre incentivos, benefícios e motivos que levariam as partes a buscarem esse mecanismo em detrimento dos demais. Por fim, os fatores processuais, de destaque no recorte da pesquisa, fundamentam-se, principalmente, na atenção às garantias processuais constitucionais, além da relação entre esses mecanismos e o Judiciário, a publicidade e a natureza desse procedimento, bem como os limites de revisão judicial do ato final, adjudicado ou consensual.

Capítulo 1

ACESSO À JUSTIÇA, LITIGIOSIDADE E JURISDIÇÃO CONTEMPORÂNEA

Antes de abordar ideias propositivas, é necessário assentar algumas premissas essenciais para sustentar as reflexões centrais desta obra. Esse é o objetivo do presente capítulo. Busca-se demonstrar a relevância do objeto de estudo e a lógica do sistema de justiça contemporâneo, servindo como uma espécie de alicerce para o desenvolvimento da temática pretendida. Espera-se, com isso, situar o leitor em relação aos conceitos e aos principais referenciais teóricos que impulsionam a pesquisa. É essa contextualização - que pode parecer genérica ou abrangente - que possibilita um desdobramento lógico das propostas da obra.

Inicia-se com uma exposição cujo fito é, mais descritivo, do movimento de acesso à justiça no Brasil e sua alegada relação com a crise do Poder Judiciário. Em seguida, traça-se o panorama do cenário da litigiosidade atual do Brasil, com base em estudos empíricos, a evidenciar os personagens e o objeto dos litígios mais recorrentes contemporaneamente, destacando-se, nesse particular, os litígios oriundos dos setores regulados, o que justifica o objeto deste estudo. Por fim, examinam-se os meios de resolução de conflitos contemporâneos, à luz do sistema de justiça multiportas, identificando a tendência de atividade resolutiva e jurisdicional fora do Judiciário, um dos pontos-chave para as reflexões principais sobre a temática.

1.1. DO ACESSO À JUSTIÇA À CRISE DO JUDICIÁRIO

A preocupação com o acesso à justiça remonta à década de 1970, notadamente a partir do Projeto Florença, capitaneado por Mauro Cappelletti[1].

1. O Projeto Florença (*Florence Project*) foi financiado pela *Ford Foundation* em conjunto com o Conselho de Pesquisa da Itália e teve dados coletados em 23 países, sem a participação do Brasil. O relatório final, resultado das pesquisas, foi publicado em Milão, em 1978, sob o título "Acess to justice: the worldwide movement to make rights effective". Esse relatório, assinado por Mauro Cappelletti e Bryant Garth, foi publicado, no Brasil, em 1988, com a tradução de Ellen Gracie Northfleet, sob o título

Partindo do entendimento de que o sistema de justiça deve ser acessível a todos[2], buscou-se verificar os obstáculos para o efetivo acesso à justiça e propor soluções práticas para superação desses problemas, por eles chamadas de "ondas". Emergentes, "mais ou menos em sequência cronológica"[3], identificaram três ondas de acesso à justiça. Dada a notoriedade da pesquisa e da tese propalada, faz-se aqui apenas uma breve revisão desses posicionamentos.

A primeira onda enfocou a assistência judiciária aos pobres, isto é, a redução das taxas processuais e o oferecimento de serviços jurídicos por profissionais capacitados a auxiliar, orientar e, quando necessário, representar em juízo quem não tivesse capacidade financeira para arcar com os custos de uma demanda judicial[4]. A segunda preocupou-se com a representação dos interesses difusos, rompendo com a ideia individualista de processo que vigorava até então, indicada como uma verdadeira "revolução", pois forçou a reflexão sobre noções básicas do processo civil e o papel dos tribunais[5].

Por fim, a terceira onda – de grande relevo para a presente pesquisa – propõe "um novo enfoque de acesso à Justiça"[6], com foco em um conjunto geral de instituições e mecanismos, pessoas e procedimentos utilizados para processar e prevenir disputas nas sociedades modernas. Esse enfoque não receia "inovações radicais", que vão muito além da esfera judicial, e reconhece a necessidade de correlacionar o processo civil ao tipo de litígio[7]. Tal onda traz consigo uma visão prospectiva do tema, não se sobrepondo às duas anteriores, mas entendendo todo esse movimento como uma das diversas possibilidades para melhorar o acesso, como quem indica um destino a se chegar, sem, no entanto, limitá-lo a apenas um caminho. Assim, ela encoraja a exploração de diversas reformas, incluindo alterações nos procedimentos, na estrutura dos tribunais, no uso de mecanismos privados ou informais de solução de conflitos, entre outros.

---

de "Acesso à Justiça". A pesquisa completa divide-se em quatro volumes, sendo os dois primeiros subdivididos em dois tomos cada.

2. Segundo os autores do relatório geral da pesquisa, a expressão "acesso à Justiça" é sabidamente de difícil definição, mas serve para determinar duas finalidades básicas do sistema jurídico, pelo qual as pessoas podem reivindicar seus direitos e resolver seus conflitos perante o Estado: ele deve ser acessível a todos e deve produzir resultados individual e socialmente justos. O enfoque da pesquisa por eles realizada se deu sobre o primeiro aspecto, sem perder de vista o segundo, partindo da premissa básica de que a justiça social desejada pressupõe um acesso efetivo. (CAPPELLETTI, Mauro; GARTH, Bryant. Acess to justice: the worldwide movement to make rights effective. A general report. *In:* CAPPELLETTI, Mauro (Ed.). *Acess to justice.* Milan: Giuffrè; Alphen aan den Rijn: Sijthoff & Noordhoff, 1978. v. 1: A world survey, t. 1. p. 6).
3. Ibidem, p. 21.
4. Ibidem, p. 22-34.
5. Ibidem, p. 35-48.
6. Ibidem, p. 49. "A new 'acess-to-justice approach'", no original.
7. Ibidem, p. 49-120.

Apesar de a terceira onda ser encarada com otimismo, há algumas limitações e perigos de sua aplicação. O maior deles é o risco de os procedimentos modernos e eficientes abandonarem as garantias fundamentais do processo civil. Isso porque, havendo um número cada vez maior de indivíduos com acesso aos tribunais, cresce a pressão para uma redução de sua carga de trabalho e dos custos de seus procedimentos. Não se pode permitir, porém, que tal pressão acabe por sobrepujar os fundamentos de um procedimento justo[8]. A mudança proposta, na busca de um significado mais social da justiça, não implica o sacrifício das garantias e dos valores do procedimento tradicional. Nas palavras dos autores, "em nenhuma circunstância devemos estar dispostos a 'vender nossa alma'"[9]. A preocupação se justifica e é um dos vetores do presente estudo: a imprescindível atenção às garantias processuais constitucionais.

1.1.1. Reflexos das ondas de acesso à justiça no Brasil

As ondas de acesso à justiça no Brasil foram sentidas em intensidade cada vez mais crescente[10]. Com a promulgação da Constituição Federal de 1988, porém, o movimento de ampliação do acesso à justiça ganhou força. Foram arroladas, entre os direitos fundamentais, diversas garantias que reproduzem a preocupação com a superação dos obstáculos apontados pelo Projeto Florença[11]. No entanto, tem-se que a garantia constitucional do acesso à justiça se encontra no inciso XXXV do art. 5º., que dispõe: "a lei não excluirá da apreciação do Poder Judiciário lesão ou ameaça a direito"[12].

8. Ibidem, p. 123.
9. Ibidem. "Under no circumstances should we be prepared to 'sell our soul'", no original.
10. Em 1950, já era prevista a concessão de assistência judiciária aos necessitados (Lei n. 1.060/1950). Em relação ao tratamento dos direitos difusos, a ação popular foi regulamentada pela Lei n. 4.717/1965, e, anos mais tarde, foi promulgada a Lei da Ação Civil Pública (Lei n. 7.347/1985), ainda hoje um dos diplomas centrais para a tutela de direitos transindividuais no país. No mesmo período, foi disciplinado o Juizado Especial de Pequenas Causas (Lei n. 7.244/1984), posteriormente substituído pelos Juizados Especiais Cíveis e Criminais (Lei n. 9.099/1995). Com a Lei n. 10.259/2001, foram instituídos os Juizados Especiais Cíveis e Criminais no âmbito da Justiça Federal.
11. O inciso LXXIV do art. 5º. Constitucional afirma a obrigação do Estado em prestar assistência jurídica integral e gratuita a quem comprovar insuficiência de recursos. Além disso, a Constituição trouxe a Defensoria Pública como instituição essencial à função jurisdicional do Estado (art. 134), com objetivo de orientação e defesa dos necessitados, sendo ela organizada pela Lei Complementar n. 80/1994. A ação popular aparece no inciso LXXIII do art. 5º., enquanto o inciso LXX do mesmo artigo prevê o mandado de segurança coletivo, disciplinado pela Lei n. 12.016/2009. O inciso XXXII afirma a promoção da defesa do consumidor, materializada por meio da Lei n. 8.078/1990, o Código de Defesa do Consumidor, que, junto à Lei da Ação Civil Pública, formam uma base estrutural para a tutela coletiva no Brasil. Ao Ministério Público é atribuída a função institucional de promover a ação civil pública para a proteção dos interesses difusos e coletivos (art. 129, III).
12. A Constituição de 1946, promulgada em um ambiente de redemocratização do país, previa em seu art. 141, § 4º.: "a lei não poderá excluir da apreciação do Poder Judiciário qualquer lesão de direito individual". Essa amplitude de acesso à justiça foi mitigada com o Ato Institucional (AI) n. 3/1966, em seu art. 6º.: "Ficam excluídos de apreciação judicial os atos praticados com fundamento no

Vinda de um período autoritário, essa afirmação não só assenta o caráter do Estado Democrático de Direito, expresso no preâmbulo constitucional, mas também é lida como garantia ao amplo leque de direitos fundamentais (individuais, coletivos e sociais) constitucionalmente assegurados – outra importante conquista da democracia.

A despeito de a intenção buscada ter sido a mitigação da desigualdade e da marginalização social a partir da efetivação dos direitos reconhecidos pela nova ordem constitucional, a década de 1990 foi marcada pelo fracasso do Estado brasileiro na implementação de políticas públicas necessárias à concretização desses novos direitos[13]. A partir da promulgação da Constituição Federal de 1988, infundiu-se um verdadeiro "espírito de cidadania" na população brasileira, com a expectativa de verem-se cumpridas as garantias que lhe foram asseguradas, redundando em um vertiginoso crescimento da demanda perante o Poder Judiciário. A combinação entre um conjunto tão ousado de garantias e ausência de políticas públicas e sociais correlatas propiciou uma maior judicialização dos conflitos[14]. Frente a esse cenário, a busca de realização desses direitos sociais passou da seara política para o âmbito judicial.

No entanto, não se pode atribuir a sobrecarga do Poder Judiciário exclusivamente à democratização de acesso à justiça, pois a própria criação do Superior Tribunal Justiça pela Constituição Federal de 1988 se deu como meio de atenuar a chamada "crise do Supremo Tribunal Federal"[15]. Além

---

presente Ato institucional e nos atos complementares dele". Nessa linha, a Constituição de 1967 era voltada mais ao fortalecimento do Poder Executivo e da autoridade do Presidente da República. O AI n. 5/1968 suspendeu, além das garantias constitucionais da vitaliciedade, inamovibilidade e estabilidade dos membros do Poder Judiciário (art. 6º.), a garantia de *habeas corpus*, nos casos de crimes políticos, contra a segurança nacional, a ordem econômica e social e a economia popular (art. 10). A exemplo do AI n. 3/1966, também excluiu da apreciação do Poder Judiciário os atos em conformidade com sua redação e os complementares (art. 11). Havia, portanto, sérias restrições de acesso à justiça durante o regime militar, sobretudo para questionar seus atos ou garantir direitos fundamentais dos cidadãos. Apenas em 1978, com a Emenda Constitucional n. 11, foram revogados os Atos Institucionais e Complementares, seguida pela Lei da Anistia (Lei n. 6.683/1979). Sobre o tema: BEDIN, Gabriel de Lima; SPENGLER, Fabiana Marion. O direito de acesso à justiça e as constituições brasileiras: aspectos históricos. *Revista de Direitos Fundamentais e Democracia*, Curitiba, v. 14, n. 14, p. 135-146, jul./dez. 2013.

13. SANTOS, Boaventura de Sousa. *Para uma revolução democrática da justiça*. Coimbra: Almedina, 2015. p. 22.

14. TUCCI, José Rogério Cruz e. Contra o processo autoritário. *Revista de Processo*, São Paulo, v. 242, p. 49-67, abr. 2015. p. 55.

15. Alfredo Buzaid, em escrito profundo sobre o tema, analisou as propostas doutrinárias e legislativas existentes na época para amainar a crise identificada. Anotou, por fim, a necessidade de estabelecer a função atribuída ao Supremo Tribunal, se de Tribunal de Cassação, de Corte Constitucional ou se de Tribunal híbrido, que reúna ambas as atividades, esta última identificada por ele como a função exercida pela Corte naquele momento, alvo de sua crítica, creditando ao acúmulo de funções do Supremo Tribunal Federal o motivo da crise. Por fim, o autor propôs a criação de um novo Tribunal, com função exclusiva de cassação e competência para julgar os recursos extraordinários (art. 101, III, CF/1946), permanecendo o Supremo com a competência dos processos originários, do recurso

da já referida carência de políticas públicas efetivas para concretização de diversos direitos, Leonardo Greco aponta algumas concausas do vertiginoso número de demandas judiciais: o aumento da consciência dos cidadãos sobre seus direitos; a ampliação dos meios de comunicação em massa, que contribuem para o acesso à informatização e a referida conscientização sobre seus direitos; além do notável desenvolvimento de tecnologia e de novos produtos, resultando em um aumento significativo de relações entre consumidores e fornecedores[16].

Rodolfo de Camargo Mancuso, por sua vez, indica como fator da crise numérica de processos, a pródiga positivação de direitos e garantias no texto constitucional, aliado a uma leitura "ufanista e irrealista" do conteúdo do art. 5º., inciso XXXV, da Constituição Federal de 1988, que estaria superdimensionado. Além disso, destaca a desinformação ou oferta insuficiente de outros meios de resolução de conflitos e o crescimento desmesurado da estrutura judiciária, induzindo o aumento da oferta a contribuir para retroalimentar a demanda[17]. Soma-se a isso "a falta de 'vontade política' de parcela dos membros da magistratura, da advocacia e do legislativo de esforços para mudar esse cenário" além da conivência de alguns litigantes com a morosidade processual[18], podendo-se inferir uma certa relação entre essas concausas.

A grande mola propulsora da "terceira onda" de acesso à justiça no Brasil foi, assim, a crise numérica de processos[19]. Não obstante, é notório

---

ordinário e revisão criminal (art. 101, I, II e IV, CF/1946). (BUZAID, Alfredo. A crise do Supremo Tribunal Federal. *Revista da Faculdade de Direito,* São Paulo, v. 55, p. 327-372, 1960). José Afonso da Silva, em 1963, também defendia a criação de um Tribunal Federal para aliviar a sobrecarga do Supremo, que "teria como competência fundamental, entre outras, julgar, em grau de recurso, as causas decididas em única ou última instância pelos tribunais estaduais, dos feitos da fazenda nacional e militares". (SILVA, José Afonso da. *Do recurso extraordinário no direito processual brasileiro.* São Paulo: Revista dos Tribunais, 1963. p. 456). Na mesma linha de pensamento, Theotonio Negrão, em 1974, propôs a criação de outro Tribunal da Federação, referenciando um "Superior Tribunal de Justiça para julgar os recursos extraordinários, tanto da Justiça federal como da Justiça estadual". (NEGRÃO, Theotonio. *Uma nova estrutura para o Judiciário.* São Paulo: Revista dos Tribunais, 1974. p. 242).

16. GRECO, Leonardo. Novas perspectivas da efetividade e do garantismo processual. *In:* SOUZA, Márcia Cristina Xavier de; RODRIGUES, Walter dos Santos (Coord.). *O novo Código de Processo Civil:* o projeto do CPC e o desafio das garantias fundamentais. Rio de Janeiro: Elsevier, 2012. p. 1-45.
17. MANCUSO, Rodolfo de Camargo. *Acesso à Justiça:* condicionantes legítimas e ilegítimas. Salvador: Juspodivm, 2019. p. 66.
18. FRANCO, Marcelo Veiga. *Administração Pública como litigante habitual:* a necessária mudança da cultura jurídica de tratamento dos conflitos. Londrina: Thoth, 2021. p. 45-46.
19. Entre as reformas legislativas impulsionadas pela necessidade de combate à crise numérica de processos, destaca-se a Emenda Constitucional n. 45/2004, também chamada de "Reforma do Judiciário", que acrescentou ao rol dos direitos fundamentais a garantia de duração razoável do processo (art. 5º., LXXVIII). Entre outras providências, a Emenda apresentou duas significas novidades no âmbito do Supremo Tribunal Federal, ambas visando a otimizar e acelerar o processo de suas demandas: a súmula vinculante (art. 103-A, regulamentado pela Lei n. 11.417/2006) e a instituição da repercussão geral da questão constitucional como pressuposto de admissibilidade do recurso

que, ainda hoje, esse movimento não apresentou a resposta desejada. Nesse ponto, emerge outra necessidade para concretização desses objetivos: uma verdadeira mudança cultural, sobretudo dos operadores do direito. Para Kazuo Watanabe, deve-se buscar a implementação de políticas públicas de tratamento adequado dos conflitos, privilegiando o acesso à ordem jurídica justa – mais amplo que o acesso à justiça[20], a fim de substituir paulatinamente, entre os profissionais do direito e os próprios jurisdicionados, a "cultura da sentença" pela "cultura da pacificação" [21].

Semelhante é o pensamento de Boaventura de Sousa Santos, que entende o acesso aos direitos e à justiça não como um programa de reformas – linha principal seguida pelo Projeto Florença –, mas como um método de pensamento e mudanças na concepção, sobretudo com espectro democrático e participativo[22]. No mesmo viés, Kim Economides revisita o Projeto Florença, do qual foi um dos colabores, e propõe uma "quarta onda" de acesso à justiça[23]: "o acesso dos operadores do direito (inclusive dos que

---

extraordinário (art. 102, § 3º., regulamentado pela Lei n. 11.418/2006 e hoje prevista no art. 1.035, § 1º., do CPC). A Lei n. 11.418/2006 também implementou a possibilidade de processamento de recurso extraordinário de causas repetitivas, técnica de julgamento posteriormente adotada pelo Superior Tribunal de Justiça (Lei n. 11.672/2008). O CPC/2015 aprimorou a disciplina dos recursos extraordinário e especial repetitivos (arts. 1.036 a 1.041) e apresentou como grande novidade o IRDR (arts. 976 a 987). Ambos os institutos são considerados espécies do gênero julgamento de casos repetitivos (art. 928). Antes mesmo da Emenda, o CPC/1973 já havia sido reformado com o mesmo propósito de celeridade processual. Uma das mais significativas reformas foi a generalização da tutela antecipada, com a Lei n. 8.952/1994, que alterou a redação do art. 273 do CPC/1973, instituto que ganhou nova e relevante sistematização no CPC/2015 (arts. 294 a 311). Merecem destaque, também, o julgamento monocrático de recursos (art. 557, CPC/1973, instituído pela Lei n. 9.756/1998; art. 332, CPC/2015) e o julgamento de improcedência liminar do pedido (art. 285-A, CPC/1973, instituído pela Lei n. 11.277/2006; art. 332, CPC/2015).

20. WATANABE, Kazuo. Acesso à justiça e sociedade moderna. *In:* GRINOVER, Ada Pellegrini; DINAMARCO, Cândido Rangel. *Participação e processo.* São Paulo: Revista dos Tribunais, 1988. p. 128. O autor inclui nesse espectro, "(1) o direito à informação e perfeito conhecimento do direito substancial à organização de pesquisa permanente a cargo de especialistas e ostentada à aferição constante da adequação entre a ordem jurídica e a realidade sócio-econômica do país; (2) direito de acesso à justiça adequadamente organizada e formada por juízes inseridos na realidade social e comprometidos com o objetivo de realização da ordem jurídica justa; (3) direito à pré-ordenação dos instrumentos processuais capazes de promover a efetiva tutela de direitos; (4) direito à remoção de todos os obstáculos que se anteponham ao acesso efetivo à justiça com tais características".

21. WATANABE, Kazuo. Cultura da sentença e cultura da pacificação. *In:* YARSHELL, Flávio Luiz; MORAES, Maurício Zanoide de. *Estudos em homenagem à Professora Ada Pellegrini Grinover.* São Paulo: SJP, 2005. p. 690. Grifo no original.

22. SANTOS, Boaventura de Sousa. *Para uma revolução democrática da justiça.* Coimbra: Almedina, 2015.

23. Essa posição foi adotada pelo contemporâneo "*Global Acess to Justice Project*", que "possui o objetivo fundamental de pesquisar e identificar soluções práticas para a problemática do acesso à justiça, formando uma rede de pesquisadores advindos de todas as partes do mundo, e em uma escala global sem precedentes", inspirado no notório Projeto Florença, porém com uma abrangência significativamente maior (considerando, também, a globalização contemporânea). Sob uma perspectiva temática, o projeto, ainda em andamento, adota as três ondas de acesso à justiça do seu predecessor, mas vai além, propondo novas ondas: a "quarta onda", a ética nas profissões jurídicas e acesso dos advogados à justiça; a "quinta onda", o contemporâneo processo de internacionalização da proteção dos direitos humanos; a "sexta onda", iniciativas promissoras e novas tecnologias para aprimorar o

trabalham no sistema judicial) à justiça"[24]. Assim, "o problema atual não é, simplesmente, medir o acesso dos cidadãos à justiça, lançando mão, por exemplo, do mapeamento de espaços na oferta dos serviços jurídicos, mas, antes, abrir novas perspectivas na definição da própria justiça"[25].

Como bem percebido por Oscar Chase, os meios de resolução de conflitos são, em grande medida, um reflexo da cultura na qual estão inseridos, exercendo, também, influência sobre ela, em uma relação reflexiva. Disso resulta que, quando a cultura passa por mudanças significativas, os meios de resolução de conflitos devem ser adaptados; da mesma forma, as mudanças nesses instrumentos representarão algum impacto na sociedade[26]. Portanto, alterar um desses mecanismos significa alterar a sociedade à qual ele(s) serve(m), sendo imperioso questionar não apenas o viés instrumental das reformas processuais, mais a aceitabilidade de sua mensagem para a ordenação da sociedade. Nas palavras do autor, "meios de resolução de conflitos podem ser um elixir ou um veneno"[27].

Por isso, a efetividade e o sucesso de novos meios de resolução de conflitos dependem muito da aceitação e da adoção não só pelos jurisdicionados, mas também (e, talvez, principalmente) pelos profissionais do direito. Situa-se nesse ponto uma importante premissa desse estudo: qualquer proposta despida da fé nessa mudança cultural e social será inócua. É importante, porém, que ideias e mecanismos de aprimoramento da prestação jurisdicional sejam implementados e desenvolvidos *pari passu* com a renovação cultural, em um movimento de retroalimentação entre oferta de mecanismos e instrumentos satisfatórios com a postura resolutiva do jurista contemporâneo.

---

acesso à justiça; e a "sétima onda", desigualdade de gênero e raça nos sistemas de justiça. Dentre seus coordenadores gerais está Bryant Garth, que teve significativa participação no Projeto Florença ao lado de Mauro Cappelletti. (GLOBAL ACESS TO JUSTICE PROJECT. *Perspectivas temáticas*. Disponível em: https://globalaccesstojustice.com/thematic-overview/?lang=pt-br. Acesso em: 22 out. 2022).

24. ECONOMIDES, Kim. Lendo as ondas do "Movimento de Acesso à Justiça": epistemologia versus metodologia? *In:* PANDOLFI, Dulce et al. (Coords.). *Cidadania, justiça e violência*. Rio de Janeiro: FGV, 1999. p. 72. As reflexões do autor são postas a partir de duas perspectivas: a primeira, metodológica, refere-se à natureza do problema do acesso à justiça e de estudos sobre a questão da mobilização da lei pelos cidadãos; a segunda, epistemológica, inclui o tema das políticas que visam à reforma da lei e dos serviços jurídicos, com o fito de melhorar o acesso a eles.

25. Ibidem, p. 72-73.

26. Assim como os meios de resolução de conflitos refletem a cultura em que estão inseridos (seus valores, arranjos sociais, por exemplo), também compõem esse movimento contínuo de manutenção e construção dessa cultura à qual pertencem. (CHASE, Oscar G. *Law, culture, and ritual:* disputing systems in cross-cultural contexto. New York: New York University Press, 2005. p. 138).

27. "[...] dispute-ways can be elixirs, or poisons", no original. (Ibidem, p. 140).

1.1.2. Cenário atual da litigiosidade brasileira

Em comentário sobre a Emenda Constitucional n. 45/2004, José Carlos Barbosa Moreira pontuou que todas as reformas que vinham sendo promovidas "padeciam do pecado original da falta de base empírica"[28]. Sem dados concretos, abrangentes e confiáveis, que iluminem os reais pontos de estrangulamento e os motivos relevantes para o mau funcionamento do sistema de justiça, "atira-se a esmo, com o grave risco de investir quixotescamente moinhos de vento, deixando em paz e sossego os verdadeiros inimigos"[29]. A assertiva está correta. Felizmente, hoje já se tem alguns dados oficiais que auxiliam na demonstração do cenário da Justiça brasileira. O principal instrumento para esse fim é o "Justiça em Números", promovido anualmente pelo Conselho Nacional de Justiça (CNJ). A partir desse relatório e de outras pesquisas empíricas confiáveis, busca-se traçar um panorama geral da litigiosidade brasileira contemporânea, sobretudo no que diz respeito a "quem" e a "o quê" compõem os processos judicias que abarrotam o Judiciário.

Analisando o relatório "Justiça em Números 2023: ano-base 2022", verifica-se que o Poder Judiciário finalizou o ano de 2022 com 81,4 milhões de ações judiciais em andamento[30]. Houve, também, um acréscimo de 10% de casos novos, tendo ingressado no Judiciário 31,5 milhões de ações originárias em 2022[31]. Tanto a demanda pelo serviço de justiça como o volume de processos baixados tinham-se reduzido, em 2020, em razão da pandemia, mas, em seguida, em 2021 e 2022, voltaram a subir. O índice de congestionamento[32], por sua vez, que vinha caindo gradativamente, desde 2016, ficou em 72,9% em 2022,[33]. É dizer, de cada 100 processos, apenas 28 foram julgados. O tempo médio de duração de um processo na fase de co-

---

28. MOREIRA, José Carlos Barbosa. A Emenda Constitucional n. 45 e o processo. *In:* MOREIRA, José Carlos Barbosa. *Temas de direito processual:* nona série. São Paulo: Saraiva, 2007. p. 31.
29. Ibidem. p. 31.
30. CONSELHO NACIONAL DE JUSTIÇA. *Justiça em números 2023:* ano-base 2022. Brasília: CNJ, 2023. p. 92.
31. O indicador considera apenas as ações judiciais efetivamente ajuizadas pela primeira vez em 2021, sem computar os casos em grau de recurso e as execuções judiciais. (Ibidem, p. 93).
32. A taxa de congestionamento mede a efetividade do tribunal em um período, levando-se em conta o total de casos novos, os casos baixados e o estoque pendente ao final do período anterior ao período base. Esse indicador tem analogia direta com uma caixa d'água, que, quando dá vazão ao volume que entra e mantém um nível baixo, resulta em uma baixa taxa de congestionamento. Ao contrário, quando não dá vazão ao que entra e ainda mantém um estoque alto, resulta numa alta taxa de congestionamento. (CNJ. *Gestão e Planejamento.* Missão, Visão e Valores do Poder Judiciário. Indicadores. 03-Taxa de congestionamento. Disponível em: https://www.cnj.jus.br/gestao-e-planejamento/missao-visao-e-valores-do-poder-judiciario/indicadores/03=-taxa-de-congestionamento/#:~:text-Descri%C3%A7%C3%A3o%3A%20A%20taxa%20de%20congestionamento,per %C3%ADodo%20anterior%20ao%20per%C3%ADodo%20base. Acesso em: 09 jan. 2022).
33. Em 2016, a taxa de congestionamento atingiu seu pico, marcando 73,4%. A partir de então, houve uma melhora gradativa a cada ano: 72,4% em 2017; 71,3% em 2018; e, em seu melhor marcador, 68,7% em 2019. (CONSELHO NACIONAL DE JUSTIÇA. *Justiça em números 2023:* ano-base 2022. Brasília: CNJ, 2023. p. 115).

nhecimento na Justiça Estadual é de 5 anos e 6 meses[34] e o tempo necessário para zerar o estoque de processo, sem ingresso de novas demandas e com manutenção da produtividade atual, é de 2 anos e 8 meses[35].

A despeito de uma das grandes apostas contemporâneas para o aprimoramento do sistema de justiça ser o fomento à autocomposição, em 2022, apenas 12,3% dos processos de conhecimento foram encerrados por acordo, apresentando um ligeiro crescimento em relação ao ano anterior[36]. Desde 2016, quando a realização de audiência prévia de conciliação e mediação tornou-se obrigatória, o número de sentenças homologatórias de acordo cresceu em apenas 5,54%[37].

Percebe-se, por esses números, que todos os esforços empreendidos para conter e acelerar os processos judiciais, bem como o incentivo à autocomposição, não lograram o êxito esperado. O Judiciário continua sobrecarregado, moroso, e os índices não parecem melhorar. No entanto, outra informação apresentada no Relatório é importante para identificar quem são os "verdadeiros inimigos"[38]: o índice de demandas mais recorrentes segundo as classes e os assuntos.

Embora o maior gargalo do Judiciário esteja nas execuções, inclusive fiscais[39], no âmbito dos processos de conhecimento, na Justiça Estadual, o maior número de demandas é originado do direito civil, com destaque para o direito do consumidor, cujos principais assuntos são responsabilidade do fornecedor e indenização por dano moral (3,23%). Nos Juizados Especiais Estaduais, 12,77% das demandas têm por objeto a responsabilidade do fornecedor e a indenização por dano moral (direito do consumidor)[40].

---

34. Ibidem, p. 210.
35. Ibidem, p. 95.
36. Em 2015, a taxa era de 17,2%, chegando aos 20,2% em 2017, com queda para 19,7% em 2019. O índice geral de conciliação em 2020 foi de 9,9%; nas execuções, 4,7%, e, no segundo grau, 0,6%, todos em queda desde 2017. Em 2021, os números apresentam uma pequena melhora, tendo o índice geral de conciliação alcançado 11,9%; nas execuções, 8,1%, e, no segundo grau, observou-se aumento de 0,1 ponto percentual. (Ibidem, p. 193).
37. Ibidem, p. 192.
38. MOREIRA, José Carlos Barbosa. A Emenda Constitucional n. 45 e o processo. *In:* MOREIRA, José Carlos Barbosa. *Temas de direito processual:* nona série. São Paulo: Saraiva, 2007, p. 31.
39. Segundo o relatório Justiça em Números 2023, produzido pelo CNJ, "o Poder Judiciário contava com um acervo de 81 milhões de processos pendentes de baixa no final do ano de 2022, sendo que mais da metade desses processos (52,3%) se referia à fase de execução. [...] A maior parte dos processos de execução é composta pelas execuções fiscais, que representam 64% do estoque em execução. Esses processos são os principais responsáveis pela alta taxa de congestionamento do Poder Judiciário, representando aproximadamente 34% do total de casos pendentes e congestionamento de 88% em 2022". (CONSELHO NACIONAL DE JUSTIÇA. *Justiça em números 2023:* ano-base 2022. Brasília: CNJ, 2023, p. 143).
40. Ibidem, p. 275-276. Na Justiça Federal, o direito previdenciário é o protagonista, com demandas versando sobre benefícios em espécie e, nos Juizados Especiais Federais, as demandas previdenciárias representam 9,82%.

Os dados apresentados revelam que demandas do setor de consumo figuram entre as mais ajuizadas, tendo-se, assim, uma ideia sobre "o que" se litiga. Com isso, a identificação de "quem" litiga apresenta estreita coerência com o quadro até aqui desvelado. Como o "Relatório Justiça em Números" não apresenta esses marcadores, utilizam-se outras pesquisas, realizadas para definir o perfil dos litigantes brasileiros.

A primeira delas foi promovida também pelo CNJ, em 2012, sem novas atualizações[41], com o objetivo de identificar os 100 maiores litigantes do Brasil. O relatório apresentou, ainda, os 10 setores mais litigantes. Nesse aspecto, considerando todas as Justiças (Estadual, Federal e do Trabalho), o maior setor litigante foi o setor público federal, com 12,14%, seguido pelos bancos, com 10,88%. O setor de telefonia aparece em quinto lugar, com 1,84%. Na Justiça Estadual, o setor bancário é o maior litigante (12,95%), sendo que, na Justiça Federal, o primeiro lugar é ocupado pelo setor público federal (83,19%), e os bancos aparecem em segundo (9,60%)[42]. Considerando os temas mais demandados, a identificação dos litigantes não causa surpresa.

Em outro estudo, mais recente, a Associação Brasileira de Jurimetria analisou, em sete Tribunais Estaduais, o perfil dos litigantes, os setores econômicos com maior quantidade de processos, os assuntos e as causas

41. Houve uma primeira edição da pesquisa em 2011, com base nos dados de 2010, sendo a segunda edição o relatório de 2012, elaborado com base nos dados de 2011. Em 09 de agosto de 2022, o CNJ disponibilizou a primeira versão do "Painel dos Grandes Litigantes", ainda em homologação, cujo objetivo é criar uma política pública para evitar a judicialização de conflitos a partir da identificação de quem são os maiores litigantes brasileiros. Nesse primeiro momento, os dados disponíveis referem-se aos Tribunais de Justiça do Rio Grande do Norte e do Distrito Federal, Tribunais Federais da 2º. e da 4º. Regiões e dos Tribunais do Trabalho da 12º. e 22º. Regiões. Nesses órgãos, os litigantes com mais processos em tramitação são de setores da Administração Pública, de Defesa, da Seguridade Social e de atividades financeiras e de seguros. Nos dados disponibilizados, destaca-se, na Justiça Estadual, a presença, no polo passivo, do Banco Bradesco S.A, com 0,78% dos processos, o quarto maior litigante; Banco do Brasil, em sexto lugar, com 0,40%; Banco Bmg S.A, em sétimo lugar, com 0,28%; Banco Santander, em décimo-primeiro lugar, com 0,23%; e a Claro S.A, em décimo-terceiro lugar, com 0,20%. Na Justiça Federal, o INSS aparece em 18,30% dos processos no polo ativo, atrás apenas da Caixa Econômica Federal, que figura em 21,14% nesse mesmo polo. Nos "Maiores Seguimentos de Atividade", a "Administração Pública, Defesa e Seguridade Social" compõe 21,65% dos processos no polo passivo e 22,24% no polo ativo; "Atividades Financeiras, de Seguros e Serviços Relacionados" representam 17,59% dos processos no polo passivo e 3,41% no polo ativo. Pode-se dizer que se mantém a lógica das pesquisas anteriormente realizadas com esse mesmo propósito. (CONSELHO NACIONAL DE JUSTIÇA. *Grandes Litigantes*. Disponível em: https://grandes-litigantes.stg.cloud.cnj.jus.br/. Acesso em: 03 nov. 2022).

42. CONSELHO NACIONAL DE JUSTIÇA. *Os 100 maiores litigantes*. Brasília: CNJ, 2012. p. 8. Sobre os litigantes em si, o maior deles é o INSS, com 4,38% na justiça consolidada, 3,09% na Estadual e 34,35% na Federal. Ainda na lista, como esperado, muitos bancos aparecem, destacando-se B.V Financeira S.A (1,51% do total e 2,04% da Justiça Estadual), Banco Bradesco (0,99% do total e 1,26% da Justiça Estadual), Caixa Econômica Federal (0,95% do total e 12,71% da Justiça Federal), Banco Itaú e Itaucard (1,67% do total e 2,2% da Justiça Estadual) e Aymoré Crédito, Financiamento e Investimentos S/A (0,78% do total e 1,06% da Justiça Estadual).

de pedir mais frequentes nos processos consumeristas[43]. Novamente, as instituições financeiras e o setor de telecomunicação aparecem em destaque, acompanhados de empresas de transporte aéreo e companhias de seguro. Apesar de apresentar alguma variação regional, certos atores se destacam: Bradesco[44], Itaú[45], Oi Telecom[46], Claro[47], Vivo[48], entre outros.

Vistos esses dados, percebe-se que os personagens da litigância brasileira estão, como era de se esperar, diretamente relacionados aos objetos dos litígios judicializados. Além do próprio setor público federal - nos casos previdenciários e execuções fiscais -, bancos e empresas de telefonia destacam-se pela quantidade de demandas de que são partes, sobretudo no âmbito do direito do consumidor. Observando apenas esse último aspecto, nota-se que a litigiosidade atual concentra-se em setores específicos da sociedade, com características comuns, o que permite agrupá-los para análise conjunta. Trata-se dos setores regulados da economia.

1.1.3. Protagonismo dos litígios entre consumidores e agentes regulados

O cenário da litigiosidade centrada em determinados setores revela uma relação não tão evidente quanto se pensava, entre a ampliação do acesso à justiça e o demandismo judiciário. Em verdade, grande parte das demandas judiciais não decorre da democratização do acesso à Justiça, mas de sua utilização exagerada por poucos atores, entre os quais as empresas concessionárias, prestadoras de serviços e as instituições financeiras[49], em

43. ASSOCIAÇÃO BRASILEIRA DE JURIMETRIA. *Os maiores litigantes em ações consumeristas:* mapeamento e proposições. Brasília: CNJ, 2018. Para a pesquisa, foram selecionados os Tribunais Estaduais do Amazonas, da Bahia, do Distrito Federal, de Mato Grosso, do Rio de Janeiro, do Rio Grande do Sul e de São Paulo.

44. Dos sete tribunais analisados, figurou em todos eles, entre os cinco maiores litigantes em demandas consumeristas: no TJAM, em segundo lugar (8,7%); no TJBA, em primeiro lugar (9,66%); no TJDF, em quarto lugar (3,72%); no TJMT, em primeiro lugar (9,98%); no TJRJ, em quarto lugar (4,8%); no TJRS, em quinto lugar (3,6%); no TJSP, em segundo lugar (6,24%).

45. Dos sete tribunais analisados, figurou em cinco entre os cinco maiores litigantes em demandas consumeristas: no TJAM, em quarto lugar (6,1 %); no TJBA, em segundo lugar (7,23%); no TJRJ, em segundo lugar (7%); no TJRS, em terceiro lugar (4,2 %); no TJSP, em primeiro lugar (9,28%).

46. Dos sete tribunais analisados, figurou em quatro entre os cinco maiores litigantes em demandas consumeristas: no TJDF, em segundo lugar (4,82%); no TJMT, em quinto lugar (6,71%); no TJRJ, em primeiro lugar (12,8%); no TJRS, em primeiro lugar (13,0%).

47. Dos sete tribunais analisados, figurou em três entre os cinco maiores litigantes em demandas consumeristas: no TJDF, em primeiro lugar (8,95%); no TJMT, em segundo lugar (9%); no TJRJ, em terceiro lugar (6,1%).

48. Dos sete tribunais analisados, figurou em três entre os cinco maiores litigantes em demandas consumeristas: no TJDF, em terceiro lugar (4,31%); no TJMT, em quarto lugar (7,06%); no TJSP, em terceiro lugar (6,07%).

49. BOTTINI, Pierpaolo Cruz. A reforma do judiciário: aspectos relevantes. *Revista Escola Nacional de Magistratura,* v. 2, n. 3, abr. 2007.

uma espécie de "oligopolização da Justiça"[50]. Há uma situação paradoxal: "a simultaneidade de existência de demandas demais e de demandas de menos; ou, dizendo-o de outra forma, poucos procurando muito e muitos procurando pouco"[51]. Tem-se, ao mesmo tempo, um Poder Judiciário sobrecarregado de demandas, em sua maioria com protagonistas já conhecidos do serviço judicial, e uma parcela da população que sequer consegue levar seu pleito a juízo ou que, quando chega a tal etapa, enfrenta um processo moroso, custoso e, não raro, incerto[52].

Há, portanto, uma significativa diferença entre os atores do processo judicial, que, conforme a classificação de Marc Galanter, dividem-se entre os litigantes habituais (*repeat players*) e os litigantes eventuais (*one-shooters players*). Segundo o autor, litigantes eventuais são aquelas partes que apenas ocasionalmente acessam as cortes. Seus pleitos seriam ou muito grandes, comparados a seu tamanho, ou muito pequenos, em relação ao custo das medidas necessárias à sua satisfação. É possível, aliás, que os custos para satisfação da pretensão sejam maiores do que a tutela pretendida. Já os litigantes habituais são aqueles engajados em diversos litígios semelhantes ao longo do tempo. Essa participação frequente faz com que eles possam antecipar a superveniência de demandas repetidas e modificar suas estratégias legais, desenvolvidas de um caso para o outro. Possuem recursos suficientes para litigar por um longo período, e, ao contrário dos litigantes eventuais, os riscos para si, geralmente, são menores do que a visão do todo, isto é, do geral de casos em que estejam envolvidos. O autor ressalva que a classificação leva em conta não apenas aqueles que ajuízam a ação, mas também os demandados e os que resistem a ela, sendo esse um fator importante para identificação, sobretudo, dos litigantes habituais[53].

Observando o cenário da litigiosidade contemporânea aqui delimitado, percebe-se com clareza quem são os litigantes habituais no Brasil. Ao lado da própria Administração Pública, estão empresas inseridas nos setores

---

50. ASPERTI, Maria Cecília de Araujo; COSTA, Susana Henriques da. Julgamento em extinção? O estudo do "vanishing trial" de Marc Galanter e a transformação da atividade jurisdicional no Brasil. *Revista Direito Mackenzie*, v. 16, n. 1, p. 1-44, 2022. p. 15.

51. SADEK, Maria Teresa; LIMA, Fernão Dias de; ARAÚJO, José Renato de Campos. O Judiciário e a prestação da justiça. *In:* SADEK, Maria Teresa (Org.). *Acesso à Justiça*. São Paulo: Fundação Konrad Adenauer, 2001. p. 40.

52. Como bem observado por José Eduardo Carreira Alvim, o problema do acesso à justiça não é uma questão de "entrada", visto que, pela "porta gigantesca desse templo chamado Justiça, entra quem quer"; o problema é de "saída", uma vez que poucos conseguem concluir sua demanda em um prazo razoável e, muitas vezes, os que saem fazem-no pelas "portas de emergência", como nas tutelas antecipadas, pois "a grande maioria fica lá dentro, rezando para conseguir sair com vida". (ALVIM, José Eduardo Carreira. *Justiça:* acesso e decesso. Disponível em: https://jus.com.br/artigos/4078/justica-acesso-e-descesso. Acesso em: 12 jan. 2022).

53. GALANTER, Marc. Why the "haves" come out head: speculations on the limits of legal change. *Law & Society Review*, v. 9, n.1, p. 95-160, 1974.

regulados da economia, tais como o bancário, o de telefonia, o de energia elétrica e o de planos de saúde. Assim, pode-se questionar a afirmativa de que a responsabilidade pelo excesso de demandas judicializadas deve-se "a uma cultura do litígio supostamente incorporada pela sociedade brasileira. A cultura preponderante no Brasil é da violação de direitos e não a do litígio"[54], bem refletida nos maiores litigantes brasileiros.

Isso é reforçado quando se percebe que a média de processos ajuizados mensalmente contra esses atores, litigantes habituais, não apresenta grande variação e se mantém constante[55]. No setor bancário, o volume de ações reconhecendo o direito do consumidor é, em geral, maior do que as ações improcedentes[56], a provocar o seguinte questionamento: "os consumidores são excessivamente litigantes ou os bancos mantêm práticas que não conseguem ser dirimidas fora dos tribunais?"[57].

Estudo empírico coordenado por Ricardo Morishita Wada, sobre os conflitos de consumo de energia elétrica no Rio de Janeiro, concluiu que a litigância elevada nesse setor decorre das falhas na prestação do serviço e na cobrança das faturas, bem como de práticas abusivas por parte das concessionárias, tudo isso aliado à dificuldade da agência reguladora em fiscalizar e efetivar suas decisões sancionadoras, especialmente a arrecadação das multas. Essa conjuntura faz com que seja menos oneroso ao concessionário defender-se em juízo e gerir eventuais sanções administrativas impostas pelo regulador, do que investir em melhorias operacionais para mitigar tais conflitos[58].

54. GORETTI, Ricardo. *Mediação e acesso à justiça*. 2.ed. Salvador: Juspodivm, 2021. p. 174.

55. Essa foi a conclusão do estudo realizado pelo CNJ em 2018, com objetivo de mapear a atuação dos maiores litigantes em questões consumeristas no Brasil, destacando, no Tribunal de Justiça do Rio Grande do Sul, o ajuizamento em face de administradoras de planos de saúde, concessionárias de energia, gás e esgoto, empresas de telecomunicações e empresas de seguros, além das instituições financeiras, embora em menor número. (CONSELHO NACIONAL DE JUSTIÇA. *Políticas públicas do Poder Judiciário:* os maiores litigantes em questões consumeristas: mapeamento e proposições. Brasília: CNJ, 2018. p. 55).

56. Em pesquisa empírica que analisou cerca de 120 mil ações judiciais julgadas pelo TJSP em 2019, envolvendo os bancos Bradesco, Itaú e Santander, chegou-se aos seguintes resultados: a) sentenças nos procedimentos comum-cível em que os bancos eram réus: 46,76% foram parcial/totalmente procedentes ou homologatórias de acordo, e 22,95%, improcedentes; b) sentenças nos procedimentos de juizado especial em que os bancos eram réus: 71,40% foram parcial/totalmente procedentes ou homologatórias de acordo, e 24,63%, improcedentes; c) sentenças nos procedimentos especiais em que os bancos eram réus: 68,06% foram parcial/totalmente procedentes ou homologatórias de acordo, e 20,86%, improcedentes. A pesquisa ainda demonstrou que, embora os juizados especiais fossem mais favoráveis ao consumidor, eles preferiam ajuizar as demandas na justiça comum. (GREGORINI, Pedro Augusto; BERTRAN, Maria Paula. Litígios envolvendo brancos no Brasil: a primeira radiografia. *Jota,* 24 fev. 2023).

57. Ibidem.

58. WADA, Ricardo Morishita. (Coord.). *Mapeamento dos conflitos de consumo de energia elétrica:* um estudo de caso no estado do Rio de Janeiro. Rio de Janeiro: Escola de Direito do Rio de Janeiro da Fundação Getulio Vargas, 2015. p. 171. Ainda sobre o ponto: "Em suma, nessa hipótese, a falha na

Outra conclusão da pesquisa é a de que a judicialização elevada desses conflitos decorre da dificuldade do ente regulador em dirimir, no âmbito administrativo, as divergências entre concessionária e usuários. Hipoteticamente, a quantidade de ações judiciais poderia ser menor se o consumidor insatisfeito tivesse fáceis canais de acesso ao regulador e se a intermediação da agência fosse efetiva na solução do problema. Caso os órgãos reguladores fossem reconhecidos pelas partes interessadas, pela sociedade e pelo Poder Judiciário como fórum adequado para mediação dessas questões, haveria um desincentivo à judicialização desses temas, com forte potencial para serem demandas repetitivas[59]. Percebe-se que o órgão regulador não mantém fácil comunicação com a sociedade, que não o procura antes de ajuizar uma demanda, e mesmo quando procurado, não consegue mediar de forma satisfatória o potencial conflito que lhe é endereçado[60].

Pode-se pensar, a partir disso, que o processo judicial seria, antes de um "grande mal" para a sociedade, sua "última esperança" e expressão do reconhecimento e afirmação dos direitos negligenciados em outras searas[61]. A litigância de massa brasileira, em verdade, é fruto de violações sistemáticas de direitos, motivo pelo qual o foco para reduzir litígios deve ser a garantia da aplicação efetiva do direito, não permitindo que lesões, por menores que sejam, fiquem impunes[62]. Essa providência passa, inevitavelmente, pela análise desses litígios e das relações jurídicas a ele subjacentes.

---

prestação do serviço (dentro de determinada margem) seria uma escolha racional, decorrente de a legislação (setorial e consumerista) não oferecer incentivos econômicos suficientes para que o agente econômico tome as medidas necessárias à sua plena observância". (Ibidem).

59. À mesma conclusão chegaram Tercio Sampaio Ferraz Júnior, Juliano Maranhão e Paulo de Azevedo, ao estudarem as relações entre o processo administrativo e judicial, no âmbito regulatório: "Uma forma de reduzir esse problema [quantidade de conflitos judicializados entre consumidores e agentes regulados] seria acentuar uma tendência observada internacionalmente nas funções exercidas pelas agências, equiparando-as e alterando a legislação para que essas possam arbitrar relações de disputas entre concessionárias e consumidores, não apenas individualmente, mas para classes de casos homogêneos". (FERRAZ JÚNIOR, Tercio Sampaio; MARANHÃO, Juliano Souza de Albuquerque; AZEVEDO, Paulo Furquim de. *As inter-relações entre o processo administrativo e o judicial, sob a perspectiva da segurança jurídica do plano da concorrência econômica e da eficácia da regulação pública.* São Paulo: USP, 2011. p. 302).

60. WADA, Ricardo Morishita. (Coord.). *Mapeamento dos conflitos de consumo de energia elétrica:* um estudo de caso no estado do Rio de Janeiro. Rio de Janeiro: Escola de Direito do Rio de Janeiro da Fundação Getulio Vargas, 2015. p. 172.

61. No mesmo sentido, Claudia Lima Marques critica a doutrina que vê nas muitas ações judiciais uma falha na intervenção do Estado no mercado (como juiz e regulador), tentando fazer acreditar que tais demandas significam um "fracasso" do direito objetivo do consumidor, e não um fracasso do seu cumprimento voluntário pelos fornecedores, sempre resistentes em aplicar os direitos subjetivos dos consumidores no Brasil. As ações judiciais, portanto, são "a realização (*Rechtsdurchsetzung*) de um direito existente, um sinal de esperança, sinal de sucesso e de realização desse direito 'vivo' (*Law in action*)". (MARQUES, Claudia Lima. Direito do consumidor pode ser considerado um sucesso no Brasil. *Conjur,* 28 mar. 2018).

62. ROMANI, Caio Augusto Tedesco. Desnecessidade, inutilidade e inadequação do Projeto de Lei 533/2019: uma análise interdisciplinar. *Revista de Processo,* v. 47, n. 334, p. 49-64, dez. 2022. p. 51.

Não se olvida que os setores regulados figuram entre os mais peculiares e complexos da economia nacional. Em uma rasa síntese, trata-se, predominantemente, de particulares desempenhando uma função típica estatal, a partir de uma concessão. Justamente por isso, nos setores regulados, a intervenção e a fiscalização do Estado são (ou deveriam ser) mais fortes e efetivas. Para isso, foram instituídos os órgãos reguladores, dotados "do poder de formular regras, que disciplinam a conduta dos agentes econômicos, com vistas a aperfeiçoar o desempenho do setor regulado"[63]. Há uma complexa teia de relações que se influenciam reciprocamente: o relacionamento entre órgão regulador e empresa regulada, entre empresas reguladas, e entre elas e o consumidor do serviço. Essa última é a mais frequente no Judiciário.

É a evidente relevância dos litígios originados dos setores regulados que justifica o recorte proposto neste estudo. Intenta-se aqui refletir sobre aspectos que possam aprimorar a resolução dos conflitos entre consumidores e agentes regulados, tanto no Judiciário como fora dele. Para isso, dois pontos de investigação são necessários para firmarem-se as premissas sobre as quais se assentam as propostas centrais desta obra. O primeiro, ao qual o capítulo seguinte é dedicado, busca entender a gama de interesses componentes das relações reguladas, bem como o papel dos órgãos reguladores no contexto do direito brasileiro. O segundo impõe uma análise tanto dos meios de resolução de conflitos, na lógica impressa pelo sistema de justiça multiportas, como dos contornos da jurisdição contemporânea e de seu exercício fora do Judiciário. A esse aspecto dedica-se o presente capítulo.

1.2. RESOLUÇÃO DE CONFLITOS E TUTELA JURISDICIONAL EXTRAJUDICIAL

No ano de 1976, Frank Sander, professor de Harvard, proferiu palestra em um evento (*Pound Conference*), copatrocinado pela *American Bar Association* (ABA), cujo título foi "*Varieties of Dispute Processing*", que mais tarde seria publicada[64]. Nessa oportunidade, o professor expôs a base de sua ideia fundada em um *Multidoor Courtroom* (Fórum Multiportas), apresentando diversos aspectos que envolviam a relação dos Tribunais com as *Alternative Dispute Resolution* (ADR). A proposta visava a uma busca pelo método mais adequado à resolução de cada conflito, rejeitando o modelo *one-size--fits-at-all*. Nesse novo modelo, gerenciado pelo Poder Judiciário, cabe a ele,

63. SILVEIRA, Bruna Braga da. *Litigiosidade repetitiva, processo e regulação:* interações entre o Judiciário e o regulador no julgamento de casos repetitivos. Salvador: Juspodivm, 2020. p. 78.

64. SANDER, Frank. Varieties of dispute processing. *Pound Conference:* perspectives on justice in the future. Minnesota: West Publishing Co., 1979.

inicialmente, ser o gestor do conflito apresentado, indicando o método mais adequado, mesmo que não seja a sentença judicial[65].

Em alguma medida, esse movimento já era sentido no Brasil, com a adoção, por alguns Tribunais, de setores de mediação e conciliação, por exemplo. Destaca-se o sistema dos juizados especiais cíveis, que, além de fincar seu sucesso na conciliação e na mediação, prevê, frustrada a resolução consensual do conflito, a possibilidade de a controvérsia ser julgada por meio do processo judicial ou arbitragem[66]. No entanto, identifica-se como marco principal da temática a Resolução n. 125/2010 do CNJ, que dispõe sobre a Política Nacional de tratamento adequado dos conflitos de interesse no âmbito do Poder Judiciário, com a instituição dos Centros Judiciários de Solução de Conflitos e Cidadanias (Cejusc). Embora a conciliação não fosse estranha ao processo civil brasileiro[67], tem-se nessa Resolução o grande impulso para o fomento das soluções autocompositivas.

Nesse período, há um grande movimento de desjudicialização dos conflitos, levando alguns procedimentos para as serventias extrajudiciais. Antes disso, a Lei de Arbitragem (Lei n. 9.307/1996) já exercia um papel importante no cenário de retirada dos conflitos do Judiciário, tendo um papel

---

65. Sobre o tema. esclarece-se: "[...] é possível pensar que uma pessoa, uma vez tendo procurado a porta do Poder Judiciário, se depare com um leque de opções em que a solução sentença judicial passa a ser uma das opções (leia-se, uma das portas). Ou seja, aberta a porta do Poder Judiciário, haveria como que uma antessala em que novas portas estariam à disposição, cada uma representando um método diferente, incluindo aí a própria porta do Poder Judiciário, o que significa continuar a resolver o conflito por meio de uma sentença do Estado-Juiz". (LORENCINI, Marco Antônio Garcia Lopes. "Sistema Multiportas": opções tratamento de conflitos de forma adequada. *In:* SALLES, Carlos Alberto de; LORENCINI, Marco Antônio Garcia Lopes; SILVA, Paulo Eduardo Alves da (Coords.). *Negociação, mediação, conciliação e arbitragem:* curso de métodos adequados de solução de controvérsia. 4. ed. Rio de Janeiro: Forense, 2021. p. 74-75).
66. Ibidem, p. 80.
67. A Constituição de 1824 expressava, em seu art. 161, a obrigatoriedade da tentativa de "reconciliação" antes do ajuizamento de processo. A Lei de 29 de novembro de 1832 previa, em seu art. 1º., a possibilidade de conciliação perante o juiz de paz. Embora o CPC/1939 nada dispusesse sobre conciliação, o CPC/1973 previa a tentativa de conciliação pelo juiz no início da audiência de instrução e julgamento, determinando que o termo de conciliação teria valor de sentença (arts. 447 a 449). A já referida Lei n. 8.952/1994, que teve como grande novidade a instituição da tutela antecipada, inseriu uma audiência ao fim da fase ordinatória, a audiência preliminar, cujo objetivo era concentrar as decisões de saneamento e organização do processo, além de promover uma nova tentativa de conciliação, sem prejuízo da realizada na audiência de instrução e julgamento (art. 331). Além disso, incluiu o inciso IV no art. 125, arrolando entre os poderes-deveres do juiz "tentar, a qualquer tempo, conciliar as partes". Ressalta-se que a conciliação tem origem ainda mais remota, no direito canônico. Era conduzida pelo chefe do grupo cristão e devia ser concretizada até o sábado, pois não era permitida pelo sacerdote a participação dos desafetos na missa dominical e na comunhão. Essa conciliação não se confunde com a transação romana, prevista na Lei das XII Tábuas, feita entre as partes, sem a presença de um terceiro. Vale destacar, ainda, que o direito canônico exerceu forte influência no direito processual civil brasileiro, muito condicionado pelo direito lusitano, cuja fonte remonta ao direito romano-canônico. Sobre o tema, sugere-se: SURGIK, Aloísio. *A origem da conciliação.* 1984. Tese (Doutorado em Direito) – Faculdade de Direito, Universidade de São Paulo, São Paulo, 1985.

importante no reconhecimento majoritário de sua natureza jurisdicional. Esse ponto traz uma reflexão importante para a presente pesquisa: a relação entre os meios de conflitos fora de Judiciário e o exercício da jurisdição.

1.2.1. Delineamento da jurisdição contemporânea

Como bem observado por Piero Calamandrei, o conceito de jurisdição não comporta uma definição absoluta, válida para todos os tempos e povos. A própria definição de administração da justiça apenas pode ser determinada em relação a um certo momento histórico[68]. Cândido Rangel Dinamarco já afirmou que "a jurisdição é um conceito em crise"[69], sendo necessária sua ressignificação diante do contexto social e político contemporâneo, infirmando muitas das características e dos princípios clássicos atribuídos a ela. Logo, é intuitivo que, com a mudança social, a necessidade de novas formas de tutela jurídica do indivíduo e o incremento dos meios de resolução de conflitos, mormente em um sistema de justiça multiportas, o conceito de jurisdição contemporânea passasse por novas transformações. Embora seja atraente a tentativa de propor um conceito e realizar uma análise acurada das funções e características atuais da jurisdição, tal tarefa seria digna de um estudo próprio e foge ao objeto proposto no presente estudo. Prefere-se, assim, destacar apenas as reflexões e delineamentos importantes para construir o raciocínio que se pretende aqui desenvolver.

Em obra de fôlego, destinada ao tema, Marcelo Barbi Gonçalves bem aponta a tendência de que se faça um *blend* de Allorio, Chiovenda e Carnelutti, conceituando jurisdição como a função que atua à vontade concreta da lei na composição de conflitos de interesses mediante decisão com autoridade de coisa julgada. O mais comum, porém, é a adoção das premissas de Chiovenda (atuação do direito objetivo, substitutividade e declaratividade) com a infiltração da marca do pensamento de Carnelutti (composição da lide), conceituando, assim, a jurisdição como aplicação do direito objetivo a uma situação contenciosa[70]. Analisando de forma crítica as características e os princípios clássicos da jurisdição, propõe que "a jurisdição consiste na *função de tutela de interesses exercida por um terceiro indiferente no processo*"[71]. O autor justifica os elementos que compõem seu conceito de jurisdição.

---

68. CALAMANDREI, Piero. Istituzione di diritto processuale civile. *Opere Giuridiche:* a cura di Mauro Cappelletti. Napoli: Morano, 1965. V. IV. p. 60.
69. DINAMARCO, Cândido Rangel. *Execução civil.* 8. ed. São Paulo: Malheiros, 2000. p. 182.
70. GONÇALVES, Marcelo Barbi. *Teoria geral da jurisdição.* Salvador: Juspodivm, 2020. p. 86.
71. Ibidem, p. 365, grifo no original.

Além da necessidade de desenvolver-se com respeito a um devido processo legal[72], contemporaneamente, aderindo à noção de função para a atividade jurisdicional (termo, inclusive, adotado pela Constituição Federal, em seu art. 127), defende "a funcionalização da jurisdição em prol dos interesses substanciais carentes de tutela", ou seja, "a partir do princípio da dignidade da pessoa humana, e não do Estado"[73]. Destarte, a jurisdição descortina-se não tanto como um poder, mas como uma garantia para assegurar a tutela dos interesses protegidos pelo ordenamento jurídico (não apenas a vontade da lei)[74].

Calcado na doutrina de Antonio do Passo Cabral, entende por interesse a "expectativa de incidência normativa"[75], o juízo de utilidade de um bem em relação a uma necessidade, um ato de inteligência. Logo, "o escopo da jurisdição não é aplicar a regra, conquanto indiretamente o faça para tutelar os interesses das partes"[76]. A ideia de jurisdição como tutela de interesse, em alguma medida, harmoniza-se com a noção de jurisdição de Ada Pellegrini Grinover, que ligou a jurisdição à garantia de acesso à justiça para solução de conflitos[77].

Por fim, a jurisdição deve ser exercida por um terceiro indiferente, mais do que apenas imparcial, entendido como um sujeito equidistante, que atua segundo critérios lógico-racionais e não se deixa influenciar por ódio, amizade, compaixão ou medo. O terceiro indiferente "é alheio à *res judicanda* e assume uma posição de alheação diante do resultado do processo"[78]. Conquanto se tome como adequado o conceito de jurisdição apresentado pelo autor, diverge-se nesse ponto, pois se entende suficiente para a atividade jurisdicional a imparcialidade do terceiro[79]. Portanto, adota-se, no presente estudo, a posição de Marcelo Barbi Gonçalves, com essa ressalva.

Essa roupagem contemporânea permite a identificação de novas funções jurisdicionais, abrangendo, por exemplo, a tutela do interesse moral[80] e do

72. Ibidem, p. 444-445.
73. Ibidem, p. 374.
74. Ibidem, p. 374.
75. CABRAL, Antonio do Passo. *Segurança jurídica e regras de transição nos processos judiciais e administrativos:* introdução ao art. 23 da LINDB. Salvador: Juspodivm, 2020, p. 47.
76. GONÇALVES, Marcelo Barbi. *Teoria geral da jurisdição.* Salvador: Juspodivm, 2020. p. 426.
77. GRINOVER, Ada Pellegrini. *Ensaio sobre a processualidade:* fundamentos para uma nova teoria geral do processo. Brasília: Gazeta Jurídica, 2018. p. 7. Tal conceito é analisado mais profundamente no subcapítulo 1.2.2.2.
78. GONÇALVES, Marcelo Barbi. *Teoria geral da jurisdição.* Salvador: Juspodivm, 2020. p. 427.
79. Esse argumento é melhor explorado no subcapítulo 4.3.4.1.
80. "[...] o interesse moral é uma espécie privilegiada de interesse jurídico. [...] Dizer, mercê da severa miopia jurídica, que o interesse moral não goza de tutela jurídica significa interpretar o Direito Processual contra a Constituição. Consequentemente, é de se admitir intervenção como assistente, o

interesse econômico[81], a possibilidade de ação declaratória de situação fática[82] e a jurisdição consultiva[83]. Na mesma linha, Antonio do Passo Cabral destaca que, atualmente, a jurisdição se organiza tanto para prevenir quanto para gerir e, ainda, para resolver litígios. Por esse motivo, não pode se esgotar em uma atividade que apenas visa a remediar disputas que já surgiram, sendo a prevenção de conflitos (não apenas sua resolução) igualmente uma função jurisdicional contemporânea[84]. Assim, conclui o autor: "se resolver o conflito não significa necessariamente julgar, é possível haver jurisdição sem decisão"[85]. Dessa premissa, Cabral reforça e aprofunda a função jurisdicional de consulta e recomendações judiciais[86], além de afirmar que, em determinadas hipóteses, não decidir é resolver o conflito, mitigando o dogma do *non liquet*

recurso e a ação rescisória do terceiro moralmente prejudicado". (GONÇALVES, Marcelo Barbi. *Teoria geral da jurisdição*. Salvador: Juspodivm, 2020. p. 485).

81. "É imprescindível, pois, a ressignificação do conceito de interesse jurídico de modo a abranger o interesse econômico. Nessa esteira, basta que a *consistência prática* das situações materiais de vantagem possa ser estorvada para que se admita a intervenção como assistente, o recurso e a ação rescisória por terceiro economicamente interessado". (Ibidem, p. 534, grifo do autor).

82. "É possível que os fatos jurídicos se situem não na causa de pedir, com parte dos fundamentos, senão como objeto sobre o qual recai a tutela jurisdicional. Desse modo, sobre os fatos jurídicos o juiz pode exercer *cognitio* ou *iudicium* a depender do interesse da parte. Em síntese, os fatos juridicamente relevantes podem ser constatados, mas também certificados, se isso for necessário para debelar um dano que a parte sofreria sem a declaração judicial". (Ibidem, p. 556).

83. "[...] a função jurisdicional consultiva tutela uma expectativa de incidência normativa com relação a um evento futuro, o que demonstra que a tese, típica do Estado Liberal, de que o Judiciário atua retrospectivamente, deve ser repensada. É preciso, pois, romper com o modelo de jurisdição reativa, no qual o juiz age apenas após a ocorrência do fato litigioso, em prol de um modelo preventivo de judicatura". (Ibidem, p. 590).

84. CABRAL, Antonio do Passo. *Jurisdição sem decisão:* non liquet e consulta jurisdicional no direito processual civil. São Paulo: Juspodivm, 2023. p. 77-79.

85. Ibidem, p. 38. "Partindo-se dessa premissa, urge admitir que resolver o conflito pode passar por não decidi-lo. Resolver a disputa pode, p. ex., compreender incentivos à autocomposição, e essa atividade corresponde aos interesses públicos de realização de uma justiça mais próxima do jurisdicionado. Em muitos conflitos, juiz passou a ser menos um decisor que um gestor da atividade dos sujeitos envolvidos, um catalisador das alternativas de solução. Jurisdição pode ainda representar uma postura do juiz de engajar-se em arranjos consensuais cooperativos, ao utilizar formas de estímulo e dissuasão comportamental externadas por manifestações opinativas sem qualquer decisão. São atividades voltadas não só para a resolução de conflitos já existentes, mas também para a prevenção de disputas futuras". (Ibidem, p. 37-38)

86. "Estamos convictos de que as manifestações opinativas e exortativas representam importantes caminhos no exercício da jurisdição no sistema jurídico contemporâneo, que pretende obter maiores graus de confiabilidade e previsibilidade acerca da incidência e aplicabilidade das normas jurídicas. Nesse sentido, antevemos grande utilidade que a jurisdição consultiva e as recomendações judiciais possam ter para os jurisdicionados e para o sistema de justiça. Representam exemplos atuais de instrumentos para o desempenho de funções jurisdicionais não decisórias mas que ainda possam contribuir para a prevenção, gestão e resolução de conflitos". (Ibidem, p. 230).

no sistema jurídico brasileiro[87]. Esse talvez seja o contorno mais arrojado traçado doutrinariamente sobre a atividade jurisdicional contemporânea[88].

1.2.2. Tutela jurisdicional extrajudicial

Se a noção contemporânea de jurisdição permite uma ampliação da função jurisdicional exercida pelo Judiciário, também possibilita a identificação de atividade jurisdicional fora do Judiciário. Como bem percebido por Rodolfo de Camargo Mancuso, a tendência a desjudicializar conflitos é irreversível e crescente, "justificando o reconhecimento de que já se instalou dentre nós um ambiente de *jurisdição compartilhada*", o que desloca a "condição legitimante da jurisdição" para o paradigma da "efetiva aptidão e idoneidade de uma dada instância, órgão ou agência, no setor público ou privado, para prevenir conflitos em modo justo e num tempo razoável"[89].

Ainda que não fosse esse o objeto central de seu estudo, Marcelo Barbi Gonçalves identificou uma "concepção desestatizada da jurisdição", a demonstrar que "a estatalidade é um elemento acidental ao exercício da jurisdição"[90]. Ilustrando seu entendimento, o autor analisou cinco espécies de jurisdição não estatal, logo, não exercidas pelo Poder Judiciário. A primeira delas é a jurisdição paraestatal, que ocorre "quando a instituição se coloca ao lado do Estado para desempenhar uma função que é de seu interesse"[91], exemplificada pela jurisdição indígena. Há também a jurisdição extraestatal, exercida por instituições que não necessariamente tenham o escopo de resolver conflitos, mas que são reconhecidas pelo Estado em razão de sua aceitação de fato[92]. A mais popular é a jurisdição arbitral (analisada a seguir), além

---

87. "A chave para identificar os casos em que a decisão de *non liquet* é autorizada é compreender que a vedação do *non liquet* se estabelece para que os litígios não fiquem sem solução, para que não haja um impasse resolutivo diante da proibição da autotutela. Assim, toda vez que não houver impasse resolutivo, pode-se cogitar de decisão de *non liquet*. [...] Em caso de dúvida fática ou jurídica, o juiz pode pronunciar o *non liquet* nas seguintes hipóteses: em procedimentos não decisórios de natureza opinativa se conflito; quando as partes convencionarem a possibilidade de *non liquet*; quando for permitida a autotutela de origem legal ou convencional (inexistindo presunção relativa em favor de uma das partes e não sendo caso de inversão de ônus da prova); e quando for mais eficiente, para gerir ou resolver o conflito, delegar competências decisórias". (Ibidem, p. 331)

88. Especificamente sobre esse tema e traçando técnicas decisórias para a declaração de não decisão, sugere-se: ANDRADE, Juliane Melazzi. *Justiciabilidade e não decisão:* quando Poder Judiciário não deve decidir. São Paulo: Juspodivm, 2023.

89. MANCUSO, Rodolfo de Camargo. O direito à tutela jurisdicional: o novo enfoque do art. 5º, XXXV, da Constituição Federal. *Revista de Processo,* São Paulo, v. 101, n. 926, p. 135-175, dez. 2012, p. 147.

90. GONÇALVES, Marcelo Barbi. *Teoria geral da jurisdição.* Salvador: Juspodivm, 2020. p. 206.

91. Ibidem, p. 122. Antes disso, Antonio do Passo Cabral já destacava a existência de uma verdadeira jurisdição indígena: CABRAL, Antonio do Passo. Per un nuovo concetto di giurisdizione. *In:* BRIGUGLIO, Antonio; MARTINO, Roberto; PANZAROLA, Andrea; SASSANI, Bruno (Eds.). *Scritti in onore di Nicola Picardi – Tomo I.* Pisa: Pacini Giuridica, 2016. p. 366.

92. O exemplo citado pelo autor é o *Sistema de Seguridad, Impartición de Justicia y Reeducación* do Estado de Guerrero, no México. (GONÇALVES, Marcelo Barbi. *Teoria geral da jurisdição.* Salvador: Juspodivm, 2020. p. 135).

da jurisdição internacional (bem exemplificada pela Corte Internacional de Justiça, principal órgão jurisdicional da ONU[93]) e a comunitária (ilustrada pela Corte de Justiça da União Europeia, sediada em Luxemburgo[94]), ambas baseadas em tratados celebrados no plano internacional.

Ao examinar essas espécies de jurisdição, demonstra-se que inexiste uma "conaturalidade entre Estado e jurisdição", havendo, inequivocamente, o exercício de jurisdição fora do Estado. Não obstante, as garantias constitucionais que compõem um núcleo duro ou uma espécie de conteúdo mínimo do devido processo legal, devem ser respeitadas nos sistemas jurisdicionais não estatais, reservando ao Estado uma competência irrevogável de controle de conformidade desses atos com a ordem pública interna[95].

Em linha de pensamento semelhante, Rosalina Freitas Martins de Sousa, propondo uma releitura da inafastabilidade do controle jurisdicional, identifica o exercício da jurisdição fora do Judiciário, com destaque para a atividade jurisdicional da Administração Pública[96]. Conclui que não há uma diferença ontológica entre jurisdição e administração: "na verdade, em alguns casos, o que se verifica é um genuíno paralelismo entre esses dois universos; o que faz com que o foco se desloque para a ideia de tutela jurisdicional adequada e não permaneça voltado para a clássica – e superada – distinção entre jurisdição e administração"[97].

A posição defendida é exemplificada com a indicação de tribunais administrativos que exerceriam funções jurisdicionais, como o Tribunal Marítimo, a Justiça Desportiva e o Conselho Administrativo de Recursos Fiscais (CARF), dedicando-se um pouco mais ao exame da atuação do Conselho Nacional de Justiça, do Tribunal de Contas, do Conselho Administrativo

93. Ibidem, p. 152.

94. Ibidem, p. 169.

95. Ibidem, p. 206-207.

96. Sintetizando o pensamento da autora: "Considerando que o ordenamento jurídico brasileiro adotou o modelo multiportas, que consagra uma variedade de mecanismos para solução de disputas (item 1.3.); considerando, também, que a função jurisdicional pode ser exercida por outros órgãos não vinculados à estrutura do Poder Judiciário, conforme admite a construção teórica da separação de funções estatais em uma concepção mais contemporânea (item 2.2.1.); considerando, mais, o reconhecimento da natureza jurisdicional da arbitragem, que afasta o monopólio da jurisdição pelo Estado e, em particular, pelo Poder Judiciário (itens 3.1 e 3.2); considerando, ainda, que não se vislumbra diferença ontológica entre Jurisdição e Administração (item 3.4.), é crível reconhecer que a tutela jurisdicional pode ser adequadamente prestado por outros órgãos, sobretudo quando se tem em conta que o processo, com todas as garantias que lhe são inerentes, é instituto presente no âmbito da instância administrativa, a qual, diga-se de passagem, pode se revelar mais adequada para tratar de determinadas matérias". (SOUSA, Rosalina Freitas Martins de. *A função jurisdicional adequada e a releitura do princípio da inafastabilidade do controle jurisdicional (CRFB/88, art. 5º, XXXV)*. 2023. Tese (Doutorado em Direito) – Faculdade de Direito do Recife, Universidade de Pernambuco, Recife, 2017, p. 125).

97. Ibidem, p. 75.

de Defesa Econômica (Cade) e das agências reguladoras. Em comum entre eles estaria a competência legislativa concedida a tais entes para resolução de conflitos emergentes em suas áreas de atuação, que exigem conhecimento técnico e especializado os quais, por sua vez, escapam à atuação generalista do Judiciário. Isso ensejaria a prestação de uma tutela jurisdicional mais adequada na via administrativa, o que levaria à necessidade de uma restrição do reexame do mérito dessas questões, como ocorre hoje com a arbitragem[98].

Apesar de a competência legislativa para resolução de conflitos e a capacidade institucional de determinado ente em relação a uma área de especialidade sejam aspectos que favorecem uma tutela adequada, não garantem, por si só, a natureza jurisdicional da atividade desse órgão ou seus pronunciamentos – embora possam, ainda assim, recomendar uma postura deferente, de autocontenção do Judiciário, no controle de seus atos[99]. Retomando o entendimento assentado no subcapítulo anterior, sobretudo a essencial imparcialidade do terceiro, algumas atividades administrativas, embora resolutivas, não são jurisdicionais. É o caso do Carf.

Rosalina Sousa destaca que o Carf "vem assumindo importância no cenário nacional não só por julgar inúmeros processos administrativos fiscais que envolvem valores substanciais, mas, também, por ser uma Corte administrativa especializada e célere"[100]. Trata-se de órgão vinculado ao Ministério da Fazenda, de composição paritária entre representantes dos contribuintes e da Fazenda Nacional, estes últimos, auditores-fiscais da Receita Federal, em exercício no cargo há pelo menos cinco anos. A despeito do regimento interno do Carf prever hipóteses de impedimento e suspeição similares às do CPC (arts. 82 a 84), indicando a imparcialidade como um dever dos conselheiros (art. 81, I e IV), é inegável a subordinação dos auditores-fiscais à Administração Pública. Assim, "a possibilidade de que, *a posteriori*, seja beneficiado ou prejudicado em virtude do modo como desempenhou o seu mister lhe subtrai a independência para operar livre de condicionamento"[101]. Logo, ausente a independência, que garante a atuação do terceiro sem qualquer interferência, pressuposto da imparcialidade, não se pode falar em atividade jurisdicional[102].

---

98. Ibidem, p. 122 a 145.

99. Sobre a atuação deferente do Judiciário no controle dos atos administrativo, cf. subcapítulo 3.1.1.

100. SOUSA, Rosalina Freitas Martins de. *A função jurisdicional adequada e a releitura do princípio da inafastabilidade do controle jurisdicional (CRFB/88, art. 5º, XXXV)*. 2023. Tese (Doutorado em Direito) – Faculdade de Direito do Recife, Universidade de Pernambuco, Recife, 2017, p. 121.

101. GONÇALVES, Marcelo Barbi. *Teoria geral da jurisdição*. Salvador: Juspodivm, 2020. p. 315.

102. Marcelo Barbi Gonçalves bem conclui que o Carf é um órgão judicante, mas não um órgão jurisdicional. (Ibidem, p. 315). Sobre o pensamento do autor, vale uma nota sobre a divergência em relação ao posicionamento adotado no presente estudo. Ao exigir a indiferença do terceiro na atividade jurisdicional, o autor não identifica jurisdicionalidade nas decisões de órgãos administrativos como o

Pertinente ao objeto da presente da pesquisa, o Procon é um interessante exemplo de órgão administrativo com uma importante atuação na resolução de conflitos, sem o exercício de uma atividade jurisdicional. As atividades desenvolvidas por esse ente vão desde a educação para o consumo até o acompanhamento e a propositura de ações coletivas em defesa dos consumidores. Destaca-se sua atuação na orientação aos consumidores e fornecedores sobre seus direitos e obrigações nas relações de consumo, fiscalização do mercado de consumo, além do recebimento e do processamento de reclamações administrativas em face de fornecedores[103]. A atuação dessa instituição, pautada pela matriz constitucional e pela legislação consumerista, é sempre em prol do consumidor, medida oportuna para equilibrar sua relação com os fornecedores, partindo-se da notável hipossuficiência do consumidor assentada em lei. É, portanto, um órgão naturalmente parcial, condição inerente ao exercício de atividades como orientação e representação, o que lhes confere, em alguma medida, interesse no resultado das situações jurídicas que lhes são apresentadas[104]. Por isso, quando atua como conciliador entre consumidor e fornecedor, ou quando resolve conflitos dessa natureza, por exemplo, não exerce atividade jurisdicional, pois lhe falta imparcialidade.

Assim, embora seja evidente que existam meios de resolução de conflitos não jurisdicionais, muitas das atividades desenvolvidas para esse fim fora do Judiciário têm natureza jurisdicional, sendo inegável a existência de uma jurisdição extrajudicial. Sob o prisma da adequação da tutela jurisdicional, cada um desses métodos apresenta características próprias, que os fazem ser mais ou menos recomendados, a depender do conflito em voga. Examinam-se, a seguir, os contornos constitucionais dos meios jurisdicionais extrajudiciais que têm maior aderência ao objeto deste estudo e que podem contribuir para o entendimento aqui defendido: a atividade jurisdicional dos órgãos reguladores.

1.2.2.1. Jurisdição arbitral

Fora do campo do consenso, a maior expressão de resolução extrajudicial de conflitos é a arbitragem. Trata-se de meio heterocompositivo de resolução de conflitos pela intervenção de uma ou mais pessoas que recebem seus poderes de uma convenção privada, decidindo com base nela, sem in-

---

Cade, CNJ, Tribunal de Contas, uma vez que "a Administração Pública é imparcial, mas não indiferente" (Ibidem, p. 430). Sendo suficiente a imparcialidade para caracterização da jurisdicionalidade, como aqui defendido, entende-se que as decisões desses órgãos são jurisdicionais.

103. PROCON-SP. Quem somos. Disponível em: https://www.procon.sp.gov.br/institucional/#institu_nos. Acesso em: 30 jan. 2022.

104. GORETTI, Ricardo. *Mediação e acesso à justiça*. 2.ed. Salvador: Juspodivm, 2021. p. 72.

tervenção estatal[105]. É, por assim dizer, um "mecanismo privado de solução de litígios, por meio do qual um terceiro, escolhido pelos litigantes, impõe sua decisão, que deverá ser cumprida pelas partes"[106]. Podem submeter-se à arbitragem pessoas capazes (físicas ou jurídicas) e a Administração Pública (direta e indireta), para "dirimir litígios relativos a direitos patrimoniais disponíveis"[107].

De forma sucinta, duas são as maiores vantagens dessa técnica, sobretudo em comparação ao processo judicial, igualmente heterocompositivo: a celeridade e a especialidade. Diga-se que um "bom sistema arbitral deve solucionar rapidamente o litígio"[108]. Diferente do juiz togado, o árbitro pode ser um técnico e um especialista na matéria controversa, possibilitando economia de tempo e de dinheiro, por eventualmente dispensar a contratação de peritos para esclarecimentos elementares e/ou preliminares[109]. No entanto, uma das grandes desvantagens do procedimento arbitral, talvez a maior, é o custo. À guisa de exemplo, os valores necessários para iniciar-se um procedimento arbitral no Centro de Arbitragem e Mediação da Câmara de Comércio Brasil Canadá (CAM-CCBC) variam de R$ 99.000,00 a R$ 280.800,00, caso se opte por um árbitro único, e de R$ 165.500,00 a R$ 510.300,00, no caso de Tribunal Arbitral composto por três árbitros[110].

Embora a arbitragem não seja uma novidade no sistema jurídico brasileiro[111], seu grande marco legal é a Lei n. 9.307/1996 (Lei da Arbitragem), posteriormente reformada pela Lei n. 13.129/2015. Destaca-se o comando

105. CARMONA, Carlos Alberto. *Arbitragem e processo:* um comentário à Lei n. 9.307/96. 3. ed. São Paulo: Atlas, 2009. p. 31.

106. Ibidem, p. 31.

107. Termos do art. 1º. da Lei n. 9.307/1996. Por certo que os limites da arbitrabilidade objetiva e a interpretação dada à disponibilidade que possibilite a adoção da arbitragem já foram objeto de muito debate, sendo impertinente ao objetivo desta pesquisa. Para maior aprofundamento no tema, sugere-se: ROQUE, André Vasconcelos. A evolução da arbitrabilidade objetiva no Brasil: tendências e perspectivas. *Revista de Arbitragem e Mediação,* São Paulo, v. 9, n. 33, p. 301-307, abr./jun. 2012; MARTINS, Pedro Batista. Arbitrabilidade objetiva, interesse público, indisponibilidade de direitos e normas de ordem pública. *Revista Interesse Público,* Belo Horizonte, n. 50, p. 86-102, jul./ago. 2008.

108. GRECO, Leonardo. Controle jurisdicional da arbitragem. *In:* TUPINAMBÁ, Carolina. *Soluções de conflitos trabalhistas:* novos caminhos. São Paulo: LTr, 2018. p. 425.

109. LEMES, Selma Maria Ferreira. *A arbitragem em propriedade intelectual.* 1997. Disponível em: http://www. Selmalemes.adv.br/artigos/artigos60.pdf. Acesso em: 12 jan. 2022.

110. BACK, Gabriela Cristina. *Arbitragem como método de resolução de conflitos de natureza transindividual.* 2018. Dissertação (Mestrado em Direito) – Programa de Pós-Graduação em Direito, Fundação Escola Superior do Ministério Público, Porto Alegre, 2018.

111. A Constituição de 1824 permitia, em seu art. 160, a eleição de árbitros pelas partes nas causas cíveis, sendo que suas sentenças seriam irrecorríveis, desde que assim convencionado pelos interessados no resultado da demanda. O Código Comercial Brasileiro de 1850 previa o juízo arbitral obrigatório para causas entre membros de sociedades comerciais, tendo sido tornada facultativa com a Lei n. 1.350/1866. O Código de Processo Civil de 1939 dedicou uma parte inteira à regulamentação da arbitragem, o Livro IX – Do Juízo Arbitral, arts. 1.031 a 1.046. Embora as Constituições de 1946, 1967 e 1969 não fizessem menção à arbitragem, o Código de Processo Civil de 1973, a exemplo de seu

do art. 31, que determina a produção dos mesmos efeitos da sentença estatal pela decisão final dos árbitros, "constituindo a sentença condenatória título executivo que, embora não oriundo do Poder Judiciário, assume a categoria de judicial"[112]. Eliminou-se a necessidade de homologação judicial da sentença arbitral, que era um "fator de emperramento da arbitragem"[113]. Isso não quer dizer, porém, que não haja qualquer controle judicial sobre a arbitragem. É possível à parte interessada pleitear ao Poder Judiciário a decretação da nulidade da sentença arbitral nos casos previstos pela Lei de Arbitragem[114]. À arbitragem, incidem inequivocamente os princípios e as garantias processuais constitucionais, firmando-se um "devido processo legal *arbitral*"[115].

A partir desse cenário, com a promulgação da Lei da Arbitragem, foi reconhecido majoritariamente seu caráter jurisdicional, a despeito da corrente entendendo sua natureza como contratual. No entanto, algumas vozes ainda negam a jurisdicionalidade da arbitragem. É o caso de Luiz Guilherme Marinoni, Sérgio Cruz Arenhart e Daniel Mitidiero, para quem há uma diferença qualitativa entre a jurisdição (estatal) e a arbitragem, que se fundaria na autonomia da vontade e implicaria a renúncia de uma série de garantias constitucionais pelas partes. Para os autores, "o exercício da jurisdição está fundado na soberania estatal e tem sua legitimidade atrelada à Constituição, especialmente à observância dos direitos fundamentais materiais e processuais"[116]. Entretanto, a apropriada noção de devido processo legal arbitral,

---

predecessor, apresentou um capítulo denominado "Do Juízo Arbitral", dedicando ao tema os arts. 1.072 a 1.102.

112. CARMONA, Carlos Alberto. *Arbitragem e processo:* um comentário à Lei n. 9.307/96. 3. ed. São Paulo: Atlas, 2009. p. 26. O CPC/2015 evidencia, no rol de títulos executivos judiciais, a sentença arbitral (art. 515, VII).

113. Ibidem, p. 26.

114. Cf. art. 33 da Lei n. 9.307/1996. O § 2º. do mesmo artigo dispõe que a sentença judicial que declarar nula a sentença arbitral, determinará, se for o caso, que o árbitro ou o tribunal profira nova sentença arbitral. As hipóteses de nulidade da sentença arbitral estão arroladas no art. 32 da mesma lei: *i)* quando for nula a convenção de arbitragem; *ii)* tiver emanado de quem não podia ser árbitro; *iii)* não contiver os requisitos do art. 26 (relatório, fundamentos da decisão, dispositivo, data e lugar em que tiver sido proferida); *iv)* for proferida fora dos limites da convenção de arbitragem; *v)* ficar comprovado que foi proferida por prevaricação, concussão ou corrupção passiva; *vi)* for proferida fora do prazo; ou *vii)* forem desrespeitados os princípios do contraditório, da igualdade entre as partes, da imparcialidade do árbitro e de seu livre convencimento.

115. "Quando se pensa no *acesso à justiça*, que é a magna condensação de todas as garantias constitucionais do processo, hoje é imperioso incluir nesse pensamento as aberturas para a tutela jurisdicional pela via da arbitragem, como alternativa às vias estatais. Quando se pensa no contraditório e na ampla defesa, deve-se pensar na participação dos sujeitos processuais no processo estatal e no arbitral também. [...] Ressalva-se que no juízo arbitral não preponderam os princípios da publicidade e do duplo grau de jurisdição [...] Essas ressalvas não são em si um mal, porque a incidência de tais princípios se chocaria com os próprios fundamentos institucionais desse meio alternativo de solução de litígio". (DINAMARCO, Cândido Rangel. *A nova era do processo civil.* 4. ed. São Paulo: Malheiros, 2013. p. 40).

116. MARINONI, Luiz Guilherme; ARENHART, Sérgio Cruz; MITIDIERO, Daniel. *Novo curso de processo civil:* teoria do processo civil. 3. ed. São Paulo: Revista dos Tribunais, 2017, v. 1, *Ebook,* R.B.-8.2.

antes referida, suplanta essa afirmativa. Para Cássio Scarpinella Bueno, um dos fatores a evidenciar a natureza contratual da arbitragem é a ausência de imperatividade, pois, embora a sentença arbitral seja considerada título executivo judicial, não pode ser imposta no âmbito da própria arbitragem, necessitando da tutela judicial para tanto[117]. Porém, o poder de *executio* é elemento prescindível da jurisdição[118], sendo mais uma questão de falta de competência, não de jurisdição[119].

Interessante, sobre o tema, a posição de Cândido Rangel Dinamarco, que, ao lado de Antônio Carlos de Araújo Cintra e Ada Pellegrini Grinover, é responsável pela mais clássica definição brasileira de jurisdição[120] e, por muito tempo, negou a natureza jurisdicional da arbitragem[121]. Refletindo a partir das ideias de Carlos Alberto Carmona (expoente na defesa da natureza jurisdicional da arbitragem), sustentou uma ideia de "parajurisdicionalidade" arbitral[122] e, finalmente, em obra dedicada ao tema, encampou em definitivo a corrente da jurisdição arbitral, afirmando: "o que há de fundamental é o reconhecimento da função de pacificar pessoas mediante a realização da justiça, exercida tanto pelo juiz togado quanto pelo árbitro"[123]. Conforme o autor, a equiparação dos efeitos da sentença arbitral à judicial e sua definição

---

117. BUENO, Cássio Scarpinella. *Curso sistematizado de direito processual civil:* teoria geral do direito processual civil: parte geral do código de processo civil. 10. ed. São Paulo: Saraiva Educação, 2020, v. 1. p. 54.

118. GONÇALVES, Marcelo Barbi. *Teoria geral da jurisdição.* Salvador: Juspodivm, 2020. p. 142. O autor chega a essa conclusão pela análise do direito romano, em que o *iudex* mantinha apenas poder de *iudicium*, não de *executio*, e, mesmo assim, sua atividade era jurisdicional. Além disso, destaca que os tribunais internacionais e a Corte de Justiça da União Europeia não têm poder para executar as próprias decisões, mas é inegável seu exercício de atividade jurisdicional.

119. Nessa linha, Fredie Didier Júnior lembra o exemplo da execução penal, em que o juiz que julga não é o mesmo que executa, e destaca que essa circunstância não enseja a falta de jurisdição do julgador, apenas sua incompetência funcional. (DIDIER JÚNIOR, Fredie. *Curso de direito processual civil:* introdução ao direito processual civil, parte geral e processo de conhecimento. 24. ed. São Paulo: Juspodivm, 2022, v.1. p. 235).

120. Conforme os autores, a jurisdição é poder (manifestação do poder estatal, conceituado como capacidade de decidir imperativamente e impor decisões), função (encargo dos órgãos jurisdicionais de promover a pacificação dos conflitos interindividuais, mediante a realização do direito justo e através do processo) e atividade (complexo de atos do julgador no processo, exercendo o poder e cumprindo a função que a lei lhes comete). (CINTRA, Antonio Carlos de Araújo; GRINOVER, Ada Pellegrini; DINAMARCO, Cândido Rangel. *Teoria geral do processo.* 31. ed. São Paulo: Malheiros, 2015. p. 104).

121. Essa era a posição do autor até a sexta edição do primeiro volume de sua obra "Instituições de Direito Processual Civil", publicada em 2009.

122. "Mais recentemente, tenho pensado em uma natureza parajurisdicional das funções do árbitro, a partir da ideia de que, embora ele não as exerça com o escopo jurídico de atuar a vontade da lei, na convergência em torno do escopo social pacificador reside algo muito forte a aproximar a arbitragem da jurisdição estatal". (DINAMARCO, Cândido Rangel. Limites da sentença arbitral e de seu controle jurisdicional. *Revista do Advogado,* v. 21, n. 65, p. 40-49, 2001).

123. DINAMARCO, Cândido Rangel. *A arbitragem na teoria geral do processo.* São Paulo: Malheiros, 2013. p. 39. E segue: "Assumindo enfaticamente que a jurisdição tem por escopo magno a pacificação de sujeitos conflitantes, dissipando os conflitos que os envolvem, e sendo essa a razão última pela qual o próprio Estado a exerce, não há dificuldade alguma para afirmar que também os árbitros exercem

como título executivo judicial são um imperativo ou um reflexo da natureza jurisdicional da arbitragem, não um fator dessa jurisdicionalidade[124].

1.2.2.2. *Jurisdição conciliativa*

Diferente da arbitragem, os meios consensuais de resolução de conflitos ainda são predominantemente classificados como "equivalentes jurisdicionais", na expressão cunhada por Francesco Carnelutti[125]. Cândido Rangel Dinamarco, embora reconheça o exercício de jurisdição na arbitragem, nega o caráter jurisdicional à mediação e à conciliação, chamando de "vozes exageradas e passionais" aqueles que a defendem[126]. Embora reconheça que os meios consensuais cumprem o "escopo social magno da jurisdição"[127], afirma que estão muito longe de constituírem exercício de jurisdição, pois conciliadores e mediadores não exercem poder algum sobre os sujeitos em conflito, tampouco proferem decisões: "sem poder e sem decisão, é absolutamente excluída a suposição de que exercessem jurisdição"[128].

É comum, também, afastar-se a jurisdicionalidade da conciliação e da mediação a partir da definição de jurisdição proposta por Giuseppe Chiovenda, cujo escopo seria a atuação da vontade concreta da lei por meio da substituição da atividade das partes pela atividade do juiz[129], ou de Francesco Carnelutti, buscando a justa composição da lide[130] (conflito de interesse qualificado por

---

jurisdição, uma vez que sua atividade consiste precisamente em pacificar com justiça, eliminando conflitos".

124. Ibidem, p. 39.

125. Para o autor, alguns institutos servem à mesma finalidade perseguida pela jurisdição, mas não implicam o exercício efetivo da jurisdição, pois não envolvem o interesse público na composição dos conflitos. (CARNELUTTI, Francesco. *Sistema di diritto processuale civile.* Padova: Cedam, 1936. V. I. p. 154). Criticando essa classificação, Niceto Alcalá-Zamora y Castillo chama atenção à notória diferença entre os institutos indicados por Carnelutti sob o signo de equivalentes jurisdicionais, destacando ser a única semelhança entre eles a ausência da participação e intervenção de um juiz estatal como decisor do caso. Resumindo os institutos abordados por Carnelutti em processos estrangeiros e eclesiásticos, autocomposição e arbitragem, o autor entende que apenas os primeiros seriam verdadeiramente equivalentes jurisdicionais, ao passo que a arbitragem seria um autêntico processo jurisdicional, e a autocomposição, um excludente do processo jurisdicional. (ALCALÁ-ZAMORA Y CASTILLO, Niceto. *Proceso, autocomposición y autodefensa.* Contribución al estudio de los fines del proceso. 3.ed. México: Univesidad Nacional Autónoma de México, 1991. p. 73-75). No Brasil, em semelhante linha de pensamento, Cândido Rangel Dinamarco entende a mediação e a conciliação como sucedâneas da jurisdição, porquanto suprimem seu exercício, ao passo que a arbitragem, por sua natureza jurisdicional, seria um sucedâneo da jurisdição estatal. (DINAMARCO, Cândido Rangel. *Instituições de direito processual civil.* 10.ed. São Paulo: Malheiros, 2020. p. 434).

126. Ibidem, p. 153.

127. Ibidem, p. 158.

128. Ibidem, p. 433.

129. CHIOVENDA, Giuseppe. *Istituzioni di diritto processuale civile.* 2. ed. Napoli: Jovene, 1936, v. II. p. 1.

130. CARNELUTTI, Francesco. *Istituzione del nuovo processo civile italiano.* 3. ed. Roma: Foro Italiano, 1942, t. I. p. 7.

uma pretensão resistida[131]). As soluções autocompositivas atuam com base na autonomia privada (não na vontade da lei) e são tomadas pelas próprias partes (não pelo juiz), podendo, eventualmente, apresentar solução diversa da entendida como ideal pela norma jurídica (ou seja, a composição pode não ser justa), de modo que a resposta autocompositiva não se encaixaria no exercício da jurisdição.

No entanto, contemporaneamente, a noção tradicional de jurisdição deve sair da "aplicação da lei aos fatos da lide" e abranger a prevenção ou a composição de conflito de modo justo, tempestivo e permanente, seja pela auto ou pela heterocomposição, estatal ou não[132]. Logo, o sentido contemporâneo de jurisdição deve ser o de "*resolução justa e tempestiva do conflito*, não sendo para tal relevante o *locus* ou o *modus* pelo qual essa composição equânime venha a ser alcançada"[133].

Passo mais ousado no tema foi dado por Ada Pellegrini Grinover. A professora, em sua última obra, ligou a noção de jurisdição ao acesso à justiça, conceituando-a como "garantia de acesso à justiça para a solução de conflitos, utilizando seus instrumentos - processos e procedimento - na busca da tutela jurisdicional justa e adequada e da pacificação social"[134]. A autora abandonou a definição construída na clássica obra "Teoria Geral do Processo"[135] e, indo além de seu coautor, Dinamarco, identificou também na chamada "justiça conciliativa" o exercício da jurisdição.

Grinover afastou a visão de "poder" na jurisdição, entendendo-a como "*função, atividade e garantia*". Essa garantia, novo elemento incluído pela autora, é a "garantia das partes, para que possam atingir a tutela jurisdicional adequada pela via do acesso à Justiça; garantia do próprio processo e do procedimento, pela observância das garantias constitucionais e legais, em busca da pacificação com justiça"[136]. Eduardo Couture já havia proposto a substituição do conceito de poder pelo conceito de função para caracterizar

---

131. CARNELUTTI, Francesco. Lite e funzione processuale (postilla). *Rivista di Diritto Processuale Civile*, v. V, p. 23-37, 1928. p. 28.

132. MANCUSO, Rodolfo de Camargo. *Acesso à Justiça:* condicionantes legítimas e ilegítimas. Salvador: Juspodivm, 2019. p. 27.

133. Ibidem, p. 198.

134. GRINOVER, Ada Pellegrini. *Ensaio sobre a processualidade:* fundamentos para uma nova teoria geral do processo. Brasília: Gazeta Jurídica, 2018. p. 7.

135. Cf. nota 120.

136. GRINOVER, Ada Pellegrini. *Ensaio sobre a processualidade:* fundamentos para uma nova teoria geral do processo. Brasília: Gazeta Jurídica, 2018. p. 20. Além disso, a autora questionou os principais elementos classicamente atribuídos à jurisdição à luz do processo estatal para reforçar a jurisdicionalidade na justiça conciliativa, quais sejam, a lide ("onde estaria lide no processo penal? E no processo civil necessário?"), a substitutividade ("E por que o juiz se substituiria às partes para julgar? Uma coisa são as partes, outra completamente diferente é o juiz") e a coisa julgada ("A coisa julgada, verdadeiro dogma clássico, perdeu seu absolutismo e relevância. [...] Chega-se a falar na *relativização ou desconsideração da coisa julgada*, perante o princípio da proporcionalidade"). (Ibidem, p. 19).

a jurisdição, entendendo tratar-se de um poder-dever do julgador[137]. Essa função seria a de assegurar a justiça, a paz social e demais valores jurídicos mediante a aplicação, eventualmente coercitiva, do direito[138]. Como já referido, Marcelo Barbi Gonçalves entende a jurisdição como uma função, exercida em prol dos interesses substanciais carentes de tutela[139]. No entanto, a noção de poder, embora deva ser evitada no contexto da jurisdição, para afastar a ideia de soberania estatal e sujeição das partes[140], pode ser útil se a ela se der uma nova abordagem.

Assim como há uma vinculação entre as partes e a decisão arbitral (e judicial), além de uma limitação do Judiciário na revisão da sentenças arbitrais[141], o acordo (resultado da conciliação ou mediação – justiça conciliativa) apresenta essas mesmas características. A autocomposição, homologada judicialmente ou não, constitui título executivo[142]; logo, é plenamente exigível por qualquer uma das partes, assim como são a sentença judicial e a arbitral. Eventual rediscussão dos termos do acordo (mérito) só pode se dar com sua destituição[143] mediante ação anulatória[144], assim como ocorre com

---

137. COUTURE, Eduardo J. *Fundamentos del derecho procesal civil.* 3. ed. Buenos Aires: Roque Depalma Editor, 1958. p. 29. Para o autor, o conceito de "poder" é insuficiente para a atividade jurisdicional, porquanto junto à *faculdade* de julgar, o juiz tem o *dever* administrativo de fazê-lo.

138. Ibidem, p. 34.

139. GONÇALVES, Marcelo Barbi. *Teoria geral da jurisdição.* Salvador: Juspodivm, 2020. p. 374.

140. Ibidem, p. 373. Relembra-se que, na definição clássica de Cintra, Grinover e Dinamarco, o poder derivado da jurisdição era a "manifestação do poder estatal, conceituado como capacidade de decidir imperativamente e impor decisões". (CINTRA, Antonio Carlos de Araújo; GRINOVER, Ada Pellegrini; DINAMARCO, Cândido Rangel. *Teoria geral do processo.* 31. ed. São Paulo: Malheiros, 2015. p. 104).

141. Como já referido, os efeitos da sentença arbitral em relação às partes são os mesmos da sentença judicial (art. 31, LA), podendo ela ser anulada (não revista) judicialmente nos casos de nulidade expressamente previstos (art. 32, LA) e cabendo ao Judiciário declarar a nulidade e determinar, se for o caso, que o árbitro ou tribunal profiram nova sentença arbitral (art. 33, § 2º., LA). Não há, *a priori*, um reexame de mérito ou de justiça da decisão arbitral, apenas uma atividade de revisão formal e garantia do cumprimento do devido processo legal arbitral.

142. A autocomposição judicial ou a extrajudicial homologada judicialmente constituem título executivo judicial (art. 515, II e III, CPC) ao passo que a "transação" referendada, entre outros, por conciliador ou mediador credenciado pelo tribunal é título executivo extrajudicial (art. 784, IV, CPC). A escolha e a redação desse último artigo parecem inapropriadas, sendo, portanto, objeto de análise mais adiante, no subcapítulo 4.3.4.2. Não obstante, a Lei de Mediação dispõe que "o termo final de mediação, na hipótese de celebração de acordo, constitui título executivo extrajudicial e, quando homologado judicialmente, título executivo judicial" (art. 20, parágrafo único).

143. "[...] Efetivamente, conforme asseverado na decisão ora agravada, o Superior Tribunal de Justiça tem entendimento pacificado no sentido de que a ação anulatória, prevista no art. 486 do CPC [CPC/15, art. 966, § 4º], constitui a via adequada para a discussão a respeito de vícios na transação homologada judicialmente, ainda que a causa de pedir seja a nulidade de cláusulas contratuais, sendo ilegítimo o seu afastamento por meio de demanda revisional, uma vez que a rediscussão dos termos constantes da avença homologada somente seria possível se o acordo fosse desconstituído. [...] (STJ, AgRg no AREsp 281.956/MT, Rel. Min. Marco Buzzi, Quarta Turma, j. 06/06/2013, Dje 20/06/2013)". (BRASIL. Superior Tribunal de Justiça (Quarta Turma). Recurso Especial n. 882.424/SC. Relator Min. Luis Felipe Salomão, 02 de dezembro de 2010. Diário de Justiça Eletrônico, 09 dez. 2010).

144. BRASIL. Superior Tribunal de Justiça (Quarta Turma). Agravo Interno no Recurso Especial n. 1.714.591/SP. Relator Lázaro Guimarães (Desembargador convocado do TRF 5ª Região), 24 de abril de 2018.

a sentença arbitral. Para a anulação do acordo, não basta o "mero arrependimento" sobre o pactuado, exigindo-se a demonstração de algum vício na avença. Com tal intuito, aplicam-se, por analogia, as hipóteses de anulação da transação (arts. 848 a 850, CC)[145], entendendo-se possíveis, também, no que couber, as hipóteses de anulação da sentença arbitral, especialmente quando caracterizado desrespeito aos princípios norteadores do procedimento autocompositivo (art. 32, VIII, LA).

Além desses aspectos, o fator que mais aproxima a justiça conciliativa da jurisdição, ao lado do processo estatal e da arbitragem, é sua vocação para o acesso à justiça. Arquitetando seu raciocínio, Ada Pellegrini Grinover destacou que o fundamento principal da justiça conciliativa é a pacificação. Na heterocomposição (tanto estatal quanto arbitral), a decisão é imposta, e sempre haverá uma parte insatisfeita, verificando-se, por isso, no máximo, uma pacificação social (pois o conflito foi dirimido e retirado da sociedade), não abrangendo as partes[146]. O acesso à justiça conduz à pacificação, tratando adequadamente os conflitos mediante uma solução justa. O instrumento mais completo para pacificação é a justiça conciliativa, em que as partes buscam a solução do conflito como um todo pelo consenso, não havendo vencedor ou vencido e, bem por isso, alcançando "a verdadeira pacificação, não só social, mas também das partes"[147]. Assim, concluiu a professora, "*o acesso à justiça concretiza-se pela jurisdição e o elemento essencial da jurisdição é o acesso à justiça*. Fecha-se o círculo entre acesso à justiça e jurisdição, tendo ambos como *objetivo a pacificação com justiça*"[148].

Diário de Justiça Eletrônico, 30 abr. 2018; BRASIL. Superior Tribunal de Justiça (Terceira Turma). Agravo Regimental no Recurso Especial n. 505.804/SC. Relator Min. João Otávio de Noronha, 03 de fevereiro de 2015. Diário de Justiça Eletrônico, 12 fev. 2015.

145. Nesse sentido: SÃO PAULO. Tribunal de Justiça (32ª. Câmara de Direito Privado). Apelação Cível n. 1001076-20.2021.8.26.0127. Relatora Mary Grün, 24 de julho de 2023. Diário de Justiça Eletrônico, 24 jul. 2023; RIO GRANDE DO SUL. Tribunal de Justiça (Sétima Câmara Cível). Apelação Cível n. 50012769820218212001. Relatora Sandra Brisolara Medeiros, 27 de junho de 2023. Diário de Justiça Eletrônico, 27 jun. 2023; MINAS GERAIS. Tribunal de Justiça. Apelação Cível n. 5003967-72.2021.8.13.0105. Relatora Ângela de Lourdes Rodrigues, 02 de março de 2023. Diário de Justiça Eletrônico, 03 mar. 2023.

146. GRINOVER, Ada Pellegrini. *Ensaio sobre a processualidade:* fundamentos para uma nova teoria geral do processo. Brasília: Gazeta Jurídica, 2018. p. 66. A autora, em outra sede, destacou o fundamento social das vias conciliativas, consistente em sua função de pacificação social: "Esta, via de regra, não é alcançada pela sentença, que se limita a ditar autoritativamente a regra para o caso concreto, e que, na grande maioria dos casos, não é aceita de bom grado pelo vencido, o qual contra ela costuma insurgir-se com todos os meios na execução; e que, de qualquer modo, se limita a solucionar a parcela de lide levada a juízo, sem possibilidade de pacificar a lide sociológica, em geral mais ampla, da qual aquela emergiu, como simples ponto do *iceberg*". (GRINOVER, Ada Pellegrini. Os fundamentos da justiça conciliativa. *Revista de Arbitragem e Mediação*, v. 4, n. 14, p. 16-21, jul./set. 2007, p. 18-19).

147. GRINOVER, Ada Pellegrini. *Ensaio sobre a processualidade:* fundamentos para uma nova teoria geral do processo. Brasília: Gazeta Jurídica, 2018. p. 81.

148. Ibidem, p. 84. Grifo no original.

Tem-se como acertada (e vanguardista) essa posição, considerando-se, neste trabalho, a arbitragem e os meios consensuais de resolução de conflitos (justiça conciliativa) como formas de exercício da jurisdição, ao lado do tradicional processo judicial[149]. Há, porém, uma ressalva: ao interligar as definições de acesso à justiça e de jurisdição, a autora expressamente afasta a jurisdicionalidade do processo administrativo, porquanto este, embora tenha natureza processual e sirva como instrumento à solução de conflitos, não se relaciona ao acesso à justiça ("nele há processo, mas não há jurisdição"[150]). Não apenas sob os próprios argumentos da professora, mas também no contexto contemporâneo, entende-se que tal ponto merece maior reflexão, feita oportunamente nessa obra, à luz do escopo principal da pesquisa[151].

1.2.2.3. Jurisdição notarial e registral

Talvez os maiores protagonistas da desjudicialização, no âmbito do sistema de justiça multiportas, que ganham cada vez mais espaço, sejam os cartórios extrajudiciais. As justificativas para isso são diversas, destacando-se a qualificação dos delegatários das serventias como juristas, que prestam concurso público para nomeação, gozam de fé pública e têm função de garantir a autenticidade e segurança jurídica aos atos e negócios jurídicos, além de assessorar e aconselhar os usuários dos serviços notariais e registrais; a responsabilidade dos delegatários pelos prejuízos causados a terceiros, por culpa ou dolo, pessoalmente ou por seus colaboradores; e o controle da atividade, exercida atualmente pelo CNJ, que as fiscaliza, normatiza etc.[152]

149. Nessa linha, contemporaneamente, Antonio do Passo Cabral: "Autocomposição e heterocomposição se unem cada vez mais na solução dos conflitos, não sendo correto imaginar que a jurisdição só atua frente ao dissenso. [...] dentre as técnicas processuais resolutivas dos conflitos, há aquelas que de fato são decisórias, buscando resolver o conflito distribuindo bens e direitos, mas há outras técnicas não adjudicativas. Em resumo, *técnicas resolutivas do conflito podem ser não decisórias,* mas ainda assim representarem funções de natureza jurisdicional". (CABRAL, Antonio do Passo. *Jurisdição sem decisão:* non liquet e consulta jurisdicional no direito processual civil. São Paulo: Juspodivm, 2023, p. 35-37).

150. Ibidem, p. 4.

151. Cf. subcapítulo 4.3.4.1.

152. PEIXOTO, Renata Cortez Vieira; SANTOS, Clarice. A desjudicialização como diretriz do processo civil brasileiro. *In:* MAIA, Benigna Araújo Teixeira; BORGES, Fernanda Gomes e Souza; HILL, Flávia Pereira; RIBEIRO, Flávia Pereira; PEIXOTO, Renata Cortez Vieira (Orgs.). *Acesso à justiça:* um novo olhar a parti do Código de Processo Civil de 2015. Londrina: Thoth, 2021. p. 312.

Embora o CPC/1939[153] e o CPC/1973[154] tivessem algumas poucas previsões sobre a cooperação entre as atividades judiciais e cartorárias, foi no final da década de 1990 e nos anos 2000 que a desjudicialização recebeu mais atenção, por leis esparsas que confiaram uma série de procedimentos às serventias extrajudiciais, como a alienação fiduciária em garantia Lei n. 9.514/1997, a realização de inventário, partilha e divórcio consensual (Lei n. 11.441/2007) e o "usucapião extrajudicial" (art. 60, Lei n. 11.977/2009)[155]. O código processual vigente expressa o reconhecimento de meios extrajudiciais para determinados procedimentos, pelas serventias extrajudiciais[156].

A mais recente – e polêmica – empreitada da desjudicialização é apresentada pelo Projeto de Lei n. 6.204/2019[157], cujo objetivo é a desjudicialização da execução civil, uma das maiores causas da crise numérica de processos judiciais. A proposta é delegar a função pública de execução de títulos judiciais e extrajudiciais, de dívida líquida, certa e exigível, ao tabelião de protesto. A escolha dos tabeliães de protesto como agentes de execução reflete o protagonismo que já vinha sendo concedido às serventias extrajudiciais na condução dos procedimentos desjudicializados. Esse ponto, sem dúvidas, é um dos que mais geram debates entre os juristas da área, tanto pela expectativa de rentabilidade da execução desjudicializada – o que chamou à atenção outros profissionais[158], quanto pela dúvida sobre a

153. Pode-se destacar a atuação do tabelião de notas nas ações de preempção ou preferência, para elaborar escritura pública de compra e venda, quando esta fosse da essência do ato (arts. 311 e 312); a cientificação do juiz do óbito de pessoa que não tivesse deixado cônjuge ou herdeiro sucessível, nem testamento, ou testamenteiro ausente, para que o juiz pudesse, em seguida, promover a arrecadação dos bens do falecido (art. 555 e seguintes); a instituição do bem de família (arts. 345 a 349).

154. Citam-se a especialização da hipoteca legal sem intervenção judicial (art. 1.210) e a realização de inventário e partilha por acordo extrajudicial, se os herdeiros fossem todos capazes, condicionadas à homologação judicial (art. 982, § 1º.).

155. Atualmente, a "usucapião extrajudicial" é regulamentada pela Lei n. 13.465/2017 e pelo Provimento n. 65/2017 do CNJ, além de constar no art. 1.071 do CPC/2015, que acresceu o art. 246-A à Lei n. 6.015/1973 (Lei de Registros Públicos).

156. Exemplifica-se com a realização de demarcação e a divisão de terras por escritura pública (art. 571); o inventário e partilha extrajudiciais (art. 610, § 1º.); o divórcio, a separação e dissolução de união estável consensuais de forma extrajudicial (art. 733); a homologação de penhor legal pela via extrajudicial (art. 703, §§ 2º. e 4º.).

157. O Projeto de Lei n. 6.204/2019 foi apresentado pela Senadora Soraya Thronicke (PSL/MS) em 21 de novembro de 2019, inspirado nas experiências estrangeiras, notadamente a portuguesa. Além do Projeto de Lei n. 6.204/2019, há também o Projeto de Lei n. 4.257/2019 que visa à desjudicialização da execução fiscal.

158. Embora seja tema contemporâneo e de alta relevância social e jurídica, aprofundar o debate nesse ponto fugiria do escopo deste trabalho. Para leitura, sugere-se: MEDEIROS NETO, Elias Marques de; RIBEIRO, Flávia Pereira (Coords.). *Reflexões sobre a desjudicialização da execução civil.* Curitiba: Juruá, 2020. Vale, também, assistir ao encontro do Grupo de Pesquisa "Observatório da Execução Judicial e Desjudicializada", coordenado pelo Prof. Dr. Heitor Vitor Mendonça Sica (USP), realizado em 27.08.2020, com a participação dos professores Felippe Borring Rocha, Flávia Pereira Hill, Flávia Pereira Ribeiro, Larissa Clare Pochmann da Silva, Marcelo Abelha Rodrigues e Trícia Navarro Xavier

real eficiência dos serviços cartorários, a partir de sua visão como entidade altamente burocrática. Essa última crítica aqui interessa.

Os cartórios extrajudiciais atuam com fulcro na legalidade estrita, ou seja, ao se apresentar a documentação comprobatória do preenchimento dos requisitos legais para determinado ato, tem-se como certo o desfecho do procedimento extrajudicial[159]. Isso porque a fé pública de que gozam os delegatários "é uma forma de declarar que um ato ou documento está conforme os padrões legais, conferindo estabilidade às relações sociais e segurança jurídica, valores fundamentais no mundo atual"[160]. Entretanto, ainda que esse seja um aspecto que atribua acentuada segurança e previsibilidade aos atos realizados extrajudicialmente, é visto também como uma espécie de automatização e burocratização da atividade cartorária.

Um exemplo pode ser extraído de trabalho realizado, curiosamente, por uma antropóloga, sobre o funcionamento dos cartórios. Ela narra o caso noticiado de um artista que se tornou o "dono" do Sistema Solar ao registrá-lo em seu nome no 1º. Cartório de Notas de São José dos Campos. Mesmo considerando o fato engraçado, o tabelião substituto afirmou que não podia deixar de efetuar o registro, embora acreditasse que o documento não seria reconhecido pelas autoridades, pois sua função era apenas de registrá-lo, não de garantir a veracidade de seu conteúdo. Logo, "mesmo sendo considerado absurdo, o registro foi realizado de acordo com os trâmites legais"[161].

Outro caso, mais familiar ao Direito, é relativo ao reconhecimento das relações afetivas entre pessoas do mesmo sexo diretamente pelas serventias extrajudiciais. Em 2011, o STF reconheceu a inconstitucionalidade de distinção de tratamento legal às uniões estáveis constituídas por pessoas do mesmo sexo, e o STJ decidiu pela inexistência de óbices legais à celebração de casamento entre pessoas de mesmo sexo. No entanto, muitos casais ainda encontravam resistência dos cartórios para celebrar o casamento ou registrar sua união estável, precisando, frequentemente, recorrer ao Judiciário para

---

Cabral, de tema "Desjudicialização da execução: análise do Projeto de Lei do Senado n. 6.204/2019". Disponível em: https://www.youtube.com/watch?v=JKbmh8Z_Q8A&t=11s. Acesso em: 08 jan. 2022.

159. HILL, Flávia Pereira. Desjudicialização da solução dos conflitos. *In:* HILL, Flávia Pereira. *Lições do isolamento:* reflexões sobre Direito Processual em tempos de pandemia. Rio de Janeiro: edição do autor, 2020. p. 74.

160. SILVA, Erica Barbosa e; TARTUCE, Fernanda. Previsões sobre a via extrajudicial no novo CPC. *In:* FREIRE, Alexandre; DANTAS, Bruno; NUNES, Dierle; DIDIER JÚNIOR, Fredie; MEDINA, José Miguel Garcia; FUX, Luiz; CAMARGO, Luiz Henrique Volpe; OLIVEIRA, Pedro Miranda de (Orgs.). *Novas tendências do processo civil:* estudos sobre o projeto do Novo Código de Processo Civil. Salvador: Juspodivm, 2014, v. II. p. 437.

161. MIRANDA, Ana Paula Mendes de. Cartório: onde a tradição tem registro público. *Antropolítica,* Niterói, n. 8, p. 59-75, 1. sem. 2020. p. 62.

concretização de tal intento[162]. Apenas em 2013, com a Resolução n. 175 do CNJ, vedando às autoridades competentes a recusa de habilitação, celebração de casamento civil ou de conversão de união estável entre pessoas do mesmo sexo, a negativa passou a ser inadmissível[163].

Tomando o exemplo das relações homoafetivas, é de se pensar que a estrutura mais rígida e restrita das serventias extrajudiciais pode não ser a mais adequada para tratar de relações jurídicas dinâmicas, contemporâneas ou com algum tipo de peculiaridade, algo que não se encaixe perfeitamente na regra posta – seja ela lei, provimento, resolução ou outra. Certamente, o procedimento extrajudicial apresenta inúmeras vantagens[164], mas se entende que *a priori* ele seria mais adequado aos procedimentos consensuais, de jurisdição voluntária ou de cunho mais registral, formal – como hoje ocorre com os divórcios consensuais e a usucapião, por exemplo –, precedidos de regramento pertinente, elaborado da forma mais minuciosa possível.

Não obstante, as serventias extrajudiciais devem respeitar as garantias fundamentais, impondo sua atuação por meio de um "devido processo legal extrajudicial", que "deve pautar os estudos sobre a desjudicialização, com vistas a permitir que suas normas definidoras sejam interpretadas e aplicadas à luz das garantias fundamentais do processo"[165]. Segundo Flávia Pereira Hill, para a consolidação da desjudicialização, em um Estado Democrático de Direito, como fenômeno apto a oferecer novos mecanismos adequados, deve-se propiciar o mesmo patamar garantístico experimentado no processo judicial, sem que se perca de vista as peculiaridades do segmento extrajudicial[166].

---

162. NORMA do CNJ que permite casamento civil homoafetivo completa 7 anos; cartórios já realizaram mais de 52 mil celebrações. *ARPREN.SP.* São Paulo, 14 maio. 2020. Disponível em: https://www.arpensp.org.br/ noticia/94810. Acesso em: 08 jan. 2022.

163. Nos "considerandos" da Resolução, referiu-se as decisões de STF e STJ, destacando que foram proferidas com eficácia vinculante à Administração Pública e aos demais órgãos do Poder Judiciário.

164. Flávia Pereira Hill indica algumas vantagens dos procedimentos extrajudiciais que merecem ser consideradas tanto pelo advogado quanto pelo jurisdicionado: acessibilidade e capilaridade; informalidade no tratamento; celeridade; custos; informatização; segurança jurídica; e previsibilidade. (HILL, Flávia Pereira. Desjudicialização da solução dos conflitos. *In:* HILL, Flávia Pereira. *Lições do isolamento:* reflexões sobre Direito Processual em tempos de pandemia. Rio de Janeiro: edição do autor, 2020. p. 73-74).

165. HILL, Flávia Pereira. Desjudicialização e acesso à justiça além dos tribunais: pela concepção de um devido processo legal extrajudicial. *Revista Eletrônica de Direito Processual -REDP,* Rio de Janeiro, a. 15, v. 22, n. 1, p.379-408, jan./abr. 2021. p. 404. Para Humberto Dalla Bernardina de Pinho, "pelo menos duas circunstâncias precisam necessariamente se fazer presentes na desjudicialização: (a) no uso desses meios é preciso assegurar o nível de proteção das garantias constitucionais presentes no processo judicial; e (b) a qualquer momento, aquele que se sentir lesado ou mesmo ameaçado de sofrer uma lesão, pode recorrer ao Poder Judiciário, sem que nenhum embaraço ou obstáculo lhe seja imposto". (PINHO, Humberto Dalla Bernardina de. A ressignificação do princípio do acesso à justiça à luz do art. 3º. do CPC/2015. *Revista de Processo,* São Paulo, v. 41, n. 254, p. 17-44, abr. 2016. p. 28).

166. HILL, Flávia Pereira. Desjudicialização e acesso à justiça além dos tribunais: pela concepção de um devido processo legal extrajudicial. *Revista Eletrônica de Direito Processual -REDP,* Rio de Janeiro, a. 15, v. 22, n. 1, p.379-408, jan./abr. 2021. p. 395.

A autora examina a concepção desse "devido processo legal extrajudicial" a partir de cinco aspectos primordiais[167]: *i)* imparcialidade e independência[168] dos agentes competentes (dever imposto aos delegatários de serventia extrajudicial, que devem dispensar tratamento equidistante e isonômico a todos os sujeitos envolvidos[169]); *ii)* controle externo[170]; *iii)* publicidade[171]; *iv)* previsibilidade do procedimento (indispensável tanto para o balizamento e a eventual contenção de excessos do agente condutor do procedimento, quanto para nortear a escolha do jurisdicionado sobre o meio de resolução de conflito preferível para seu caso específico[172]); e *v)* contraditório (conforme a autora, "embora a desjudicialização abarque um conjunto de questões amplo e variado, faz-se necessário que, em todos os procedimentos, seja garantida a cientificação dos interessados e seja conferido prazo suficiente para que eles possam se manifestar"[173]).

Esses aspectos justificam o entendimento da autora, com o qual se comunga, sobre a natureza jurisdicional da atividade extrajudicial no contexto indicado. Essa também é a conclusão de Gustavo Henrichs Favero, em estudo específico sobre a jurisdição extrajudicial por notários e registradores. De acordo com o autor, "os notários e registradores, quando da realização de atividades desjudicializadas, exercem funções jurisdicionais"[174], sendo essa jurisdição extrajudicial uma decorrência reflexa da cláusula constitucional de delegação (art. 236, CF)[175].

---

167. Ibidem, p. 391.

168. Cf. art. 28 da Lei n. 8.935/1994.

169. Inteligência do art. 15 da Lei n. 6.015/1973 e do art. 27 da Lei n. 8.935/2014, que vedam aos delegatários a prática, pessoalmente, de qualquer ato de seu interesse ou de interesse de seu cônjuge ou de parentes, na linha reta ou na colateral, consanguíneos ou afins, até o terceiro grau.

170. O art. 236, § 1º., determina que os serviços notariais e de registro devam ser fiscalizados pelo Poder Judiciário, ao passo que o art. 48 do Regimento Interno do CNJ possibilita que a Corregedoria Nacional de Justiça realize inspeções das serventias e dos órgãos prestadores de serviço e de registro, havendo ou não evidências de irregularidades.

171. A exigência de publicidade nas atividades das serventias extrajudiciais extrai-se dos arts. 16 e seguintes da Lei n. 6.015/1973 e do art. 1º. da Lei n. 8.935/1994.

172. HILL, Flávia Pereira. Desjudicialização e acesso à justiça além dos tribunais: pela concepção de um devido processo legal extrajudicial. *Revista Eletrônica de Direito Processual -REDP,* Rio de Janeiro, a. 15, v. 22, n. 1, p.379-408, jan./abr. 2021. p. 399.

173. Ibidem, p. 402.

174. FAVERO, Gustavo Henrichs. *Jurisdição extrajudicial pelos notários e registradores.* 2023. Tese (Doutorado em Direito) – Faculdade de Direito, Universidade de São Paulo, São Paulo, 2023, p. 366. Para o autor, as serventias extrajudiciais têm o *ius dicere* em atividade prudencial (e não meramente silogístico-mecânica) de interpretação-aplicação do direito, caracterizando sua atividade como uma vera jurisdição extrajudicial, com a prestação de um serviço público eficiente, adequado e idôneo, a ensejar o acesso à justiça sob o escopo social da jurisdição, de forma tempestiva e efetiva, conduzida por agente público cuja investidura advém diretamente da Constituição Federal. (Ibidem, p. 367-369).

175. Ibidem, p. 133.

Na mesma linha de Flávia Pereira Hill, o autor identifica que o "devido processo legal desjudicializado" (ou extrajudicial) é "um processo jurisdicional com notas de especialidade", porquanto "estruturalmente dissocia-se do processo de cariz administrativa, não se coadunando com meras subsunções adjetivas como 'supletivas e subsidiárias' (art. 15 do CPC e art. 2º., §§ 1º. e 2º. da LINDB) das normas processuais"[176]. Ademais, a função exercida pelas serventias extrajudiciais, ao formalizarem a vontade das partes e impingirem autenticidade e eficácia aos negócios jurídicos, insere-se em uma dimensão de jurisdição preventiva[177]. Favero também destaca que a jurisdição extrajudicial é redimensionada em diversas instituições de atuação jurídica, inclusive órgãos do terceiro setor e de fiscalização de atividades profissionais, a despeito de sua heterogeneidade[178]. Essa premissa é importante para contextualizar o caráter jurisdicional identificado na atividade judicante dos órgãos reguladores, um dos temas centrais desta obra.

1.2.2.4. Jurisdição regulatória

Os órgãos reguladores têm, entre suas funções, a competência para dirimir conflitos entre agentes regulados e entre estes e consumidores – a chamada função judicante, que não é muito explorada, na prática e na doutrina. Embora seja comumente identificado como um processo puramente administrativo, sobretudo em razão da possibilidade de controle judicial de suas decisões, analisando as características dos órgãos reguladores e a potencialidade do procedimento gerido por eles para resolução de conflitos, conclui-se que tal atividade apresenta natureza jurisdicional. Além de ser considerado um terceiro imparcial e, portanto, apto a conduzir procedimentos jurisdicionais, o órgão regulador deve respeitar uma série de garantias constitucionais no processo de tomada de decisão (seja da natureza que for), impondo, assim, a atenção a um devido processo legal regulatório[179] – predominantemente público, exercido mediante contraditório, cujos atos

---

176. Ibidem, p. 369.

177. Ibidem, p. 92. O autor trabalha a partir da noção de jurisdição preventiva considerando as reflexões de Leonardo Greco sobre a jurisdição voluntária, para quem "a função jurisdicional não se resume a solucionar litígios reais ou potenciais. Também tutelar interesses dos particulares, ainda que não haja litígio, é função tipicamente jurisdicional" (GRECO, Leonardo. *Jurisdição voluntária moderna.* São Paulo: Dialética, 2003. p. 18).

178. Em linha semelhante à trabalhada por Marcelo Barbi Gonçalves, já referida, Gustavo Henrichs Favero identifica atividade jurisdicional em Tribunais Desportivos (art. 217 da CF e art. 52 da Lei n. 9.615/1998), no Tribunal Marítimo (art. 1º. da Lei n. 2.180/1954), em Comissões Permanentes de Inquérito (art. 52 da CF), na Comissão de Valores Mobiliários (art. 9º., V e VI e art. 11 da Lei n. 6.385/1976 c/c art. 2º. da Resolução CVM n. 24), nos Tribunais de Contas (arts. 31, § 3º. e 71, inc. II da CF), no Conselho Administrativo de Defesa Econômica (art. 7º. da Lei n. 12.529/2011), nos juízes de paz (art. 98 da CF) e nos Tribunais Indígenas (art. 231 da CF e art. 51 da Lei n. 6.001/1973) (Ibidem, p. 166-167).

179. Cf. subcapítulo 4.3.3.

devem ser motivados de maneira adequada. Justamente por isso, para sustentar a posição adotada neste trabalho – do exercício de jurisdição pelos órgãos reguladores –, impõe-se o exame detido da natureza, da atividade e das funções desses órgãos, dedicando-se o capítulo seguinte a essa análise.

Antes, contudo, deve-se fazer uma ressalva. Não se trata de tomar por errôneas ou equivocadas as clássicas teorias desenvolvidas sobre a jurisdição. Ao contrário, apenas com fundamento nas lições pretéritas é possível desenvolver o tema para melhor acomodá-lo à necessidade e à cultura contemporâneas, movimento natural na evolução do direito. A mudança de pensamento sobre a abrangência da jurisdição de Cândido Rangel Dinamarco e Ada Pellegrini Grinover, antes expostas[180], demonstra bem tal movimento.

180.Cf. subcapítulos 1.2.2.1 e 1.2.2.2, respectivamente.

Capítulo 2

ATUAÇÃO DOS ÓRGÃOS REGULADORES NO DIREITO BRASILEIRO

O presente capítulo delimita outra premissa essencial para avançar no tema central: entender a natureza jurídica e os limites da atuação dos órgãos reguladores, especialmente as agências reguladoras e o Banco Central, no contexto do Estado regulador brasileiro. A abordagem aqui realizada pelas lentes do direito administrativo, econômico e regulatório, é necessária à boa compreensão da estrutura e do funcionamento dos reguladores, bem como da complexidade das relações regulatórias, fatores refletidos em seus litígios. Mantendo o foco principal na resolução de conflitos, não se pretende aprofundar todos os atributos e os infindáveis debates acerca da regulação e dos órgãos reguladores, mas destacar os pontos essenciais para um entendimento suficiente e necessário às reflexões propostas sob o prisma do direito processual civil, considerando sua instrumentalidade em relação ao direito material tutelado.

Para isso, faz-se uma breve contextualização do Estado regulador no Brasil, da regulação estatal, de que se origina essa nova forma de prestação de serviços públicos, e dos órgãos reguladores, cuja natureza, atuação e funções também são examinadas. Sobre suas características, dá-se ênfase à autonomia e à especialidade dos reguladores, que justificam tanto a criação desses entes quanto as funções a eles conferidas. Nesse particular, ao passo que a função executiva se aproxima do poder de polícia, natural para tais entidades, a doutrina administrativista dá destaque à função normativa desses órgãos, perquirindo-se aqui o processo seguido pelos órgãos reguladores para edição de seus atos normativos. Por fim, no bojo de sua função judicante, examinam-se os meios pelos quais os órgãos reguladores, atualmente, exercem a gestão dos conflitos entre consumidores e agentes regulados, sua efetividade e impressões dos usuários em relação aos órgãos reguladores. Essas análises levantam importantes subsídios para as proposições postas nos próximos capítulos.

2.1. ESTADO REGULADOR E REGULAÇÃO ESTATAL

No Brasil, durante a década de 1980, vigorou o modelo de intervenção direta do Estado no domínio econômico, ou seja, o Estado atuava na economia por meio de empresas estatais e entidades da Administração Pública indireta. A criação de empresas públicas e sociedades de economia mista, por exemplo, foi autorizada com a finalidade de garantir o atendimento dos interesses do Estado-Nação, tanto na prestação de serviços públicos quanto na exploração de monopólios públicos. Ocorre que, no final do século XX, sobretudo com o fim do regime autoritário de 1964-1985, as ideias de desenvolvimento a partir do setor produtivo estatal se tornaram inadequadas[1]. Assim, seguindo uma tendência mundial[2], o Brasil orientou-se por medidas mais liberalizantes, tidas como uma exigência do mercado para o aporte de capitais no país, mediante a adoção de um "compromisso regulatório", com uma atuação menos ativa do Estado.

A abertura democrática, a Constituição Federal de 1988 e suas reformas posteriores, em especial aquela decorrente da Emenda Constitucional n. 19/1998, foram responsáveis por introduzir, no Brasil, o novo modelo de Estado Regulador, apontado como um modelo intermediário entre o Estado liberal e o Estado de bem-estar social. A sua principal característica é a transferência de atividades essenciais, até então desenvolvidas diretamente pelo Estado, aos particulares, que, por sua vez, estariam submetidos à disciplina regulatória do Estado[3]. Na década de 1990, o Brasil reestruturou seu modelo de Estado relativo à exploração de atividades econômicas e à prestação de serviços públicos, passando de um produtor e prestador de serviços para um Estado regulador, caracterizado pela criação de agências reguladoras independentes, pelas privatizações de empresas estatais, por terceirizações de funções administrativas do Estado e pela regulação da economia, segundo

1. SILVEIRA, Bruna Braga da. *Litigiosidade repetitiva, processo e regulação:* interações entre o Judiciário e o regulador no julgamento de casos repetitivos. Salvador: Juspodivm, 2020. p. 56.
2. "Além do entusiasmo pelo 'novo', observado no discurso de lideranças políticas daquele momento, o apoio de organismos internacionais como o Banco Mundial – Bird, o Fundo Monetário Internacional – FMI e a Organização para Cooperação e Desenvolvimento Econômico – OCDE foi essencial para a consolidação e a difusão na qual os esforços como a privatização, associados a outros fatores, levariam ao desenvolvimento. Nesse sentido, era claro que a estrutura regulatória de cada país seria determinante crucial do sucesso ou do fracasso desses esforços. O instrumental utilizado por esses atores internacionais também variou amplamente, indo de restrições a incentivos àqueles países que se adequassem ou não aos padrões econômicos indicados, sendo comum, por exemplo, a utilização da exigência de reformas em direção ao mercado como condição para a concessão de empréstimos". (CRUZ, Verônica. Estado e regulação: fundamentos teóricos. *In:* RAMALHO, Pedro Ivo Sebba (Org.). *Regulação e Agências Reguladoras:* governança e análise de impacto regulatório. Brasília: Anvisa, 2009. p. 56-57).
3. VILELA, Danilo Vieira. *Agências reguladoras e a efetivação da ordem econômica constitucional brasileira.* Salvador: Juspodivm, 2018. p. 22-23.

técnicas administrativas de defesa da concorrência e correção de "falhas de mercado", em substituição a políticas de planejamento industrial[4].

Segundo Floriano de Azevedo Marques Neto, o modo mais relevante de compreender-se essa nova forma de atuação estatal é a separação entre o poder estatal, o ente encarregado da regulação do respectivo setor e a admissão, pelo setor regulado, da existência de operadores privados competindo com o operador público, o que leva alguns autores a caracterizarem essa nova regulação como "regulação para a competição"[5]. Assim, a intervenção estatal deixa de ser direta e passa a ser, principalmente, indireta, com o exercício do poder pelo Estado, a partir de exigências essenciais e diretrizes impostas à atividade prestada pelo particular, a fim de padronizá-la[6]. Portanto, não há "integral rejeição da concepção intervencionista", mas diferenciação acerca dos limites dessa intervenção e dos instrumentos adequados para isso[7].

A moderna regulação não representa uma subtração do papel do Estado como ordenadora da economia, mas uma mudança no paradigma pelo qual a intervenção estatal na economia se dá, substituindo ou complementando os mecanismos da intervenção direta por instrumentos de uma determinada modalidade específica de intervenção indireta[8], a chamada "intervenção regulatória"[9]. A regulação é característica de um modelo econômico em que o Estado não assume diretamente o exercício da atividade empresarial, mas intervém enfaticamente no mercado, com a utilização de instrumentos de autoridade[10], e pode ser definida como "a imposição de regras que disciplinam a atuação dos agentes econômicos em um dado mercado", sendo o Estado o único legitimado para regular serviços públicos, a partir de uma legitimidade política a ele conferida em nome do interesse público[11]. Nas palavras de Diogo de Figueiredo Moreira Neto, a intervenção regulatória

4. MATTOS, Paulo Todescan Lessa. A formação do Estado Regulador no Brasil. *Novos Estudos – CEBRAP*, São Paulo, n. 76, p. 139-156, nov. 2006. p. 152.
5. MARQUES NETO, Floriano de Azevedo. *Agências reguladoras independentes:* fundamentos e seu regime jurídico. Belo Horizonte: Fórum, 2009. p. 30-31.
6. SILVEIRA, Bruna Braga da. *Litigiosidade repetitiva, processo e regulação:* interações entre o Judiciário e o regulador no julgamento de casos repetitivos. Salvador: Juspodivm, 2020. p. 60-61.
7. JUSTEN FILHO, Marçal. *O direito das agências reguladoras independentes.* São Paulo: Dialética, 2002. p. 21.
8. Embora a Constituição Federal estabeleça a livre iniciativa como um dos princípios fundamentais do Estado Democrático de Direito (art. 1º., IV, CF) e um dos fundamentos da ordem econômica (art. 170, IV, CF), admite a intervenção estatal no domínio econômico de forma indireta, a partir de sua atuação como agente normativo e regulador da atividade econômica, exercendo funções de fiscalização, incentivo e planejamento (art. 174, CF).
9. MARQUES NETO, Floriano de Azevedo. *Agências reguladoras independentes:* fundamentos e seu regime jurídico. Belo Horizonte: Fórum, 2009. p. 42-43.
10. SUNDFELD, Carlos Ari. *Direito Administrativo Econômico.* São Paulo: Malheiros, 2020. p. 23.
11. DASSO JÚNIOR, Aragon Érico. Estado Regulador, regulação e agências reguladoras: uma contribuição teórica a partir do caso brasileiro. *Revista Derecho y Economia*, La Molina, Peru, v. 1, p. 1-23, 2012.

do Estado "se caracteriza pela imposição, por norma legal, de prescrições positivas e negativas sobre o desempenho de atividades econômicas ou sociais privadas, visando à prevalência de interesses públicos específicos legalmente definidos"[12].

A novidade não é a ideia de regulação em si, mas a forma como o poder regulatório passa a ser exercido. Isso porque a atração do setor privado para o investimento nas atividades econômicas de interesse coletivo está condicionada à garantia de estabilidade e previsibilidade das "regras do jogo" nas relações da empresa concessionária com o Poder Público, de um lado, e com os usuários, de outro[13]. A moderna regulação remete à ideia de equilíbrio em um dado sistema regulado, dos interesses internos a um sistema econômico, ou seja, a ação estatal visa ao equilíbrio entre os interesses privados e as metas e objetivos de interesse público[14]. Essencialmente, sua finalidade é harmonizar o interesse público com os direitos dos particulares, agindo no sentido de prevenir, controlar ou corrigir eventuais consequências negativas em setores legalmente considerados críticos[15].

A regulação visa a ser uma instância de mediação em que antagonismos e conflitos se resolvem, estabelecendo regras para a concorrência, além de assegurar a redistribuição, ou seja, objetiva a universalização dos serviços e, ao mesmo tempo, a proteção dos interesses dos usuários[16]. Portanto, deve orientar-se por dois aspectos fundamentais: garantir o fornecimento do serviço (presente e futuro) e estabelecer os níveis adequados na relação qualidade-preço, conforme o grau de desenvolvimento e as prioridades da sociedade. Na medida em que, para esses fins, seja necessário e imprescindível intervir na atividade econômica e nas decisões empresariais, estará justificada a regulação[17].

---

12. MOREIRA NETO, Diogo de Figueiredo. *Mutações do direito público*. 16. ed. Rio de Janeiro: Renovar, 2006. p. 129.
13. BARROSO, Luís Roberto. Apontamentos sobre as agências reguladoras. *In:* FIGUEIREDO, Marcelo (Org.). *Direito e regulação no Brasil e nos EUA*. São Paulo: Malheiros, 2004. p. 97.
14. MARQUES NETO, Floriano de Azevedo. *Agências reguladoras independentes:* fundamentos e seu regime jurídico. Belo Horizonte: Fórum, 2009. p. 33-34.
15. LIMA, Artur Carnauba Guerra Sangreman. A atividade regulatória do Estado e seus fundamentos. *Revista Acadêmica da Faculdade de Direito do Recife*, v. 89, n. 2, p. 209- 231, jul./dez. 2017. p. 219.
16. NAVES, Rubens. Agências reguladoras: origens e perspectivas. *In:* FIGUEIREDO, Marcelo (Org.). *Direito e regulação no Brasil e nos EUA*. São Paulo: Malheiros, 2004. p. 127.
17. ARIÑO ORTIZ, Gaspar. *Economia y Estado:* crisis y reforma del sector público. Buenos Aires: Abeledo-Perrot, 1993. p. 273.

2.1.1. Natureza e atividade dos órgãos reguladores[18]

Para concretizar essas tarefas, fez-se necessária a constituição de "*um tipo específico de órgãos públicos* que enfeixem *ampla gama de competências* associadas a uma *alta especialização técnica*, de modo a intervir num determinado *setor da economia*"[19]. A função desses órgãos reguladores é criar políticas e diretrizes para a atuação das empresas e oferecer, em troca, a garantia formal de um processo de integração econômica equilibrada, em que as partes possam atuar e fazer valer seus direitos[20]. Seu aspecto crucial é a aquisição do sentido de serem intérpretes desse sistema de delegação à iniciativa privada de atividades de teor econômico, com a incumbência de aferir se a prestação do serviço corresponde à finalidade maior do interesse público. Essa é a natureza que deve conservar o serviço público delegado no Estado Regulador[21].

Grande destaque na atividade de regulação e fiscalização da atuação desses múltiplos atores no cenário regulatório moderno é, sem dúvidas, a criação das agências reguladoras[22]. Marçal Justen Filho as conceitua como autarquias especiais, criadas por lei para intervenção estatal no domínio econômico, dotadas de competência para regulação de setor específico, inclusive com poderes de natureza complementar e arbitramento de conflitos entre particulares, sujeitas a regime que assegure sua autonomia em face da Administração direta[23]. Sob esse aspecto, as agências reguladoras são "ins-

---

18. A expressão "órgãos reguladores" é aqui utilizada como gênero que congrega as agências reguladoras, assim definidas em lei e expressão maior da atividade regulatória, mas também outros entes que exercem o mesmo papel no sistema jurídico, a despeito de não serem expressamente tratados como tal, como é o caso do Banco Central (Bacen), por exemplo. Em razão disso, no presente estudo, todas as considerações e reflexões sobre agências reguladoras estendem-se aos demais órgãos reguladores, pontuando-se, quando necessário, eventuais diferenças e peculiaridades de cada ente.
19. MARQUES NETO, Floriano de Azevedo. *Agências reguladoras independentes:* fundamentos e seu regime jurídico. Belo Horizonte: Fórum, 2009. p. 46. Grifos do autor.
20. NAVES, Rubens. Agências reguladoras: origens e perspectivas. *In:* FIGUEIREDO, Marcelo (Org.). *Direito e regulação no Brasil e nos EUA.* São Paulo: Malheiros, 2004. p. 127.
21. Ibidem, p. 134.
22. As entidades reguladoras independentes existem em diversos países, destacando-se as *autorités administratives indépendantes* francesas; as *autorità indipendenti* italianas; as *administraciones independientes* espanholas; as *régies* canadenses e as *independent regulatory commissions* estadunidenses, sendo essas últimas o modelo que inspirou as agências reguladoras brasileiras. Para um maior aprofundamento sobre o tema, sugere-se: ARAGÃO, Alexandre Santos de. *Agências reguladoras e a evolução do direito administrativo econômico.* 3. ed. Rio de Janeiro: Forense, 2013; GUERRA, Sérgio. *Agências reguladoras:* da organização administrativa à governança em rede. 2. ed. Belo Horizonte: Fórum, 2021.
23. JUSTEN FILHO, Marçal. *O direito das agências reguladoras independentes.* São Paulo: Dialética, 2002. p. 338. Para Alexandre Santos de Aragão, agências reguladoras são autarquias de regime especial, dotadas de considerável autonomia frente à Administração centralizada, incumbidas do exercício de funções regulatórias e dirigidas por colegiado cujos membros são nomeados por prazo determinado pelo Presidente da República, após prévia aprovação pelo Senado Federal, vedada a exoneração *ad nutum*. (ARAGÃO, Alexandre Santos de. *Agências reguladoras e a evolução do direito administrativo*

tituições dotadas do poder de formular regras, que disciplinam a conduta dos agentes econômicos, com vistas a aperfeiçoar o desempenho do setor regulado" e, por isso, elas "não existem para prover serviços públicos nas áreas econômicas reguladas, mas especialmente para regular os mercados tidos por relevantes e necessários"[24].

A existência de órgãos reguladores resulta da necessidade de o Estado influir na organização das relações econômicas de modo constante e profundo, com emprego de instrumentos de autoridade, conferindo às entidades incumbidas dessa intervenção, boa dose de autonomia frente à estrutura tradicional de Poder Público[25]. Mesmo não tendo assumido, de modo consciente, a forma de um movimento político, a regulação pode ser vista como um meio de proteção da sociedade em relação ao movimento liberal, tendo as agências reguladoras potencialmente como "estruturas de legitimação da ação estatal", na medida em que o Estado abre mão da promoção, por si próprio, dos serviços públicos e assume um papel fiscalizador e regulador dessas atividades, que deve ser reforçado para que não se afaste de seus deveres constitucionais[26].

A maior das peculiaridades das agências reguladoras é o poder de regular matérias atinentes à sua especialidade e capacidade específica, tendo como privilégios: *i)* ter quase total autonomia técnica, administrativa e financeira, ficando alheias a matérias e decisões político-partidárias e aos entraves da

---

econômico. 3. ed. Rio de Janeiro: Forense, 2013. p. 281). Floriano de Azevedo Marques Neto identifica como características essenciais dos entes incumbidos da regulação estatal o fato de serem órgãos públicos que concentrem várias funções e competências, voltadas a um setor da economia que demande significativa especialização; que sejam marcados pela busca de equilíbrio entre interesses envolvidos com a atividade regulatória; e que tenham uma significativa neutralidade em relação a esses interesses. (MARQUES NETO, Floriano de Azevedo. *Agências reguladoras independentes:* fundamentos e seu regime jurídico. Belo Horizonte: Fórum, 2009. p. 47).

24. SILVEIRA, Bruna Braga da. *Litigiosidade repetitiva, processo e regulação:* interações entre o Judiciário e o regulador no julgamento de casos repetitivos. Salvador: Juspodivm, 2020. p. 78.

25. SUNDFELD, Carlos Ari. Introdução às agências reguladoras. *In:* SUNDFELD, Carlos Ari (Coord.). *Direito Administrativo Econômico.* São Paulo: Malheiros, 2000. p. 18.

26. PECI, Alketa; CAVALCANTI, Bianor Scelza. A outra face da regulação: o cidadão-usuário de serviços públicos no novo modelo regulatório brasileiro. *Revista de Direito Público da Economia – RDPE,* Belo Horizonte, a. 1, n. 3, p. 9-31, jul./set. 2003. p. 13. Nessa linha, vale o alerta de Carlos Ari Sundfeld: "Não é correto supor que agência reguladora seja sinônimo de processo de privatização, e vice-versa. Autoridades com poderes de regulação existem para todos os setores, não só para os privatizados (mencionem-se os órgãos de defesa da concorrência e os voltados ao mercado financeiro). Agências reguladoras existem em países que nunca conheceram os fluxos de estatização e privatização, como os Estados Unidos. Privatizações foram implementadas sem que o Estado se preocupasse em ampliar sua função regulatória, quer por o setor não o justificar (caso das desestatizações de empresas siderúrgicas e petroquímicas federais no Brasil dos anos 80), quer por opção política (caso das privatizações de serviços básicos na Argentina da década de 80). Mas há uma clara tendência nos últimos anos, entre os países que optaram por amplos processos de privatização de serviços básicos, de criar órgãos de regulação ou de conferir maior autonomia ou poderes aos já existentes". (SUNDFELD, Carlos Ari. Introdução às agências reguladoras. *In:* SUNDFELD, Carlos Ari (Coord.). *Direito Administrativo Econômico.* São Paulo: Malheiros, 2000. p. 19).

falta de orçamento; *ii)* expedir normas regulamentadoras setoriais de modo célere, a fim de poderem acompanhar a dinâmica da evolução econômica e tecnológica que hoje se perfaz com extrema rapidez – assim, tenta-se minimizar o efeito deletério do engessado procedimento político-legislativo; *iii)* poder aplicar sanções, igualmente de forma mais célere; *iv)* associar a participação dos usuários no controle desses serviços prestados[27].

Porém, as agências reguladoras não têm disciplina constitucional. A Constituição Federal de 1988 apenas prevê a necessidade de criação de um "órgão regulador" para o setor de telecomunicações (art. 21, XI) e de outro para o setor petroleiro (art. 177, § 2º., III), sendo, respectivamente, a Agência Nacional de Telecomunicações (Anatel), criada pela Lei n. 9.472/1997, e a Agência Nacional do Petróleo (ANP), criada pela Lei n. 9.478/1997. Dessa forma, a disciplina jurídica de tais entes se dava, sobretudo, por meio da norma criadora da agência e do respectivo decreto regulamentar, destacando-se a Lei n. 9.986/2000, que dispõe (tão somente) sobre gestão de recursos humanos nas agências reguladoras[28]. A despeito das particularidades de cada setor regulado e da fragmentação das leis instituidoras, há uma identidade material entre as agências, tendo em vista que sua função precípua de fiscalizar, normatizar e regular independe do setor no qual está inserido, sem apresentar significativas distinções[29].

No entanto, em 2019, foi promulgada a Lei n. 13.848, que dispõe sobre a gestão, a organização, o processo decisório e o controle social das agências reguladoras, funcionando como uma lei geral dessas agências. Essa lei buscou garantir a autonomia das agências, bem como reforçar suas características de especialidade, imparcialidade e participação[30]. Enquanto têm o dever, perante o Poder Público e a sociedade, de desempenhar a atribuição justificadora de

27. MOREIRA NETO, Diogo de Figueiredo. *Mutações do direito público*. 16. ed. Rio de Janeiro: Renovar, 2006. p. 148.

28. À mingua de uma matriz constitucional específica, Tércio Sampaio Ferraz Júnior entende que a competência das agências reguladoras "vem informada pelo dever de racionalidade, que, imposto ao Legislador, combina a atividade (agente) normativa com a reguladora. Pela primeira, cabe ao Estado, mediante lei, fixar diretrizes para a economia. Pela segunda, realizar o que os economistas chamam de intervenção conforme, isto é, orientar e influenciar os agentes econômicos por meio de políticas globais que equilibrem níveis de demanda, condições de repartição, eficiência na alocação e distribuição de recursos, sem lhes eliminar a livre determinação. Em suma, o poder regulador das agências encontra limites no princípio da eficiência, o que faz com o que o seu controle seja exercido sobre a razoabilidade de seu conteúdo". (FERRAZ JÚNIOR, Tércio Sampaio. Como regular agências reguladoras? *Revista Brasileira de Direito Público*, Belo Horizonte, a. 6, n. 22, p. 7-23, jul./set. 2008. p. 22).

29. FORTINI, Cristiana; CAVALCANTI, Marjorie Wanderley. Lei Federal n. 13.848/2019: a Lei Geral das Agências Reguladoras (artigos 1º. ao 3º. da Lei n. 13.848/2019). *In:* SCHIER, Adriana; FORTINI, Cristiana; MELO, Lígia; VALLE, Vanice (Coords.). *Marco legal das agências reguladoras na visão delas:* comentários à Lei n. 13.848/2019 e à IN n. 97/2020. Belo Horizonte: Fórum, 2021. p. 39.

30. O art. 3º. da Lei n. 13.848/2019 caracteriza o regime especial das agências reguladoras pela *i)* ausência de tutela ou de subordinação hierárquica; *ii)* autonomia funcional, administrativa e financeira; e *iii)* investidura a termo de seus dirigentes e estabilidade durante os mandatos.

sua instituição, têm, também, o direito de exercê-la com independência em relação ao ente instituidor, respeitados os limites legais[31].

A Lei Geral das Agências Reguladoras (LGAR), ao arrolar expressamente as entidades assim consideradas[32], deixou de fora de sua abrangência outros entes criados antes de sua vigência e sem o nome de agência, mas mantenedores de um arcabouço autonômico muitíssimo semelhante ao daquelas enumeradas em lei. Autarquias como o Conselho Administrativo de Defesa Econômica (Cade) e a Comissão de Valores Mobiliários (CVM), instituídas em 1962 e 1976, respectivamente, até hoje não costumam ser tratadas como agências reguladoras[33]. Outro ente com significativa atuação regulatória excluído da disciplina da LGAR é o Banco Central (Bacen).

A Constituição Federal, em seu Título VII, destinado à Ordem Econômica e Financeira, em capítulo específico sobre o Sistema Financeiro Nacional, prevê que este deve ser "estruturado de forma a promover o desenvolvimento equilibrado do País e a servir aos interesses da coletividade", além de "regulado por leis complementares que disporão, inclusive, sobre a participação do capital estrangeiro nas instituições que o integram" (art. 192, CF). Não obstante, a estruturação jurídico-institucional do sistema financeiro brasileiro já encontrava previsão na Lei n. 4.595/1964, até hoje vigente, que conferiu protagonismo a dois entes: o Conselho Monetário Nacional (CMN) e o Banco Central (Bacen).

O primeiro é um órgão colegiado, desprovido de personalidade jurídica, integrante da estrutura básica do Ministério da Fazenda, titular de competência normativa sobre as atividades do sistema bancário e do mercado de capitais[34]. Por força dessa "capacidade normativa de conjuntura", as empresas que desempenham a atividade de intermediação financeira no Brasil devem

---

31. DI PIETRO, Maria Sylvia Zanella. Prefácio. *In:* SCHIER, Adriana; FORTINI, Cristiana; MELO, Lígia; VALLE, Vanice (Coords.). *Marco legal das agências reguladoras na visão delas:* comentários à Lei n. 13.848/2019 e à IN n. 97/2020. Belo Horizonte: Fórum, 2021. p. 17-18.

32. O art. 2º. da Lei n. 13.848/2019 apresenta uma listagem das agências reguladoras consideradas para seus fins, quais sejam, Agência Nacional de Energia Elétrica (Aneel), instituída pela Lei n. 9.427/1998; Agência Nacional de Petróleo, Gás Natural e Biocombustíveis (ANP), instituída pela Lei n. 9.478/1997; Agência Nacional de Telecomunicações (Anatel), instituída pela Lei n. 9.472/1997; Agência Nacional de Vigilância Sanitária (Anvisa), Lei n. 9.782/1999; Agência Nacional de Saúde (ANS), Lei n. 9.961/2000; Agência Nacional de Águas (ANA), Lei n. 9.984/2000; Agência Nacional de Transportes Aquaviários (Antaq), Lei n. 10.233/2001; Agência Nacional de Transportes Terrestres (ANTT), Lei n. 10.233/2001; Agência Nacional do Cinema (Ancine), MP 2.228-1/2001, alterada pela Lei n. 12.485/2011; Agência Nacional de Aviação Civil (Anac), Lei n. 11.182/2005; Agência Nacional de Mineração (ANM), Lei n. 13.575/2017. Aplica-se também a outras agências que venham a ser criadas posteriormente à promulgação da lei.

33. ARAGÃO, Alexandre Santos de. Considerações iniciais sobre a Lei Geral das Agências Reguladoras. *Revista de Direito da Administração Pública,* a. 5, v. 1, n. 1, p. 7-23, jan./jun. 2020. p. 9.

34. HELLWIG, Guilherme Centenaro. *Internacionalização regulatória no Sistema Financeira Nacional.* Rio de Janeiro: Lumen Juris, 2019. p. 102.

obedecer às determinações dispostas pelo órgão normativo[35]. O segundo, por sua vez, exerce o papel de autoridade monetária, financeira e cambial no Estado brasileiro. Entre outras atribuições, cabe ao Bacen a competência de "cumprir e fazer cumprir as disposições que lhe são atribuídas pela legislação em vigor e as normas expedidas pelo Conselho Monetário Nacional" (art. 9º., Lei n. 4.595/1964). A Lei Complementar n. 179, promulgada em 24 de fevereiro de 2021, em seu art. 6º., descreve o Bacen como autarquia de natureza especial caracterizada: *i)* pela ausência de vinculação a Ministério, de tutela ou de subordinação; *ii)* pela autonomia técnica, operacional, administrativa e financeira; e *iii)* pela investidura a termo de seus dirigentes e pela estabilidade durante seus mandatos, com redação quase idêntica à do art. 3º. da LGAR[36].

De modo geral, a instituição dos órgãos reguladores se dá perante a necessidade de propiciar soluções mais compatíveis com a realização da concepção democrática em face da crescente complexidade da sociedade contemporânea. Com sua adoção, busca-se construir instrumentos jurídicos para organizar o exercício do poder político e assegurar a realização dos valores fundamentais. Indo além, "configura-se uma forma de limitar o poder político e o poder econômico, criando soluções em que o poder limite o próprio poder. As agências podem ser mais um instrumento de implementação de um sistema de freios e contrapesos"[37].

---

35. A expressão "capacidade normativa de conjuntura" foi utilizada por Eros Roberto Grau, enquanto Ministro do Supremo Tribunal Federal, para referir-se à capacidade do CMN de regular o desempenho e a atividade das instituições financeiras. (BRASIL. Supremo Tribunal Federal (Tribunal Pleno). Ação Direta de Inconstitucionalidade 2.591/DF. Relator: Min. Eros Grau, 07 de junho de 2006. Diário da Justiça, ata n. 31/2006, 29 set. 2006).

36. O principal motivo que afastava a caracterização completa do Bacen como um órgão regulador era a possibilidade de exoneração *ad nutum* de seus diretores, nos termos do art. 1º. da Lei n. 91.961/1985. Com o advento da Lei Complementar n. 179/2021, entende-se ultrapassada essa barreira para considerá-lo efetivamente como um órgão regulador para todos os fins. Como bem pontuado por Marçal Justen Filho, "de modo geral, ao redor do mundo, as instituições encarregadas de formular a política monetária recebem configuração de agências reguladoras independentes, o que busca evitar que o partidarismo político e a eletividade dos mandatos influenciem a formulação de decisões aptas a afetar toda a economia da nação. Exige-se, com ainda mais vigor, a imparcialidade nas decisões estatais acerca da política monetária, sendo inconcebível que partido político ou governante oriente a condução dessa política para conceder vantagens ou desvantagens a grupos ou pessoas". (JUSTEN FILHO, Marçal. *O direito das agências reguladoras independentes*. São Paulo: Dialética, 2002. p. 333). A constitucionalidade formal e material da Lei Complementar n. 179/2021 foi confirmada pelo Supremo Tribunal Federal na ADI 6.696, julgada em 26 de agosto de 2021. (BRASIL. Supremo Tribunal Federal (Tribunal Pleno). Ação Direta de Inconstitucionalidade 6.696/DF. Relator: Min. Ricardo Lewandowski, 26 de agosto de 2021. Diário de Justiça Eletrônico, 13 dez. 2021).

37. JUSTEN FILHO, Marçal. *O direito das agências reguladoras independentes*. São Paulo: Dialética, 2002. p. 355-357.

2.1.2. Especialidade e autonomia dos órgãos reguladores

Para cumprir seu múnus principal, é essencial aos órgãos reguladores reunirem conhecimentos e especialidades sobre o setor objeto de sua regulação, sendo a capacidade técnica do regulador um requisito para a própria legitimação da regulação. Quanto mais o órgão e seus agentes dominam os códigos, as necessidades e as possibilidades do setor regulado, mais eficiente será a regulação, pois, quanto mais capacitada tecnicamente for a agência, menor será a assimetria de informação em relação ao regulado, reduzindo eventual vantagem de conhecimento que mantenha sobre o agente estatal, por reunir dados relativos à sua operação, além de ter grande facilidade de obter informações sobre o setor regulado em que atua[38].

A especialização dos órgãos reguladores significa "o aprofundamento do conhecimento acerca dos problemas a enfrentar e das soluções disponíveis, evitando-se soluções produzidas *ad-hoc*" e fazendo da atividade regulatória objeto de uma disciplina dotada de racionalidade, com um núcleo organizado, composto por pessoas capazes e conhecimento comum e aprofundado de determinado assunto, não uma manifestação impensada[39]. A *expertise* técnica permite às medidas tomadas pelo regulador "já levar em conta as especificidades do setor regulado, facilitando a sua eficácia"[40].

Um dos fatores mais relevantes para conceder um notável grau de autonomia a esses órgãos é "a fé na força dos conhecimentos e experiência específicos como motor da melhoria social"[41]. Essa especialidade, que escapa aos legisladores, aos tribunais, e aos burocratas tradicionais, é uma fonte importante de legitimidade dos reguladores, adequada ao "imperativo funcional" da especialização em troca de sua autonomia em relação ao Poder Público, sem perder de vista a necessidade de assegurar a "continuidade das políticas" nos setores regulados[42].

---

38. MARQUES NETO, Floriano de Azevedo. *Agências reguladoras independentes:* fundamentos e seu regime jurídico. Belo Horizonte: Fórum, 2009. p. 62.

39. JUSTEN FILHO, Marçal. *O direito das agências reguladoras independentes.* São Paulo: Dialética, 2002. p. 365-366.

40. MARQUES NETO, Floriano de Azevedo. *Agências reguladoras independentes:* fundamentos e seu regime jurídico. Belo Horizonte: Fórum, 2009. p. 62. William Burnham aponta, entre as razões essenciais para criação das agências reguladoras, a capacidade de dar soluções melhores aos problemas afetos a si, devido à sua *expertise*, fazendo com que suas decisões alcancem um nível qualitativo, para determinadas questões, superior ao oferecido pelo Executivo, pelo Legislativo ou pelo Judiciário. Essa especialização também proporciona ganhos de eficiência, sobretudo considerando que determinadas áreas reguladas demandam alto nível de flexibilidade para reagir rapidamente às oscilações da economia e do mercado, além de permitir a adoção de decisões mais consistentes e racionais. (BURNHAM, William. *Introduction to the law and the legal system of the United States.* 4. ed. West, 2006. p. 195-196).

41. MAJONE, Giandomenico. Do Estado positivo ao Estado regulador: causas e consequências da mudança no modo de governança. *Revista do Serviço Público,* a. 50, n. 1, p. 5-36, jan./mar. 1999.

42. Ibidem.

No entanto, essa especialidade técnica pode conduzir a desvios negativos. A exacerbação do conhecimento especializado pode produzir a perda de referência do todo, pois faz com que o regulador tenha um profundo conhecimento sobre o setor regulado, despreocupando-se em relação a outros ângulos das atividades sujeitas à sua competência, o que culmina em tomadas de decisão cujos efeitos secundários são altamente nocivos[43], em uma "visão de túnel". Nesse ponto, tais órgãos devem zelar pela proximidade e pela abertura social de suas ações quanto aos administrados interessados e pela possibilidade de promoção de negociações em procedimentos participativos, criando uma conexão administrativa imediata e despolitizada, por vezes bastante interativa, entre a agência e o administrado interessado[44]. Atenta a isso, a LGAR determina a consulta pública previamente à tomada de decisão, a minutas e a propostas de alteração de atos normativos de interesse geral dos agentes econômicos, consumidores ou usuários dos serviços prestados (art. 9º.), bem como a realização de audiências públicas para formação de juízo e tomada de decisão sobre matéria considerada relevante (art. 10)[45], além da criação de ouvidorias (arts. 22 ao 24).

A mesma lei, alterando o disposto na Lei n. 9.986/2000, assinala a necessidade de os membros dirigentes dos órgãos reguladores, indicados e nomeados pelo Presidente da República, serem "cidadãos de reputação ilibada e de notório conhecimento no campo de sua especialidade", devendo ter comprovada experiência profissional no campo de atividade da agência reguladora ou em área a ela conexa, além de formação acadêmica compatível com o cargo para o qual tenham sido indicados, requisitos cumulativos (art. 5º., Lei n. 9.986/2000). Essa previsão normativa deixa claras a preocupação com a especialidade do órgão regulador e a relevância do conhecimento técnico de seus membros, notadamente seus dirigentes, para a consecução dos fins pretendidos na atividade regulatória.

Analisando-se alguns dos dirigentes de reguladores em exercício, pode-se concluir que os critérios técnicos vêm sendo cumpridos. Exemplificativamente, o atual presidente da Anatel, Carlos Manuel Baigorri, é graduado em Ciências Econômicas, possui mestrado e doutorado em Economia, além de atuar na área de telecomunicações desde 2006, sendo servidor de carreira da Anatel desde 2009[46]. O Diretor-Geral da Aneel, Sandoval de Araujo Feitosa Neto,

---

43. JUSTEN FILHO, Marçal. *O direito das agências reguladoras independentes*. São Paulo: Dialética, 2002. p. 372.
44. MOREIRA NETO, Diogo de Figueiredo. Consideraciones sobre la participacion em el derecho comparado Brasil-España. *Revista da Administración Pública*, v. 152, p. 73-91, maio-ago. 2000. p. 79.
45. Cf. subcapítulo 2.2.2.1.
46. Gov.br. Anatel. Composição. Presidência. Disponível em: https://www.gov.br/anatel/pt-br/composicao/ presidencia/carlos-manuel-baigorri. Acesso em: 27 jan. 2024.

possui mestrado em Engenharia Elétrica – Regulação Técnica e Econômica de Transmissão de Energia Elétrica e é servidor público da Aneel desde 2005, tendo exercido diversos cargos na agência ao longo de sua carreira[47]. O presidente do Bacen, Roberto Campos Neto, é economista de carreira, com graduação e mestrado na área de Economia e Finanças, pela Universidade da Califórnia[48]. Para além disso, os cargos operacionais – administrativos ou não – dos reguladores são preenchidos mediante concurso público, garantindo a capacidade de seus servidores.

Outro aspecto essencial dos órgãos reguladores destaca-se do exame de seus dirigentes: seu mandato perfaz o período de cinco anos, vedada a recondução (art. 6º., Lei n. 9.986/2000)[49], ficando eles impedidos de exercer atividade ou de prestar qualquer serviço no setor regulado pela agência pelo período de seis meses, contados da exoneração ou do término de seu mandato (art. 8º., Lei n. 9.986/2000)[50]. A estabilidade dos dirigentes assegura ao regulador exercer suas competências sem a ameaça de ter sua atuação interrompida por ato de vontade do poder central. Isso faz com que as decisões dos órgãos fiquem imunes a aspectos políticos, tendo-se presente, sempre, o contorno técnico, postura essa exigida não apenas dos detentores de mandato, mas também dos servidores[51]. Nas palavras de Marçal Justen Filho, "se o dirigente da agência tem de ser simpático aos partidos políticos por ocasião de sua indicação, a estabilidade subsequente lhe assegura a autonomia no desempenho de suas atividades"[52].

O impedimento posterior a seu desligamento, chamada "quarentena", visa a barrar o risco potencial na independência do regulador, oriunda da possibilidade de seu dirigente, de inopino, passar a ocupar posição de relevo junto ao regulado. Embora a quarentena não impeça que, ao fim do prazo de impedimento, o mercado absorva esses sujeitos, "ela ao menos

---

47. Gov.br. Aneel. Composição. Diretoria colegiada. Disponível em: https://www.gov.br/aneel/pt-br/composicao/ diretoria-colegiada/diretor-geral/sandoval-de-araujo-feitosa-neto-cd-i. Acesso em: 27 jan. 2024.

48. ROBERTO Campos Neto: de trader a presidente do Banco Central. InfoMoney. Disponível em: https://www.infomoney.com.br/perfil/roberto-campos-neto/. Acesso em: 27 jan. 2024.

49. Essa vedação é excepcionada apenas quando, no curso do mandato, ocorrer a vacância nos cargos de Presidente, Diretor-Presidente, Diretor-Geral, Diretor ou Conselheiro, admitindo, além da nomeação regular de novo dirigente, a recondução se tal prazo for igual ou inferior a dois anos (arts. 5º. e § 7º., Lei n. 9.986/2000).

50. Durante o impedimento, o ex-dirigente fica vinculado à agência, fazendo jus à remuneração compensatória equivalente à do cargo de direção exercido e aos benefícios a ele inerentes, incorrendo em prática de advocacia administrativa, caso viole esse impedimento (arts. 8º., § 2º. e § 4º., Lei n. 9.986/2000).

51. MARQUES NETO, Floriano de Azevedo. *Agências reguladoras independentes:* fundamentos e seu regime jurídico. Belo Horizonte: Fórum, 2009. p. 74.

52. JUSTEN FILHO, Marçal. *O direito das agências reguladoras independentes*. São Paulo: Dialética, 2002. p. 363.

obsta o fluxo de informações no sentido do regulador para o regulado e permite uma demarcação de períodos entre a atuação do agente no âmbito do regulador e, após, no mercado"[53]. Em relação à regulação financeira, a Lei Complementar n. 179/2021 determina a duração de quatro anos aos mandatos dos diretores do Bacen, podendo ser reconduzidos por uma vez (art. 4º.), além de apresentar hipóteses específicas de possibilidade de exoneração pelo Presidente da República (art. 5º.). Esse regramento garante a independência administrativa dos órgãos reguladores, essencial para seu adequado funcionamento.

Por sua própria razão de ser, os órgãos reguladores devem gozar de autonomia[54], considerando, sobretudo, a necessidade de manterem-se equidistantes dos diversos interesses envolvidos e, por vezes, concorrentes. Devem ser independentes, portanto: *i)* do agente regulado, sob pena de manifesto conflito de interesses; *ii)* das agremiações de consumidores, sob pena de incorrer em "populismo" regulatório e prejudicar o mercado regulado; e *iii)* do poder político, para assegurar sua atuação pautada por critérios técnicos e específicos, não se prestando ao uso político convencional[55]. Em razão dessa exigência de racionalidade e independência, os órgãos reguladores são instituídos de forma desvinculada da estrutura do Poder Legislativo e com autonomia em face do Executivo[56]. Como bem conclui Floriano de Azevedo Marques Neto, "perder tal independência significaria negar a própria razão de ser da regulação"[57].

Esses órgãos devem articular e interagir com os polos de interesse dos regulados, dos consumidores e do próprio poder político, mantendo,

53. MARQUES NETO, Floriano de Azevedo. *Agências reguladoras independentes:* fundamentos e seu regime jurídico. Belo Horizonte: Fórum, 2009. p. 69.

54. Relembra-se que tanto a LGAR (art. 3º.) quanto a Lei Complementar n. 179/2021 (art. 6º.) disciplinam expressamente a ausência de tutela ou de subordinação hierárquica, além da autonomia técnica, operacional, administrativa e financeira das agências reguladoras e do Bacen, respectivamente.

55. SILVEIRA, Bruna Braga da. *Litigiosidade repetitiva, processo e regulação:* interações entre o Judiciário e o regulador no julgamento de casos repetitivos. Salvador: Juspodivm, 2020. p. 84-85. Como bem pontua Carlos Ari Sundfeld, "a opção por um sistema de entes com independência em relação ao Executivo para desempenhar as diversas missões regulatórias é uma espécie de medida cautelar contra a concentração de poderes nas mãos do Estado, inevitável nos contextos intervencionistas. A nova realidade da vida exige que o Estado interfira mais na economia? Pois bem, que se lhe reconheçam funções de regulador, mas sem somá-las a todos os vastos poderes de que o Executivo já dispunha. Daí a reivindicação, forte especialmente entre as empresas mais sujeitas a regulação – ou de organizações não-governamentais, em relação, por exemplo, à regulação ambiental -, de que o regulador não seja o Executivo, mas um ente com toda a autonomia possível". (SUNDFELD, Carlos Ari. Introdução às agências reguladoras. *In:* SUNDFELD, Carlos Ari (coord.). *Direito Administrativo Econômico.* São Paulo: Malheiros, 2000. p. 24).

56. JUSTEN FILHO, Marçal. *O direito das agências reguladoras independentes.* São Paulo: Dialética, 2002. p. 363.

57. MARQUES NETO, Floriano de Azevedo. *Agências reguladoras independentes:* fundamentos e seu regime jurídico. Belo Horizonte: Fórum, 2009. p. 68.

contudo, certa neutralidade entre os três. Isso não significa dizer que devem atuar favoravelmente a uns em detrimento de outros, mas que deve manter equidistância desses interesses para exercer, com prudência e proporcionalidade, suas competências, a fim de atingir os objetivos da regulação da melhor maneira possível[58]. Devem buscar, no mandado de otimização que lhes é inerente, a maior compatibilização possível desses diversos interesses contraditórios entre si, que, no ponto ideal, alcançaria o consenso[59]. A moderna regulação dá lugar à noção de mediação de interesses, em que o Estado exerce sua autoridade não de forma impositiva, com a prevalência do interesse público selecionado pelo governante, mas arbitrando interesses e tutelando hipossuficiências, com uma maior permeabilidade do ente regulador com os interesses regulados[60].

A autonomia oriunda do regime especial dos entes reguladores pode ser caracterizada, sinteticamente, em três aspectos: *i)* autonomia administrativa reforçada, ante a independência técnica decisional em face da inadmissibilidade de interposição de recurso hierárquico impróprio contra suas decisões e pela autonomia política e estabilidade temporária dos dirigentes; *ii)* autonomia financeira, com a instituição legal de receitas e rubricas orçamentárias próprias; e *iii)* autonomia normativa, necessária à regulação do respectivo setor[61]. Essa independência orgânica, que se presta a assegurar ampla autonomia no manejo dos instrumentos regulatórios, não se confunde com uma liberdade dada ao regulador para fazer o que bem entender. Em razão disso, sua atividade é condicionada pelos princípios e objetivos da lei que o criou, pelos princípios gerais da Administração Pública, especialmente da atividade regulatória, e pelas políticas públicas estabelecidas de forma direta ou indireta para o setor[62].

Se o modelo dos órgãos reguladores brasileiros apresenta amplo regramento a fim de assegurar sua independência, deve-se ter cuidado com a possibilidade de o mercado influenciar e mesmo cooptar seus dirigentes, pondo em risco a autonomia e a isenção dessas entidades[63]. Há "captura"

---

58. Ibidem, p. 46-47/51.
59. ARAGÃO, Alexandre Santos de. *Agências reguladoras e a evolução do direito administrativo econômico.* 3.ed. Rio de Janeiro: Forense, 2013. p. 307.
60. MARQUES NETO, Floriano de Azevedo. *Agências reguladoras independentes:* fundamentos e seu regime jurídico. Belo Horizonte: Fórum, 2009. p. 31.
61. ALMEIDA, Bruno Costa de. Agências reguladoras independentes, atividade regulatória e conflito normativo. *Revista Eletrônica de Direito Administrativo Econômico,* Salvador, n. 37, p. 1-30, fev./abr. 2014. p. 3.
62. MARQUES NETO, Floriano de Azevedo. *Agências reguladoras independentes:* fundamentos e seu regime jurídico. Belo Horizonte: Fórum, 2009. p. 73.
63. NAVES, Rubens. Agências reguladoras: origens e perspectivas. *In:* FIGUEIREDO, Marcelo (Org.). *Direito e regulação no Brasil e nos EUA.* São Paulo: Malheiros, 2004. p. 132.

quando o ente "perde sua condição de autoridade comprometida com a realização do interesse coletivo e passa a produzir atos destinados a legitimar a realização dos interesses egoísticos de um, alguns ou todos os segmentos empresariais regulados", sendo "mais uma faceta do fenômeno de distorção de finalidades dos setores burocráticos estatais"[64].

A captura, destaca-se, não se relaciona, necessariamente, a manifestações de corrupção, sendo possível que se processe de modo inconsciente, sem obtenção de vantagens indevidas, por exemplo, identificando uma espécie de "comunhão cognitiva" ou "identidade de experiências" entre os profissionais do órgão regulador e do agente regulado. Isso porque esses profissionais compartilham vivências e dificuldades comuns, podendo executar um processo dialético de identificação, ou seja, o regulador tem contato mais próximo com os agentes regulados[65]. O problema não é particular dos órgãos reguladores, ocorrendo, em maior ou menor grau, em toda a Administração Pública[66]. Justamente por isso a inexistência de reguladores não altera o problema, mas o agrava. Se a supressão desses órgãos não assegura a obtenção de decisões neutras a influências inconvenientes e reprováveis dos interesses regulados, sua criação minora esse problema, sendo um bom motivo para defendê-las[67].

Com uma postura crítica e, em boa medida, cética quanto aos benefícios da regulação, George J. Stigler, em trabalho clássico sobre o tema, publicado em 1971, defendia que, via de regra, a regulação é "capturada" (*acquired*) pela "indústria", concebida e operada principalmente em seu benefício[68]. A principal medida buscada pelos entes privados é o controle sobre a entrada

64. JUSTEN FILHO, Marçal. *O direito das agências reguladoras independentes*. São Paulo: Dialética, 2002. p. 370.

65. MARQUES NETO, Floriano de Azevedo. *Agências reguladoras independentes:* fundamentos e seu regime jurídico. Belo Horizonte: Fórum, 2009. p. 64. Ainda conforme o autor, pode-se pensar que a permeabilidade do ente em relação aos interesses regulados (especialmente dos agentes privados) enseja o risco de captura. No entanto, tal risco é inerente à própria regulação, e não à sua abertura ao diálogo com o regulado. Além disso, quanto mais aberta e institucionalizada for essa permeabilidade, maior é o controle da sociedade e de todos os atores da relação regulada para coibir a captura.

66. ARAGÃO, Alexandre Santos de. *Agências reguladoras e a evolução do direito administrativo econômico*. 3.ed. Rio de Janeiro: Forense, 2013. p. 401-402. Fábio Nusdeo destaca: "Os grupos de interesse tendem, desde logo, a capturar as agências reguladoras. Estas nem sempre se destinam a proteger o público, mas podem vir a significar uma defesa e proteção para os empresários do setor e, simultaneamente, a introdução ou elevação de barreiras de entrada para os que estão de fora. Este quadro é agravado pela necessidade constante de obtenção de informações dos setores regulados e pelo fato destes, com o passar do tempo, possuírem maior interesse na agência que os consumidores ou o Poder Público, o que leva a uma certa identificação entre reguladores e regulados e possível atenuação dos vínculos de fiscalização e controle originariamente previstos". (NUSDEO, Fábio. *Fundamentos para uma codificação do direito econômico*. São Paulo: Revista dos Tribunais, 1995. p. 94-95).

67. JUSTEN FILHO, Marçal. *O direito das agências reguladoras independentes*. São Paulo: Dialética, 2002. p. 364.

68. STIGLER, George J. The theory of economic regulation. *The Bell Journal of Economics and a Management Science*, v. 2, n. 1, p. 3-21, 1971. p. 3.

de "novos rivais" no mercado, moldando a política regulatória para retardar a taxa de crescimento de novas empresas[69]. Revisitando contemporaneamente esse trabalho, Cass Sunstein arrola diversos exemplos de políticas regulatórias tomadas entre os anos de 2011 e 2021 para concluir que a afirmativa de Stigler é falsa, "até mesmo uma espécie de conto de fadas"[70]. A crítica não se refere à existência de captura, mas à sua inadequada generalização, pois o desvio das finalidades regulatórias é a exceção[71].

Na mesma linha, analisando a experiência estadunidense, Marçal Justen Filho aponta o problema da captura como um risco muito mais teórico do que prático. Isso porque o exame concreto das decisões dos reguladores, ao longo do tempo, evidenciou a ausência de indícios de captura, ainda em período de ebulição de políticas regulatórias claramente orientadas a fins antagônicos aos interesses das indústrias reguladas[72], exatamente como demonstrado por Cass Sustein. Como bem pondera Alexandre Santos de Aragão, não se pode fechar as portas para meios mais eficientes de atendimento dos interesses coletivos – que, por vezes, são os únicos à disposição – por terem a chance de ser usados para propósitos menos nobres, sobretudo porque a experiência histórica brasileira demonstra que qualquer metodologia pode ser aproveitada para desvios de conduta. O autor conclui: "contra a má-fé e a desonestidade humana, temos mais remédios políticos e morais do que jurídicos"[73].

Sobre esse aspecto, a LGAR expressa, no § 3º. do art. 3º., cujo *caput* estabelece a autonomia das agências reguladoras, a necessidade de "adotar práticas de gestão de riscos e de controle interno e elaborar e divulgar programa de integridade, com o objetivo de promover a adoção de medidas e ações institucionais destinadas à prevenção, à detecção, à punição e à remediação de fraudes e atos de corrupção". Dito comando reconhece a captura dos fins públicos da instituição por interesses não republicanos como um modo de

69. Ibidem, p. 5. No original: "We propose the general hypothesis: Every industry or occupation that has enough political power to utilize the state Will seek to control entry. In adition, the regulatoru policy Will often be so fashioned as to retard the rateo f growth of new firms".

70. SUNSTEIN, Cass. Stigler's Interest-Group Theory of Regulation: A Skeptical Note. *Promarket:* insights shaping the future of capitalismo. Chicago, 16 abr. 2021.

71. Ibidem. No original: "To be sure, Stigler was onto a real phenomenon, and there would be much less ground for objection if Stigler had not spoken of "a rule", had spoken less universally, and had said, for example, that "in some importante cases, regulation is acquired by the industry and is designed and operated primary for its benefit".

72. JUSTEN FILHO, Marçal. *O direito das agências reguladoras independentes.* São Paulo: Dialética, 2002. p. 371.

73. ARAGÃO, Alexandre Santos de. A consensualidade no Direito Administrativo. Acordos regulatórios e contratos administrativos. *Revista de Informação Legislativa,* Brasília, a. 42, n. 167, p. 293-310, jul./set. 2005. p. 298.

alijar qualquer pretensão de independência[74], sendo nítida a preocupação em coibir tal prática, valorizando a atuação dos entes regulatórios no cenário contemporâneo. Pode-se dizer, ainda, que o referido artigo confere às agências "um escudo adicional de proteção"[75] contra pressões, retaliações ou intervenções indevidas por parte do comando político do governo e dos interesses privados. Outro meio interessante para mitigar a possibilidade de captura, previsto na LGAR, é a articulação entre reguladores e outros entes, como Cade, órgãos de defesa do consumidor e do meio ambiente. A aproximação e o diálogo com órgãos que participam da relação regulada por outro ângulo favorecem uma ampliação da visão do regulador, em benefício da própria regulação[76].

2.1.3. Atividade regulatória como meio de implementação de políticas públicas

A independência dos órgãos reguladores denota uma autonomia reforçada, sendo, como toda autonomia, por definição limitada. Com o intuito de evitar o déficit democrático desses entes, eles devem vincular-se às pautas estabelecidas pelo legislador para as políticas públicas dos setores de sua atuação, além de manter uma necessária coordenação com o restante da Administração Pública. Por isso, o modelo regulatório não representa um apequenamento do legislador ou das políticas públicas traçadas para o setor regulado, mas, ao contrário, implica "uma certa perenização das finalidades públicas traçadas pela lei do setor, que não mais ficam - ou não deveriam ficar - variando de acordo com o momento político fugaz"[77].

Gustavo Binenbojm destaca que "a democracia não é um conceito que se confunda com a regra da maioria; democracia é, sobretudo, um projeto de autogoverno em que as deliberações sociais se realizam ao longo do tempo"[78]. Portanto, a ideia de submeter o controle sobre políticas vocacionadas ao longo prazo, que exigem, por sua natureza, uma gestão técnica e profissional, pode ser vista como uma forma de exercício democrático. Para o autor, "uma deliberação coletiva que represente um pré-comprometimento em médio ou longo prazo exige, como condição para seu cumprimento, uma

---

74. FORTINI; Cristiana; FAJARDO, Gabriel. A nova Lei das Agências Reguladoras: impressões iniciais. *Conjur*, 27 jun, 2019.

75. GUIMARÃES, Luis Gustavo Faria. Comentários sobre a Lei Geral de Agências Reguladoras. *Revista Brasileira de Direito Público – RBDP*, Belo Horizonte, a. 18, n. 70, p. 85-115, jul./set. 2020. p. 96.

76. As interações entre reguladores e outros órgãos são analisadas no subcapítulo 2.2.2.2.

77. ARAGÃO, Alexandre Santos de. *Agências reguladoras e a evolução do direito administrativo econômico*. 3.ed. Rio de Janeiro: Forense, 2013. p. 219-220.

78. BINENBOJM, Gustavo. *Uma teoria do direito administrativo:* direitos fundamentais, democracia e constitucionalização. 3. ed. Rio de Janeiro: Renovar, 2014. p. 319.

gestão menos responsiva à lógica político-eleitoral e mais responsiva ao direito e à racionalidade técnica", e conclui: "Em última análise, fazer cumprir os pré-compromissos assumidos democraticamente é, também, uma forma de realizar o ideal democrático de autogoverno coletivo"[79].

O modelo institucional de órgãos reguladores brasileiros é "identificado com a busca de políticas públicas cujo meio de promoção de desenvolvimento econômico seja determinado discurso técnico e pelo provimento de confiança a mercados como forma de obtenção de poder econômico"[80]. A regulação de mercados marcou uma redefinição dos canais de circulação de poder político para formulação de políticas públicas em setores estratégicos da economia, deixando os gabinetes ministeriais e "jogo de barganhas políticas", para adotar critérios técnicos a partir de um procedimento "negociado", juridicamente institucionalizado, com o público afetado pelas normas do regulador. Criou-se, "um novo *lócus* de circulação de poder político", transformando os órgãos reguladores "em uma nova arena política de participação de atores da 'sociedade civil' na elaboração do conteúdo da regulação"[81].

As políticas públicas são um sistema de decisões públicas que visam a ações ou omissões, preventivas ou corretivas, destinadas a manter ou modificar a realidade de um ou vários contextos sociais, levadas a cabo a partir de um conjunto de práticas de diversos atores, alocação de recursos e outras estratégias para atingir os objetivos estabelecidos. São um conjunto sequencial de decisões, relativos à escolha de fins e meios, de longo ou curto alcance, em uma situação específica e como resposta a problemas e necessidades, sendo, acima de tudo, um curso de ação e não apenas uma decisão singular[82]. O Estado, por meio das políticas públicas, planeja suas ações e define "metas coletivas conscientes", pertencentes ao direito público e oriundas dele[83]. Nesse cenário, identifica-se, no Brasil, a opção estatal mediante a atividade dos órgãos reguladores como fruto de decisões do Poder Público, encartadas em políticas voltadas à reformulação do papel do Estado, e atores na promoção de políticas públicas, que devem definir, em concreto, táticas de ação para implementar e melhorar as atividades reguladas[84].

---

79. Ibidem, p. 319.

80. LAENDER, Gabriel Boavista. Características e oportunidades da desregulação: a busca por um novo modelo de atuação estatal. *Revista de Direito, Estado e Telecomunicações,* v. 1, n. 1, p. 181-202, 2009. p. 185.

81. MATTOS, Paulo Todescan Lessa. A formação do Estado Regulador no Brasil. *Novos Estudos – CEBRAP,* São Paulo, n. 76, p. 139-156, nov. 2006. p. 151.

82. SARAVIA, Enrique. Introdução à teoria da política pública. *In:* SARAVIA, Enrique; FERRAREZI, Elisabete (orgs.). *Políticas públicas.* Brasília: ENAP, 2006. V. 1. p. 29-31.

83. BUCCI, Maria Paula Dallari. *Direito Administrativo e políticas públicas.* São Paulo: Saraiva, 2002. p. 241.

84. SCHIER, Adriana da Costa Ricardo; LIMA, Maria Cristina. O processo decisório das agências reguladoras: elementos de instrução à decisão regulatória (artigos 4º. ao 6º. da Lei n. 13.848/2019). *In:* SCHIER,

No âmbito dos setores regulados, as políticas públicas são implementadas, em grande medida, pelo manejo das políticas regulatórias, do que decorre uma inevitável dependência e complementaridade entre ambas. Compete ao regulador a introdução, no setor regulado, de pautas de interesse geral contidas nas políticas públicas, buscando a absorção dessas pautas pelo sistema regulado, a fim de retomar seu equilíbrio interno. As políticas regulatórias envolvem a ponderação a respeito da necessidade e da intensidade da intervenção, bem como a escolha dos meios e instrumentos mais adequados e eficientes para atingir as políticas públicas setoriais. Envolve, portanto, "a margem de liberdade do regulador em ponderar os interesses regulados e equilibrar os instrumentos disponíveis no sentido de intervir no sistema sem inviabilizar seus pressupostos"[85].

Maria Paula Dallari Bucci destaca a relevância do olhar do direito administrativo para a temática das políticas públicas, porquanto, em grande medida, o sucesso da política pública está diretamente relacionado à qualidade do processo administrativo precedente à sua realização para implementá-la. Entre outros aspectos, são as informações sobre a realidade a transformar, a capacitação técnica e a vinculação profissional dos servidores públicos que determinarão, no plano concreto, os resultados da política pública como instrumento de desenvolvimento[86]. Daí a relevância da atuação dos reguladores para implementação de políticas públicas inseridas em seus setores, revelando decisões mais qualificadas diante de sua especialidade e capacidade institucional: a regulação pelas agências consagra a estabilidade e a permanência na consecução das políticas públicas[87].

No contexto do Estado Regulador, a implementação das políticas públicas depende da mediação dos órgãos reguladores, ficando adstrita ao manejo de seus instrumentos regulatórios e reduzindo a capacidade do Poder Político de impor seus objetivos à sociedade. Eventual perda no imediatismo, na exigibilidade ou na coercitividade das políticas públicas é compensada, com sobras, pelo conhecimento reunido pelo regulador sobre o setor regulado e a interlocução com seus agentes, ensejando a absorção dos objetivos dessa política com o menor impacto possível no setor e maior eficácia em seus

---

Adriana; FORTINI, Cristiana; MELO, Lígia; VALLE, Vanice (Coords.). *Marco legal das agências reguladoras na visão delas:* comentários à Lei n. 13.848/2019 e à IN n. 97/2020. Belo Horizonte: Fórum, 2021. p. 46-50.

85. MARQUES NETO, Floriano de Azevedo. *Agências reguladoras independentes:* fundamentos e seu regime jurídico. Belo Horizonte: Fórum, 2009. p. 87-88.

86. BUCCI, Maria Paula Dallari. Políticas públicas e direito administrativo. *Revista de Informação Legislativa,* Brasília, a. 34, n. 133, p. 89-98, jan./mar. 1997.p. 97.

87. MARQUES NETO, Floriano de Azevedo. *Agências reguladoras independentes:* fundamentos e seu regime jurídico. Belo Horizonte: Fórum, 2009. p. 94.

resultados[88]. A partir disso, percebe-se que a atividade regulatória estatal não envolve apenas uma função estabilizadora, de preservar o equilíbrio do mercado, mas também uma função redistribuitiva, denominada por Floriano de Azevedo Marques Neto de "consecução de objetivos públicos extrassistema econômico", colocando-se a partir de uma perspectiva de mediação de interesses e de busca do equilíbrio interno ao sistema regulado[89].

Marçal Justen Filho destaca que a atuação dos órgãos reguladores não se relaciona, pura e simplesmente, à intervenção no domínio econômico, mas à realização de outros princípios e valores constitucionais, como no exemplo dos direitos francês e italiano, que outorgam a entidades estatais independentes a função, também, de intervir sobre processos sociais de natureza não econômica. O autor pondera que o desempenho dessas funções pelos reguladores no Brasil mostra-se de extrema relevância, podendo instituir mecanismos de defesa de valores fundamentais e de promoção de modificações na sociedade brasileira[90]. Uma atuação nesse sentido se percebe pelo poder de recomendação, consistente na prerrogativa desses órgãos de subsidiar, orientar ou informar o Poder Político, recomendando medidas ou decisões a serem editadas no âmbito das políticas públicas[91].

Embora os órgãos reguladores ainda precisem aprimorar sua comunicação com a sociedade, possibilitando melhor compreensão de seus papéis e cobrança de efetividade no processo de regulação, bem como redução (ou, num nível ótimo, eliminação) do desnível de informação existente entre consumidores e agentes regulados no processo de participação na atividade regulatória, os reguladores vêm atendendo, mesmo em parte, ao que a sociedade deve esperar de sua atuação, a partir da implementação das ações que lhes são próprias. Com efeito, identificam-se resultados positivos, como aumento de investimento nos setores regulados, ampliação do acesso aos serviços (especialmente de telecomunicações e energia elétrica) e melhoria da qualidade do serviço, quando comparado ao período anterior à regulação[92].

---

88. Ibidem, p. 95.
89. Ibidem, p. 36-37.
90. JUSTEN FILHO, Marçal. *O direito das agências reguladoras independentes.* São Paulo: Dialética, 2002. p. 338.
91. MARQUES NETO, Floriano de Azevedo. *Agências reguladoras independentes:* fundamentos e seu regime jurídico. Belo Horizonte: Fórum, 2009. p. 61.
92. MESQUITA, Alvaro Augusto Pereira. O papel e o funcionamento das agências reguladoras no contexto do Estado brasileiro. Problemas e soluções. *Revista de Informação Legislativa,* Brasília, a. 42, n. 166, p. 23-40, abr./jun. 2005. p. 30-31.

2.2. FUNÇÕES DOS ÓRGÃOS REGULADORES[93]

A atuação regulatória envolve atividades coercitivas, adjudicatórias, de coordenação e organização, funções de fiscalização, sancionatórias, de composição e arbitragem de interesses, além do exercício de funções de subsidiar e recomendar a adoção de medidas de ordem geral pelo poder central. Como bem aponta Floriano Marques de Azevedo Neto, "sem essa completude de funções não estaremos diante do exercício de função regulatória"[94]. Daí porque não se pode confundir a atividade regulatória – muito mais ampla – com a atividade regulamentar, "consistente em disciplinar uma atividade mediante a emissão de comandos normativos, de caráter geral, ainda que com abrangência meramente setorial", de modo que "regular não é sinônimo de regulamentar"[95].

A atividade desenvolvida pelos órgãos reguladores é complexa, envolvendo o exercício de, no mínimo, três funções diversas: *i)* administrativa clássica ou executiva (por exemplo, poder de polícia); *ii)* função normativa (como prerrogativa de editar atos normativos); *iii)* função judicante (é o caso da atribuição para resolver conflitos entre os agentes regulados)[96]. Grande parte da doutrina entende que seus poderes não se amoldam com facilidade à tripartição tradicional, exercendo parcelas de cada uma das

93. Prefere-se o termo "função" a "poder", ambos utilizados pela doutrina em referência às atividades desempenhadas pelos órgãos reguladores na consecução de seus objetivos precípuos. Entende-se, com base na doutrina de Carlos Ari Sundfeld, que "a atividade pública – cujo exercício é regulado pelo direito público – constitui função. Função, para o Direito, é o poder de agir, cujo exercício traduz verdadeiro *dever jurídico*, e que só se legitima quando dirigido ao atingimento da específica *finalidade* que gerou sua atribuição ao agente". (SUNDFELD, Carlos Ari. *Fundamentos de direito público.* 4. ed. São Paulo: Malheiros, 2009. p. 163). Miguel Reale dividia as funções estatais em três categorias: as normativas (de generalidade abstrata), as jurisdicionais e as administrativas (de atualização ou de concreção, sob dois prismas distintos e complementares). Segundo o autor, "seria grande equívoco pensar, todavia, que esses três momentos ideais correspondem subjetivamente aos três Poderes supremos do Estado". (REALE, Miguel. *Revogação e anulamento do ato administrativo.* 2. ed. Rio de Janeiro: Forense, 1980. p. 10-11).

94. MARQUES NETO, Floriano de Azevedo. *Agências reguladoras independentes:* fundamentos e seu regime jurídico. Belo Horizonte: Fórum, 2009. p. 37-38. Para Luís Roberto Barroso, as agências reguladoras acumulam tarefas múltiplas, entre as quais normalmente se incluem: a) controle de tarifas, de modo a assegurar o equilíbrio econômico e financeiro do contrato; b) universalização do serviço, estendendo-se a parcelas da população que deles não se beneficiavam por força da escassez de recursos; c) fomento da competitividade, nas áreas em que não haja monopólio natural; d) fiscalização do cumprimento do contrato de concessão; e) arbitramento dos conflitos entre as diversas partes envolvidas: consumidores do serviço, poder concedente, concessionários, a comunidade como um todo, os investidores potenciais etc. (BARROSO, Luís Roberto. Apontamentos sobre as Agências Reguladoras. *In:* FIGUEIREDO, Marcelo (Org.). *Direito e regulação no Brasil e nos EUA.* São Paulo: Malheiros, 2004. p. 97-98).

95. MARQUES NETO, Floriano de Azevedo. *Agências reguladoras independentes:* fundamentos e seu regime jurídico. Belo Horizonte: Fórum, 2009. p. 37-38.

96. OLIVEIRA, Rafael Carvalho Rezende. *Curso de direito administrativo.* 5. ed. São Paulo: Método, 2017. p. 105.

funções clássicas, mas de forma adaptada[97]. Nas palavras de Aragon Érico Dasso Júnior, as agências reguladoras têm funções "quase judiciais; quase legislativas; administrativas e de gestão. Executivas, de investigação e de programação"[98].

A despeito do debate sobre a ofensa à separação de poderes que a concessão dessa gama de funções representaria[99], tem-se que essas funções complexas das quais são dotados os órgãos reguladores fortalecem o Estado de Direito[100]. Isso porque, ao retirar do "emaranhado de lutas políticas" a regulação de atividades importantes sob o ponto de vista econômico e social, acabam por atenuar os poderes da Administração Pública e alcançam, com melhor proveito, o escopo maior da separação de poderes, qual seja, "o de garantir eficazmente a segurança jurídica, a proteção da coletividade e dos indivíduos empreendedores de tais atividades ou por elas atingidos"[101].

---

97. SILVEIRA, Bruna Braga da. *Litigiosidade repetitiva, processo e regulação:* interações entre o Judiciário e o regulador no julgamento de casos repetitivos. Salvador: Juspodivm, 2020. p. 82.

98. DASSO JÚNIOR, Aragon Érico. Estado Regulador, regulação e agências reguladoras: uma contribuição teórica a partir do caso brasileiro. *Revista Derecho y Economia,* La Molina, Peru, v. 1, p. 1-23, 2012. p. 10.

99. Sobre o tema, de forma ampla, destaca-se o relevante estudo de Bruce Ackerman, para quem a ideia clássica de separação de poderes deve dar espaço a uma nova uma lógica, privilegiando três ideais legitimadores: a democracia, a competência profissional (ou especialização) e a proteção e valorização dos direitos fundamentais. Sobre o segundo aspecto, o autor ressalta a potencialidade de um Poder Regulador, exercido por órgãos reguladores especializados, mais capazes de direitos que o Legislativo, diante da complexidade técnica do tema e dos interesses eleitoreiros dos políticos, que poderiam ignorar os efeitos sistêmicos da política regulatória, o que resultaria em uma "tirania". Para o autor, as Constituições modernas devem garantir o insulamento de certas estruturas administrativas fundamentais da intervenção dos interesses político-eleitoreiros. (ACKERMAN, Bruce. The new separation of powers. *Harvard Law Review,* v. 113, n. 3, p. 633-725, jan. 2000. p. 688-690).

100. Retomando a importância da distinção entre função e poder, vale a lição de Dalmo de Abreu Dallari, em raciocínio oportuno e aplicável à atribuição das funções dos órgãos reguladores aqui abordada: "[...] aquela diferenciação está intimamente relacionada com a concepção do papel do Estado na vida social. De fato, quando se pretende desconcentrar o poder, atribuindo o seu exercício a vários órgãos, a preocupação maior é a defesa da liberdade dos indivíduos, pois, quanto maior for a concentração do poder, maior será o risco de um governo ditatorial. Diferentemente, quando se ignora o aspecto do poder para se cuidar das funções, o que se procura é aumentar a eficiência do Estado, organizando-o da maneira mais adequada para o desempenho de suas atribuições. E pode muito bem ocorrer que se conclua ser mais conveniente, em certo momento e num Estado determinado, concentrar as funções em menor número de órgãos, o que iria entrar em choque com o princípio da separação de poderes". (DALLARI, Dalmo de Abreu. *Elementos da teoria geral do estado.* 22. ed. São Paulo: Saraiva, 2001. p. 214).

101. ARAGÃO, Alexandre Santos de. As agências reguladoras independentes e a separação de poderes: uma contribuição da teoria dos ordenamentos setoriais. *Revista Eletrônica de Direito Administrativo Econômico,* Salvador, n. 10, p. 1-50, maio/jul. 2007. p. 24. Na mesma obra, o autor faz referência à doutrina de Bilac Pinto, que, em 1941, já apresentava pertinente reflexão sobre a separação dos poderes: "O fato da outorga, pelo Estado moderno, de funções normativas e jurisdicionais a outros órgãos além dos que as monopolizaram, até o fim do século passado (Poder Legislativo e Poder Judiciário), constitui fenômeno universal, cujas proporções se avolumam cada vez mais".

2.2.1. Função executiva

Os órgãos reguladores são dotados de autoridade, sendo capazes de exercer coercitivamente suas atribuições, pois foram criados para o exercício de regulação estatal, como prevê o art. 174 da Constituição Federal. Dessa forma, é essencial ter em vista que exercem, função de Estado[102]. Justamente por isso, suas funções executivas assemelham-se às atribuições dos órgãos da Administração Pública direta, no exercício do poder de polícia estatal. É a partir dessa função que esses entes concedem, permitem e autorizam serviços e uso de bens públicos, expedem licenças, autorizam reajuste e revisão ordinária e extraordinária de tarifas de serviços públicos para manter o equilíbrio econômico e financeiro das concessões, além de conformar os parâmetros dos atos que consentem o ingresso dos agentes regulados no mercado[103].

Podem-se identificar algumas derivações da função executiva do regulador, como *i)* a possibilidade de outorga, consistente na prerrogativa de emissão, em consonância com as políticas públicas aplicáveis ao setor, de atos concretos de licenças, autorizações, injunções, com vistas a franquear ou interditar o exercício de uma atividade regulada a um particular; *ii)* a fiscalização do setor, que se dá tanto pelo monitoramento de atividades reguladas, para manter-se permanentemente informada sobre as condições econômicas, técnicas e de mercado do setor, quanto pela aferição da conduta dos regulados, visando a impedir o descumprimento de regras e objetivos regulatórios; e *iii)* a atividade sancionatória, por meio da aplicação de advertências ou de multas ou, até, de cassações de licenças, além da prerrogativa de obrigar o particular a reparar um consumidor ou corrigir os efeitos de uma conduta lesiva a algum valor ou interesse tutelado pelo regulador[104].

Em vista disso, todas as leis instituidoras das agências reguladoras preveem a função fiscalizatória sobre os agentes econômicos em seu âmbito de atuação, do que decorre a possibilidade de aplicar sanções face ao descumprimento de preceitos legais, regulamentares ou contratuais pelos agentes regulados. No entanto, essa sanção deve estar apoiada em algum dispositivo legal, mesmo genérico, cabendo às agências a graduação e a especificação das penalidades[105]. Nesse aspecto, pondera Floriano de Azevedo Marques Neto sobre a necessidade de a unilateralidade e a exorbitância tradicionais

---

102. MARQUES NETO, Floriano de Azevedo. *Agências reguladoras independentes:* fundamentos e seu regime jurídico. Belo Horizonte: Fórum, 2009. p. 55.

103. GUERRA, Sérgio. *Controle judicial dos atos regulatórios.* Rio de Janeiro: Lumen Juris, 2005. p. 96.

104. MARQUES NETO, Floriano de Azevedo. *Agências reguladoras independentes:* fundamentos e seu regime jurídico. Belo Horizonte: Fórum, 2009. p. 60-61.

105. ARAGÃO, Alexandre Santos de. *Agências reguladoras e a evolução do direito administrativo econômico.* 3.ed. Rio de Janeiro: Forense, 2013. p. 338.

no exercício do poder extroverso darem lugar à interlocução, à mediação e à ponderação entre interesses divergentes, sem descurar da proteção da coletividade contra abusos dos agentes regulados. A atividade regulatória estatal contemporânea deve se pautar pelos interesses que lhe cumpre tutelar, que não são a aplicação de sanções, mas a obtenção de metas, pautas e finalidades eleitas pelo Legislador como relevantes[106].

No exercício da função regulatória, é mais importante prevenir o litígio e solucionar o conflito que perpetuá-lo. Justamente por isso o regulador pode, em sua atividade fiscalizatória, antes ou depois de lavrar o auto de infração, celebrar com as partes o denominado "acordo substitutivo", com determinações específicas de compromisso de desempenho, acordo de cessação, acordo de leniência e outras variedades pactuais importando em interrupção da prática suspeita de investigação[107]. Um exemplo relevante, previsto expressamente na LGAR[108], é o termo de ajustamento de conduta (TAC).

O TAC pode ser celebrado com pessoas físicas ou jurídicas sujeitas à competência regulatória da agência; tem força de título executivo extrajudicial e suspende a aplicação das sanções administrativas durante sua vigência (LGAR, art. 32). Entre os benefícios de sua utilização, destaca-se a emergência do paradigma consensual da Administração Pública, permitindo um maior índice de sucesso dos pactos firmados, pois "a negociação possibilita que os agentes privados participem do processo decisório e, consequentemente, há maiores chances de cumprimento dos termos", além da redução dos custos administrativos e do aumento da celeridade[109]. Em suma, "a celebração de TACs torna a atuação das agências reguladoras efetiva. Afinal, a eficácia da atividade regulatória está intrinsecamente relacionada com a efetividade das sanções previstas"[110].

---

106. MARQUES NETO, Floriano de Azevedo. Parecer. Poder de sanção – órgão regulador – ANEEL. *Revista de Direito Administrativo,* Rio de Janeiro, v. 221, p. 353-370, jul./set. 2000.

107. SOUTO, Marcos Juruena Villela. *Direito administrativo regulatório.* Rio de Janeiro: Lumen Iuris, 2005. p. 74.

108. Importante destacar que alguns órgãos reguladores já previam TACs em seu âmbito de atuação, a exemplo da Anatel, com a Resolução n. 629/2013; da ANTT, com a Resolução n. 5.823/2018; da ANA, com a Resolução n. 472/2018; e do próprio Bacen, na Lei n. 13.506/2017, especificamente no art. 14. A CVM também tem uma previsão similar no art. 11, § 5º., da Lei n. 6.385/1976, e o Cade dispõe sobre o "acordo de leniência" no art. 86 da Lei n. 12.529/2011.

109. RAGAZZO, Carlos Emmanuel Joppert; FRANCE, Guilherme de Jesus; VIANNA, Mariana Tavares de Carvalho. Regulação Consensual: a experiência das agências reguladoras de infraestrutura com termos de ajustamento de conduta. *Revista Estudos Institucionais,* Rio de Janeiro, v. 3, p. 91-119, 2017. p. 95.

110. CASIMIRO, Lígia Maria Silva Melo de; MAIA, Isabelly Cysne Augusto. Reflexões sobre a "articulação das agências reguladoras com os órgãos de defesa do consumidor e do meio ambiente" (artigos 31 a 33 da Lei n. 13.848/2019). *In:* SCHIER, Adriana; FORTINI, Cristiana; MELO, Lígia; VALLE, Vanice (Coords.). *Marco legal das agências reguladoras na visão delas:* comentários à Lei n. 13.848/2019 e à IN n. 97/2020. Belo Horizonte: Fórum, 2021. p. 190.

Vale lembrar que o art. 26 da Lei de Introdução às Normas do Direito Brasileiro (LINDB) possibilita a celebração de "compromisso de ajustamento de conduta" com a finalidade de "eliminar irregularidade, incerteza jurídica ou situação contenciosa na aplicação do direito público", servindo "como uma espécie de cláusula geral para a realização de autocomposição pela Administração Pública, ampliando os limites e possibilidades da negociação do direito material pelos entes públicos"[111]. Tal compromisso deve buscar "solução jurídica proporcional, equânime, eficiente e compatível com os interesses gerais". Assim, por meio do TAC, diante do caso concreto, a Administração Pública pode concluir, por exemplo, "que o meio mais eficaz para atingimento da finalidade jurídica não é a imposição de uma sanção aflitiva e retributiva, mas a imposição de compromisso e de obrigações de recomposição do bem jurídico afetado"[112].

Um dos problemas do processo punitivo clássico é a ausência de compensação social decorrente da punição, pois, muitas vezes, as sanções aplicadas reduzem a capacidade de investimento na melhoria dos serviços prestados, por exemplo, no caso de uma prestadora de serviço público essencial penalizada com multa de grande monta, capaz de esgotar ou de, ao menos, reduzir drasticamente seus recursos, refletindo-se isso na má prestação do serviço. Por meio do TAC, regulador e regulado podem firmar acordo que possibilite, durante sua execução, diversos benefícios adicionais à sociedade, estimulando a melhoria da qualidade dos serviços prestados aos consumidores[113].

Um sistema sancionador pode ser considerado eficiente e eficaz "se reduz no maior grau possível o número de infrações no setor regulado, ao

---

111. PEIXOTO, Ravi. O art. 26 da LINDB como cláusula geral para a realização da autocomposição pela Administração Pública: uma análise dos limites e possibilidades. *Civil Procedure Review*, v. 12, n. 3, p. 67- 92, set./dez. 2021. p. 73. Essa previsão insere-se em um movimento de consensualidade da administração pública, ilustrado também pelo Enunciado 21 aprovado no Seminário Impactos da Lei n. 13.655/2018 no Direito Administrativo, realizado pelo Instituto Brasileiro de Direito Administrativo (IBDA): "Os artigos 26 e 27 da LINDB constituem cláusulas gerais autorizadoras de termos de ajustamento, acordos substitutivos, compromissos processuais e instrumentos afins, que permitem a solução consensual de controvérsias".

112. MEDAUAR, Odete; SCHIRATO, Vitor Rhein; OLBERTZ, Karlin; SANTOS DE ARAGÃO, Alexandre; SCHWIND, Rafael Wallbach. *Poder de polícia na atualidade*. Belo Horizonte: Fórum, 2013. p. 55.

113. CHERMAN, Yuri César. *A atuação das agências reguladoras perante conflitos consumeristas por meio da administração concentrada:* análise pautada no princípio da eficiência. 2017. Dissertação (Mestrado em Direito) – Programa de Pós-graduação em Direito, Centro Universitário de Brasília, Brasília, 2017, p. 44-45. O autor apresenta dois exemplos de aplicação adequada do interesse público na celebração de TACs em substituição à multa de alta monta. O primeiro, envolvendo a Aneel e uma empresa de energia elétrica, converte o valor da possível punição em melhorias aos serviços prestados pela empresa, beneficiando os consumidores em atividade, a empresa e, consequentemente, a sociedade. O segundo, entre Anatel e empresa de telefonia móvel, que se compromete a investir em antenas para melhorar e ampliar o serviço prestado, beneficiando os consumidores ativos e os potenciais, diante da expansão do serviço, além de agregar valor à própria empresa.

menor custo global (considerando quem aplica, quem recebe as sanções e os usuários do serviço)"[114], sendo indispensável para medição de eficiência do sistema considerar o caráter pedagógico da reprimenda. Nesse cenário, a celebração de TACs é relevante também por possibilitar aos sujeitos passivos do acordo serem tratados como participantes dos processos públicos deliberativos, o que contribui para o aumento dos níveis de legitimidade da decisão[115]. Além disso, em razão da sua publicidade, podem viabilizar ao Poder Público delinear os contornos da atividade regulatória, além de promover, em maior grau possível, a satisfação de todos os envolvidos[116].

No âmbito do setor bancário e financeiro, a Lei n. 13.506/2017, regulada pela Circular n. 3.857/2017, disciplina o processo administrativo sancionador (PAS) na esfera de atuação do Bacen[117]. Antes desse marco legal, "o panorama que se apresentava não garantia eficiência ao poder administrativo sancionador de caráter punitivo"[118] do Bacen. O principal objetivo da referida lei é promover o enfrentamento de um cenário de *under compliance*, bem como tornar o Sistema Financeiro Nacional mais estável e eficiente. Para isso, propôs-se o aumento do poder punitivo do Bacen, a tipificação de condutas em termos vagos e a criação de novos instrumentos coercitivos[119]. Outra inovação importante é o termo de compromisso, motivado pelo "interesse na efetividade da supervisão; na proteção ao bem jurídico tutelado; e no cumprimento voluntário de obrigações pelas entidades reguladas"[120]. Sua apresentação ou firmatura não importa na confissão de fatos nem no reconhecimento da ilicitude, mas constitui título executivo

114. FERNANDES, Eduardo Rossi. *As sanções administrativas aplicadas pela Agência Nacional de Energia Elétrica (ANEEL):* um estudo sobre a regulamentação e as práticas da agência. 2013. Dissertação (Mestrado) – Economia, Universidade de Brasília, Brasília, 2013. p. 28.

115. CASIMIRO, Lígia Maria Silva Melo de; MAIA, Isabelly Cysne Augusto. Reflexões sobre a "articulação das agências reguladoras com os órgãos de defesa do consumidor e do meio ambiente" (artigos 31 a 33 da Lei n. 13.848/2019). *In:* SCHIER, Adriana; FORTINI, Cristiana; MELO, Lígia; VALLE, Vanice (Coords.). *Marco legal das agências reguladoras na visão delas:* comentários à Lei n. 13.848/2019 e à IN n. 97/2020. Belo Horizonte: Fórum, 2021. p. 190-191.

116. MOREIRA NETO, Diogo de Figueiredo. Novos institutos consensuais da ação administrativa. *Revista de Direito Administrativo,* Rio de Janeiro, v. 231, n. 1, p. 129-156, mar. 2003. p. 145.

117. Antes disso, apenas a Lei n. 4.595/1964 apresentava um dispositivo que tratava das penalidades em relação às instituições financeiras (art. 44), que foi revogado pela legislação vigente.

118. LUPI, André Lipp Pinto Basto; BONSERE, Silvana Fátima Mezaroba. Processo administrativo sancionador do Banco Central: avanços e controvérsias. *Revista da Procuradoria-Geral do Banco Central,* v. 15, n. 1, p. 94-112, jun. 2021. p. 96.

119. BARBOSA, Fabiano Jantália; ROCHA, Pedro Henrique Pessanha. *Processo administrativo sancionador no Banco Central:* principais inovações. Porto Alegre: Asbancos-RS, 2018. p. 3.

120. COZER, Cristiano. O termo de compromisso na esfera de atuação do Banco Central do Brasil. *Revista de Direito Recuperacional e Empresa,* v. 13, jul./set. 2019. Ainda segundo o autor, "a possibilidade de a autarquia firmar TC com pessoas sujeitas à sua fiscalização é um dos avanços que melhor representam os ganhos em matéria de racionalidade e eficiência advindos da nova disciplina legal. Ao dar ensejo à negociação do poder persecutório do supervisor do sistema financeiro, o instrumento permite poderoso alinhamento entre os incentivos dos agentes econômicos e os bens jurídicos tutelados

extrajudicial, e o descumprimento total ou parcial implica sua revogação, cabendo ao órgão regulador exercer as medidas administrativas e judiciais necessárias à execução das obrigações assumidas[121].

O rito processual do PAS inicia-se pela citação, em regra, por meio eletrônico – o chamado "BC Correios". O Bacen pode deixar de instaurar o processo administrativo quando considerar baixa a lesão ao bem jurídico tutelado, oportunidade em que utiliza outros instrumentos e medidas de supervisão julgados mais efetivos, observados os princípios da finalidade, da razoabilidade e da eficiência[122]. É possível a realização de acordo administrativo em processo de supervisão, figura próxima aos acordos de leniência, entendidos como uma espécie de delação premiada, pois quem colabora recebe uma "premiação" em forma de redução ou extinção de sua punição, em contrapartida ao auxílio prestado ao Bacen[123]. Diferente do termo de compromisso, essa proposta de acordo implica a confissão quanto à infração cometida na esfera de competência de atuação do Bacen[124]. Em linhas gerais, com a nova legislação, o processo tornou-se mais moderno, e as penalidades, mais efetivas. O termo de compromisso se apresenta como um meio alternativo para a solução de conflitos, e o acordo administrativo em processo de supervisão incentiva a colaboração dos investigados[125]. Ambos os instrumentos despontam como uma forma de cooperação e busca por consenso entre o regulado e o regulador[126].

---

pela legislação, no interesse da resolução imediata e abrangente de fragilidades e deficiências detectadas na prática empresarial de entidades reguladas".

121. BARBOSA, Fabiano Jantália; ROCHA, Pedro Henrique Pessanha. *Processo administrativo sancionador no Banco Central:* principais inovações. Porto Alegre: Asbancos-RS, 2018. p. 16.

122. LUPI, André Lipp Pinto Basto; BONSERE, Silvana Fátima Mezaroba. Processo administrativo sancionador do Banco Central: avanços e controvérsias. *Revista da Procuradoria-Geral do Banco Central,* v. 15, n. 1, p. 94-112, jun. 2021. p. 100.

123. CUNHA, Lorraine de Paiva; NEVES, Rubia Carneiro. O termo de compromisso de cessação e o acordo administrativo em processo de supervisão na esfera de atuação do banco Central do Brasil. *Revista da Procuradoria-Geral do Banco Central,* v. 12, n. 2, p. 43-56, mar. 2019. p. 48.

124. ABRÃO, Carlos Henrique; SANTOS, Eronides Aparecido Rodrigues dos; VERÇOSA, Haroldo Malheiros Duclerc; SZTAJN, Rachel. *Processo sancionador:* Banco Central e CVM – Lei n. 13.506/2017. São Paulo: Iasp, 2018. p. 99.

125. LUPI, André Lipp Pinto Basto; BONSERE, Silvana Fátima Mezaroba. Processo administrativo sancionador do Banco Central: avanços e controvérsias. *Revista da Procuradoria-Geral do Banco Central,* v. 15, n. 1, p. 94-112, jun. 2021. p. 101.

126. SADDI, Jairo. Mecanismos alternativos de solução de controvérsias na Lei 13.506/17: uma análise econômica. *In:* ALVES, Rui Fernando Ramos; ROCHA, Pedro Henrique Pessanha; BARBOSA, Fabiano Jantália (coords.). *O novo regime sancionador nos mercados financeiros e de capitais:* uma análise da Lei 13.506/17. São Paulo: Iasp, 2019. p. 30.

2.2.2. Função normativa

A função normativa consiste em editar comandos gerais para o setor regulado, complementando os comandos legais abertos e indefinidos[127]. Sem as demais atividades, um ente pode continuar a ser considerado como regulador; no entanto, o mesmo não se pode dizer do poder de editar normas, sem o qual deixam de ser reguladores para serem apenas adjudicatórios[128]. A relevância dessa função se justifica tanto pela complexidade da regulação estatal quanto pela dinamicidade, que requerem, na medida do possível, respostas ágeis e tempestivas, além de condizentes e adequadas ao contexto regulatório. Daí porque a atuação regulatória não pode sujeitar-se à demora inerente à produção legislativa. A definição de objetivos, escolhas tecnológicas e outras decisões regulatórias devem ser emitidas em prazo razoável com a dinâmica da realidade, ou seja, "a delonga necessária à decisão tem de ser compatível com a natureza de atividade regulada, sob pena de tornar-se contraproducente"[129]. A regulação produzida por leis e regulamentos envolve dificuldades formais (demora) e materiais (conteúdo), superadas pela institucionalização dos órgãos reguladores e sua função normativa[130].

Somada a isso, a necessidade de especialização do ente encarregado, de disciplinar certas matérias, como as dos setores regulados, as quais exigem o domínio do tema com profundidade e requinte que escapa ao conhecimento geral, justifica sua retirada, pelo próprio legislador, do domínio da lei, passando-a ao domínio do regulamento, em uma espécie de deslegalização[131]. Esse talvez seja o ponto mais debatido pela doutrina administrativista, pois a outorga dessa função normativa aos órgãos reguladores poderia implicar a ruptura com o princípio da legalidade[132].

---

127. MARQUES NETO, Floriano de Azevedo. *Agências reguladoras independentes:* fundamentos e seu regime jurídico. Belo Horizonte: Fórum, 2009. p. 60.

128. ARAGÃO, Alexandre Santos de. *Agências reguladoras e a evolução do direito administrativo econômico.* 3.ed. Rio de Janeiro: Forense, 2013. p. 337.

129. JUSTEN FILHO, Marçal. *O direito das agências reguladoras independentes.* São Paulo: Dialética, 2002. p. 361-362.

130. Ibidem, p. 321.

131. MOREIRA NETO, Diogo Figueiredo. *Direito regulatório.* Rio de Janeiro: Renovar, 2003. p. 117-122.

132. Nesse sentido é o entendimento de Maria Sylvia Zanella Di Pietro: "O que as agências não podem fazer, porque falta o indispensável fundamento constitucional, é baixar regras de conduta, unilateralmente, inovando na ordem jurídica, afetando direitos individuais, substituindo-se ao legislador. Esse óbice constitui-se no mínimo indispensável para preservar o princípio da legalidade e o princípio da segurança jurídica. Principalmente, não podem as agências baixar normas que afetem os direitos individuais, impondo deveres, obrigações, penalidades, ou mesmo outorgando benefícios sem previsão em lei. Trata-se de matéria de reserva de lei, consoante decorre do artigo 5º., II, da Constituição". (DI PIETRO, Maria Sylvia Zanella. *Parcerias na Administração Pública:* concessão, permissão, franquia, terceirização, parceria público-privada e outras formas. 5. ed. São Paulo: Atlas, 2006. p. 213). Por outro lado, uma interpretação inflexível do art. 5º., inciso II, pode restringir de tal maneira a função normativa dos órgãos reguladores ao ponto de quase inviabilizar sua atividade. Ademais,

Para trazer luzes ao tema, importante a percepção de Eros Roberto Grau sobre a distinção entre a vinculação da Administração às definições da lei (reserva da lei) e a vinculação da Administração às definições decorrentes da lei, ou seja, fixadas em virtude dela (reserva da norma, que pode ser legal, regulamentar ou regimental). Partindo dessa compreensão, o autor conclui que o princípio da legalidade expressa a reserva da norma (ou "reserva da lei em termos relativos"), "razão pela qual não impede a atribuição, explícita ou implícita, ao Executivo para, no exercício de função normativa, definir obrigação de fazer e não fazer que se imponha aos particulares – e os vincule"[133].

Sob essas lentes, para Floriano de Azevedo Marques Neto, a função normativa dos reguladores se dá em face de uma nova legalidade. A lei define as metas e os contornos da atividade do órgão regulador, sendo esse, também, seu limite de atuação, concedendo-lhe ampla margem de atuação, que "segue um novo tipo de discricionaridade, pautado fundamentalmente pelos objetivos definidos em lei para serem implementados no setor regulado"[134]. Portanto, não ofende o princípio da legalidade a efetiva produção do direito por meio de normas gerais e abstratas, atentas aos aspectos técnicos de seu setor de regulação, resultante em obrigações aos particulares, e afeta os regulados e administrados, afinal, "é a lei que atribui função normativa às agências reguladoras, para que possam implementar as políticas públicas idealizadas pelo legislador"[135].

---

os parâmetros técnicos orientadores da atividade normativa dos reguladores não se dissociam do Direito e, longe de admitirem sua acomodação em compartimentos estanques, entende-se que, por mais técnica que seja, toda normatização regulatória repercute na ordem jurídica, inaugurando, em maior ou menor escala, transformações que implicam criação, modificação ou extinção de direito. (MOTTA, Paulo Roberto Ferreira. *Agências reguladoras.* Barueri: Manole, 2003. p. 174).

133. GRAU, Eros Roberto. *O direito posto e o direito pressuposto.* São Paulo: Malheiros, 1996. p. 183-184.

134. MARQUES NETO, Floriano Peixoto de Azevedo. A nova regulação estatal e as agências independentes. *In:* SUNDFELD, Carlos Ari (Coord.). *Direito Administrativo Econômico.* São Paulo: Malheiros, 2006. p. 94. O autor também reflete sobre a constitucionalidade da função normativa dos órgãos reguladores, a partir da alegação de parte da doutrina, de que o art. 84, inciso IV, da CF interditou a possibilidade de delegação normativa, conferindo exclusivamente ao Presidente da República competência para regulamentar as leis aprovadas pelo Parlamento. O contraponto se dá com a leitura do art. 49, inciso V, constitucional, especificamente ao estabelecer a competência do Congresso para "sustar atos normativos do Poder Executivo, que exorbitem do poder regulamentar ou dos limites de delegação legislativa". A partir disso, o autor conclui que o constituinte admitiu, ainda que genericamente, a possibilidade de delegação legislativa. (MARQUES NETO, Floriano de Azevedo. *Agências reguladoras independentes:* fundamentos e seu regime jurídico. Belo Horizonte: Fórum, 2009. p. 109). O Supremo Tribunal Federal já decidiu, em sede de ADI, que "a função normativa das agências reguladoras não se confunde com a função regulamentadora da Administração (art. 84, IV, da Lei Maior), tampouco com a figura do regulamento autônomo (arts. 84, VI, 103-B, § 4º., I, e 237 da CF)". (BRASIL. Supremo Tribunal Federal (Tribunal Pleno). Ação Direta de Inconstitucionalidade 4.874/DF. Relatora: Min. Rosa Weber, 1 de fevereiro de 2018. Diário de Justiça Eletrônico, 1 fev. 2019).

135. SOUTO, Marcos Jurena Villela. As agências reguladoras e os princípios constitucionais. *In:* SOUTO, Marcos Jurena Villela. *Direito Administrativo em Debate – 2ª série.* Rio de Janeiro: Lumen Juris, 2007, p. 52. O Supremo Tribunal Federal já assentou: "a função normativa das agências reguladoras não invade espaço reservado à lei, abstratamente considerado, mas em colmatar uma lacuna intencional,

É por meio de um processo decisório cujas regras sejam claras, transparentes, e cuja participação seja ampla que os órgãos reguladores tendem a tomar decisões mais legítimas[136]. Por isso, o Capítulo I da LGAR, intitulado "Do Processo Decisório das Agências Reguladoras", preocupou-se com diversas garantias na tomada de decisão desses entes, aplicáveis não apenas às deliberações sobre atos normativos, mas a todo o seu âmbito de atuação. Destacam-se o reconhecimento legal da proporcionalidade (art. 4º.), a fundamentação adequada (art. 5º.), o consequencialismo (art. 6º.), a colegialidade (art. 7º.), a publicidade (arts. 8º., 12 e 13) e a participação ampla (arts. 9º., 10 e 11).

Extrai-se desse conjunto normativo um investimento no plano do procedimento para a materialização da decisão, com a adoção de mecanismos preventivos à captura e ao favorecimento à democratização da deliberação, além da qualificação dos elementos que instruem a escolha regulatória. A intenção "é buscar a construção de um quadro de elementos que permita um abalizado juízo sobre a oportunidade e adequação da ação regulatória a partir de várias perspectivas; seja do próprio ente regulador, seja dos regulados, seja dos demais alcançados por esta mesma ação ordenadora"[137]. A LGAR adota a processualidade como requisito de validade e de legitimidade da atuação dos reguladores, obrigando-os a expedir seus atos em um ambiente de controle de resultados, que devem ser previstos com antecedência, averiguados e testados[138]. Ao consolidar diversos instrumentos destinados a melhorar a qualidade e a efetividade das decisões regulatórias, a LGAR deu maior concretude às disposições principiológicas da LINDB.

---

que exige norteadores de natureza técnica, de modo a possibilitar a regulação setorial com mais eficiência e assegurado a concretização das políticas legitimamente estabelecidas pelo legislador". (BRASIL. Supremo Tribunal Federal (Tribunal Pleno). Ação Direta de Inconstitucionalidade 1.668/DF. Relator: Min. Edson Fachin, 1 de março de 2021. Diário de Justiça Eletrônico, 23 mar. 2021).

136. ALENCAR, Letícia Oliveira Lins de. Participação popular na elaboração de atos normativos por agências reguladoras federais: uma análise da experiência acumulada nos últimos 20 anos. *Fórum de Contratação e Gestão Pública – FCGP*, Belo Horizonte, n. 192, dez. 2017, p. 44-45.

137. VALLE, Vanice Regina Lírio do. Planejamento na função regulatória e deferências judicial (artigos 17 a 21 da Lei n. 13.848/2019). *In:* SCHIER, Adriana; FORTINI, Cristiana; MELO, Lígia; VALLE, Vanice (Coords.). *Marco legal das agências reguladoras na visão delas:* comentários à Lei n. 13.848/2019 e à IN n. 97/2020. Belo Horizonte: Fórum, 2021, p. 142.

138. SCHIER, Adriana da Costa Ricardo; LIMA, Maria Cristina. O processo decisório das agências reguladoras: elementos de instrução à decisão regulatória (artigos 4º ao 6º da Lei n. 13.848/2019). *In:* SCHIER, Adriana; FORTINI, Cristiana; MELO, Lígia; VALLE, Vanice (coords.). *Marco legal das agências reguladoras na visão delas:* comentários à Lei n. 13.848/2019 e à IN n. 97/2020. Belo Horizonte: Fórum, 2021. p. 57.

2.2.2.1. *Consequencialismo e participação nas decisões regulatórias*

O art. 20 da LINDB, incluído pela Lei n. 13.655/2018[139], dispõe: "nas esferas administrativa, controladora e judicial, não se decidirá com base em valores jurídicos abstratos sem que sejam consideradas as consequências práticas da decisão"[140]. No mesmo sentido, o art. 21 da LINDB dispõe sobre a necessidade de indicação expressa das consequências jurídicas e administrativas[141] da decisão que decretar a invalidação de ato, contrato, ajuste, processo ou norma administrativa. Essas normas objetivam "estimular o consequencialismo das decisões tanto na gestão, como dos órgãos de controle, intentando, por uma série de expedientes, garantir a segurança jurídica e maior previsibilidade por parte, sobretudo, do controle da Administração Pública"[142]. O art. 6º. da LGAR, ao determinar a Análise de Impacto Regulatório (AIR) anterior à adoção e alteração de atos normativos de interesse geral de agentes econômicos, consumidores ou usuários dos serviços públicos, contendo informações e dados sobre os possíveis efeitos de tal ato, alinha-se ao consequencialismo expresso na LINDB.

A AIR é um procedimento de tomada de decisão inserido na atividade regulatória, baseado na apreciação sistemática dos efeitos da decisão tomada, utilizando-se de técnicas para quantificar e qualificar as alternativas viáveis, com o objetivo de fornecer à tomada de decisão evidências empíricas e permitir que a escolha ostente cunho técnico e se aproxime do resultado ótimo[143]. Esse método fundamenta-se no uso de avaliação sobre os custos e benefícios de uma determinada ação, com base em extenso catálogo de informações, considerado um instrumento capaz de garantir o estudo e a

---

139. A Lei n. 13.655/2018 é originada do Projeto de Lei do Senado n. 349/2015, apresentado pelo Senador Antonio Anastasia (PSDB/MG). A proposta foi fruto de projetos de pesquisa desenvolvidos pela Sociedade Brasileira de Direito Público em parceira com a Escola de Direito de São Paulo da Fundação Getulio Vargas, lideradas pelos professores Carlos Ari Sundfeld e Floriano de Azevedo Marques Neto. Como posto na justificativa do Projeto, a ideia foi incluir na LINDB "disposições para elevar os níveis de segurança jurídica e de eficiência na criação e aplicação do direito público".

140. Nos termos do Enunciado 04 do Instituto Brasileiro de Direito Administrativo (IBDA): "As 'consequências práticas' às quais se refere o art. 20 da LINDB devem considerar, entre outros fatores, interferências recíprocas em políticas públicas já existentes".

141. Nos termos do Enunciado 05 do Instituto Brasileiro de Direito Administrativo (IBDA): "A avaliação das consequências práticas, jurídicas e administrativas é indispensável às decisões nas esferas administrativa, controladora e judicial, embora não possa ser utilizada como único fundamento da decisão ou opinião".

142. NOHARA, Irene Patrícia. Motivação do ato administrativo na disciplina de Direito Público da LINDB. *In:* VALIATI, Thiago Priess; HUNGAO, Luis Alberto; CASTELLA, Gabriel Morettini e (Coords.). *A Lei de Introdução e o Direito Administrativo Brasileiro.* Rio de Janeiro: Lumen Juris, 2019. p. 03.

143. VALENTE, Patrícia. *Análise de impacto regulatório:* uma ferramenta à disposição do estado. Belo Horizonte: Fórum, 2013. p. 29-37.

apreciação técnica de toda a matéria, em um ambiente de segurança jurídica e proporcionalidade, mediante fundamentação adequada[144].

Dito instrumento funciona como um mecanismo de autocontrole da atividade discricionária das agências, buscando um "*devido processo legal decisório* interessado nos *fatos*, em que seja possível, através da motivação, verificar se a decisão foi necessária, se foi a mais adequada, considerando as alternativas possíveis, em face de suas consequências concretas"[145]. Obviamente, o exercício de prognose pode apresentar falhas, mas é muito mais provável falhar caso não se tente medir antecipadamente as consequências de determinadas políticas, para editar normas de maneira voluntarista, com base em uma convicção ou desejo pessoal, do que realizar estudos prévios e direcionados a obter a melhor política. A AIR é, por excelência, uma forma de motivação da medida regulatória e de concretização do princípio da eficiência, pois permite a demonstração das razões de sua edição, sua comparação com outras medidas possíveis, consequências esperadas de sua aplicação e ônus sociais e econômicos que dela poderão advir[146].

A regulamentação da AIR ficou a cargo do Decreto n. 10.411/2020, que "dispõe sobre o seu conteúdo, os quesitos mínimos a serem objeto de exame, as hipóteses em que será obrigatória e as hipóteses em que poderá ser dispensada" (art. 1º.), aplicando-se "aos órgãos e às entidades da administração pública federal direta, autárquica e fundacional, quando da proposição de atos normativos de interesse geral de agentes econômicos ou de usuários dos serviços prestados, no âmbito de suas competências" (art. 1º., § 1º.). Além do conceito (art. 2º., I), das metodologias (art. 7º.) e das características do relatório final (art. 6º.), extraem-se do referido Decreto algumas etapas de elaboração da AIR[147], a partir das quais se pode identificar o chamado "ciclo

---

144. SCHIER, Adriana da Costa Ricardo; LIMA, Maria Cristina. O processo decisório das agências reguladoras: elementos de instrução à decisão regulatória (artigos 4º ao 6º da Lei n. 13.848/2019). *In:* SCHIER, Adriana; FORTINI, Cristiana; MELO, Lígia; VALLE, Vanice (coords.). *Marco legal das agências reguladoras na visão delas:* comentários à Lei n. 13.848/2019 e à IN n. 97/2020. Belo Horizonte: Fórum, 2021. p. 55.

145. Ibidem, p. 58. Grifo no original.

146. ARAGÃO, Alexandre Santos de. Considerações iniciais sobre a Lei Geral das Agências Reguladoras. *Revista de Direito da Administração Pública*, a. 5, v. 1, n. 1, p. 7-23, jan./jun. 2020. p. 15-16.

147. De acordo com Adriana da Costa Ricardo Schier e Maria Cristina Lima, a primeira etapa seria a de *análise e definição do problema*, quando os órgãos reguladores devem colher informações de maneira a compreender as dificuldades enfrentadas em concreto, buscando causas e consequências, a fim de delinear os objetivos pretendidos com a regulação e as possibilidades de riscos do ato normativo. Nessa fase, devem ser viabilizados instrumentos de participação popular. Em seguida, deve-se ponderar de forma técnica sobre as condições jurídicas em face dos direitos dos destinatários das normas, tornando-se possível a *identificação das opções regulatórias*, fase em que são mapeadas as diversas soluções possíveis para resolver o problema identificado. Por fim, o regulador deve realizar a *comparação entre as opções regulatórias*, avaliando os reflexos das várias alternativas regulatórias para escolher a solução mais adequada, eficaz e sustentável ao atingimento do objetivo pretendido. (SCHIER, Adriana da Costa Ricardo; LIMA, Maria Cristina. O processo decisório das agências reguladoras: elementos de instrução à decisão regulatória (artigos 4º ao 6º da Lei n. 13.848/2019). *In:* SCHIER,

regulatório", consistente na elaboração, na aplicação, no monitoramento e na avaliação da decisão, em um processo que se retroalimenta[148].

A preocupação legalmente expressa sobre as consequências práticas, jurídicas e administrativas do ato normativo vem reforçada pela previsão de Avaliação de Resultado Regulatório (ARR), entendida como a "verificação dos efeitos decorrentes da edição de ato normativo, considerados o alcance dos objetivos originalmente pretendidos e os demais impactos observados sobre o mercado e a sociedade, em decorrência de sua implementação" (art. 2º., III). Na agenda de ARR instituída pelos órgãos reguladores, deve-se incluir, no mínimo, um ato de interesse geral de agentes econômicos ou de usuários dos serviços prestados de seu estoque regulatório (art. 13, § 2º.)[149].

A despeito da relevância da AIR no contexto normativo e decisório no âmbito da regulação, o mesmo Decreto que a regulamenta estabelece hipóteses para sua inaplicabilidade (art. 3º., § 2º.) e para sua dispensa (art. 4º.), esvaziando, em alguma medida, sua atuação significativa. Para tentar mitigar esse *déficit*, tanto a LGAR[150] quanto o Decreto n. 10.411/2020[151] exigem a apresentação de nota técnica ou documento equivalente, para fundamentar a proposta de decisão. Essa nota deve ser o instrumento em que a análise das consequências seja realizada pelo regulador, permitindo o devido controle de adequação e razoabilidade[152] e submetendo-se às mesmas exigências genéricas da LGAR, notadamente de seu art. 4º., relacionadas à

Adriana; FORTINI, Cristiana; MELO, Lígia; VALLE, Vanice (coords.). *Marco legal das agências reguladoras na visão delas:* comentários à Lei n. 13.848/2019 e à IN n. 97/2020. Belo Horizonte: Fórum, 2021. p. 60).

148. ALBUQUERQUE, Kélvia. Análise de Impacto Regulatório no Brasil. *95ª. Reunião da Câmara de Saúde Suplementar,* Casa Civil, set. 2018. p. 7. Disponível em: https://www.gov.br/ans/pt-br/arquivos/acesso-a-informacao/participacao-da-sociedade/camss-camara-de-saude-suplementar/apresentacao_css/95_ apresentacao_air_brasil.pdf. Acesso em: 09 out. 2022. No mesmo relatório, a autora indica, como boas práticas regulatórias: *i)* agenda regulatória; *ii)* análise de impacto *ex ante*; *iii)* gestão de estoque; *iv)* avaliação de resultado regulatório (*ex post*); *v)* participação social.

149. Adianta-se que o incremento da função judicante dos órgãos reguladores, proposta central deste trabalho, é um instrumento valioso para a definição da agenda de ARR e, consequentemente, do ciclo regulatório, pois permite ao regulador conhecer eventuais vícios, inaplicabilidade ou má aplicação de determinadas normas regulatórias (cf. seção 5.1.2).

150. Art. 6º., LGAR: [...] § 5º. "Nos casos em que não for realizada a AIR, deverá ser disponibilizada, no mínimo, a nota técnica ou documento equivalente que tenha fundamentado a proposta de decisão".

151. Art. 4º., Decreto n. 10.411/2020: "[...] § 1º. Nas hipóteses de dispensa de AIR, será elaborada nota técnica ou documento equivalente que fundamente a proposta de edição ou de alteração do ato normativo.

§ 2º. Na hipótese de dispensa de AIR em razão da urgência, a nota técnica ou o documento equivalente de que trata o § 1º. deverá, obrigatoriamente, identificar o problema regulatório que se pretende solucionar e os objetivos que se pretende alcançar, de modo a subsidiar a elaboração da ARR, observado o disposto no art. 12".

152. SCHIER, Adriana da Costa Ricardo; LIMA, Maria Cristina. O processo decisório das agências reguladoras: elementos de instrução à decisão regulatória (artigos 4º ao 6º da Lei n. 13.848/2019). *In:* SCHIER, Adriana; FORTINI, Cristiana; MELO, Lígia; VALLE, Vanice (coords.). *Marco legal das agências reguladoras na visão delas:* comentários à Lei n. 13.848/2019 e à IN n. 97/2020. Belo Horizonte: Fórum, 2021. p. 59.

proporcionalidade da medida, e de seu art. 5º., atinentes à indicação dos pressupostos de fato e de direito[153]. Outros dois instrumentos destacam-se no processo decisório dos reguladores, especialmente pelo fomento (necessário) à participação popular: trata-se da consulta pública e a da audiência pública.

A consulta pública tem caráter obrigatório para "as minutas e as propostas de alteração de atos normativos de interesse geral dos agentes econômicos, consumidores ou usuários dos serviços prestados"[154]. Seu objetivo é buscar apoio à tomada de decisão, uma vez que a sociedade é consultada previamente, possibilitando aos interessados enviarem críticas, sugestões e contribuições sobre a norma regulatória (art. 9º., § 1º., LGAR). O regulador pode utilizar os meios e canais considerados mais adequados para realizar a participação social e a consulta pública, garantindo um prazo para manifestação pública proporcional à complexidade do tema (art. 10, Decreto n. 10.411/2020), com duração mínima de 45 dias (art. 9º., § 2º., LGAR). A audiência pública, por sua vez, é facultativa ao órgão regulador, podendo ser convocada para apoio à decisão, oportunidade em que é possibilitada a manifestação oral por quaisquer interessados, em sessão pública destinada a debater a matéria relevante (art. 10, *caput* e § 1º., LGAR). Tais mecanismos, além de fomentar a participação social no processo regulatório, legitimando democraticamente a decisão, dão maior publicidade a esses atos e normas. Sendo inerente à regulação a coexistência de grupos de interesses, os mecanismos de transparência e participação tendem a mitigar possíveis desvios nessas influências e ampliam a arena de potenciais participantes[155].

Ocorre que a conclusão do AIR e as manifestações predominantes ou majoritárias nas consultas públicas e/ou audiências públicas, embora devam ser levadas em consideração pelo regulador, não o vinculam[156], ou

---

153. VALLE, Vanice Regina Lírio do. Planejamento na função regulatória e deferências judicial (artigos 17 a 21 da Lei n. 13.848/2019). *In:* SCHIER, Adriana; FORTINI, Cristiana; MELO, Lígia; VALLE, Vanice (Coords.). *Marco legal das agências reguladoras na visão delas:* comentários à Lei n. 13.848/2019 e à IN n. 97/2020. Belo Horizonte: Fórum, 2021. p. 143.

154. Extraído do *caput* do art. 9º. da LGAR, reforçado pelo parágrafo único do art. 9º. do Decreto 10.411/2020, cujo *caput* faculta a consulta pública ou consulta aos segmentos sociais diretamente afetados pela norma após a conclusão da AIR.

155. SANTOS, Marcela de Oliveira; AVELAR, Mariana Magalhães. O processo decisório das agências reguladoras: desafios e oportunidades (artigos 7º e 8º, da Lei n. 13.848/2019). *In:* SCHIER, Adriana; FORTINI, Cristiana; MELO, Lígia; VALLE, Vanice (Coords.). *Marco legal das agências reguladoras na visão delas:* comentários à Lei n. 13.848/2019 e à IN n. 97/2020. Belo Horizonte: Fórum, 2021. p. 79.

156. Em relação à consulta pública, o art. 11 do Decreto n. 10.411/2020 dispõe que o regulador não está obrigado ou condicionado a adotar os posicionamentos predominantes. Já o art. 15, § 2º., do mesmo decreto é expresso ao indicar que o relatório de AIR não vincula a tomada de decisão, e a autoridade competente pode decidir pela adoção da alternativa ou da combinação de alternativas sugeridas no relatório da AIR, pela necessidade de complementação da AIR ou pela adoção de alternativa contrária àquela sugerida no relatório, inclusive quanto às opções de não ação ou de soluções não normativas.

seja, a tomada de decisão pode vir de encontro a esses argumentos, desde que devidamente fundamentada pelo órgão regulador, comando expresso do art. 5º. da LGAR e dos arts. 20 e 21 da LINDB, impondo uma espécie de dever de motivação qualificada das decisões, inclusive as regulatórias[157].

Esse dever de motivação não implica apenas uma obrigação de fundamentar a tomada de decisão administrativa, mas estabelece uma condição positiva de validade da própria ação do Estado, ou seja, a partir dela será possível relacionar a atividade regulatória e a proteção aos interesses públicos vinculados[158]. A partir da análise da motivação, pode-se investigar a ocorrência de discrepâncias entre o ato ou seus efeitos e o fim almejado pela ordem jurídica nacional ou pelo interesse público (pela regulação, enfim), além de permitir uma avaliação futura dos atos expedidos, inclusive acerca de eventual mácula à finalidade do regulador[159].

O regulador tem o ônus argumentativo de demonstrar, a partir de juízos concretos, que a solução adotada é pertinente ao ordenamento jurídico interpretado sistematicamente e às consequências concretas a serem produzidas, exigindo a realização de uma análise de causa-efeito considerando a relevância política, social e econômica da decisão adotada[160]. A tomada de decisão deve, ainda, observar a máxima da proporcionalidade, a partir da adequação entre meios e fins[161], impedindo uma atuação com excesso ou de

157. O Decreto n. 10.411/2020 determina, para as situações em que o regulador decida de forma contrária ao relatório de AIR (art. 15, § 2º., nota *supra*), a necessidade de fundamentação pela autoridade competente. De acordo com o art. 5º. da LGAR, a agência reguladora deve indicar os pressupostos de fato e de direito que determinam suas decisões, além da necessidade de demonstrar as consequências práticas, jurídicas e administrativas da decisão (arts. 20 e 21, LINDB). Antes disso, a Lei n. 9.784/1999 já previa a motivação detalhada, com indicação dos fatos e fundamentos jurídicos, quanto, entre outras hipóteses, neguem, limitem ou afetem direitos ou interesses (art. 50).

158. SCHIER, Adriana da Costa Ricardo; LIMA, Maria Cristina. O processo decisório das agências reguladoras: elementos de instrução à decisão regulatória (artigos 4º ao 6º da Lei n. 13.848/2019). *In:* SCHIER, Adriana; FORTINI, Cristiana; MELO, Lígia; VALLE, Vanice (coords.). *Marco legal das agências reguladoras na visão delas:* comentários à Lei n. 13.848/2019 e à IN n. 97/2020. Belo Horizonte: Fórum, 2021. p. 53.

159. MEDAUAR, Odete. *Direito administrativo moderno.* 21. ed. Belo Horizonte: Fórum, 2018. p. 163.

160. SCHIER, Adriana da Costa Ricardo; LIMA, Maria Cristina. O processo decisório das agências reguladoras: elementos de instrução à decisão regulatória (artigos 4º ao 6º da Lei n. 13.848/2019). *In:* SCHIER, Adriana; FORTINI, Cristiana; MELO, Lígia; VALLE, Vanice (coords.). *Marco legal das agências reguladoras na visão delas:* comentários à Lei n. 13.848/2019 e à IN n. 97/2020. Belo Horizonte: Fórum, 2021. p. 54. Sobre o tema, Carlos Ari Sundfeld e Guilherme Jardim Jurksaitis bem ponderam: "É assim, afinal, que decidem os administradores públicos e os formuladores de políticas: considerando dado problema, vislumbram possíveis soluções, tentam prever os custos e as consequências de se optar por cada uma delas e submetem o juízo final ao escrutínio público (seja através do debate parlamentar, no caso de uma lei, de consultas públicas, ou mesmo no momento em que a decisão passa a dar resultados para a população, sejam eles positivos ou não) e também ao crivo de controle". (SUNDFELD, Carlos Ari; JURKSAITIS, Guilherme Jardim. Uma lei para dar mais segurança jurídica ao direito público e ao controle. *In*: LEAL, Fernando; MENDONÇA, José Vicente Santos de (Coords.). *Transformações do direito administrativo:* consequencialismo e estratégias regulatórias. Rio de Janeiro: Escola de Direito do Rio de Janeiro da Fundação Getulio Vargas, 2016. p. 21-24).

161. Extrai-se, especialmente, do art. 4º. da LGAR e do art. 20, parágrafo único, da LINDB.

forma insuficiente na consecução dos objetivos regulatórios, o que acarreta desproporção e, consequentemente, atuação antijurídica[162].

Embora identifique alguns "problemas quase insolucionáveis" decorrentes do comando do art. 20 da LINDB (*v.g.*, a definição de consequências práticas, como elas podem ser expressas em unidades passíveis de alguma comparação e qual será o critério orientador dessa métrica), José Vicente Santos de Mendonça entende que a busca de "consequências práticas" para fundamentar sua decisão educa e constrange o decisor "por uma nova gramática"; afinal, "mudar a gramática do direito é mudar – um pouco – o mundo das decisões"[163]. Para ilustrar seu pensamento, o autor compara a reflexão para decidir sobre o licenciamento de determinado empreendimento com base na "dimensão objetiva do direito fundamental à dignidade da pessoa humana enquanto dever de proteção" ou na discussão "se o estado de coisas A ('os peixes vão morrer na lagoa') é preferível ao estado de coisas B ('a hidrelétrica não será construída e provavelmente faltará energia na região')", deixando clara a concretude buscada pelo comando legal em detrimento da abstração recorrente no uso de garantias e princípios constitucionais. Nessa linha, conclui: "consequências práticas podem ser muitas coisas, mas são menos coisas do que, por exemplo, a vis expansiva dos direitos fundamentais ou a dignidade da pessoa humana"[164].

O processo decisório do órgão regulador, independentemente de ser precedido ou não de AIR, deve evidenciar os elementos mínimos de instrução a demonstrar ter sido aplicada, no caso concreto, a solução mais adequada aos interesses regulados, a partir da *expertise* técnica sob a qual se funda a própria razão de ser do regulador. Isso porque a especialidade e a autonomia institucional desenhadas em abstrato devem ser reveladas na formulação de suas decisões, em especial naquelas de interesse geral dos agentes econômicos, consumidores ou usuários dos serviços prestados. O legislador apresenta, assim, uma preocupação especial na transformação da aptidão em tese do regulador em aplicação concreta de seus conhecimentos específicos, sobretudo considerando sua posição privilegiada para figurar como interlocutor dos interessados que venham a contribuir para o processo

---

162. SCHIER, Adriana da Costa Ricardo; LIMA, Maria Cristina. O processo decisório das agências reguladoras: elementos de instrução à decisão regulatória (artigos 4º ao 6º da Lei n. 13.848/2019). *In:* SCHIER, Adriana; FORTINI, Cristiana; MELO, Lígia; VALLE, Vanice (coords.). *Marco legal das agências reguladoras na visão delas:* comentários à Lei n. 13.848/2019 e à IN n. 97/2020. Belo Horizonte: Fórum, 2021. p. 51.

163. MENDONÇA, José Vicente Santos de. Dois futuros (e meio) para o projeto de lei do Carlos Ari. *In:* LEAL, Fernando; MENDONÇA, José Vicente Santos de (Coords.). *Transformações do direito administrativo:* consequencialismo e estratégias regulatórias. Rio de Janeiro: Escola de Direito do Rio de Janeiro da Fundação Getulio Vargas, 2016. p. 31-34.

164. Ibidem, p. 31-34.

decisório, podendo, inclusive, favorecer uma aproximação mais deferente por parte dos controladores[165].

Fica claro que a LGAR traz consigo um processo administrativo democrático, em reforço à autonomia funcional dos reguladores, o que evita a existência de pressões políticas ou setoriais; por outro lado, expõe as agências aos reclamos dos agentes privados, consumidores e usuários.[166] O reconhecimento do papel do processo, na moderna regulação, é essencial para garantir a legitimidade e o controle dos atos regulatórios, sobretudo pelo fato de grande parte de suas decisões terem alcance geral e abstrato[167]. A validade da decisão da agência reguladora deve observar um procedimento destinado a apurar a maior quantidade possível de variáveis e dados relevantes, requisito inexigível de validade para leis. Por outro lado, "a evidência de que a decisão da agência é incompatível com o conhecimento técnico autoriza sua desconstituição, o que dificilmente pode dar-se no âmbito do controle de constitucionalidade das leis"[168].

2.2.2.2. *Zona cinzenta de regulamentação e articulação entre órgãos reguladores e outros entes*

A complexidade das relações reguladas é tamanha que, por vezes, se não extrapola o limite do próprio órgão regulador, acaba, ao menos, confluindo com outros entes atuantes em uma zona de intersecção entre sua atividade e a dos órgãos reguladores. Disso resulta a coexistência de normas distintas disciplinando a mesma realidade de maneira diversa, gerando, eventualmente, uma incongruência ou certa incompatibilidade. Essa indefinição quanto à norma aplicável origina uma espécie de "zona cinzenta de regulamentação"[169],

---

165. VALLE, Vanice Regina Lírio do. Planejamento na função regulatória e deferências judicial (artigos 17 a 21 da Lei n. 13.848/2019). *In:* SCHIER, Adriana; FORTINI, Cristiana; MELO, Lígia; VALLE, Vanice (Coords.). *Marco legal das agências reguladoras na visão delas:* comentários à Lei n. 13.848/2019 e à IN n. 97/2020. Belo Horizonte: Fórum, 2021. p. 144-145.

166. FORTINI; Cristiana; FAJARDO, Gabriel. A nova Lei das Agências Reguladoras: impressões iniciais. *Conjur,* 27 jun, 2019. Disponível em: https://www.conjur.com.br/2019-jun-27/interesse-publico-lei-agencias-reguladoras-impressoes-iniciais. Acesso em: 10 set. 2022.

167. SANTOS, Marcela de Oliveira; AVELAR, Mariana Magalhães. O processo decisório das agências reguladoras: desafios e oportunidades (artigos 7º e 8º, da Lei n. 13.848/2019). *In:* SCHIER, Adriana; FORTINI, Cristiana; MELO, Lígia; VALLE, Vanice (coords.). *Marco legal das agências reguladoras na visão delas:* comentários à Lei n. 13.848/2019 e à IN n. 97/2020. Belo Horizonte: Fórum, 2021. p. 78.

168. JUSTEN FILHO, Marçal. *O direito das agências reguladoras independentes.* São Paulo: Dialética, 2002. p. 367.

169. SILVA, Marcos Rolim da. *Regulação econômica e processo civil:* tutela individual e coletiva na solução de conflitos envolvendo serviços públicos. São Paulo: Juspodivm, 2022. p. 54.

identificada como um dos fatores estimulantes da judicialização desses conflitos[170] – justificando sua abordagem no presente estudo.

Além disso, a ausência ou a insuficiência de uma coordenação na Administração Pública pode obstar a concretização da eficiência, no sentido de coerência, estabilidade e efetividade decisória e executória; aumentar a insegurança jurídica, pois torna a ação estatal instável e imprevisível; e prejudicar a consecução de interesses públicos, objetivos de políticas públicas, imprescindíveis à tutela de direitos fundamentais dos mais variados[171]. Uma das formas de mitigar essa discrepância é a atuação conjunta dos atores responsáveis por normatizar esses setores, em prol de uma unidade de entendimentos.

Observa-se uma virada do direito administrativo, da competência definida e exclusiva para uma decisão coordenada, procurando flexibilizar a estrutura das competências[172]. Diante de uma Administração Pública complexa, com diversos entes atuando em várias camadas de regulação, fiscalização e controle nas três esferas da federação, "busca-se maior coordenação nas atividades dos sujeitos envolvidos, a fim de que as competências deliberativas e decisórias sejam exercidas de forma articulada, com vistas a evitar ruídos, eliminar contradições e aparar divergências"[173]. Ciente disso, a LGAR buscou apresentar algumas balizas para essa interação entre as agências e outros órgãos, especialmente os de defesa da concorrência, do consumidor, do meio-ambiente e, claro, entre as próprias agências.

---

170. Em estudo realizado pela Escola de Direito de São Paulo da Fundação Getulio Vargas, sob a coordenação das professoras Daniela Monteiro Gabbay e Luciana Gross Cunha, a existência de uma chamada "zona cinzenta regulatória" foi apontada como uma das causas de aumento das demandas judiciais cíveis, especialmente no âmbito previdenciário, que pode, no entanto, ser identificada também em outros setores, como o regulado. A pesquisa foi publicada em versão comercial, a saber: GABBAY, Daniela Monteiro; CUNHA, Luciana Gross (Orgs.). *Litigiosidade, morosidade e litigância repetitiva no Judiciário:* uma análise empírica. São Paulo: Saraiva, 2012. No presente estudo, prefere-se o uso do termo "zona cinzenta de regulamentação", como utilizado por Marcos Rolim da Silva (nota supra), por melhor traduzir o fenômeno, a partir da já mencionada (e relevante) diferenciação entre regulação e regulamentação (subcapítulo 2.1).

171. MARRARA, Thiago. Coordenação administrativa e decisão coordenada: reflexões e lamentos sobre as mudanças da lei de processo administrativo federal. *In:* CABRAL, Antonio do Passo; MENDONÇA, José Vicente Santos de (Coords.). *Decisão administrativa coordenada:* reflexões sobre o art. 49-A e seguintes da Lei n. 9.784/99. São Paulo: Juspodivm, 2022. p. 119.

172. ESPIRITO SANTO, Paulo André. A aplicabilidade da decisão coordenada nos processos administrativos sancionadores. Por que não? *In:* CABRAL, Antonio do Passo; MENDONÇA, José Vicente Santos de (Coords.). *Decisão administrativa coordenada:* reflexões sobre o art. 49-A e seguintes da Lei n. 9.784/99. São Paulo: Juspodivm, 2022. p. 248.

173. CABRAL, Antonio do Passo; MENDONÇA, José Vicente Santos de. Nota dos coordenadores. *In:* CABRAL, Antonio do Passo; MENDONÇA, José Vicente Santos de (Coords.). *Decisão administrativa coordenada:* reflexões sobre o art. 49-A e seguintes da Lei n. 9.784/99. São Paulo: Juspodivm, 2022. p. 5.

A articulação entre agências reguladoras não é uma novidade[174], sendo facultado a duas ou mais agências editarem atos normativos conjuntos para dispor sobre matéria cuja disciplina envolva agentes econômicos sujeitos a mais de uma regulação setorial (art. 29, LGAR). Tais atos devem conter regras sobre a fiscalização de sua execução e prever mecanismos de solução de controvérsias decorrentes de sua aplicação, admitindo solução por meio da mediação ou mediante arbitragem por comissão integrada, entre outros, por representantes de todas as agências envolvidas[175]. Essa interação é permitida, também, entre agências reguladoras federais e agências reguladoras ou órgãos de regulação estaduais, distritais ou municipais, podendo implementar, a seu critério e mediante acordo de cooperação, a descentralização de suas atividades fiscalizatórias, sancionatórias e arbitrais, vedada a delegação de competência normativa (arts. 34 e 35, LGAR).

É possível a articulação das agências reguladoras com órgãos de defesa do consumidor, por meio de convênios e acordos de cooperação e colaboração mútuas, "visando à eficácia da proteção e defesa do consumidor e usuário dos serviços públicos na sua esfera de atuação" (art. 31, § 1º., LGAR)[176], bem como com órgãos de defesa do meio ambiente, "visando ao intercâmbio de informações, à padronização de exigências e procedimentos, à celeridade na emissão de licenças ambientais e à maior eficiência nos processos de fiscalização" (art. 33, LGAR). Extraem-se, no mínimo, dois pontos de destaque desse diálogo institucional incentivado pela LGAR. Em prol dos consumidores, um contato mais estreito do regulador com esse viés da relação regulada, "monitorando e acompanhando as práticas de mercado dos agentes do setor regulado" (art. 31, LGAR), tem o potencial de arejar a sua visão eventualmente influenciada pela tecnicidade e pelo contato mais corriqueiro com outros atores, como os agentes regulados. Por outro lado, a padronização de procedimentos entre regulador e órgãos de defesa ambiental proporciona mais segurança ao regulado, impedindo-o, por exemplo, de ser

174. Podem-se citar, como exemplos, a Resolução Conjunta n. 4, de 16 de dezembro de 2014 (Aneel e Anatel) e a Resolução Conjunta n. 2, de 27 de março de 2001 (Aneel, Anatel e ANP).

175. Um exemplo é a Resolução Conjunta n. 3, de 24 de novembro de 2020, entre Aneel, Anatel e ANP, que "recria a Comissão de Resolução de Conflitos das Agências Reguladoras dos Setores de Energia Elétrica, Telecomunicações e Petróleo", originalmente criada em 2001 e extinta pelo Decreto n. 9.759/2019. O objetivo da comissão é resolver conflitos surgidos entre agentes exploradores de serviços públicos de energia elétrica, prestadores de serviços de telecomunicações de interesse coletivo e agentes exploradores de serviços de transporte dutoviário de petróleo, seus derivados e gás natural (art. 3º., Resolução Conjunta n. 2, de 27 de março de 2001 (Aneel, Anatel e ANP).

176. Sobre a atuação concomitante e complementar dos órgãos reguladores com os órgãos de defesa do consumidor, o STJ assim se manifestou, antes ainda da LGAR: "[...] Acresça-se, para melhor esclarecimento, que a atuação do Procon não inviabiliza, nem exclui, a atuação da Agência reguladora, pois esta procura resguardar em sentido amplo e regular a execução do serviço público prestado" (BRASIL. Superior Tribunal de Justiça (Segunda Turma). Recurso Especial 1.178.786/RJ. Relator: Min. Mauro Campbell Marques, 16 de dezembro de 2010. Diário de Justiça Eletrônico, 8 fev. 2011).

surpreendido pela exigência, por um dos entes, de determinado documento ou requisito dispensado pelo outro, o que repercute positivamente em toda a relação regulada.

O mesmo pode ser observado na interação entre as agências reguladoras e os órgãos de defesa da concorrência, notadamente o Cade, disciplinando a LGAR que ambos "devem atuar em estreita cooperação, privilegiando a troca de experiências" (art. 25, LGAR). O Cade pode solicitar às agências "pareceres técnicos relacionados a seus setores de atuação" para instrução de processos administrativos (art. 26, § 2º., LGAR), e as agências, quando conhecerem de fato passível de configurar infração à ordem econômica, devem comunicá-lo imediatamente para adotar as providências cabíveis (art. 27, LGAR), pois são eles os "responsáveis pela aplicação da legislação de defesa da concorrência nos setores regulados, incumbindo-lhes a análise de atos de concentração, bem como a instauração e a instrução de processos administrativos para apuração de infrações contra a ordem econômica" (art. 26, § 1º., LGAR). As decisões tomadas pelo Cade sobre condutas anticompetitivas no exercício das atividades regulatórias serão informadas à agência no prazo máximo de 48 horas após a publicação, para adoção das providências legais (art. 28, LGAR)[177].

Um exemplo dessa atuação coordenada pode ser visto no Memorando de Entendimentos n. 01/2021, assinado em 2021, por Antaq e Cade, com o estabelecimento de procedimentos comuns de análise de cobrança do Serviço de Segregação e Entrega de Contêineres (SSE) em instalações portuárias. Entre as razões do Memorando, constam a necessidade de conferir maior segurança jurídica aos atos e políticas da Administração Pública e a "necessidade de uso racional e eficiente do aparelho estatal, por meio de uma ação integrada e eficaz" dos entes envolvidos. Confirmando a tese de que a "zona cinzenta de regulamentação" favorece a judicialização, o documento destaca que "tramitam no Poder Judiciário diversas ações acerca da cobrança do

177. "Tais comunicações têm especial importância, considerando o poder normativo das agências reguladoras e o papel institucional de indução e fomento da concorrência na atividade regulada. A partir da identificação pelo Cade de atos que são lesivos à ordem econômica, as agências podem adotar providências para assegurar que, no futuro, as atividades reguladas sejam executadas em atenção à ampla concorrência e respeito aos usuários/consumidores. Como exemplo, a agência reguladora poderá editar regulamento para corrigir as imperfeições de mercado, vedando, de forma geral e expressa, a conduta anteriormente condenada pelo Cade e incluindo medidas de incentivo para que a prática não torne a ocorrer dentro do setor". (FERREIRA, Maria Fernanda Pires de Carvalho; PIRES, Priscila Giannetti Campos. Da interação entre as agências reguladoras e os órgãos de defesa da concorrência (artigos 25 a 28 da Lei n. 13.848/2019). *In:* SCHIER, Adriana da Costa Ricardo; FORTINI, Cristiana; CASIMIRO, Lígia Maria Silvia Melo de; VALLE, Vanice Regina Lírio do (Coords.). *Marco legal das agências reguladoras na visão delas:* comentários à Lei n. 13.848/2019 e à IN n. 97/2020. Belo Horizonte: Fórum, 2021. p. 161).

SSE, sem entendimento jurisprudencial uniforme sobre a matéria, causando insegurança jurídica e instabilidade regulatória no setor"[178].

No âmbito do direito da concorrência, o debate mais candente é acerca da sobreposição de competências entre o Cade e o Bacen. Embora haja prevalência da tese em defesa da atuação do Bacen em detrimento do Cade[179], a discussão mantém muito dessa dicotomia, pouco avançando sobre a possibilidade de uma cooperação entre os órgãos, que vise ao modo como ambos podem contribuir entre si nas questões concorrenciais surgidas no mercado financeiro[180]. Admitindo que Bacen e agências reguladoras, por suas características e capacidades, são espécies de órgãos reguladores, a articulação com os órgãos de defesa da concorrência prevista na LGAR pode ser aplicada, analogamente, também ao setor financeiro, a fim de privilegiar a já referida estrutura mais flexível das competências administrativas, com a consecução de valores como a segurança jurídica e a eficiência, norteadores da atuação da Administração Pública.

Outra possibilidade, de aplicação mais ampla, é o uso da decisão administrativa coordenada[181], prevista pela Lei n. 14.210/2021, que incluiu os

---

178. BRASIL. Memorando de entendimentos n. 01/2021. Relativo aos procedimentos de cooperação na análise de cobranças sobre o serviço de segregação e entrega imediata de cargas em regime de trânsito aduaneiro entre a Agência Nacional de Transportes Aquaviários (Antaq) e o Conselho Administrativo de Defesa Econômica (Cade). Brasília, 17 jun. 2021. Disponível em: https://cdn.cade.gov.br/Portal/acesso-a-informacao/convenios-e-transferencias/acordos-nacionais/2021/Acordo-Cade-e-ANTAQ.pdf. Acesso em: 26 dez. 2022.

179. A tese que defende a prevalência do Bacen fundamenta-se nas peculiaridades do setor financeiro, no risco sistêmico nele incidente, decorrente do efeito que a quebra de um banco pode ter sobre a economia do país, e não apenas sobre o setor regulado, e na regulação prudencial que o Bacen deve ter, a fim evitar um desequilíbrio do mercado (UHDRE, Dayana de Carvalho. Regulação bancária: observações acerca de uma possível compatibilização entre preocupações concorrenciais e setoriais. *In:* MOREIRA, Egon Bockmann; MATTOS, Paulo Todescan Lessa (Coords.). *Direito concorrencial e regulação econômica*. Belo Horizonte, 2010, p. 283-286). Por outro lado, a partir de uma interpretação conforme a Constituição e do método do diálogo das fontes, há proposta no sentido de que o controle antitruste relacionado ao SFN seja realizado apenas pelo Cade, mas com a participação do Bacen, dadas as particularidades do sistema financeiro. (SCHNEIDER, Andressa Caroline. Repensando o conflito entre Bacen e Cade sob a perspectiva da interpretação conforme à Constituição e do diálogo das fontes. *Cadernos do Programa de Pós-Graduação em Direito PPGDIR/UFRGS*, Porto Alegre, v. XI, n. 2, p. 264-292, 2016. p. 286).

180. ESPIRITO SANTO, Paulo André. A aplicabilidade da decisão coordenada nos processos administrativos sancionadores. Por que não? *In:* CABRAL, Antonio do Passo; MENDONÇA, José Vicente Santos de (Coords.). *Decisão administrativa coordenada:* reflexões sobre o art. 49-A e seguintes da Lei n. 9.784/99. São Paulo: Juspodivm, 2022. p. 256.

181. Originada pelo Projeto de Lei do Senado n. 615/2015, de autoria do Senador Antonio Anastasia (PSDB/MG), a proposta tem, expressamente, inspiração no modelo italiano da *conferenza di servizi* (Lei n. 241/1990, art. 14) e na "conferência de serviços" do Estado de Minas Gerais (Decreto n. 45.757/2011). Colhe-se influência também da "conferência de serviços" do art. 28 da Lei de Processo Administrativo da Bahia (Lei Estadual n. 12.209/2011); da "conferência procedimental" do art. 77, n. 1 e n. 2, do Código de Procedimento Administrativo português; do "procedimento estrela" e das "reuniões conjuntas a pedido do solicitante" alemães (§71d e §71e da Lei de Processo Administrativo – *Verwaltungsverfahrensgesetz, VwVfG*). Sobre o tema, sugere-se: CABRAL, Antonio do Passo; MENDONÇA, José Vicente Santos de (coords.). *Decisão administrativa coordenada:* reflexões sobre o art. 49-A e seguintes da

arts. 49-A a 49-G na Lei n. 9.784/1999. Embora, como já visto, a coordenação de decisões estatais não seja uma novidade, a decisão coordenada "reflete uma renovação dessas preocupações e uma tentativa de evoluir no tema"[182], consagrando a atenção à articulação administrativa que "visa à eficácia e à compatibilização da atuação dos agentes, órgãos e entidades estatais com as políticas públicas, o planejamento e as diretrizes governamentais"[183]. O instrumento pode ser "valioso para enfrentar *problemas multidimensionais* comuns na contemporaneidade, que exigem *cogestão de políticas públicas* e articulação de múltiplos órgãos e entidades em rede"[184].

Embora festejada, a novidade provoca algumas críticas, como quanto ao número mínimo de participantes – três ou mais, a despeito de a posição doutrinária entender suficientes dois sujeitos – e às vedações de sua aplicação em processos de licitação, relacionados ao poder sancionador ou ao envolvimento de autoridades de Poderes distintos (art. 49-A, § 6º.)[185]. Na crítica de Thiago Marrara, "o que há de forte e vinculante no seu texto não é o dever de coordenar (já que o legislador se limitou a criar faculdade!), senão os requisitos e as vedações que impôs às técnicas de coordenação"[186]. A despeito da crítica, todo incremento legislativo em prol da cooperação e da integridade normativa é bem-vindo como um reforço para, ao menos, mitigar a prejudicialidade da "zona cinzenta de regulamentação" e naturalizar o diálogo interinstitucional.

Lei n. 9.784/99. São Paulo: Juspodivm, 2022. A obra teve sua gênese num *webinário* promovido, em 2021, organizado pelo Grupo de Pesquisa Transformação nas Estruturas Fundamentais (UERJ) e pelo Laboratório de Regulação Econômica da UERJ (UERJ Reg), liderado pelos coordenadores da coletânea. Disponível em: https://www.youtube.com/watch?v=QY_ RMO_ b-Kg&t=10908s. Acesso em: 27 fev. 2022.

182. SCHWIND, Rafael Wallbach. Decisão coordenada: pressupostos, direito comparado e primeiras análises. *In:* CABRAL, Antonio do Passo; MENDONÇA, José Vicente Santos de (Coords.). *Decisão administrativa coordenada:* reflexões sobre o art. 49-A e seguintes da Lei n. 9.784/99. São Paulo: Juspodivm, 2022. p. 205. Complementa o autor: "Afinal, se já existiam regras sobre o assunto antes e o que se via (e ainda se vê) é uma grande falta de articulação entre as diferentes esferas estatais, alguma evolução era necessária".

183. Ibidem, p. 223.

184. MODESTO, Paulo. Decisão coordenada: experimentação administrativa processual. *In:* CABRAL, Antonio do Passo; MENDONÇA, José Vicente Santos de (Coords.). *Decisão administrativa coordenada:* reflexões sobre o art. 49-A e seguintes da Lei n. 9.784/99. São Paulo: Juspodivm, 2022. p. 91. Grifo no original.

185. Sobre o tema, vale mencionar a conclusão de Antonio do Passo Cabral, após examinar cada uma das possibilidades, no sentido de que "a redação atécnica do art. 49-A, § 6º. da Lei n. 9.784/99 leva à *inaplicabilidade* de *todas as restrições* ali previstas". (CABRAL, Antonio do Passo; MENDONÇA, José Vicente Santos de. Nota dos coordenadores. *In:* CABRAL, Antonio do Passo; MENDONÇA, José Vicente Santos de (Coords.). *Decisão administrativa coordenada:* reflexões sobre o art. 49-A e seguintes da Lei n. 9.784/99. São Paulo: Juspodivm, 2022. p. 77).

186. MARRARA, Thiago. Coordenação administrativa e decisão coordenada: reflexões e lamentos sobre as mudanças da lei de processo administrativo federal. *In:* CABRAL, Antonio do Passo; MENDONÇA, José Vicente Santos de (Coords.). *Decisão administrativa coordenada:* reflexões sobre o art. 49-A e seguintes da Lei n. 9.784/99. São Paulo: Juspodivm, 2022. p. 130.

2.2.3. Função judicante

Menos explorada pela doutrina que as demais, a função judicante[187], ou "quase-judicial", consiste na capacidade de composição e resolução de conflitos no setor de regulação, seja entre os agentes regulados, seja entre eles e os consumidores, "exercendo a função decisória tal como um árbitro"[188]. Comporta, ainda, a conciliação ou a mediação de interesses das empresas reguladas, dos consumidores (isolados ou em grupos de interesses homogêneos), ou de agentes econômicos que se relacionam com o setor regulado no âmbito da cadeia econômica (malgrado não explorarem diretamente a atividade sujeita à regulação setorial)[189]. A ideia é criar uma "instância decisória em que a entidade reguladora, na posição de terceiro imparcial, componha os conflitos de interesses entre os atores envolvidos na atividade regulada, apresentando a solução que melhor realize as políticas públicas para o setor"[190]. Por isso a relevância de explorar esse ponto sob a ótica do direito processual, como proposto no presente estudo.

Se são naturais a atividade fiscalizatória, no exercício do poder de polícia (função executiva) e, mesmo com ressalvas, a regulamentação de determinadas matérias (função normativa) pela Administração Pública indireta, o mesmo não se pode dizer de uma atividade de resolução de conflitos, julgadora, jurisdicional (ou sua equivalente). Talvez, por esse motivo, o tema não seja abordado com a mesma dedicação e frequência que os demais. Soma-se a isso o fato de, tradicionalmente, meios e técnicas de resolução de conflitos (inserida, aqui, a atividade judicante como um todo) serem estudados pelo direito processual, afastando-se da doutrina administrativista, por sua vez, alinhada mais confortavelmente aos aspectos materiais das relações reguladas. Tudo isso resulta em uma certa lacuna no exame teórico e dogmático mais

187. Quando analisada pela doutrina administrativista, a atividade de resolução de conflitos exercida pelos órgãos reguladores é denominada "função judicante", abrangendo a atuação auto e heterocompositiva. Consultando a palavra em dicionários da língua portuguesa, tem-se que judicante é adjetivo daquele que julga ou exerce as funções de juiz. No entanto, atualmente, as atividades do juiz vão muito além do ato de julgar propriamente dito, inserindo-se, nesse campo, o incentivo à autocomposição, a gestão do processo, a interpretação de normas, a prevenção de conflitos, entre outros, em uma atuação resolutiva do conflito. Nesse contexto, emprega-se a expressão "função judicante" no presente trabalho em seu significado mais amplo, não como o ato de julgar, mas como a atividade exercida pelo juiz para resolução dos conflitos ou, indo além, atividade jurisdicional, adotando, assim, o termo consagrado no direito administrativo.

188. BARROSO, Luís Roberto. Agências reguladoras. Constituição, transformações do Estado e legitimidade democrática. *In:* BINENBOJM, Gustavo (Coord.). *Agências reguladoras e democracia.* Rio de Janeiro: Lumen Juris, 2006. p. 80.

189. MARQUES NETO, Floriano de Azevedo. *Agências reguladoras independentes:* fundamentos e seu regime jurídico. Belo Horizonte: Fórum, 2009. p. 61.

190. BINENBOJM, Gustavo. *Uma teoria do direito administrativo:* direitos fundamentais, democracia e constitucionalização. 3. ed. Rio de Janeiro: Renovar, 2014. p. 258.

aprofundado da atividade judicante dos órgãos reguladores[191], com reflexos significativos na prática regulatória.

A LGAR reconhece a função judicante das agências reguladoras ao determinar, na interação entre elas e órgãos de regulação estaduais, distritais e municipais, a possibilidade de "descentralização de suas atividades fiscalizatórias, sancionatórias e arbitrais", vedada a mesma prática para a competência normativa (art. 34, *caput* e § 1º., LGAR), indicando, de forma bem resumida, as funções dos órgãos reguladores aqui abordadas. Na articulação entre agências reguladoras, é admissível o estabelecimento de solução de eventuais conflitos decorrentes de atos conjuntos pela mediação ou "mediante arbitragem integrada, entre outros, por representantes de todas as agências reguladoras envolvidas"[192], assentando a atividade judicante desses órgãos. No entanto, a LGAR poderia ter avançado na temática para reforçar essa função, sendo o silêncio normativo, talvez, um sintoma da ausência de estudos sobre o tema.

Nessa linha, o Projeto de Lei n. 1.149/2021 objetiva alterar a Lei de Mediação e a LGAR para "criar o Programa de Câmaras de Conciliação e Mediação – Conciliar, para auxiliar na solução de controvérsias decorrentes de relação de consumo"[193]. Para a LGAR, o PL propõe o acréscimo de um § 3º. no art. 31, determinando a implantação de "câmaras de conciliação e mediação, para solução de controvérsias derivadas da relação de consumo na compra de produtos ou contratação de serviços objeto de outorga e regulação por concessão", com referência ao art. 43 da Lei de Mediação, que já dispunha sobre essa possibilidade (mas não obrigatoriedade, como no PL)[194]. A justificativa do Projeto, apresentada pelo Deputado Christino Áureo (PP/RJ), baseia-se nos impactos econômicos causados pela pandemia de Covid-19, refletidos na relação consumerista e, por consequência, em um potencial aumento de demandas judiciais sobre esses temas.

---

191. O tema, quando abordado, normalmente se apresenta sob o viés da atuação dos órgãos reguladores tão somente para dirimir conflitos entre os agentes regulados, ou em um cotejo (muitas vezes traduzido em uma acentuada confusão) entre a arbitragem comercial e a chamada "arbitragem regulatória".

192. Como ocorre, por exemplo, com a "Comissão de Resolução de Conflitos das Agências Reguladoras dos Setores de Energia Elétrica, Telecomunicações e Petróleo", referida na nota 464.

193. BRASIL. Projeto de Lei n. 1149/2021. Altera a Lei 13.140, de 26 de junho de 2015, e a Lei 13.848, de 25 de junho de 2019, para criar o Programa de Câmaras de Conciliação e Mediação – Conciliar, para auxiliar na solução de controvérsias decorrentes de relação de consumo. Brasília, 30 mar. 2021.

194. Conforme o art. 4º. do Projeto: "O programa será implantado com as atuais estruturas dos órgãos envolvidos sem agregação de novas estruturas administrativas e de pessoal". A alteração da Lei de Mediação propõe a inclusão do § 1º. e do § 2º. no art. 43, a determinação de implantação de câmaras de conciliação também pelos órgãos do Sistema Nacional de Defesa do Consumidor (SNDC) e pelos órgãos de defesa do consumidor, do Ministério da Justiça e Segurança Pública, para auxiliar na solução de controvérsias decorrentes da relação de consumo na compra de produtos ou na contratação de serviços, no âmbito de suas respectivas controvérsias.

A previsão do PL parece muito genérica diante das peculiaridades dos conflitos do setor regulado, apresentando uma clara intenção de evitar o excesso de demanda em um Judiciário já sobrecarregado, não de resolver adequadamente os conflitos desses setores ou buscar uma solução ampla, consentânea com as políticas regulatórias e os efeitos sobre a coletividade de consumidores. Não obstante, é uma boa oportunidade para debater o tema e, quem sabe, incluir algumas linhas legislativas mais claras sobre a função judicante dos órgãos reguladores.

Ainda antes da LGAR, algumas leis de instituição das agências reguladoras já previam expressamente sua atuação para dirimir conflitos no setor regulado, algumas restritas aos conflitos entre os agentes regulados[195], outras incluindo os conflitos envolvendo agentes regulados e consumidores[196]. Seja em razão da abrangência geral da LGAR, admitindo a função judicante sem ressalvas, seja pelo diálogo entre as normas regentes dos órgãos reguladores, entende-se que todo conflito oriundo da relação regulada é passível de resolução pelo regulador, tanto de forma autocompositiva, quanto de forma heterompositiva.

Embora a lei de regência de algumas agências refira-se ao "arbitramento" dos conflitos, a LGAR faz menção à "atividade arbitral", sendo corriqueira a confusão dessa atividade do regulador, tida como "arbitragem administrativa" ou "arbitragem regulatória"[197], com a arbitragem comercial, prevista na Lei n. 9.307/1996 (Lei de Arbitragem). Ambas, porém, não se confundem. Nessa, o órgão regulador figura como parte, cabendo ao árbitro instituído pela convenção de arbitragem a resolução do litígio, por meio de sentença arbitral. Naquela, o órgão regulador atua como decisor, não como parte, detendo o poder decisório administrativo final. Cabe ao regulador conduzir a tramitação do procedimento, atento a todas as garantias do devido processo

195. Entre as competências da Anatel está "compor administrativamente conflitos de interesses entre prestadoras de serviço de telecomunicações" (Lei n. 9.472/1997, art. 19, XVII). À Anac também compete "compor, administrativamente, conflitos de interesses entre prestadoras de serviços aéreos e de infra-estrutura aeronáutica e aeroportuária". (art. 8º., XX, Lei n. 11.182/2005).

196. A Aneel prevê, como uma de suas atribuições, "dirimir, no âmbito administrativo, as divergências entre concessionárias, permissionárias, autorizadas, produtores independentes e autoprodutores, bem como entre esses agentes e seus consumidores" (art. 3º., V, Lei n. 9.427/1996). Nos termos do art. 20 da Lei n. 9.478/1997, "o regimento interno da ANP disporá sobre os procedimentos a serem adotados para a solução de conflitos entre agentes econômicos, e entre estes e usuários e consumidores, com ênfase na conciliação e no arbitramento". Com redação um pouco mais lacônica, entre os objetivos das Agências Nacionais de Regulação dos Transportes Terrestre e Aquaviário (ANTT e Antaq), está o de "harmonizar, preservado o interesse público, os objetivos dos usuários, das empresas concessionárias, permissionárias, autorizadas e arrendatárias, e de entidades delegadas, arbitrando conflitos de interesses e impedindo situações que configurem competição imperfeita, práticas anticompetitivas ou formação de estruturas cartelizadas que constituam infração da ordem econômica". (art. 20, II, b, Lei n. 10.233/2001).

197. GUERRA, Sérgio. *Agências reguladoras:* da organização administrativa à governança em rede. 2.ed. Belo Horizonte: Fórum, 2021. p. 304.

legal, até a fase de julgamento do conflito, exarando uma decisão técnica impositiva[198]. Trata-se, na verdade, de um processo administrativo[199].

Embora dotados dessa relevante função, os órgãos reguladores pouco a exercem e, quando o fazem, como dito, é, em sua maioria, voltada aos conflitos entre os agentes regulados (no setor ou intersetorial), negligenciando a resolução de conflitos entre consumidores e agentes regulados[200], configuração de litígio mais significativa, com maior volume. Floriano de Azevedo Marques Neto afirma que o regulador pode, por vezes, encarar a decisão dos conflitos como "um desgaste a ser evitado", esquivando-se de sua atividade decisória auto ou heterocompositiva[201]. Alexandre Santos de Aragão lamenta a postura de muitas agências, limitada a encaminhar as reclamações dos consumidores às empresas (agentes regulados), a despeito de sua responsabilidade não apenas em resolver conflitos (derivada da função judicante), mas de responder adequadamente às reclamações dos usuários (como determina, por exemplo, o art. 3º., X, da Lei n. 9.472/1997)[202]. Essa omissão ofende o "princípio da função", a qual impede o agente público de furtar-se de exercer suas competências inerentes à atividade estatal[203].

Um dos motivos para essa negligência talvez seja a dificuldade de entender a relação entre consumidor e empresa privada como parte da relação regulada, que reflete na atividade e política regulatória. A natureza jurídica da relação entre consumidor e agente regulado é tida como contratual e privada,

---

198. Ibidem, p. 306.

199. O STJ já proferiu decisão confirmando o entendimento de que as "arbitragens" conduzidas pelos reguladores são, em verdade, processos administrativos e, portanto, passíveis de revisão judicial. Além disso, destacou que a competência dos reguladores para compor administrativamente os conflitos não implica um afastamento do Poder Judiciário ou a necessidade de exaurimento das instâncias administrativas, preservando o direito individual de tutela judicial. (BRASIL. Superior Tribunal de Justiça (Segunda Turma). Recurso Especial 1.275.859/DF. Relatora: Min. Mauro Campbell Marques, 27 de novembro de 2012. Diário de Justiça Eletrônico, 5 dez. 2012). Essa posição, no entanto, merece reflexão, e é examinada mais detalhadamente no subcapítulo 4.3.4.

200. Em estudo dedicado à resolução consensual de conflitos consumeristas pelas agências reguladoras, Yuri César Cherman examinou os procedimentos adotados pela Anatel, pela Aneel, pela ANTT, pela Antaq e pela Anac, classificando-os em relação ao grau de eficiência (ineficiência absoluta, ineficiência parcial ou eficiência). Três foram identificadas com grau de ineficiência parcial (Anatel, Aneel e Anac) e duas com grau de ineficiência absoluta (ANTT e Antaq). Logo, nenhuma delas apresentou a eficiência esperada na resolução desses conflitos, o que confirma a afirmativa posta e uma das premissas do presente trabalho. (CHERMAN, Yuri César. *A atuação das agências reguladoras perante conflitos consumeristas por meio da administração concentrada:* análise pautada no princípio da eficiência. 2017. Dissertação (Mestrado em Direito) – Programa de Pós-graduação em Direito, Centro Universitário de Brasília, Brasília, 2017. *passim*).

201. MARQUES NETO, Floriano de Azevedo. *Agências reguladoras independentes:* fundamentos e seu regime jurídico. Belo Horizonte: Fórum, 2009. p. 123.

202. ARAGÃO, Alexandre Santos de. *Agências reguladoras e a evolução do direito administrativo econômico.* 3.ed. Rio de Janeiro: Forense, 2013. p. 339.

203. MARQUES NETO, Floriano de Azevedo. *Agências reguladoras independentes:* fundamentos e seu regime jurídico. Belo Horizonte: Fórum, 2009. p. 123.

de direito civil, não obstante a incidência de normas de direito público sobre ela, em um "fenômeno intervencionista de administrativização das relações jurídicas privadas"[204]. A partir disso, qualquer decisão envolvendo os aspectos jurídicos dessa relação, mesmo desfavorável ao regulado, não afetaria o interesse público, inclusive a modicidade tarifária, ensejando, também, a ideia de inexistência de interesse jurídico dos reguladores sobre essas causas[205].

Essa mentalidade - equivocada - faz com que a relação entre o órgão regulador e o consumidor não esteja ainda consolidada. Marcos Paulo Veríssimo explica que, embora os vínculos entre órgão regulador, agente regulado e consumidor insiram-se em uma mesma relação, qual seja, a regulação setorial e as atividades dela decorrentes, podem-se verificar algumas peculiaridades e divergências nas relações jurídicas existentes entre esses três atores. Enquanto a relação entre órgão regulador e agente regulado é centrada no poder normativo e fiscalizador do primeiro, e a relação entre consumidor e agente regulado se funda, primordialmente, nas normas consumeristas, a relação entre órgão regulador e consumidor é quase inexistente[206].

Essa lacuna foi identificada em pesquisa elaborada em parceria entre a Secretaria de Reforma do Judiciário, o Programa das Nações Unidas para o Desenvolvimento e a Fundação Getulio Vargas (FGV), em 2013, sobre a utilização de meios de resolução extrajudicial de conflitos no âmbito de serviços regulados por agências governamentais. Ao serem indagados acerca do local em que reclamariam seus direitos, 63% dos consumidores entrevistados indicaram a própria empresa ou prestadora de serviço; 15% mencionaram o Procon; 3% citaram o Judiciário; e apenas 2% apontaram o órgão regulador como primeira opção[207]. O baixo resultado deve-se, principalmente, a dois fatores: em primeiro lugar, parte da população ainda não conhece os órgãos reguladores ou, se conhecem, não têm uma relação de confiança estabelecida com eles, como a existente com o Procon, por exemplo[208]; em segundo

---

204. ARAGÃO, Alexandre Santos de. Arbitragem e regulação. *Revista de Arbitragem e Mediação*, São Paulo, v. 7, n. 27, p. 70-102, out./dez. 2010. p. 80.

205. Ibidem, p. 82-83.

206. VERISSIMO, Marcos Paulo. Defesa do consumidor, processo coletivo e judicialização da regulação tarifária das telecomunicações no Brasil. *In:* SALLES, Carlos Alberto de (Coord.). *As grandes transformações do processo civil brasileiro:* homenagem ao professor Kazuo Watanabe. São Paulo: Quartier Latin, 2009. p. 857.

207. OLIVEIRA, Fabiana Luci de; RIBEIRO, Leandro Molhano (Coords.). *Utilização de meios de resolução extrajudicial de conflitos no âmbito de serviços regulados por agências governamentais.* Brasília: Ministério da Justiça, 2013. p. 26.

208. De acordo com a mesma pesquisa, 47% dos entrevistados conhecem a Anatel, sendo que 54% deles declararam confiar na agência. A ANS é conhecida por 17%, e 43% afirmaram confiar na agência. A Aneel é conhecida por 29%, dos quais 62% disseram confiar na agência. Já em relação ao Procon, apenas 4% dos entrevistados não o conheciam, e somente 3% disseram não confiar no órgão. (Ibidem, p. 30-32).

lugar, muitos dos que conhecem os reguladores não sabem que, entre suas funções, está a de resolver conflitos[209]. Esses são alguns dos motivos que levam o consumidor ao Judiciário[210].

O cenário até aqui desvelado merece reflexão. Não foi por acaso que o Legislador conferiu aos órgãos reguladores essa função judicante. Se, por óbvio, o conflito entre agentes regulados reflete diretamente na atividade regulada, o conhecimento do regulador sobre os conflitos entre consumidores e empresas também exerce relevante papel na política regulatória, pois é capaz de revelar problemas sensíveis às políticas regulatórias, como a má prestação do serviço, sua baixa qualidade ou a abusividade de tarifas. Relembra-se que a atividade dos órgãos reguladores baseia-se, também, na efetivação de políticas públicas, sendo o consumidor parte essencial do ciclo regulatório. Daí porque não pode o regulador omitir-se de tal múnus, desenhado institucionalmente como sua função.

Deve partir dos órgãos reguladores a construção dessa relação com o consumidor, suprindo a lacuna existente não apenas no ordenamento jurídico, mas em sua própria atividade regulatória. Nesse ponto, insere-se o objeto do presente trabalho. Deve-se pensar em um desenho adequado aos conflitos entre consumidores e agentes regulados para o exercício da função judicante pelos órgãos reguladores e em sua ampla divulgação. A partir disso, haveria quase um sistema de retroalimentação da atividade: a utilização dessa via extrajudicial, ao mesmo tempo em que aprimoraria o próprio procedimento, reforçaria a confiança do consumidor no órgão regulador, ampliando, também, sua divulgação[211]. Porém, antes de verificar quais aspectos merecem maior aprimoramento, faz-se necessário analisar como (e se) os órgãos reguladores exercem, hoje, sua atividade de resolução de conflitos entre consumidores e agentes regulados[212].

---

209. Dos entrevistados que conhecem a Anatel, 12% não sabiam o que ela fazia, e apenas 3% citaram a função de mediação de conflitos de consumo. Em relação à ANS, 26% não souberam dizer o que ela fazia, e apenas 2% mencionaram a mediação de conflitos entre consumidor e seguradoras. Sobre a Aneel, 24% não sabiam o que ela fazia, e apenas 2% mencionaram a mediação de conflitos entre consumidor e concessionária. (Ibidem, p. 32).

210. Questionados sobre o motivo para terem escolhido ir ao Judiciário resolver o conflito, 49% dos entrevistados responderam que "era o único meio que restou para resolver", enquanto 3% não sabiam "outra forma para resolver a questão", demonstrando uma insuficiência na divulgação e, por parte do consumidor, de conhecimento de meios extrajudiciais de resolução de conflitos consumeristas. (Ibidem, p. 30).

211. Para Oscar Chase, é essencial a compreensão do significado de determinado processo de resolução de conflitos por seus participantes, que deve se dar por meio de uma aproximação interpretativa. Destaca, também, que o processo é circular, pois a ação exitosa, ou seja, objeto de aceitação social, gratificações e outros resultados almejados, irá reafirmá-la. (CHASE, Oscar G. *Law, culture, and ritual:* disputing systems in cross-cultural contexto. New York: New York University Press, 2005. p. 172).

212. Entende-se que o consumidor é um ator constante em toda relação regulada. No entanto, é nítido que alguns setores têm reflexos mais diretos no aspecto consumerista, sendo eles, justamente, os mais

2.2.3.1. *Agência Nacional de Telecomunicações (Anatel)*

Analisando os meios de resolução de conflitos geridos pela Anatel – setor protagonista dos litígios judicializados, ao lado do bancário e do financeiro –, percebe-se um âmbito restrito de mecanismos à disposição do consumidor. O art. 3º. da Lei da Anatel (Lei n. 9.472/1997) estabelece os direitos dos usuários de serviços de telecomunicações, destacando-se, para o que aqui é pertinente, os direitos de "peticionar contra a prestadora dos serviços perante o órgão regulador e os organismos de defesa do consumidor" e o de buscar a "reparação dos danos causados pela violação de seus direitos" (incisos XI e XII, respectivamente). Por outro lado, o art. 19, inciso XVIII, da mesma lei, estabelece, como um dever da Anatel, "reprimir infrações dos direitos dos usuários". A partir disso, o regimento interno da agência, aprovado pela Resolução n. 612/2013, apresenta um capítulo inteiro dedicado aos procedimentos administrativos de resolução de conflitos por ela efetivados, sendo eles de três tipos: mediação, arbitragem administrativa e reclamação administrativa (art. 92).

A mediação é desenvolvida pela própria Anatel e visa à solução consensual de questões relativas ao reconhecimento ou à atribuição de direitos. Embora se refira a um procedimento, em alguma medida, estruturado, o art. 93 da Resolução deixa claro que apenas as prestadoras de serviços de telecomunicações poderão requerê-la, vedando, assim, a iniciativa do consumidor. A arbitragem administrativa, por sua vez, é expressamente dedicada à resolução de conflitos de interesses entre prestadoras de serviços de telecomunicações, sendo excluída a possibilidade de sua utilização pelo consumidor em qualquer hipótese. A exemplo da mediação, a arbitragem administrativa também tem um procedimento detalhado pela Resolução, mas, ainda que conte com uma fase de conciliação, objetiva a prolação de uma decisão fundamentada pela agência, de efeito vinculante, da qual cabe recurso administrativo.

Já a reclamação administrativa é destinada àquele que tiver seu direito violado, nos casos relativos à legislação de telecomunicações (art. 102). Tem-se, aqui, o único instrumento voltado essencialmente ao consumidor. Em linhas gerais, seu procedimento é semelhante ao da arbitragem administrativa, com uma oportunidade inicial de tentativa de conciliação e o proferimento de uma decisão fundamentada ao final, caso não haja acordo[213]. Interessante é

---

frequentes no Judiciário. Por esse motivo, o critério utilizado para seleção dos órgãos reguladores examinados neste subcapítulo fundamenta-se no volume de demandas judiciais desses setores, motivo pelo qual se entende haver uma necessidade mais latente de construção desse vínculo com o consumidor.

213. Yuri César Cherman entende que a reclamação configura uma espécie de mediação *on-line* e explica seu procedimento: "a reclamação é apresentada por escrito, acompanhada de eventuais provas ou

a disposição do art. 104, de que "as reclamações recebidas serão utilizadas pela agência como subsídio nas ações de acompanhamento e controle de obrigações das prestadoras pelas áreas competentes, e no planejamento de ações de fiscalização"[214].

A forma de acesso a esse procedimento se dá, predominantemente, pela via *on-line*, por meio de seu *site*, apresentando, de forma quase didática, o passo a passo para o consumidor realizar sua reclamação, inclusive com vídeo explicativo[215]. É possível, também, consultar no *site* os serviços, os grupos econômicos e as causas que ensejaram as reclamações registradas no ano anterior, obtendo um retrato do modo como os agentes regulados pela agência tratam os consumidores. Além disso, a Anatel divulga o *ranking* de reclamações das prestadoras de serviços, denominado "Índice de Desempenho no Atendimento"[216]. Essa medida é importante, pois contribui para que os agentes regulados busquem a satisfação dos consumidores, pois é de seu interesse obter uma melhor reputação perante seu público consumidor. No entanto, embora o procedimento voltado ao consumidor pareça adequado aos litígios do setor, a agência não divulga dados específicos de sua execução, como a quantidade de reuniões de conciliação bem-sucedidas realizadas, nublando a análise de sua real efetividade[217].

A pesquisa realizada pela Secretaria de Reforma do Judiciário realizou entrevista com consumidores que acessaram as agências reguladoras, a fim de levantar suas percepções sobre a atuação dessas agências na resolução de conflitos. Vários entrevistados afirmaram conseguir resolver seus problemas

---

da indicação daquelas que se pretende produzir; o reclamado é intimado para oferecer sua defesa e apresentar ou requerer as provas que julgar pertinentes; a autoridade competente para instruir o processo poderá convocar as partes para reunião de conciliação; caso haja acordo entre as partes, a autoridade competente o homologará e extinguirá o processo; não havendo acordo, dar-se-á prosseguimento à instrução do processo; após, as partes serão intimadas para apresentação de alegações finais; até a decisão, a autoridade competente poderá, de ofício ou a requerimento de qualquer das partes, convocar nova reunião de conciliação ou homologar acordo que venha a ser apresentado pelas partes; se necessário, a autoridade competente proferirá decisão fundamentada, que terá efeito vinculante para as partes envolvidas". (CHERMAN, Yuri César. *A atuação das agências reguladoras perante conflitos consumeristas por meio da administração concentrada:* análise pautada no princípio da eficiência. 2017. Dissertação (Mestrado em Direito) – Programa de Pós-graduação em Direito, Centro Universitário de Brasília, Brasília, 2017. p. 62-63).

214. ANATEL. Registrar reclamação. 30 abr. 2021. Disponível em: https://www.gov.br/anatel/pt-br/consumidor/quer-reclamar/reclamacao. Acesso em: 31 dez. 2022.

215. Ibidem.

216. Todos os *links* referidos estão disponíveis na aba "consumidor" do *site* da Anatel. Disponível em: https://www.gov.br/anatel/pt-br/consumidor. Acesso em: 31 dez. 2022.

217. CHERMAN, Yuri César. *A atuação das agências reguladoras perante conflitos consumeristas por meio da administração concentrada:* análise pautada no princípio da eficiência. 2017. Dissertação (Mestrado em Direito) – Programa de Pós-graduação em Direito, Centro Universitário de Brasília, Brasília, 2017. p. 64.

com as empresas após contato com a Anatel[218], o que lhe dá destaque como o regulador com sistema mais avançado de resolução de conflitos entre consumidor e agente regulado. No entanto, a alta taxa de judicialização no setor de telecomunicações indica, na linha do revelado pela pesquisa, o desconhecimento dessa atuação da agência por grande parte dos consumidores, reforçando a necessidade de ampla divulgação dos meios extrajudiciais de resolução de conflitos à população em geral.

Outro incremento necessário à atuação da Anatel, que também pode ser extraído dessa pesquisa, é a unanimidade entre os entrevistados, em afirmar que as empresas apenas "resolvem o problema" após o contato com a Anatel. A partir dessa percepção, os próprios entrevistados manifestaram que a agência deveria praticar uma ação mais proativa, a fim de evitar a conduta da empresa antes da reclamação do consumidor[219]. É como se o prestador de serviço corrigisse a falha apenas de quem reclamasse junto à Anatel, e não o problema sistêmico representado por ela, pois sabe que a agência interferirá somente naquele caso, o que vai de encontro ao objetivo da regulação. A imagem transmitida pelo regulador é a de um meio efetivo para resolver um problema pontual, mas não para fiscalizar e controlar a atividade das empresas de modo geral, havendo, aqui, um ponto importante de aprimoramento da função judicante da Anatel.

2.2.3.2. Banco Central do Brasil (Bacen)

Em que pese o profícuo arcabouço legal sobre o processo administrativo sancionador[220], incrementado por meios consensuais de resolução de conflitos, é evidente que tal procedimento não se destina a tutelar conflitos entre os consumidores e as instituições financeiras, tendo uma atuação fiscalizadora e reguladora – essência da atividade regulatória que lhe é peculiar. No entanto, em seu *site*, o Bacen admite a possibilidade de receber reclamação contra instituição regulada por ele, por meio do "Fale conosco" ou, ainda, por correspondência ou pelo atendimento presencial, em Brasília[221].

---

218. OLIVEIRA, Fabiana Luci de; RIBEIRO, Leandro Molhano (Coords.). *Utilização de meios de resolução extrajudicial de conflitos no âmbito de serviços regulados por agências governamentais*. Brasília: Ministério da Justiça, 2013. p. 52.

219. Sobre esse aspecto, vale transcrever algumas das respostas dos entrevistados: "- Eu acho que poderia estar mais apertada. [...] -Se ela regulamentar, vamos acompanhar de forma incisiva. Se acontecer algum desvio, agir lá com (pontual) no desvio. Eu acho que está muito solto. [...] – O meu caso também já resolveu. – Porém, eu acho que poderia ter mais qualidade, melhor acompanhamento das agências, se tivesse uma vontade ou política, ou vontade dos gestores das agências". (Ibidem, p. 53).

220. Cf. subcapítulo 2.2.1.

221. BANCO CENTRAL DO BRASIL. Perguntas e respostas. 2 - Como devo proceder para registrar uma reclamação no Banco Central? Atualizado em fev. 2022. Disponível em: https://www.bcb.gov.br/acessoinformacao/perguntasfrequentes-respostas/faq_reclamacoes. Acesso em: 31 dez. 2022.

O Bacen não responde à reclamação realizada, mas a disponibiliza à instituição reclamada, "que deve responder diretamente ao interessado, de forma conclusiva, a todas as ocorrências abordadas no registro de reclamação, com cópia para o BC [Bacen]"[222]. A partir do recebimento da reclamação e mediante conhecimento da resposta oferecida pela instituição regulada, o Bacen verifica se houve indício de descumprimento de dispositivos legais e regulamentares, cuja fiscalização seja de sua responsabilidade. De acordo com a autarquia, "esses registros são importante subsídio para priorização de ações de supervisão e de regulação das atividades das instituições financeiras e para a formulação de políticas voltadas para educação financeira da população"[223]. Além disso, "as reclamações com indícios de irregularidades não afastados pelos argumentos contidos na resposta da instituição financeira são utilizadas na formação do Ranking de Instituições por Índice de Reclamações"[224].

No entanto, o Bacen orienta que, antes de realizar a reclamação para a autarquia, sejam buscados, primeiramente, o serviço de atendimento ao consumidor (SAC) ou a ouvidoria da própria instituição bancária, sendo esse último um canal importante para os consumidores. A autarquia disponibiliza, também, um *ranking* de ouvidorias, com o objetivo de "trazer ao conhecimento dos cidadãos informações sobre a presteza e qualidade do atendimento realizado pelas Ouvidorias dos bancos, financeiras e instituições de pagamento"[225].

A regulamentação das ouvidorias bancárias fica ao encargo da Resolução CMN n. 4.860/2020[226]. De acordo com seu art. 3º., a ouvidoria tem por finalidade atuar como canal de comunicação entre a instituição, clientes e usuários de produtos e serviços, inclusive na mediação de conflitos, e

---

222. BANCO CENTRAL DO BRASIL. Perguntas e respostas. 3 – O Banco Central vai responder a minha reclamação? Atualizado em fev. 2022. Disponível em: https://www.bcb.gov.br/acessoinformacao / perguntasfrequentes-respostas/faq_reclamacoes. Acesso em: 31 dez. 2022.

223. BANCO CENTRAL DO BRASIL. 7 – O que o Banco Central faz com a minha reclamação? Perguntas e respostas. Atualizado em fev. 2022. Disponível em: https://www.bcb.gov.br/acessoinformacao / perguntasfrequentes-respostas/faq_reclamacoes. Acesso em: 31 dez. 2022.

224. BANCO CENTRAL DO BRASIL. Rankings do BC. Ranking de reclamações. Disponível em: https:// www.bcb.gov.br/estabilidadefinanceira/rankingsbc. Acesso em: 31 dez. 2022. De acordo com o *site*, "os *rankings* de reclamação têm como objetivo auxiliar o cidadão na escolha da instituição que lhe prestará os serviços financeiros desejados".

225. BANCO CENTRAL DO BRASIL. Rankings do BC. Ranking de ouvidorias. Disponível em: https://www. bcb.gov.br/estabilidadefinanceira/rankingsbc. Acesso em: 31 dez. 2022. De acordo com o *site*, "a classificação considera um índice que mede prazo e qualidade da resposta oferecida às reclamações registradas pelos cidadãos no Banco Central e respondidas pelas Ouvidorias das Instituições, bem como a adesão a ferramentas públicas de mediação de conflitos, como a plataforma consumidor. gov.br, mantida pela Secretaria Nacional do Consumidor, do Ministério da Justiça".

226. Antes disso, a regulamentação se dava pela Resolução CMN n. 4.433/2015, revogada pela disciplina de 2020.

atender, em última instância, às demandas de todos esses, caso não tenham sido solucionadas nos canais de atendimento primário da instituição, por exemplo, o SAC – regulamentado pelo Decreto n. 11.034/2022. Nos termos do art. 2º. do Decreto n. 11.034/2022, considera-se SAC "o serviço de atendimento realizado por diversos canais integrados dos fornecedores de serviços regulados com a finalidade de dar tratamento às demandas dos consumidores, tais como informações, dúvida, reclamação, contestação, suspensão ou cancelamento de contratos e de serviços". O acesso ao SAC é gratuito, não acarretando nenhum ônus ao consumidor (art. 3º.) e deve estar disponível vinte e quatro horas por dia, sete dias por semana (art. 4º., *caput*). No tratamento das demandas, o SAC deve garantir a tempestividade, a segurança, a privacidade e a resolutividade (art. 8º.), observados os princípios da dignidade, da boa-fé, da transparência, da eficiência, da eficácia, da celeridade e da cordialidade (art. 8º., parágrafo único). Com efeito, o SAC, ao lado da Central de Atendimento ao Consumidor (CAC), foram os canais mais utilizados pelos clientes bancários[227], apresentando um índice de resolutividade de 99%[228].

Contudo, os números, embora positivos, não refletem a imagem da sociedade em relação aos canais de atendimento ao cliente. Em pesquisa realizada pelo Instituto Ibero-Brasileiro de Relacionamento com o Cliente (IBRC), em parceria com o Instituto de Pesquisas e Estudos da Sociedade e Consumo (IPS Consumo), 28% dos entrevistados dizem-se insatisfeitos com os SACs das empresas. Metade dos pesquisados fez cinco ou mais contatos com SACs nos últimos dois anos para reclamações, sendo que 57% deles preferem usar o telefone (o percentual salta para 82% considerando-se apenas a região Nordeste). No topo da lista de motivos de insatisfação, estão a falta de solução do problema (51%), a ausência de agilidade (38%), a falta de acessibilidade (26%) e a má qualidade da informação (16%)[229]. Em relação ao autoatendimento nos SACs, a insatisfação aumenta para 70,2%. Cerca de 59% dos entrevistados afirmaram não ter seus problemas solucionados com os serviços de autoatendimento, 35% consideraram o serviço regular

227. De acordo com o Relatório de Ouvidorias de 2021, disponibilizado pela FEBRABAN, 71% dos atendimentos ao cliente realizado pelas instituições financeiras se deu pelo CAC e 25,7% pelo SAC, canais de grande similitude e com o mesmo propósito. Além deles, 2,62% dos atendimentos se deram pelas redes sociais, 0,15% pela ouvidoria, 0,13% pelo Procon, 0,10% pelo Bacen e 0,06% pelo consumidor.gov.br. (FEBRABAN. Relatório de Ouvidorias 2021. São Paulo, 2021, p. 29).

228. O mesmo relatório indica que apenas 0,5% das pessoas que foram atendidas no SAC recorrem à ouvidoria e 0,1% recorreram a canais externos, como Procon, Bacen ou Judiciário. (Ibidem, p. 31).

229. AGÊNCIA O GLOBO. Serviços de Atendimento ao Cliente: só 28% dos brasileiros aprovam. *Globo.com*, 24 abr. 2021. Disponível em: https://epocanegocios.globo.com/Empresa/noticia/2021/04/servicos-de-atendimento-ao-cliente-so-28-dos-brasileiros-aprovam.html. Acesso em: 3 jan. 2023.

e 34 % avaliaram a experiência que tiveram como ruim ou muito ruim[230]. Isso demonstra que não apenas os meios de resolução de conflitos pelos reguladores devem ser aprimorados, mas, também, suas premissas, diante da exigência de submissão prévia a um SAC notadamente ineficiente.

Vale destacar que a preocupação com a excessiva judicialização de conflitos envolvendo instituições financeiras não é recente. Em 2016, o STJ e a FGV organizaram o "I Seminário Ombudsman como forma de desjudicialização dos conflitos na relação de consumo"[231], inspirado no sistema alemão de resolução de conflitos bancários[232]. Basicamente, o *ombudsman* dos bancos privados alemães é um procedimento extrajudicial de resolução de conflitos voltado aos consumidores, gratuito e voluntário. Os *ombudsmen*, ou seja, quem vai decidir o conflito, caso não haja acordo entre as partes, geralmente são juízes aposentados, com notório conhecimento jurídico, e suas decisões têm caráter vinculante ao banco (quando o valor da condenação for de até dez mil euros), mas não ao consumidor, que pode ir ao Judiciário a qualquer tempo, inclusive para revisar a decisão extrajudicial[233].

No mesmo seminário, foi apresentada uma proposta para implementação e regulamentação do *ombudsman* bancário no Brasil, muito próxima do modelo alemão[234]. Foram realizadas mesas de debate temáticas, que apresentaram recomendações para a minuta inicial[235]. O projeto, como se sabe, não teve andamento, mas se destacou, na oportunidade, a necessidade de reflexões sobre os custos do litígio, revisões normativas e remuneração de advogados[236]. Essas preocupações permeiam, ainda hoje, o debate sobre

---

230. 70% dos brasileiros estão insatisfeitos com autoatendimentos de SAC, aponta pesquisa. *Tiinside*, 9 ago. 2021. Disponível em: https://tiinside.com.br/09/08/2021/70-dos-brasileiros-estao-insatisfeitos--com-autoatendimentos-de-sac-aponta-pesquisa/. Acesso em: 3 jan. 2023.

231. O evento foi realizado nos dias 12 e 13 de setembro de 2016, em Brasília, no auditório externo do STJ, com painelistas nacionais e internacionais. A íntegra dos painéis está disponível na plataforma *YouTube*: https://www.youtube.com/watch?v=OpHAIKMMrtc. (primeiro dia); https://www.youtube.com/watch? v=Lu7pVltkgsU (segundo dia).

232. ENFAM. Modelo alemão de mediação é tema de palestra promovida pela Enfam. 11 fev. 2014. Disponível em: https://www.enfam.jus.br/modelo-alemao-de-mediacao-e-tema-de-palestra-promovida-pela-enfam/. Acesso em: 3 jan. 2023.

233. BUNDESVERBAND DEUTSCHER BANKEN. Banken Verband. Disponível em: https://bankenombudsmann.de/ombudsman. Acesso em: 3 jan. 2023.

234. A proposta inicial conta com 31 artigos e pode ser acessada no relatório do evento: SUPERIOR TRIBUNAL DE JUSTIÇA; FGV PROJETOS. *Um modelo de ombudsman bancária para o Brasil:* Resultados do I Seminário Ombudsman como forma de desjudicialização dos conflitos na relação de consumo, realizado nos dias 12 e 13 de setembro de 2016, em Brasília. Brasília, 2016.

235. Foram quatro mesas de debates divididas nos seguintes temas: *i)* Das partes e competência, coordenada por Carlos Eduardo Richinitti; *ii)* Dos procedimentos e provas, coordenada por Nelson Nery Júnior; *iii)* Dos *ombudsman*, coordenada por Sidnei Beneti; *iv)* Da decisão e efeitos no processo judicial, coordenada por Gustavo Marrone (Ibidem, p. 18-22).

236. O relatório pontua, acerca dos "desafios e implementação": *i)* enquanto for mais barato litigar, as partes relutarão em adotar instrumentos extrajudiciais como o *ombudsman*; *ii)* a disciplina das custas judiciais deve refletir, ao menos em parte, o custo do serviço prestado; *iii)* há necessidade de

a desjudicialização e a necessidade de desafogar o Judiciário e, por certo, não podem passar despercebidas por quem aborda a temática. No entanto, tais aspectos devem ser ponderados com cautela para não ter como consequência o elitismo da tutela jurídica, inviabilizando o acesso à justiça para parcela – significativa – da população.

2.2.3.3. Agência Nacional de Energia Elétrica (Aneel)

O Regimento Interno da Aneel (Portaria MME n. 349/1997) confere ao Diretor-Ouvidor, apoiado pela Superintendência de Mediação Administrativa, Ouvidoria Setorial e Participação Pública (SMA), entre outras atividades, supervisionar o acompanhamento da satisfação dos agentes e dos consumidores e coordenar as ações de proteção e defesa dos consumidores de energia elétrica (art. 17, I e III). À SMA compete a mediação entre agentes econômicos e entre esses e seus consumidores, ouvidoria setorial e atendimento a reclamações, bem como a realização de pesquisas de satisfação dos consumidores (art. 23, III).

Para registrar sua reclamação na Ouvidoria da agência, o consumidor deve, antes, ter passado pelo atendimento da distribuidora, inclusive pela ouvidoria do agente regulado, sendo encaminhado a esses canais pela Aneel, caso não tenha cumprido essas etapas[237]. A reclamação na agência é encaminhada ao distribuidor e, com sua resposta[238], pode ser resolvida pela própria Aneel ou emitida uma orientação ao consumidor que, se não ficar satisfeito, pode requerer a abertura de processo administrativo para apurar a conduta do regulado. Em suma, a recomendação básica da Ouvidoria é que as próprias concessionárias resolvam o problema junto ao consumidor, mas pode orientar a forma correta de proceder, ao identificar alguma incorreção na conduta do regulado. A empresa, porém, não fica obrigada a acatar a orientação e modificar seu procedimento[239]. Em 2018, foram tratadas pela Aneel 48.570 reclamações, sendo 29.434 delas procedentes e 67 não

rever a lei de assistência gratuita; *iv)* o sistema de honorários dos advogados pode espelhar-se nos exemplos estrangeiros. (Ibidem, p. 23).

237. AGÊNCIA NACIONAL DE ENERGIA ELÉTRICA. Ouvidoria setorial em números 2019: aspectos técnicos e comerciais. Brasília: Aneel, 2019. p. 15. Disponível em: https://antigo.aneel.gov.br/documents/656835/ 14876457/2019_Ouvidoria+setorial+em+n%C3%BAmeros/80492b12-8c9a--e986-e3e6-4047f801601d. Acesso em: 3 jan. 2023.

238. O relatório da Aneel sobre os dados da Ouvidoria setorial informa sobre o tempo médio de encerramento das solicitações, sendo 4,10 [dias] o tempo de resposta da distribuidora e 2,45 [dias] o tempo de análise da agência (Ibidem, p. 14).

239. OLIVEIRA, Fabiana Luci de; RIBEIRO, Leandro Molhano (Coords.). *Utilização de meios de resolução extrajudicial de conflitos no âmbito de serviços regulados por agências governamentais.* Brasília: Ministério da Justiça, 2013. p. 41.

finalizadas[240]. Outra possibilidade é a mediação, que, no entanto, é restrita aos conflitos cujos objetos não estejam regulamentados[241], pois a agência entende que os assuntos já regulamentados estão devidamente definidos no ordenamento e têm caráter prescritivo, não havendo razão para discuti-los diante de conflitos, sendo, portanto, insuscetíveis à mediação[242].

No site da agência, ao consultar a aba "Consumidores", a primeira opção disponível é "Como registrar uma reclamação"[243]. Nesse espaço, a primeira informação à qual o consumidor tem acesso é a possibilidade de submeter sua reclamação ao portal "consumidor.gov.br"[244], com texto explicativo (inclusive, indicando que as decisões dos conflitos são monitoradas pela Aneel e outros órgãos de defesa do consumidor) e *link* para acesso à plataforma. Há, também, um vídeo sobre a plataforma, sem a delimitação ao setor de energia elétrica ou ao setor regulado de modo geral. Ao final, o vídeo recomenda que, em caso de insucesso da negociação, o consumidor busque o atendimento dos "canais tradicionais de reclamação", indicando pontualmente o Procon, a Defensoria Pública e o Juizado Especial, ou seja, sem nenhuma menção à reclamação junto ao órgão regulador[245].

Abaixo dessas informações, sem o mesmo destaque, aparece a possibilidade de reclamação com a Aneel, informando sobre o procedimento a

240. AGÊNCIA NACIONAL DE ENERGIA ELÉTRICA. Ouvidoria setorial em números 2019: aspectos técnicos e comerciais. Brasília: Aneel, 2019. p. 15. Disponível em: https://antigo.aneel.gov.br/documents/656835/ 14876457/2019_Ouvidoria+setorial+em+n%C3%BAmeros/80492b12-8c9a--e986-e3e6-4047f801601d. Acesso em: 3 jan. 2023. p. 14. Os assuntos mais tratados foram falta de energia, variação de consumo/erro de leitura, ressarcimento de danos elétricos e cobrança por irregularidades.

241. ANEEL. Superintendência de Mediação Administrativa, Ouvidoria Setorial e Participação Pública (SMA). 25 out. 2018. Disponível em: https://antigo.aneel.gov.br/sma. Acesso em: 3 jan. 2023.

242. CHERMAN, 2017, p. 67. O autor ainda indica que, de 2000 a 2013, a Aneel teve 178 casos de mediação, uma média de 14 por ano, logrando êxito em 89% deles.

243. Além dela, destaca-se a opção "Como resolver: principais dúvidas", apresentando alguns tópicos que podem, de pronto, esclarecer ao consumidor eventual questionamento que seria direcionado à empresa ou à própria agência.

244. Institucionalizada em 2015, pelo Decreto n. 8.573, a plataforma foi desenvolvida pela Secretaria Nacional do Consumidor (Senacon) e é monitorada em conjunto com os Procons, as Defensorias Públicas, as agências reguladoras, outros órgãos públicos e, também, toda a sociedade. Na própria plataforma, o consumidor.gov.br é descrito como "um serviço público que permite a interlocução direta entre consumidores e empresas para solução alternativa de conflitos de consumo pela internet". Sua principal inovação está em possibilitar um contato direto entre consumidores e empresas, em um ambiente totalmente público e transparente, dispensada a intervenção do Poder Público na tratativa individual. Em síntese, o consumidor deve cadastrar-se na plataforma e verificar se a empresa sobre a qual quer reclamar também está cadastrada. Ele, então, registra sua reclamação, e a empresa tem até 10 dias para analisá-la e respondê-la. Em seguida, o consumidor tem até 20 dias para comentar e avaliar a resposta da empresa, indicando se sua reclamação foi ou não resolvida. (CONHEÇA o Consumidor.gov.br. Disponível em: https://www.consumidor.gov.br/ pages/conteudo/publico/1. Acesso em: 28 fev. 2022).

245. ANEEL. Reclame da distribuidora. Disponível em: https://www.gov.br/aneel/pt-br/canais _atendimento/reclame-da-distribuidora. Acesso em: 3 jan. 2023.

ser seguido pelo consumidor, com ênfase para a necessidade de submeter a reclamação previamente à distribuidora e sua ouvidoria para, só então, proceder à reclamação junto à Aneel. Como já referido, a pesquisa realizada pela Secretaria de Reforma do Judiciário revelou que a maior parte dos consumidores reclama primeiro na própria empresa ou prestador de serviço, sendo interessante pensar-se em uma forma de encaminhamento das reclamações não atendidas por elas diretamente ao órgão regulador.

Um exemplo positivo no setor de energia elétrica é a atuação da Agência Reguladora de Serviços Públicos Delegados do Ceará (Arce), que, em 2004, passou a realizar audiência de mediação entre os consumidores e a concessionária de serviço (empresa Coelce). A partir das reclamações que chegavam à ouvidoria da agência, o usuário e a empresa eram convidados a participar da referida audiência, oportunidade em que eram informados sobre a não obrigatoriedade de estabelecerem um acordo, caso este não estivesse em conformidade com seus interesses. Um aspecto interessante é que muitos dos usuários que chegavam a essa fase não tinham conhecimento prévio da possibilidade de resolução do seu conflito pela Arce, tendo sido informados pela própria concessionária, quando de sua reclamação direta à empresa. Isso se deu, pois a Aneel determina que o agente regulado deve informar ao consumidor a possibilidade de recorrer ao órgão regulador, caso não fique satisfeito com a empresa ou com sua resposta à reclamação realizada, podendo, dessa forma, aproximar a relação entre consumidor e órgão regulador. Em 2007, foram realizadas 274 audiências; em 168 delas, houve acordo, representando cerca de 61%, o que demonstra a boa aceitação da prática[246].

2.2.3.4. Agência Nacional de Saúde Suplementar (ANS)

A ANS conta com dois procedimentos que podem ser instaurados de ofício ou mediante provocação, para verificar infrações a dispositivos legais ou infralegais no mercado de saúde suplementar: a notificação de intermediação preliminar (NIP) e o procedimento administrativo preparatório, prévio à fase processual sancionatória, ambos regulamentados pela Resolução Normativa 483/2022. A NIP consiste em um instrumento que visa à solução de conflitos entre beneficiários e operadoras de planos privados de assistência à saúde e é classificada em assistencial (quando se refere a restrição de acesso à cobertura assistencial) e não assistencial (quando é atinente a outros temas que afetem o beneficiário e cuja situação seja passível de intermediação)

246. RABELO, Cilana de Morais Soares. *Meios democráticos de solução de conflitos no âmbito das agências reguladoras – ARCE:* um estudo de caso. 2008. Dissertação (Mestrado em Direito) – Centro de Ciências Jurídicas, Fundação Edson Queiroz, Fortaleza, 2008.

(art. 5º.). Já o procedimento administrativo preparatório é cabível nos casos não enquadrados no NIP e com indícios suficientes de violação da lei ou ato infralegal (art. 17)[247].

Assim como nos demais reguladores, a ANS exige a reclamação com a operadora antes de recorrer à agência (art. 6º, § 3º.). A NIP divide-se em duas fases, processadas exclusivamente por meio eletrônico, quais sejam, a intermediação preliminar (art. 9º, I) e a classificação da demanda (art. 9º, II). Recebida a reclamação, a operadora é notificada para adotar as medidas necessárias para a solução da demanda junto ao beneficiário[248], e sua resposta deve ser anexada no site da ANS em até dez dias úteis da notificação, acompanhada de todos os documentos necessários para a análise do caso, com objetivo de demonstrar que a demanda foi solucionada, com a cientificação do beneficiário, ou que não é procedente (art. 11). Findo esse prazo, a demanda será considerada resolvida quando o beneficiário, nos dez dias subsequentes, informar que o conflito foi solucionado pela operadora ou não manifestar à ANS que sua demanda ainda carece de solução (art. 12), numa espécie de presunção de resolução.

A Resolução prevê a "Reparação Voluntária e Eficaz", que, nos casos da NIP, deve ser realizada em cinco ou dez dias úteis (para NIP assistencial e não assistencial, respectivamente) e, nos demais casos, em data anterior à lavratura de auto de infração ou de representação (art. 20, §§ 1º. e 2º.). Essa reparação varia conforme a natureza da demanda, sendo que, para valores cobrados indevidamente, deve ser comprovada a devolução em dobro, acrescida de juros e correção monetária (art. 20, § 3º.). Isso demonstra que a ANS não possibilita uma ampla e irrestrita negociação entre agente regulado e consumidor, mas, ainda assim, proporciona vantagens à operadora, pois, com a reparação voluntária, a agência não sofre com as sanções administrativas do PAS e permite ao beneficiário uma resposta mais ágil[249].

---

247. No procedimento administrativo preparatório, após recebida a denúncia, a ANS remete notificação à operadora, para que apresente resposta no prazo de dez dias (art. 18). Findo esse prazo, com ou sem resposta, a agência examina os documentos acostados aos autos e conclui por: *i)* arquivamento da demanda, caso não procedente; *ii)* arquivamento da demanda por reconhecimento da reparação voluntária e eficaz; ou *iii)* prosseguimento do feito, iniciando-se a fase processual do processo administrativo sancionador (art. 19).

248. Nos termos do art. 10 da RN n. 388/2015, a operadora deverá realizar as medidas necessárias à solução da demanda junto ao beneficiário em cinco dias úteis, quando se tratar de NIP assistencial, e dez dias úteis, quando for caso de NIP não assistencial.

249. GUERRA, Sérgio; SALINAS, Natasha Schmitt Caccia. Resolução eletrônica de conflitos em agências reguladoras. *Revista Direito GV*, São Paulo, v. 16, n. 1, p. 1-36, 2020. p. 8.

Caso a demanda não seja respondida no prazo ou não seja solucionada pela operadora[250], inicia-se a fase de classificação das demandas, que se atém ao relato do beneficiário e à resposta apresentada pela operadora, para concluir, de forma fundamentada, se a demanda é procedente ou não resolvida, entre outras possibilidades[251]. As demandas classificadas como "não resolvidas" são encaminhadas à lavratura de auto de infração, com abertura do correspondente processo administrativo sancionador. Nessa fase, também há alguns incentivos para ao agente regulado. O interessado pode, em substituição à defesa, apresentar requerimento de pagamento antecipado e à vista da multa pecuniária apurada no auto de infração, oportunidade em que fará jus a um desconto de 40% (art. 33)[252]. Nos casos decorrentes de NIP, se o interessado adotar as providências necessárias à solução da demanda em até dez dias úteis após o encerramento do prazo de reparação voluntária, é concedido um desconto de 80% sobre o valor da multa apurada no auto de infração (art. 34), caracterizando a "reparação posterior".

O mecanismo adotado pela ANS diferencia-se daqueles utilizados pelos outros reguladores por atrelar o meio de resolução de conflito a um processo administrativo sancionador. No entanto, quando a demanda envolver infração potencialmente coletiva, o processo sancionador é instaurado independente do retorno do consumidor. Essa relação entre técnica conciliatória e sancionatória pode induzir o agente regulado, geralmente motivado pela racionalidade econômica, a solucionar o conflito de forma voluntária. O modelo da agência visa a beneficiar todos os sujeitos da relação regulada: os consumidores, com a garantia de uma resposta ágil para casos como negativa de cobertura assistencial; os agentes econômicos, ao permitir uma resolução de casos particulares por meio da reparação voluntária e eficaz; e o próprio regulador, pela diminuição do passivo de processos sancionatórios, propiciando uma maior dedicação à fiscalização e ao controle do setor regulado[253].

250. Além dessas hipóteses, o art. 13 da RN determina que deve ser efetuada nas demandas com relato de realização do procedimento no SUS; com relato de determinação judicial para resolução do conflito; demandas institucionais, oriundas dos Poderes Executivo, Legislativo, Judiciário, Ministério Público e integrantes do SNDC; que envolvam infração de natureza potencialmente coletiva; e que tenham sido instauradas de ofício pela ANS.

251. A conclusão, igualmente fundamentada, também pode classificar a demanda em resolvida através da reparação voluntária e eficaz; beneficiário não pertence à operadora; demanda em duplicidade; insuficiência de dados mínimos para identificação do beneficiário, da operadora e da infração relatada (art. 14).

252. O desconto não se aplica nos casos de infrações de natureza potencialmente coletivas (art. 33, § 3º).

253. GUERRA, Sérgio; SALINAS, Natasha Schmitt Caccia. Resolução eletrônica de conflitos em agências reguladoras. *Revista Direito GV*, São Paulo, v. 16, n. 1, p. 1-36, 2020. p. 8-9.

Em 2020, em meio a pandemia de Covid-19, a ANS atingiu o maior percentual de resolução de queixas de consumidores registradas em seus canais de atendimentos desde 2013, apresentando 91,6% de taxa de resolutividade de demandas[254]. Naquele ano, a ANS recebeu 270.553 pedidos de informação e 150.756 reclamações em seus canais de atendimento, sendo o principal deles o "Disque ANS", central telefônica gratuita, que recebeu 375.049 ligações, seguida pelo portal da agência, com 45.589 demandas[255]. No entanto, como referido, esses números levam em consideração não apenas os casos comprovadamente resolvidos, mas também aqueles sem manifestação posterior do beneficiário, classificados pela agência como "inativos", que, contudo, integram os "resolvidos" para fins de apuração do índice de resolutividade. Examinando o panorama apresentado pela própria agência no período de 2017, Sérgio Guerra e Natasha Salinas revelam que 73,14% dos casos figuram como inativos, ou seja, não houve manifestação afirmativa do beneficiário sobre a resolução do problema, levando o percentual de resolutividade daquele ano a 15,28%[256]. Essa falta de precisão de dados prejudica a avaliação da efetividade da NIP como mecanismo de resolução de conflitos, além de enfraquecer o potencial fiscalizatório e sancionatório da agência junto às operadoras[257].

2.2.3.5. Agência Nacional de Aviação Civil (Anac)

Diferente das demais, a Anac não tem um procedimento próprio para resolução de conflitos entre consumidores e agente regulados, mas utiliza-se do consumidor.gov.br para essa finalidade, tendo sido a primeira agência a aderir à plataforma[258]. Em 2016, a Anac celebrou Acordo de Cooperação Técnica com a Senacon para adesão à referida plataforma, cabendo à agência

254. Os índices foram apresentando gradativa melhora desde 2013, que marcou 82,3%, chegando a 90,6% em 2019. (ANS atinge maior índice de resolução de demandas de consumidores desde 2013. *ANS,* 16 jun. 2021. Disponível em: https://www.gov.br/ans/pt-br/assuntos/noticias/beneficiario/ans-atinge-maior-indice-de-resolucao-de-demandas-de-consumidores-desde-2013. Acesso em: 3 jan. 2023).

255. Ibidem.

256. GUERRA, Sérgio; SALINAS, Natasha Schmitt Caccia. Resolução eletrônica de conflitos em agências reguladoras. *Revista Direito GV*, São Paulo, v. 16, n. 1, p. 1-36, 2020. p. 20-21.

257. Ibidem, p. 21.

258. Em consulta própria, realizada por meio do Fala.Br (Plataforma Integrada de Ouvidoria e Acesso à Informação, vinculada ao portal Gov.Br), questionou-se à Anac: a) Como se dá a comunicação entre a plataforma consumidor.gov.br e a agência? e b) Quais providências, especialmente regulatórias, são tomadas pela agência a partir das informações prestados pela plataforma? Em sua resposta, a Agência afirmou que "as agências reguladoras não possuem funções judicantes. [...] a Anac tem por competência a regulação técnica e econômica do setor de aviação civil, por meio dos regulamentos que expede dada a sua função reguladora". (Protocolo 50001.023007/2023-62). Esse pode ser o motivo pelo qual a Anac não tenha qualquer meio de resolução de conflito próprio, utilizando-se da plataforma consumidor.gov.br para tanto.

apenas o monitoramento e o acompanhamento dos registros e das reclamações formuladas, além do fomento ao uso da ferramenta pelas empresas e pelos consumidores[259]. No *site* da agência, a aba "Faça aqui sua reclamação contra empresas aéreas" já direciona o usuário para uma tela relacionada ao consumidor.gov.br, com a relação de todas as empresas aéreas cadastradas na plataforma, facilitando o acesso e registro da queixa[260].

Até 2018, as empresas aéreas que haviam aderido voluntariamente a esse sistema de resolução de conflitos respondiam por mais de 90% dos passageiros transportados em voos domésticos e internacionais no Brasil. A partir da Instrução Normativa n. 134/2019 da Anac, que instituiu a plataforma como único sistema eletrônico de atendimento de reclamações dos usuários, "todas as empresas brasileiras e estrangeiras de transporte aéreo público regular de passageiros estão obrigadas a estar ativas no consumidor.gov.br e a responder as reclamações dos usuários dos serviços no prazo estabelecido"[261].

A agência também disponibiliza um "Boletim de Monitoramento" da plataforma consumidor.gov.br no setor aéreo, com informações trimestrais e anuais, desde 2017, apresentando prazo médio de resposta, índices de solução de satisfação das manifestações, entre outros[262]. Segundo a agência, as reclamações registradas na plataforma são monitoradas "com o propósito de identificar as principais dificuldades enfrentadas pelos consumidores e, assim, subsidiar a regulação e a fiscalização do setor", por meio de ações como "estudos regulatórios que visam o aprimoramento da regulamentação vigente, a educação para o consumo dos serviços de transporte aéreo de passageiros e a orientação dos fornecedores para o adequado cumprimento das normas que regem o setor"[263].

Em 2021, ano que corresponde ao último relatório anual disponibilizado, foram registradas 100.978 reclamações em relação às empresas aéreas no consumidor.gov.br, e o índice de solução foi de 75,7%, em torno de 3,7%

259. BRASIL. Acordo de Cooperação Técnica n. 0025/2016. Acordo de cooperação que entre si celebram a Secretaria Nacional do Consumidor (Senacon) por intermédio do Departamento de Proteção e Defesa do Consumidor (DPDC) e a Agência Nacional de Aviação Civil – Anac, para adesão à plataforma tecnológica consumidor.gov.br. Brasília, 20 de dezembro de 2016. Diário Oficial da União, 26 dez. 2016, seção 3, p. 130.

260. ANAC. Reclamação de passageiro contra empresas aéreas. Disponível em: https://www.gov.br/anac/pt-br/canais_atendimento/consumidor/reclamacao-de-passageiro-contra-empresas-aereas-consumidor-gov. Acesso em: 3 jan. 2023.

261. ANAC. Boletim de monitoramento do consumidor.gov.br. Transporte Aéreo. 2021, p. 2. Disponível em: https://www.gov.br/anac/pt-br/canais_atendimento/consumidor/boletins/2021/Boletimde-Monitoramentodo Consumidor.gov.br_ANUAL_20212.pdf/view. Acesso em: 3 jan. 2023.

262. ANAC. Boletim de Monitoramento. Disponível em: https://www.gov.br/anac/pt-br/canais_atendimento/ consumidor/boletim-de-monitoramento. Acesso em: 3 jan. 2023.

263. ANAC. Boletim de monitoramento do consumidor.gov.br. Transporte Aéreo. 2021, p. 3. Disponível em: https://www.gov.br/anac/pt-br/canais_atendimento/consumidor/boletins/2021/Boletimde-Monitoramentodo Consumidor.gov.br_ANUAL_20212.pdf/view. Acesso em: 3 jan. 2023.

maior que no ano anterior. O tempo médio de respostas das empresas foi de 5,7 dias e apenas 1,3% das reclamações não foram respondidas no prazo. O índice de satisfação em relação às empresas, apurado com base nas notas atribuídas pelos consumidores (de 1 a 5), foi de 3,1. Os três temas mais reclamados foram reembolso (31,9%), oferta e compra (24,8%) e alteração pelo passageiro (19,3%)[264]. Em 2022, foram registradas 36.736 reclamações no primeiro trimestre e 23.307 no segundo trimestre, com índice de solução de 72,4% e 76,6%, respectivamente[265].

De forma geral, os números apresentados pelo consumidor.gov.br representam um sucesso. Desde seu lançamento, a plataforma já registrou mais de 3,8 milhões de reclamações e tem cadastrados, em sua base de dados, 2,7 milhões de usuários e 992 empresas. O ano de 2020 representa mais de 1/3 do total de reclamações já registradas desde sua criação; naquele mesmo ano, o índice médio de solução das empresas na plataforma foi de 78,4%, e o prazo médio de resposta foi de oito dias. Nesse período, a maior parte das reclamações dirigiu-se a bancos, financeiras, administradoras de cartão e operadoras de telecomunicações. No entanto, há quem questione tais dados e, por consequência, a real efetividade do consumidor.gov.br.

Em análise dos resultados apresentados relativos ao ano de 2017, cujo índice alcançou 80%, Daniel Dias, Carina Quirino e Eduarda Rodrigues criticam a metodologia utilizada pela plataforma para aferição da satisfação dos consumidores, redundando em um índice em desconformidade com a realidade. Segundo os autores, o próprio portal divide as reclamações finalizadas em três categorias, quais sejam, as resolvidas, as não resolvidas e as não avaliadas. Naquele ano, constavam como resolvidas apenas 39,57%; como não resolvidas, 19,19%; e como não avaliadas, 41,25%. Logo, o total de 80% consideraria as não avaliadas também como resolvidas, distorcendo o índice de sucesso da plataforma, assim como ocorre com a metodologia utilizada pela ANS, antes criticada.

Não se pode presumir que a falta de avaliação decorra da solução do problema, pois pode ser um reflexo da indignação com o fato da reclamação não ter tido o desfecho esperado, sendo essa a origem do descrédito em relação aos índices apresentados pela plataforma[266]. A crítica pode ser vista

264. Ibidem.

265. ANAC. Boletim de monitoramento do consumidor.gov.br. Transporte Aéreo. 2022. Disponível em: https://www.gov.br/anac/pt-br/canais_atendimento/consumidor/boletins/2022. Acesso em: 3 jan. 2023.

266. DIAS, Daniel; QUIRINO, Carina de Castro; RODRIGUES, Eduardo Oliveira. O balanço do consumidor.gov.br merece reclamação no próprio consumidor.gov.br? *Jota*, 05 abr. 2018.

inclusive entre os defensores da ampliação e o uso mais efetivo da plataforma[267], reforçando a necessidade de atenção no ponto.

Além disso, a plataforma consumidor.gov.br, em verdade, não realiza uma conciliação ou algum tipo de facilitação na resolução de conflitos entre o consumidor e o fornecedor. Seu papel limita-se a aproximar as partes, que negociam por si só, sem a interferência de um terceiro. O problema é que deixar o consumidor negociar diretamente com o fornecedor, parte mais forte da relação, acentua ainda mais a vulnerabilidade do reclamante, não sendo impensável concluir que este pode, por vezes, ver-se compelido a aceitar um acordo longe do ideal, pela disparidade de informações e de conhecimento de seus direitos[268]. É verdade que a autocomposição deve ser estimulada e apresenta inúmeras vantagens em relação à solução adjudicada, mas não se pode manter a afirmativa quando há nítido desequilíbrio entre as partes e quando o acordo reforça a posição do mais forte[269].

Em consulta à própria agência, sobre as providências tomadas a partir dos dados coletados pelo consumidor.gov.br, obteve-se como resposta sua atuação em âmbito coletivo na regulação de consumo, privilegiando, entre outros: *i)* a aproximação, o diálogo e a cooperação com os órgãos do SNDC; *ii)* a educação para o consumo; *iii)* a análise e a publicação de indicadores das reclamações registradas no consumidor.gov.br e de pontualidade e regularidade de voos, visando a subsidiar a regulação e a fiscalização do setor, assim como promover a transparência sobre o desempenho do setor

267. É o caso, por exemplo, de Bianca Fernandes Figueiredo, para quem o uso prévio da plataforma pode ser exigido como requisito para propositura de ação judicial. Embora entusiasta da plataforma, a autora arrola algumas sugestões para seu aprimoramento, entre as quais uma mudança na metodologia de aferição das reclamações "resolvidas", propondo que sejam divulgados separadamente o índice de reclamações efetivamente "resolvidas" e o de reclamações "não avaliadas", o que levaria maior transparência à atuação da plataforma. (FIGUEIREDO, Bianca Fernandes. Consumidor.gov.br: a exigência de utilização da plataforma digital de solução adequada de conflitos antes do ajuizamento de ação de consumo com fator de eficiência do Poder Judiciário, à luz da análise econômica do direito. *Revista CNJ*, Brasília, v. 4, n. 1, p. 19-36, jan./jun. 2020. p. 32).

268. Nessa linha, Susana Henriques da Costa e João Eberhardt Francisco questionam, ainda, o índice de satisfação apresentado pela plataforma, que pode ser mascarado pela própria noção dos consumidores sobre seus direitos e a efetiva resolução do conflito: "Afinal, diante do desconhecimento por parte do consumidor acerca dos seus direitos e das possibilidades de seu exercício, por exemplo, e da disparidade de condições, a possibilidade de transações que amplifiquem ou consolidem injustiças, deve ser considerada. Compreendido o acesso à justiça como instrumento do exercício de direitos e, consequentemente, da plena cidadania, o parâmetro para constatar se houve efetiva garantia desse princípio não pode ser a mera aceitação da solução por indivíduo que, hipoteticamente, desconhece seus direitos, não sabe como exercê-los, ou, superadas essas barreiras, não tem condições econômicas para custear a defesa dos interesses ou até mesmo aguardar o resultado final da solução do conflito". (COSTA, Susana Henriques da; FRANCISCO, João Eberhardt. Acesso à justiça e a obrigatoriedade da utilização dos mecanismos de *online dispute resolution:* um estudo da plataforma consumidor.gov. *In:* WOLKART, Erik Navarro *et. al.* (Coords.). *Direito, processo e tecnologia.* São Paulo: Revista dos Tribunais, 2020. p. 672).

269. O uso estratégico do acordo pelos chamados litigantes habituais é abordado no subcapítulo 3.2.1.

e incentivar a concorrência entre as empresas aéreas; *iv)* a informação aos regulados sobre os regulamentos em vigor e a conduta esperada; e *v)* as ações remotas e presenciais de fiscalização de Condições Gerais de Transporte Aéreo e Acessibilidade de Passageiros. Além disso, a Anac relata que tem buscado aplicar os fundamentos de Regulação Responsiva e *Smart Regulation*, visando a alcançar resultados mais céleres e abrangentes, da forma menos burocrática e onerosa possível, em benefício da sociedade e dos usuários do transporte aéreo de passageiros[270].

270. Protocolo 50001.023007/2023-62 (cf. nota 258 supra).

Capítulo 3

RESOLUÇÃO DE LITÍGIOS DOS SETORES REGULADOS PELO PODER JUDICIÁRIO

Dado o protagonismo do Judiciário na resolução de conflitos entre consumidores e agentes regulados, este capítulo objetiva examinar como os litígios oriundos das relações reguladas são tratados judicialmente. Mais especificamente, pretende-se apresentar algumas reflexões e, conforme possível, contribuições para o aprimoramento da tutela judicial desses litígios. Ademais, a noção de garantia do acesso à justiça inclui não apenas a abertura para novos métodos de resolução de conflitos, mas também o aperfeiçoamento da via judicial, para que o jurisdicionado possa, de fato, optar pelo meio mais adequado, não sendo compelido a determinado caminho apenas pela ineficiência do outro.

Para tanto, explora-se a atuação dialogada e interativa entre órgãos reguladores e Poder Judiciário, tanto nos casos em que se questiona diretamente a política regulatória – pelo controle dos atos regulatórios – como nas demandas que envolvem outras configurações dos interesses regulados, notadamente os litígios entre consumidores e agentes regulados. Tem-se que o afastamento do regulador na resolução desses conflitos pelo Poder Judiciário reflete de forma negativa no sistema regulatório, bem como no sistema de justiça, sendo essencial fomentarem-se o diálogo e a cooperação interinstitucional.

A esse propósito, estuda-se o controle judicial dos atos regulatórios como um todo, tema de grande atenção da doutrina administrativista, com estreita relação com o direito processual. À guisa de contribuição para o aprimoramento desse controle, reflete-se sobre a especialização judiciária em matéria regulatória. A seguir, delimitando o estudo para os litígios entre consumidores e agentes regulados, examina-se a diferença de tratamento dado pelo Judiciário diante de uma ação individual ou de uma ação coletiva. São analisados os aspectos atinentes à solução adjudicada e à autocomposição judicial entre consumidor e agente regulado em ambos os cenários, elementos essenciais para a proposta desta pesquisa. Aborda-se, também, a tutela desses litígios pelos julgamentos de casos repetitivos, com destaque, nesse mecanismo e nas ações coletivas, para a necessidade de fomentar a participação dos órgãos reguladores nos casos que versem sobre a relação regulada, seja ela qual for. Esse é outro ponto de reflexão importante ao escopo do trabalho, imprescindível para o objetivo principal.

3.1. CONTROLE JUDICIAL DOS ATOS REGULATÓRIOS

A ampla autonomia conferida aos órgãos reguladores não afasta a necessidade de controle de suas atividades, decorrente da própria sistemática constitucional. Nas palavras de Marçal Justen Filho, "a fiscalização não elimina a autonomia, mas assegura à sociedade que os órgãos titulares de poder político não atuarão sem limites, perdendo de vista a razão de sua instituição, consistente na realização do bem comum"[1]. Entre as formas de controle da atividade regulatória[2], destaca-se o controle judicial dos atos regulatórios, tema frequentemente abordado na doutrina administrativista.

A simples existência de um mecanismo de revisão, especialmente a revisão judicial, provoca um efeito positivo nos órgãos reguladores, em sua organização interna, a fim de melhor se estruturarem e explicitarem os motivos de suas decisões com clareza, para pacificar os interesses afetados e afastar as razões de revisão dos atos pelo controlador[3]. O Poder Judiciário, em sua atuação controladora, deve abarcar esses objetivos, sem atrasar o processo regulatório. Não obstante, alcançar esse equilíbrio é uma questão difícil e, impreterivelmente, envolve escolhas (*tradeoffs*)[4] relativas ao sistema

1. JUSTEN FILHO, Marçal. *O direito das agências reguladoras independentes*. São Paulo: Dialética, 2002. p. 584-585.
2. Os órgãos reguladores, além do controle judicial, submetem-se ao controle social – que pode ser exercido pela atuação do Ministério Público, por exemplo – bem como ao controle dos outros poderes institucionais, destacando-se aquele exercido pelo Tribunal de Contas. A LGAR, atenta a esse cenário, apresenta um capítulo dedicado à prestação de contas e ao controle social (Capítulo II). Com efeito, o tema do controle dos órgãos reguladores pelo Tribunal de Contas suscita grande polêmica na doutrina especializada, especificamente em relação aos limites de tal controle e intervenção na atividade própria do regulador – pontos também discutidos no controle judicial. A fim de manter o foco no recorte da presente pesquisa, prefere-se abordar apenas o controle judicial dos atos regulatórios, excluindo a atividade do Tribunal de Contas da análise, não obstante sua relevância, especialmente para o direito administrativo. Sobre o tema, sugere-se: MARQUES NETO, Floriano de Azevedo; PALMA, Juliana Bonacorsi. Diálogos fora de esquadro: o controle das agências reguladoras pelo Tribunal de Contas da União. *Revista Brasileira de Estudos Políticos*, Belo Horizonte, n. 120, p. 203-236, jan./jun. 2020.
3. FERRAZ JÚNIOR, Tercio Sampaio; MARANHÃO, Juliano Souza de Albuquerque; AZEVEDO, Paulo Furquim de. *As inter-relações entre o processo administrativo e o judicial, sob a perspectiva da segurança jurídica do plano da concorrência econômica e da eficácia da regulação pública*. São Paulo: USP, 2011. p. 303.
4. Ainda conforme Ferraz Júnior e Maranhão: "A revisão judicial de agências reguladoras constitui uma tarefa de fundamental importância atribuída ao Judiciário. Agências desprovidas de controle externo correm o risco de se tornarem politizadas, capturadas pelos interesses dos grandes agentes regulados,

regulatório e ao próprio sistema de justiça. A grande questão, portanto, é a intensidade do controle judicial diante dos atos regulatórios.

Em estudo profundo sobre o controle judicial da Administração Pública, Eduardo Jordão percebeu que a intensidade do controle estaria diretamente relacionada às características específicas das decisões administrativas, notadamente em relação à sensibilidade jurídica, à complexidade técnica e à natureza política, identificando uma "relação tendencial" entre elas. Assim, via de regra, a sensibilidade jurídica de determinada decisão administrativa tende a um controle judicial não deferente, enquanto decisões de natureza política ou tecnicamente complexas tendem a um controle judicial limitado, ou seja, deferente[5]. A "deferência" ou "controle judicial deferente" refere-se a uma postura autorrestritiva no controle das decisões administrativas, a uma "atitude judicial genérica limitadora da intensidade do controle"[6]. Portanto, "afirmar que um tribunal aplicou 'deferência' no controle judicial a uma decisão da administração pública significaria que o tribunal considerou com *respeito* a solução administrativa"[7]. Tal postura não implica necessariamente a manutenção da decisão administrativa, podendo o tribunal anulá-la, ao concluir que a decisão *sub judice* não seja razoável, coerente ou lógica, por exemplo, mantendo, ainda assim, uma deferência judicial, uma postura respeitosa[8].

Essas relações tendenciais estão fundamentadas em "análises institucionais comparativas"[9], a fim de alocar poder decisório à instituição pública mais bem desenhada ou adaptada para tanto. Trata-se de "decidir quem vai decidir"[10]. A relevância dessa análise no contexto do controle judicial da Administração Pública se deve à possibilidade de usurpação de competências pelo Poder Judiciário, que pode tomar decisão diversa ou limitar o leque de decisões possíveis à Administração Pública. Daí a tendência à postura mais deferente diante de decisões às quais os tribunais sejam *a priori* menos adaptados do que as autoridades administrativas – *v.g.* aquelas de natureza política ou tecnicamente complexas[11].

---

dado que esses podem ser fontes empregadoras ou clientes potenciais quando o servidor passar para o setor privado, e atuarem de forma arbitrária, sem a devida motivação técnica que justifica a própria criação desses órgãos no estado regulador. Há exemplos de intervenções bem sucedidas do Judiciário para corrigir falhas de fundamentação e proteger os interesses coletivos, como no caso da substituição das metas de universalização dos contratos de telecomunicações". (Ibidem, p. 303).

5. JORDÃO, Eduardo. *Controle judicial de uma administração pública complexa:* a experiência estrangeira na adaptação da intensidade do controle. São Paulo: Malheiros, 2016. p. 52.
6. Ibidem, p. 50.
7. Ibidem, p. 555, grifo no original.
8. Ibidem, p. 555.
9. Essa análise é retomada no objeto principal desta pesquisa, cf. subcapítulo 4.1.1.
10. Ibidem, p. 53.
11. Ibidem, p. 56.

Contudo, identificam-se alguns problemas da aplicação impositiva e irrefletida das relações tendenciais no controle judicial das decisões administrativas. Primeiramente, circunstâncias históricas ou contingenciais podem sugerir um controle de forma diversa, alinhado à finalidade do direito administrativo que se busca promover. Para garantir a lisura das decisões administrativas, por exemplo, é possível exigir-se um controle judicial mais efetivo, porquanto a especialização do regulador pode levá-lo a vieses setoriais ou a uma maior suscetibilidade a pressões da indústria regulada, circunstâncias passíveis de correção pela revisão de um tribunal generalista[12]. Outrossim, há uma nítida dificuldade em identificar precisamente a natureza da decisão administrativa controlada, atividade que envolve, também, acentuado grau de arbitrariedade ou subjetividade. Na prática, as decisões administrativas são marcadas por uma "multiplicidade de aspectos substanciais", sendo comum que elas apresentem mais de uma característica concomitantemente[13]. Justamente esse é o caso das decisões e dos atos regulatórios.

3.1.1. Natureza do ato regulatório e seu controle judicial deferente

Como bem pontua Floriano de Azevedo Marques Neto, "o exercício da regulação envolve uma multiplicidade de interesses, que, por sua vez, reportam-se a uma multiplicidade de agentes, [...] levando, finalmente, com que o exercício do controle seja não só complexo, como também conflitivo"[14]. A complexidade do ato regulatório, diante de sua natureza multidisciplinar, "transcende o jurídico, mas traz para o jurídico o conteúdo econômico, sociológico, antropológico e o tecnológico, entre outros possíveis"[15]. Esses aspectos evidenciam um certo grau de sensibilidade jurídica dos atos regulatórios, sobretudo por versarem sobre valores constitucionalmente assegurados, tais como o equilíbrio entre a ordem econômica, os direitos consumeristas e a efetivação do interesse público subjacente aos setores regulados. Além da notória complexidade técnica que permeia toda a relação regulada, não se pode perder de vista o fato de que os órgãos reguladores também atuam para concreção de políticas públicas setoriais, acrescentando esse viés na natureza de suas decisões[16].

---

12. Ibidem, p. 656.
13. Ibidem, p. 655.
14. MARQUES NETO, Floriano de Azevedo. *Agências reguladoras independentes:* fundamentos e seu regime jurídico. Belo Horizonte: Fórum, 2009. p. 114.
15. NEVES, Sérgio Luiz Barbosa. A responsabilidade das autoridades regulatórias perante os Tribunais de Contas. *In:* MENDONÇA, Maria Lírida Calou de Araújo e; BESTER, Gisela Maria; CADEMARTORI, Luiz Henrique (Coords.). *Direito e Administração Pública II*. Florianópolis: Conpedi, 2014.
16. Para Eduardo Jordão, as autoridades administrativas promovem decisões "quase políticas", a partir do entendimento de política como um "exercício de eleição de prioridades e de balanceamento de finalidades públicas conflitantes". De acordo com o autor, "há uma decisão política quando uma

Em razão dessa natureza multifacetada, a submissão desses atos aos padrões usuais de controle judicial de decisões administrativas pode ser desastrosa, uma vez que a forma de operação característica do Poder Judiciário não é afeita às intervenções regulatórias. Disso não decorre uma impossibilidade de controle judicial dos atos regulatórios, mas impõe uma cautela especial dos tribunais no desempenho da investigação sobre eles[17]. Os problemas enfrentados pelos tribunais para controlar tais decisões decorrem principalmente de sua inadequação objetiva e subjetiva sobre a regulação econômica, pois, além de não estarem habituados a tratar de questões regulatórias típicas (aspecto objetivo), não têm características institucionais adequadas para fazê-lo (aspecto subjetivo)[18].

Os tribunais, no contexto do controle dos atos regulatórios, têm acesso limitado às questões pertinentes ao contexto regulatório, porquanto lhes chegam de forma segmentada e incompleta, comprometendo a visão global da complexidade regulatória do setor. Isso se dá, pois apenas são levadas a julgamento as questões que provoquem o interesse dos regulados, mais especificamente, aquelas suficientemente importantes para justificar a tese defendida na ação ajuizada[19].

No entanto, é comum que a escolha do órgão regulador para cumprir seu objetivo social se dê pela implementação conjunta de duas ou mais

---

entidade realiza opções num espaço de prévia indeterminação". (JORDÃO, Eduardo. *Controle judicial de uma administração pública complexa:* a experiência estrangeira na adaptação da intensidade do controle. São Paulo: Malheiros, 2016. p. 81). Exatamente essa é a atuação dos órgãos reguladores na consecução de políticas públicas estabelecidas para o setor regulado, cf. subcapítulo 2.1.3. Sustentando a deferência no controle de decisões dessa natureza, Eduardo Jordão conclui: "Esta visão está fundada na ideia de que nas decisões políticas não há necessariamente soluções corretas ou incorretas, jurídicas ou não jurídicas, mas soluções mais ou menos adaptadas à consagração de finalidades públicas diversas. A escolha de quais finalidades públicas perseguir ou de como balancear interesses públicos conflitantes deve caber, de regra, àquelas entidades públicas às quais se atribui tal poder. Como as entidades da administração pública possuem, de regra, maior *pedigree* democrático, os tribunais deveriam evitar submetê-las a um controle intenso, sob pena de lhe usurparem esta competência, impondo seu próprio ponto de vista sobre a matéria controvertida". (Ibidem, p. 85).

17. JUSTEN FILHO, Marçal. *O direito das agências reguladoras independentes.* São Paulo: Dialética, 2002. p. 591-592.

18. JORDÃO, Eduardo. *Controle judicial de uma administração pública complexa:* a experiência estrangeira na adaptação da intensidade do controle. São Paulo: Malheiros, 2016. p. 131.

19. Ibidem, p. 147. Na mesma linha: "Mas há também outro aspecto peculiar ao funcionamento das agências. Em grande parte dos casos, a atividade das agências refletirá conhecimentos técnico-científicos e atuação de especialistas. Os juízos e avaliações em que se fundam as decisões das agências poderão exteriorizar um conhecimento especializado dificilmente acessível ao funcionamento comum e normal do Poder Judiciário, cuja renovação na via judicial seja extremamente problemática. Na maior parte dos casos, a solução adotada pela agência não será controlável através do bom senso nem da aplicação de princípios lógicos derivados de um conjunto de princípios normativos abstratos. Em quase todas as hipóteses, poderá ocorrer até mesmo a impossibilidade fática de um indivíduo não titular de conhecimento especializado chegar compreender a dimensão do problema enfrentado". (JUSTEN FILHO, Marçal. *O direito das agências reguladoras independentes.* São Paulo: Dialética, 2002. p. 591-592).

medidas regulatórias, por exemplo, a determinação direta da tarifa com base nos custos médios históricos e o estabelecimento de severas barreiras à entrada, com finalidade de garantir "preços justos e razoáveis" naquele setor específico. Assim, o fato de o tribunal poder ser levado a anular ou modificar apenas uma dessas medidas, pode comprometer a eficácia global da política regulatória, tendo até "consequências desastrosas"[20]. Além disso, o próprio trâmite processual, especialmente a partir da suspensão liminar das decisões questionadas, embora amplie a proteção de direitos e garantias dos potenciais afetados, pode abalar a efetividade e a dinâmica regulatória: "após o longo processamento judicial, é provável que a decisão regulatória objeto de suspensão já nem tenha qualquer utilidade, quando seja restabelecida"[21].

Basicamente, o controle judicial da política regulatória exerce ao menos três funções distintas: *i)* imposição de regras procedimentais a serem seguidas pelo regulador; *ii)* verificação do cumprimento de regras procedimentais impostas pela legislação; e *iii)* avaliação substantiva da regulação, invadindo, assim, seu mérito[22]. Nesse último ponto, no Brasil, até a doutrina mais favorável a uma atuação ativista do Judiciário entende adequada a deferência em face das decisões regulatórias[23].

Tem-se como base para essa postura a decisão do caso Chevron, de origem estadunidense, mas reconhecida e aplicada pelo STF[24]. A partir desse entendimento, a intensidade do controle judicial dos atos administrativos passaria por um teste bifásico. Em um primeiro passo, o tribunal

---

20. JORDÃO, Eduardo. *Controle judicial de uma administração pública complexa:* a experiência estrangeira na adaptação da intensidade do controle. São Paulo: Malheiros, 2016. p. 158.
21. Ibidem, p. 160.
22. FERRAZ JÚNIOR, Tercio Sampaio; MARANHÃO, Juliano Souza de Albuquerque; AZEVEDO, Paulo Furquim de. *As inter-relações entre o processo administrativo e o judicial, sob a perspectiva da segurança jurídica do plano da concorrência econômica e da eficácia da regulação pública.* São Paulo: USP, 2011. p. 29-30. Sobre os objetivos de cada forma de controle, os autores complementam: "Cada uma das três formas ou tipos de revisão judicial mencionados anteriormente representa diferentes valores que podem ser incorporados ou protegidos pela análise judicial de atos dos agentes reguladores. O primeiro (imposição de regras procedimentais) representa um diálogo institucional com os agentes reguladores. [...] Os dois últimos (controle procedimental e substantivo dos atos administrativos) atendem a vários objetivos: (1) evitar a violação de direitos individuais, contendo abusos de poder; (2) controlar a qualidade da atividade regulatória e/ou promover melhores políticas; (3) garantir o cumprimento de preceitos constitucionais que governam a administração pública". (Ibidem, p. 33).
23. Como exemplo, cita-se Luís Roberto Barroso: "É bem de ver que, em matéria de agências, é decisivo que o Judiciário seja deferente em relação às decisões administrativas. Ou seja, o Poder Judiciário somente deverá invalidar decisão de uma agência reguladora quando evidentemente ela não puder resistir ao teste de razoabilidade, moralidade e eficiência. Fora dessas hipóteses, o Judiciário deve ser conservador em relação às decisões das agências, especialmente em relação àquelas escolhas informadas por critérios técnicos, sob pena de se cair no domínio da incerteza e do subjetivismo". (BARROSO, Luís Roberto. Apontamentos sobre as agências reguladoras. *In:* FIGUEIREDO, Marcelo (Org.). *Direito e regulação no Brasil e nos EUA.* São Paulo: Malheiros, 2004. p. 105).
24. BRASIL. Supremo Tribunal Federal (Tribunal Pleno). Ação Direta de Inconstitucionalidade 4.874/DF. Relatora: Min. Rosa Weber, 1 de fevereiro de 2018. Diário de Justiça Eletrônico, 1 fev. 2019.

deve identificar se há uma resposta clara à interpretação administrativa trazida a juízo. Em caso positivo, ela deve ser aplicada, mantendo a decisão, se estiver alinhada a tal entendimento, ou anulando-a, caso contrário. Passa-se ao segundo passo apenas quando não houver uma interpretação clara da legislação aplicada à questão debatida. Nesse momento, cabe ao tribunal analisar apenas a razoabilidade da decisão tomada pela autoridade administrativa, não a interpretar diretamente. Portanto, em casos de nítida ambiguidade (ou discricionariedade), privilegia-se a interpretação dada pela Administração Pública, em razão de sua vantagem institucional para lidar com o tema em comparação com o Judiciário, que deve manter uma postura deferente[25]. Assim, para além da complexidade técnica, "a doutrina de Chevron enfatiza a natureza *política* das decisões administrativas que envolvem interpretações de legislações ambíguas deixadas sob o cuidado de uma autoridade especializada"[26].

Entende-se, a partir disso, que o controle judicial dos atos regulatórios, embora exija cautela, não deve se limitar ao aspecto formal, atingindo, também, o juízo de proporcionalidade, a fim de avaliar a obediência aos requisitos da necessidade, adequação e ponderação da medida regulatória em função dos objetivos regulatórios. É dizer, a "discricionariedade técnica" dos reguladores não pode servir de obstáculo ao controle da atividade regulatória pela via judicial, porquanto a maior margem de discricionariedade dos agentes estatais na "moderna regulação estatal" impõe, igualmente, um controle mais robusto[27].

Os tribunais não podem substituir a discricionariedade regulatória, mas cabe a eles atuarem para exigir do Estado Regulador o exercício adequado de seu dever constitucional-econômico de regular, por exemplo, explicitando, de forma transparente, as razões pelas quais elegeu uma norma regulatória em detrimento das demais, bem como os efeitos perseguidos por tal norma – inclusive os efeitos deletérios não perseguidos, mas aceitos –, com a apresentação dos pressupostos técnicos das decisões e seu amparo científico. Ou seja, deve agir "integrando a sociedade, por meio do processo judicial (se necessário for, é claro), à plenitude informacional da atuação regulatória"[28].

---

25. SUNSTEIN, Cass R. Law and administration after Chevron. *Columbia Law Review*, Chicago, v. 90, n. 8, p. 2071-2120, dez. 1990. Recentemente, parece haver um movimento para superar o entendimento de Chevron, que vem gerando debate. Sobre esse aspecto: SUNSTEIN, Cass R. On Overruling Chevron. *Harvard Law School*, Cambridge, p. 1-16, nov. 2020.
26. JORDÃO, Eduardo. *Controle judicial de uma administração pública complexa:* a experiência estrangeira na adaptação da intensidade do controle. São Paulo: Malheiros, 2016. p. 204.
27. MARQUES NETO, Floriano de Azevedo. *Agências reguladoras independentes:* fundamentos e seu regime jurídico. Belo Horizonte: Fórum, 2009. p. 127.
28. SILVEIRA, Bruna Braga da. *Litigiosidade repetitiva, processo e regulação:* interações entre o Judiciário e o regulador no julgamento de casos repetitivos. Salvador: Juspodivm, 2020. p. 112.

No entanto, não pode subsistir, no direito brasileiro, a ideia de que toda intervenção judicial se faz "para melhorar", e "o controlador atuaria para *revisar* as decisões da Administração Pública e *corrigir* os seus problemas"[29]. Nas palavras de Eduardo Jordão, "assim como os controladores podem corrigir erros, eles também podem desfazer acertos. O controlador não é infalível. Enxergar apenas as possíveis consequências positivas de sua intervenção é adotar concepção idealizada e irrealista de sua atuação"[30]. Corre-se o risco de, em vez de corrigir as decisões do órgão regulador, apenas substituí-las pela decisão do controlador, trocando eventual abuso perpetrado pela Administração Pública pelo abuso do próprio controlador[31].

Se decisões administrativas levadas ao controle judicial frequentemente correspondem a escolhas administrativas, mesmo quando o controlador tenha uma *expertise* equivalente à da entidade administrativa controlada, "há pouca razão para supor que se devam preferir suas opções, e não aquelas da entidade administrativa controlada, a quem a lei atribui a competência *prima facie*"[32]. É dizer, na dúvida e desde que seja razoável, prevalece a decisão do órgão regulador, pois, pela natureza da matéria, ela deixaria de ser decidida pelo regulador para, na prática, ser decidida pelo perito técnico do Judiciário[33]. Em outras palavras, o Poder Judiciário apenas pode suprir ou substituir o exercício da atividade regulatória "nos casos concretos em que existirem elementos objetivos suficiente para que, do conjunto dos dados normativos e fáticos disponíveis, se possa extrair uma – e apenas uma – solução legítima"[34].

Em pesquisa empírica que buscava avaliar o papel do STF como foro de debate sobre o modelo das agências reguladoras no Brasil, Eduardo Jordão e Renato Toledo Cabral Júnior concluem que a atuação da Corte é favorável ao modelo institucional dos órgãos reguladores e deferente aos seus posicionamentos em controvérsias jurídicas travadas judicialmente[35], acolhendo a posição do regulador em cerca de 88% dos casos em que examina

---

29. JORDÃO, Eduardo. Passado, presente e futuro: ensaio sobre a história do controle judicial da administração pública no Brasil. *In:* JORDÃO, Eduardo. *Estudos antirromânticos sobre controle da Administração Pública.* São Paulo: Juspodivm, 2022. p. 35.
30. Ibidem, p. 37.
31. Ibidem.
32. JORDÃO, Eduardo. Revolução secreta também no controle público? *In:* JORDÃO, Eduardo. *Estudos antirromânticos sobre controle da Administração Pública.* São Paulo: Juspodivm, 2022. p. 596.
33. ARAGÃO, Alexandre Santos de. *Agências reguladoras e a evolução do direito administrativo econômico.* 3.ed. Rio de Janeiro: Forense, 2013. p. 376.
34. Ibidem, p. 379.
35. Como exemplo: BRASIL. Supremo Tribunal Federal (Tribunal Pleno). Ag. Reg. na Suspensão de Liminar 1.361/PE. Relator: Min. Luiz Fux, 29 de março de 2021. Diário de Justiça Eletrônico, 28 abr. 2021; BRASIL. Superior Tribunal de Justiça (Terceira Turma). Recurso Especial 1.874.643/RJ. Relatora: Min. Nancy Andrighi, 03 de maio de 2022. Diário de Justiça Eletrônico, 20 maio 2022.

o mérito[36]. Em estudo diverso dos autores, focado no Tribunal de Justiça do Rio de Janeiro, também se percebeu uma orientação deferente do tribunal em relação à autoridade administrativa[37]. Outra pesquisa, encomendada pelo CNJ, analisou 1371 ações judiciais em que se questionavam decisões de órgãos reguladores entre 1994 e 2010, revelando que mais de 80% dos casos com mérito julgado pelos tribunais superiores foram favoráveis aos reguladores[38].

Se a posição dos tribunais brasileiros já demonstrava uma postura deferente, a legislação recente reforça esse comando, especialmente com a reforma da LINDB e promulgação da LGAR. O dever de motivação qualificada de suas decisões e a imprescindível consideração das suas consequências práticas, jurídicas e administrativas, além da participação dos interessados na atividade regulatória, como já visto, buscam proporcionar um maior grau de transparência e aproximação do trabalho técnico e complexo do regulador para a sociedade e, consequentemente, para o controlador. Essa direção legal favorece, a depender do momento em que se efetive o controle, apurar se a escolha sindicada vem sendo aplicada como esperado, em um cotejo entre a perspectiva desenhada na motivação do ato e os efeitos concretos após sua edição: mantém-se, ainda assim, uma postura deferente balizada pelos critérios de apuração de resultados expostos pelo próprio regulador[39]. Com

---

36. JORDÃO, Eduardo; REIS, Vinicius Cardoso; CABRAL JÚNIOR, Renato Toledo. O controle das agências reguladoras federais no STF como instância recursal: um estudo empírico. *In:* JORDÃO, Eduardo. *Estudos antirromânticos sobre controle da Administração Pública.* São Paulo: Juspodivm, 2022. p. 224-225. Concluem: "Os resultados da pesquisa confirmam as hipóteses levantadas, demonstrando que (i) de um modo geral, o STF não avalia o mérito das controvérsias jurídicas sobre as agências reguladoras em sede recursal (97,2% dos recursos), acompanhando sua jurisprudência defensiva para as hipóteses gerais; e (ii) que, nos poucos casos em que o mérito da controvérsia constitucional é efetivamente enfrentado pela Corte, o STF adota uma postura favorável à interpretação conferida pela agência reguladora ao ordenamento jurídico (88,7%), tanto nos casos em que o recurso é interposto pela autoridade pública (85,2%), como naqueles em que figura como parte recorrida (92%)". (Ibidem, p. 242).

37. JORDÃO, Eduardo; CABRAL JÚNIOR, Renato Toledo. A teoria da deferência e a prática judicial: um estudo empírico sobre o controle do TJRJ à Agenersa. *In:* JORDÃO, Eduardo. *Estudos antirromânticos sobre controle da Administração Pública.* São Paulo: Juspodivm, 2022. p. 206-207. Segundo os autores: "A partir dos dados extraídos pelo estudo, foi possível apontar que o TJRJ (i) apresenta um *discurso* de deferência em pouco mais da metade de seus julgados em relação à AGENERSA (52,24%); (ii) possui um índice baixo de pouco *amplitude*, limitando o seu exame na maior parte das vezes a *aspectos formais e procedimentais* da atuação da agência reguladora estadual (60,45%). A avaliação independente de tais variáveis sugere uma orientação deferente do tribunal fluminense em relação à autoridade administrativa".

38. FERRAZ JÚNIOR, Tercio Sampaio; MARANHÃO, Juliano Souza de Albuquerque; AZEVEDO, Paulo Furquim de. *As inter-relações entre o processo administrativo e o judicial, sob a perspectiva da segurança jurídica do plano da concorrência econômica e da eficácia da regulação pública.* São Paulo: USP, 2011.

39. VALLE, Vanice Regina Lírio do. Planejamento na função regulatória e deferências judicial (artigos 17 a 21 da Lei n. 13.848/2019). *In:* SCHIER, Adriana; FORTINI, Cristiana; MELO, Lígia; VALLE, Vanice (Coords.). *Marco legal das agências reguladoras na visão delas:* comentários à Lei n. 13.848/2019 e à IN n. 97/2020. Belo Horizonte: Fórum, 2021. p. 147.

isso, o controle judicial passa para a esfera procedimental e recai apenas reflexamente no mérito da política regulatória[40], buscando, em alguma medida, adequar a capacidade institucional do Judiciário à importante tarefa de controle da Administração Pública.

Essa postura é reforçada com o art. 22 da LINDB, que impõe ao controlador a consideração de "obstáculos e dificuldades reais", além das "exigências das políticas públicas" no contexto do ato questionado, entendendo-o como "o fundamento normativo *específico*, no nosso direito, para a adoção da deferência judicial (ou, mais amplamente, deferência do controlador) às interpretações razoáveis da Administração Pública"[41]. Busca-se, com esse regramento, que "o controlador se imagine na situação do gestor, para compreender as circunstâncias que limitaram as suas escolhas e possibilidades. Nada mais natural. Um bom julgamento se faz com conhecimento de causa"[42]. Na espirituosa observação de Carlos Ari Sundfeld e Guilherme Jardim Jurksaitis, ignorar essa realidade é simplificar a função da Administração Pública e equiparar o trabalho do controlador ao dos analistas esportivos de futebol: "Depois da partida, fazer críticas aos jogadores, e com mais vigor e graça, aos juízes desportivos, é muito mais fácil do que participar ativamente do jogo"[43].

A aplicação da deferência judicial às escolhas públicas formuladas nos termos da moldura decisória preconizada na LGAR e LINDB impõe-se não mais por uma escolha livre do julgador, mas como uma premissa de construção da decisão. Não se trata de um argumento puramente de regularidade formal, mas de uma verdadeira presunção de adequação da escolha, que, além de tomada por um ente revestido de aptidão para tanto, atuou segundo um modelo de decisão presumidamente com maior probabilidade de acerto. Com isso, oferta-se um critério objetivo de análise ao julgador, evitando que a crítica à escolha regulatória se dê a partir, simplesmente, das preferências subjetivas do controlador[44]. Dito de outro modo, o ato regulatório que observa a garantia do devido processo legal previamente

---

40. JORDÃO, Eduardo. *Controle judicial de uma administração pública complexa:* a experiência estrangeira na adaptação da intensidade do controle. São Paulo: Malheiros, 2016. p. 109-110.
41. JORDÃO, Eduardo. Acabou o romance: o art. 22 da LINDB e o reforço do pragmatismo no direito público brasileiro. *In:* JORDÃO, Eduardo. *Estudos antirromânticos sobre controle da Administração Pública.* São Paulo: Juspodivm, 2022. p. 55.
42. Ibidem, p. 48-49.
43. SUNDFELD, Carlos Ari; JURKSAITIS, Guilherme Jardim. Uma lei para dar mais segurança jurídica ao direito público e ao controle. In: LEAL, Fernando; MENDONÇA, José Vicente Santos de (Coords.). *Transformações do direito administrativo:* consequencialismo e estratégias regulatórias. Rio de Janeiro: Escola de Direito do Rio de Janeiro da Fundação Getulio Vargas, 2016. p. 21-24.
44. VALLE, Vanice Regina Lírio do. Planejamento na função regulatória e deferências judicial (artigos 17 a 21 da Lei n. 13.848/2019). *In:* SCHIER, Adriana; FORTINI, Cristiana; MELO, Lígia; VALLE, Vanice (Coords.). *Marco legal das agências reguladoras na visão delas:* comentários à Lei n. 13.848/2019 e à IN n. 97/2020. Belo Horizonte: Fórum, 2021. p. 151.

à regulação, com a motivação adequada de sua escolha em detrimento das demais possíveis, impõe uma postura deferente ao Judiciário em relação à interpretação normativa elaborada pelo regulador[45].

A despeito de o arcabouço normativo apresentado, principalmente, pela LINDB e pela LGAR ser salutar e desejável para o bom exercício do controle judicial dos atos regulatórios, alguns problemas dessa atividade merecem reflexão. Embora haja intervenções de sucesso do Judiciário na política regulatória[46], de forma geral, o controle judicial dos atos regulatórios é deficiente. Em pesquisa encomendada pelo CNJ, foram identificados os seguintes problemas na atuação judicial sobre atos regulatórios: *i)* falta de conhecimento de conceitos fundamentais de economia ou técnicos do setor; *ii)* viés privatista, que trata as ações de órgãos reguladores como intervenções indevidas no domínio privado, em vez de ponderar os interesses individuais e coletivos efetivamente em jogo; *iii)* refúgio dos juízes no formalismo como meio de solucionar a questão sem enfrentar aspectos que exigem ponderar as consequências de critérios presentes na política regulatória; e *iv)* insensibilidade para o exame da política regulatória na análise do conflito submetido ao Judiciário[47].

Em entrevista com os representantes legais e procuradores dos órgãos reguladores, um dos aspectos mais criticados na atuação judicial foi a con-

---

45. MARQUES NETO, Floriano de Azevedo. Governança pública na regulação. *In:* DI PIETRO, Maria Sylvia Zanella (coord.). *Tratado de direito administrativo:* funções administrativas do Estado. São Paulo: Revista dos Tribunais, 2014. v. 4. p. 667-668. Interessante, também, a reflexão de Eduardo Jordão sobre as consequências ao próprio resultado do controle judicial com a assunção de uma postura assumidamente deferente pelos tribunais: "Ao consagrar uma postura deferente, o tribunal envia para os potenciais litigantes uma clara mensagem de que relutará em reverter decisões administrativas, gerando desincentivos à propositura de novas ações e incentivos à conciliação, por exemplo. Pode-se supor que reste para julgamento as questões mais polêmicas ou aquelas cujo autor realmente acredite ser meritória – e, neste caso, seria natural o resultado maior de anulações das decisões administrativas". (JORDÃO, Eduardo. *Controle judicial de uma administração pública complexa:* a experiência estrangeira na adaptação da intensidade do controle. São Paulo: Malheiros, 2016. p. 590).

46. Juliano Maranhão destaca a revisão judicial no Caso Backhaul e no Caso VU-M, decorrentes, respectivamente, de uma ação e uma omissão pela Anatel. Em ambos os casos, o Judiciário deu voz às preocupações manifestadas por vários atores durante o processo de consulta pública, que não havia sido incorporado à decisão final, prolatando uma decisão sem interferir nos poderes discricionários da agência. Conforme o autor: "esses são exemplos claros do controle de racionalidade e da coerência de raciocínio apresentados pela agência, que podem ser aplicados tanto para ações como para omissões das agências. Tais casos tendem a fortalecer a agência como instituição. Adicionalmente, eles criam incentivos para agentes recorrerem ao Judiciário por motivos não oportunistas". (MARANHÃO, Juliano. A revisão judicial de decisões de agências regulatórias: jurisdição exclusiva? *In:* PRADO, Mariana Mota (Org.). *O Judiciário e o Estado Regulador Brasileiro.* São Paulo: FGV Direito SP, p. 26-46, 2016. p. 41).

47. FERRAZ JÚNIOR, Tercio Sampaio; MARANHÃO, Juliano Souza de Albuquerque; AZEVEDO, Paulo Furquim de. *As inter-relações entre o processo administrativo e o judicial, sob a perspectiva da segurança jurídica do plano da concorrência econômica e da eficácia da regulação pública.* São Paulo: USP, 2011. p. 173-174.

cessão de tutelas provisórias com graves efeitos sobre a atividade pública sem oitiva prévia do regulador. Não obstante, há uma percepção generalizada de que, em sede recursal, sobretudo nos Tribunais Superiores, as decisões de primeira instância contrárias ao regulador - especialmente as liminares - tendem a ser reformadas, mantendo-se o entendimento administrativo[48]. Assim, de modo geral, a revisão judicial tem proporcionado poucos benefícios, porquanto não revê, de fato, a decisão regulatória, mas impõe a ela um custo excessivo de tempo (diante da demora na tramitação processual até a sede recursal) e a incerteza jurídica (com a emissão de sinais conflitantes sobre a aplicação adequada das normas regulatórias)[49].

Essa postura gera dois principais problemas. Primeiro, os reguladores ficam temerários em adotar certas medidas, dado o risco de sua ineficácia diante de uma revisão judicial. Esse cenário pode desestimular intervenções necessárias ou estimular a realização de acordos desvantajosos aos interesses coletivos, pois o regulador perde o poder de barganha na negociação. Segundo, quando os Tribunais confirmam a decisão administrativa com base em uma "deferência genérica ao caráter técnico e à complexidade das questões regulatórias", desnaturam a essência da revisão, por vezes bem-sucedida, e mandam um sinal perigoso ao regulador ("no final a decisão sempre é confirmada"), o que pode, a longo prazo, dar ensejo à politização, captura e arbítrio[50].

Para mitigação dos efeitos negativos da judicialização das decisões dos reguladores, a pesquisa do CNJ, com base nas experiências internacionais de controle judicial de atos regulatórios, estudos de casos brasileiros e entrevistas com representantes legais e procuradores de órgãos reguladores, chegou às seguintes sugestões principais: *i)* não deferir tutelas provisórias em matéria regulada sem a prévia oitiva do órgão regulador, mesmo com prazo reduzido; *ii)* criar mecanismos para intercâmbio de informações entre Judiciário e reguladores, para uma difusão do conhecimento, por exemplo, com a realização de seminários e exposições pelas agências para o Judiciário; e *iii)* criar varas especializadas na matéria regulatória[51]. Esta última, entende-se,

48. Ibidem, p. 92-93.

49. Ibidem, p. 167.

50. Ibidem, p. 304.

51. Ibidem, p. 93-94. Além dessas sugestões, destacam-se as recomendações para os órgãos reguladores: *i)* fomento a soluções negociadas de modo a reduzir demandas judiciais e aumentar segurança jurídica (a pesquisa quantitativa mostrou ter sido significativa a redução da judicialização do Cade e da CVM, que pode ser atribuída à política de acordos a partir de 2006 e 2007, respectivamente, naquelas entidades); e *ii)* criação, nos reguladores, de "câmaras de arbitragens - com representação paritária - para conflitos de relação de consumo entre concessionárias e consumidores com poderes semelhantes aos conferidos aos árbitros pelo Leis de Arbitragem (ressalvado recurso pelo Ministério Público como *custus legis* contra a decisão)". Esses pontos se alinham sobremaneira com a proposta

teria o condão de contornar muitos dos problemas indicados e abarcar as demais sugestões suscitadas, além de ter eventual implementação relativamente menos complexa que outras possibilidades referidas pela doutrina[52], motivo pelo qual se aprofunda seu exame.

3.1.2. Aprimoramento do controle judicial pela especialização judiciária

Quando os Tribunais Superiores, ao exercerem o controle, deparam com uma decisão administrativa de extensa fundamentação técnica e um conjunto de decisões judiciais sintéticas e conflitantes, é compreensível sua tendência de ignorar o trabalho inseguro e oscilante do Judiciário e confirmar a decisão do regulador, com base na "complexidade da questão"[53]. Nesse ponto, insere-se a proposta de especialização do Judiciário, não restrita aos juízes, mas abrangendo também o corpo de assessores, que deverá conter economistas e técnicos setoriais, incumbidos de apresentar aos juízes, de modo didático, os aspectos técnicos envolvidos na relação regulatória[54].

Com efeito, evidencia-se uma tendência mundial, seguida também no Brasil, de especialização judiciária[55]. Segundo pesquisa de opinião promovida

---

central deste trabalho, abordada no Capítulo 4, justificando, assim, a pertinência do recorte da pesquisa.

52. Uma dessas possibilidades, abordada por Eduardo Jordão, é o chamado "salto jurisdicional", que consiste em eliminar graus de jurisdição para evitar a morosidade do pronunciamento final, após diversas fases recursais. O autor cita o exemplo da França, onde o Conselho de Estado, órgão máximo de jurisdição administrativa, é competente para conhecer, em primeira e última instância, as contestações de decisões administrativas das autoridades reguladoras, "a título de sua missão de controle ou de regulação", prescindindo da análise dos tribunais inferiores. Essa medida contribui para a celeridade da decisão, para sua uniformidade (já que a decisão do Conselho de Estado terá eficácia nacional, evitando a "fragmentação geográfica" dos Tribunais inferiores) e a mitigação de riscos de vieses ideológicos dos magistrados, pois as decisões serão sempre colegiadas. Por outro lado, a redução de prazos e graus jurisdicionais diminui, na mesma medida, as garantias processuais e jurídicas JORDÃO, Eduardo. *Controle judicial de uma administração pública complexa:* a experiência estrangeira na adaptação da intensidade do controle. São Paulo: Malheiros, 2016. p. 257-266). No Brasil, a implementação dessa sistemática demandaria uma Emenda Constitucional para sua inclusão no rol de competências originárias seja do STJ, seja dos Tribunais Federais, o que certamente encontraria diversas dificuldades, especialmente a tendência de esvaziamento e filtro de acesso aos Tribunais. A especialização de varas e juízos, por outro lado, compete à organização interna do Tribunal, determinada em seu regulamento, de mais simples adaptação.

53. FERRAZ JÚNIOR, Tercio Sampaio; MARANHÃO, Juliano Souza de Albuquerque; AZEVEDO, Paulo Furquim de. *As inter-relações entre o processo administrativo e o judicial, sob a perspectiva da segurança jurídica do plano da concorrência econômica e da eficácia da regulação pública.* São Paulo: USP, 2011. p. 305-306.

54. Segundo a já referida pesquisa do CNJ, o foco na assessoria técnica permite superar argumentos usualmente levantados contra a especialização, como o fato de os concursos para magistrado serem genéricos e a ocorrência constante de realocações ou substituições na carreira e ao longo da atividade dos juízes. (Ibidem, p. 306).

55. Além da especialização de varas e juízos em matérias como Execução Fiscal e Fazenda Pública, Execução Penal, Violência Doméstica, Família, Infância e Juventude, existentes há mais tempo, verifica-se,

pelo CNJ e pela OAB, entre março e abril de 2019, 95% dos juízes, 89% dos servidores e 76% dos advogados acreditam que as unidades especializadas podem dar mais qualidade aos serviços. Entre os principais benefícios da especialização em primeira instância, foram apontadas a capacitação, a qualificação e a compreensão dos temas jurídicos por cerca de 93% dos magistrados e 83% dos servidores. Cerca de 59% dos advogados identificaram um melhor atendimento nas varas especializadas, tanto pelos magistrados, quanto pelos servidores[56].

Ponderando prós e contras da especialização, Antonio do Passo Cabral sugere a análise da complexidade dos litígios, quantidade e frequência das demandas para avaliar a pertinência ou não de especializar. A partir desses fatores, conclui que casos complexos e recorrentes são mais bem decididos por cortes especializadas, espalhadas territorialmente[57]. Heike Gramckow e Barry Walsh indicam, ainda, outros pontos relevantes para essa análise, como a existência de experiências anteriores, que indiquem o potencial sucesso de um tribunal especializado (uma espécie de "caso piloto") e críticas dos jurisdicionados ou de entidades interessadas sobre o tratamento conferido a esse tipo de litígio e seu tempo de tramitação[58]. A antes referida pesquisa realizada pelo CNJ[59] demonstra bem o cumprimento desses indicadores,

---

mais recentemente, uma tendência à especialização de matérias mais técnicas e complexas, como se percebe, por exemplo, no TJSP, com a criação das Varas Especializadas de Falências e Recuperação Judicial, em 2005; da Câmara Reservada de Direito Empresarial, em 2011; das Varas Empresarias e de Conflitos relacionados à Arbitragem da Capital, em 2017; das Varas de Direito Mercantil e de Arbitragem com competência para Grande São Paulo, em 2019. O aprimoramento técnico promovido pela especialização nessas matérias é um fator determinante para a melhoria do ambiente de negócios, bem como para o fomento e a previsibilidade da segurança jurídica, pois permite ao jurisdicionado (sobretudo ao agente econômico, em se tratando do setor empresarial) conhecer previamente os riscos e custos envolvidos em sua atividade. (FORGIONI, Paula A.; CIAMPOLINI, Cesar. A importância da especialização judicial para a atração de investimentos. *Conjur,* 10 mar. 2021).

56. JUÍZES, servidores e advogados aprovam especialização de varas para melhoria do serviço. *CNJ,* 28 ago. 2020. Disponível em: https://www.cnj.jus.br/juizes-servidores-e-advogados-aprovam-especializacao-de-varas -para-melhoria-do-servico/#:~:text=Ju%C3%ADzes%2C%20servidores%20e%20advogados%20aprovam, melhoria%20do%20servi%C3%A7o%20%2D%20Portal%20CNJ&text=Magistrados%2C%20servidores %20e%20advogados%20aprovam,pela%20Justi%C3%A7a%20na%20primeira%20inst %C3%A2ncia. Acesso em: 8 jun. 2023.

57. Ainda conforme o autor, casos complexos e esporádicos são mais bem decididos por um pequeno número de juízos fixos especializados (concentração) ou juízes volantes especializados (coordenação). Havendo grande quantidade e frequência no ajuizamento, mas não se verificando complexidade, o problema pode ser atacado mais adequadamente por outros mecanismos (como o IRDR) em detrimento da especialização. (CABRAL, Antonio do Passo. *Juiz natural e eficiência processual:* flexibilização, delegação e coordenação de competências no processo civil. São Paulo: Thomson Reuters Brasil, 2021. p. 305-306).

58. GRAMCKOW, Heike; WALSH, Barry. Developing specialized court services: international experiences and lessons learned. *Justice & Development Working Paper Series,* Washington, n. 24, 2013. p. 15.

59. FERRAZ JÚNIOR, Tercio Sampaio; MARANHÃO, Juliano Souza de Albuquerque; AZEVEDO, Paulo Furquim de. *As inter-relações entre o processo administrativo e o judicial, sob a perspectiva da segurança jurídica do plano da concorrência econômica e da eficácia da regulação pública.* São Paulo: USP, 2011. *passim.*

concluindo ser vantajosa a especialização nos setores regulados, sobretudo diante dos benefícios trazidos por ela.

O benefício mais lógico e evidente da especialização é o aumento da qualidade técnica das decisões proferidas em um ambiente judicial focado na matéria em análise, especialmente naquelas complexas, como é o caso da regulação. Reduzem-se os problemas relacionados à "generalidade temática" do Judiciário[60], com a ampliação de sua capacidade institucional para fornecer decisões mais adequadamente fundamentadas e diminuindo-se a incidência de reforma em sede recursal[61], por exemplo.

Haveria, ainda, um ganho sistemático na eficiência da atividade judicial, pela otimização do processamento dos casos, porquanto o juízo especialista pode lidar com questões complexas de forma mais célere, aumentando a produtividade, além da qualidade de seu trabalho. Outrossim, os arrazoados dos advogados das partes envolvidas nessas disputas, quando apresentados diante de um juízo generalista, tendem a ser mais extensos e aprofundados, inclusive com dados periciais, a fim de munir o julgador com o maior número de informações possíveis (o que aumenta o custo do litígio, tanto para o litigante quanto para o próprio Estado). Em um juízo especializado, os procuradores podem reduzir sua argumentação às questões vitais à resolução do caso, por sentirem-se mais confiantes na habilidade e no conhecimento do julgador, reduzindo proporcionalmente os custos da litigância[62].

Além disso, a especialização proporciona ganhos para a uniformidade da jurisprudência e o gerenciamento dos processos sobre a matéria, diante da concentração dos casos. Aliando a *expertise* ao número reduzido de juízos, a tendência é de uma consistência e uma estabilidade de entendimento sobre as questões que lhe são submetidas, gerando, assim, a uniformidade da jurisprudência no tema, aliada à sua integridade e coerência, como propõe a lei processual (art. 926, CPC). Essa uniformidade leva à previsibilidade, cujos principais benefícios a redução do litígio, diante da dificuldade das partes em encontrar fundamentos para infirmar o entendimento sedimentado

60. JORDÃO, Eduardo. *Controle judicial de uma administração pública complexa:* a experiência estrangeira na adaptação da intensidade do controle. São Paulo: Malheiros, 2016. p. 267.

61. Em pesquisa empírica realizada pelo CNJ, foi constatada redução significativa na taxa de reformas de decisões proferidas por juízos de primeira instância especializados, indicando maior qualidade do resultado da atividade judicial com a especialização. (ASSOCIAÇÃO BRASILEIRA DE JURIMETRIA. *Relatório Analítico Propositivo Justiça Pesquisa:* Formas Alternativas de Gestão Processual. Brasília: Conselho Nacional de Justiça, 2020. p. 114).

62. ZIMMER, Markus B. Overwiew of specialized courts. *International Journal for Court Administration*, ago. 2009. p. 1.

jurisprudencialmente[63], melhorando as condições para resolução extrajudicial dos conflitos, inclusive nas vias administrativas[64].

A intimidade dos juízos com os casos especializados possibilita o desenvolvimento de um desenho procedimental mais adequado e funcional às partes e ao próprio Judiciário[65]. O conhecimento do universo total de processos sobre aquelas questões também possibilita aos magistrados identificarem as similaridades fáticas e repetitivas da matéria, promovendo uma decisão adequada ao todo, não individualmente considerada, além de reduzir as vantagens eventualmente obtidas por um grande litigante diante da pulverização de demandas massificadas[66].

Não obstante, a especialização judicial não é uma unanimidade na doutrina e também apresenta desvantagens. Eduardo Jordão chama atenção para o fato de que a assimetria informacional do Poder Judiciário e sua consequente inaptidão para controle dos atos regulatórios derivam não apenas da complexidade da matéria, mas também de sua própria característica institucional. A necessária inércia judicial faz com que os tribunais apenas tenham acesso às informações apresentadas pelos litigantes, muitas vezes fracionadas de acordo com seu próprio interesse, o que, em alguma medida, condiciona a apreciação judicial apenas à parte do problema levada a juízo, não ao todo. Essa condição não seria afetada com a especialização, o que sugere uma limitação da estratégia[67].

---

63. Ibidem, p. 2.

64. ASSOCIAÇÃO BRASILEIRA DE JURIMETRIA. *Relatório Analítico Propositivo Justiça Pesquisa:* Formas Alternativas de Gestão Processual. Brasília: Conselho Nacional de Justiça, 2020. p. 20.

65. ZIMMER, Markus B. Overwiew of specialized courts. *International Journal for Court Administration,* ago. 2009. p. 2.

66. FERRAZ JÚNIOR, Tercio Sampaio; MARANHÃO, Juliano Souza de Albuquerque; AZEVEDO, Paulo Furquim de. *As inter-relações entre o processo administrativo e o judicial, sob a perspectiva da segurança jurídica do plano da concorrência econômica e da eficácia da regulação pública.* São Paulo: USP, 2011. p. 306. A concentração de processos sobre matérias mais complexas em juízos especializados favoreceria a redução da carga de trabalho dos juízos ordinários e generalistas, implicando, consequentemente, um ganho na celeridade também em outros casos, sendo mais um benefício sistêmico da especialização. (BRUFF, Harold H. Specialized Courts in Administrative Law. *Administrative Law Review,* Colorado, v. 43, p. 329-366, 1991. p. 330). No mesmo sentido, entendendo que o desvio de determinados casos para juízos especializados contribuiria para redução dos processos nos juízos comuns/generalistas, impactando positivamente em suas operações: GRAMCKOW, Heike; WALSH, Barry. Developing specialized court services: international experiences and lessons learned. *Justice & Development Working Paper Series,* Washington, n. 24, 2013. p. 6.

67. JORDÃO, Eduardo. *Controle judicial de uma administração pública complexa:* a experiência estrangeira na adaptação da intensidade do controle. São Paulo: Malheiros, 2016. p. 267.

Outra de suas potencialidades negativas é o isolamento dos julgadores a uma análise monotemática, perdendo sua versatilidade até levá-los a uma "visão de túnel"[68], na mesma linha da crítica feita aos órgãos reguladores[69]. A especialização judicial reduz a "polinização cruzada" de ideias, ou seja, não permite ao julgador enriquecer uma determinada área do direito com *insights* colhidos de outra[70], podendo, eventualmente, desconsiderar impactos econômicos ou sociais mais amplos em suas decisões[71]. Além disso, a concentração de determinados temas em poucos centros decisórios pode levar a uma certa estagnação da jurisprudência, prejudicando a evolução do direito e o debate saudável entre correntes de entendimento diversas, a partir de um "diálogo" entre os decisores[72].

Mais um temor identificado nos órgãos reguladores e presente nas críticas à especialização judicial é a possibilidade de captura do julgador pelo seu contato mais intenso com as partes[73]. Como os atores (partes, advogados, peritos, etc.) daquela matéria específica tendem a ser um número reduzido, corre-se o risco de haver uma familiaridade entre eles e o juízo resultando em um envolvimento informal, até mesmo preferencial, que pode chegar à parcialidade em suas decisões – possivelmente em favor dos litigantes habituais, pela maior frequência em tal ambiente[74]. Eduardo Jordão, com base nos estudos de Marcello Clarich, pondera que a especialização aproxima as características institucionais de órgãos reguladores e tribunais, prejudica a complementariedade de tarefas de cada um e, em boa medida, esvazia o próprio sentido de controle, porquanto haveria uma certa sobreposição de ideias e atividades. É dizer: "os méritos do controle judicial podem residir precisamente nos traços que distinguem os tribunais da Administração Pública"[75].

68. BRUFF, Harold H. Specialized Courts in Administrative Law. *Administrative Law Review*, Colorado, v. 43, p. 329-366, 1991.p. 331.
69. Cf. subcapítulo 2.1.2.
70. POSNER, Richard. Will the Federal Courts of Appeals survive until 1984? An essay on delegation and specialization of the judicial function. *Southern California Law Review*, California, v. 56, p. 761-791, 1983. p. 787.
71. GRAMCKOW, Heike; WALSH, Barry. Developing specialized court services: international experiences and lessons learned. *Justice & Development Working Paper Series*, Washington, n. 24, 2013. p. 8.
72. POSNER, Richard. Will the Federal Courts of Appeals survive until 1984? An essay on delegation and specialization of the judicial function. *Southern California Law Review*, California, v. 56, p. 761-791, 1983. p. 785.
73. Ibidem, p. 783. A captura dos órgãos reguladores é examinada no subcapítulo 2.1.2.
74. GRAMCKOW, Heike; WALSH, Barry. Developing specialized court services: international experiences and lessons learned. *Justice & Development Working Paper Series*, Washington, n. 24, 2013. p. 8.
75. JORDÃO, Eduardo. *Controle judicial de uma administração pública complexa:* a experiência estrangeira na adaptação da intensidade do controle. São Paulo: Malheiros, 2016. p. 269.

Finalmente, a especialização, entre outras desvantagens[76], pode representar um empecilho no acesso à justiça diante da concentração geográfica do juízo especializado. A inviabilidade de instalação de juízos especializados em todas as comarcas do país imporia ao jurisdicionado um ônus injusto para consecução de seu direito, seja pelos custos de acesso ao juízo especializado, seja pela submissão de seu caso a um juízo não especializado, perdendo-se as vantagens de tal medida. Isso favoreceria os litigantes localizados nas grandes metrópoles (provavelmente local de concentração da especialidade) e os detentores de mais recursos financeiros (os litigantes habituais), além de poder, também, influenciar sobremaneira a captura do juízo especializado pelos interesses dos maiores litigantes[77].

A despeito disso, partindo da premissa de que, contemporaneamente, em uma visão de alocação ótima de recursos e técnicas processuais, devem-se confiar os casos ao juiz com a *expertise* necessária para prestar adequadamente a tutela judicial e decidi-lo, a especialização em temáticas complexas "não só é autorizada, mas passa a ser um imperativo de eficiência"[78]. Outrossim, "o balanço geral, ao redor do mundo, tem sido pela concordância de que, se bem conduzida, a especialização traz mais benefícios que malefícios à organização judiciária"[79]. Desse modo, tem-se como bem-vinda a especialização para controle judicial de atos regulatórios. No entanto, não se pode ignorar as desvantagens apresentadas e potenciais prejuízos dessa configuração, sendo pertinente refletir a forma de especialização desses juízos, à luz da completude de argumentos examinados.

---

76. Um ponto destacado por Alan Uzelac é o impacto da especialização na carreira da magistratura. Se, por um lado, essa circunstância pode criar um elitismo, tratando os juízes especialistas como "superjuízes", que gozariam de maior confiança e credibilidade pelo jurisdicionado do que seus pares generalistas, a restrição temática, especialmente quando não existente nos graus recursais, pode levar a uma preterição na progressão da carreira, considerando sua falta de visão do todo, de afinidade com outras áreas do Direito que não aquela de sua especialidade. (UZELAC, Alan. Mixed blessing of judicial specialisation: the devil is in the detail. *Russian Law Journal*, v. II, n. 4, p. 146-168, 2014. p. 147). Antonio do Passo Cabral, com base em ampla pesquisa doutrinária, também aponta, resumidamente, alguns outros aspectos negativos da especialização, além dos aqui abordados: perda da autocompreensão do Judiciário como uma "unidade", um corpo único de juízes; custo excessivo da especialização; tendência de decisões proferidas por juízos especializados serem mais complexas e não tão compreensíveis pelo público em geral, entre outros. (CABRAL, Antonio do Passo. *Juiz natural e eficiência processual:* flexibilização, delegação e coordenação de competências no processo civil. São Paulo: Thomson Reuters Brasil, 2021. p. 291-292).
77. ZIMMER, Markus B. Overwiew of specialized courts. *International Journal for Court Administration*, ago. 2009. p. 4.
78. CABRAL, Antonio do Passo. *Juiz natural e eficiência processual:* flexibilização, delegação e coordenação de competências no processo civil. São Paulo: Thomson Reuters Brasil, 2021. p. 288.
79. Ibidem, p. 292.

3.1.3. Reflexões sobre a especialização judiciária em matéria regulatória

Antonio do Passo Cabral apresenta, entre suas propostas para o melhor desenvolvimento da especialização judiciária[80], uma quebra com a lógica tradicional de concentração de competência e exclusividade do juízo sobre uma determinada matéria – o que, como visto, pode provocar alguns prejuízos, *v.g.* o isolamento e a captura. Propõe, portanto, "que a vara especializada receba e analise questões e processos conexos, ou que o juízo cumule mais de uma especialização"[81]. Embora a prática não seja comum no Brasil, há exemplos de sua aplicação na Justiça Federal do Rio de Janeiro, onde há varas cíveis simultaneamente especializadas em matéria previdenciária e de propriedade industrial[82].

Considerando a pertinência da proposta, sugere-se que a especialização em matéria regulatória congregue não apenas o controle judicial dos atos regulatórios, mas, também, outras ações individuais e coletivas que versem sobre as relações reguladas, mesmo de maneira reflexa e mediata. Esse modelo ensejaria uma análise judicial direta e indireta dos atos regulatórios, essa última a partir dos casos que, mesmo não se referindo, expressamente, à norma regulatória ou trazendo o regulador como parte, refletem em toda a política regulatória, como ocorre nas ações entre consumidores e agentes regulados, objeto central desta pesquisa.

Nesse formato, eventual falha no debate interinstitucional para a formulação da norma regulatória *sub judice* pode ser suprida pela ampliação do diálogo judicial. Em seu juízo de especialização, o magistrado terá con-

---

80. Uma proposta interessante apresentada pelo autor é a especialização dos magistrados, não dos juízos. Haveria a formação de listas de magistrados especializados por matéria, aos quais poderiam ser distribuídas causas cuja complexidade técnica exigisse capacitação específica, independentemente do órgão judiciário em que ordinariamente lotado. Alguns parâmetros sugeridos pelo autor para a formação da lista e designação dos magistrados são: (a) certificado de capacidade; (b) atualização do magistrado e periodicidade das listas; (c) amplo acesso dos magistrados à composição das listas; (d) critérios objetivos de seleção dos magistrados especialistas; (e) divulgação e transparência; (f) critérios objetivos e impessoais de distribuição de processos para os juízes da lista. (Ibidem, p. 297-300). Outra sugestão é a utilização de "juízes volantes especializados", que formariam grupos de trabalho para solução de litígios complexos, para atuação episódica e casuística. (Ibidem, p. 301-303).

81. Ibidem, p. 304.

82. Ibidem. Além dessas, o autor indica a existência de varas de competência plena que são especializadas em matéria de improbidade administrativa ou nos processos referentes à aplicação da Convenção da Haia sobre os Aspectos Civis do Sequestro Internacional de Crianças; e, na esfera criminal, as varas especializadas em crimes financeiros e lavagem de dinheiro recebem distribuição também sobre outras matérias gerais. A inclusão de mais de um campo de especialização por juízo, para evitar o isolamento dos juízes especialistas, já era sugerido por Markus B. Zimmer, que, além disso, sugere a inclusão ocasional de juízes generalistas nos tribunais especializados e, por outro lado, a participação de juízes especialistas em tribunais generalistas, para possibilitar uma troca de conhecimento profícua. (ZIMMER, Markus B. Overwiew of specialized courts. *International Journal for Court Administration*, ago. 2009. p. 6).

tato, para além dos argumentos de regulador e regulado (atores centrais do controle judicial de atos regulatórios), dos consumidores individualmente considerados ou coletivamente representados, abrangendo, assim, o maior número de razões e olhares diversos sobre o mesmo objeto, cientificando-se de todas as vertentes da complexa relação regulada, reforçando ou complementando a atuação do regulador.

Os consumidores, como visto, têm maior afinidade e familiaridade com o Judiciário, podendo ter melhores condições de participar e influenciar as decisões regulatórias nesse ambiente. Ademais, o diálogo frequente e transparente no curso do processo judicial em um juízo especializado pode auxiliar a construção de um relacionamento mais sólido e claro entre consumidor e órgão regulador, substituindo, oportunamente, o questionamento judicial da política regulatória pela participação ativa em sua formação, no âmbito do regulador. Esse alargamento da competência também favorece um contato próximo do julgador com todos os atores envolvidos no processo regulatório, mitigando a possibilidade de captura por um interesse específico.

A concentração de processos que versem sobre as relações reguladas permite ao juízo uma visão mais completa do problema, evitando, em boa medida, que grandes litigantes se utilizem de estratégias baseadas na forma como o litígio é apresentado ao Judiciário, se por meio de diversas ações judiciais individuais ou de uma ação coletiva, por exemplo, porquanto, como examinado adiante, neste capítulo, esse aspecto influencia sensivelmente a sorte da decisão final do litígio em pauta[83]. Além disso, o fato de o controlador ter um grau de *expertise* semelhante ao do controlado mitiga o problema de um "controle *pro forma*" e reforça a necessidade de o regulador bem fundamentar suas decisões, beneficiando todo o sistema[84].

Nesse formato, é interessante a possibilidade de o magistrado identificar com mais facilidade a ocorrência de demandas repetitivas ou de questões de abrangência coletiva, oficiando o Ministério Público, a Defensoria Pública ou outro legitimado coletivo (inclusive associações de defesa do consumidor), para verificar a pertinência do ajuizamento de uma ação coletiva (art. 139,

83. Uma das vantagens da especialização seria a redução do *forum shopping*, ou seja, a escolha, sempre que possível, pelo litigante, de promover a ação em uma comarca que tenha entendimento mais favorável a si, diante da variação de entendimentos decorrente da grande quantidade de juízos julgando o mesmo tema (ZIMMER, Markus B. Overwiew of specialized courts. *International Journal for Court Administration*, ago. 2009. p. 2). O mesmo ocorre com a forma como o litígio é levado a juízo, se por via de uma ação individual, coletiva ou julgamento de casos repetitivos, como demonstra o presente capítulo.

84. Para Markus B. Zimmer, as revisões dos atos regulatórios devem ser realizadas preferencialmente por juízos especializados, porquanto juízos generalistas, nesses casos, além de apresentarem menor eficiência, são, diante da complexidade temática, mais propensos a emitir interpretações diversas entre si e conflitantes com a política regulatória, interferindo em um dos principais motivos da própria criação dos reguladores. (Ibidem, p. 2).

X, CPC). O juízo especializado também seria de grande valia para auxiliar na seleção de casos-piloto para o IRDR, tema ainda sensível na dogmática atual[85].

Também se pode abranger mais de um setor regulado no mesmo juízo, como telefonia e energia elétrica; bancário e concorrencial; aviação e saúde; entre outros. Essa configuração auxiliaria a combater o isolamento judicial, diante do contato com áreas diversas e, ao mesmo tempo, privilegia a especialização, a partir da lógica da regulação. Embora a matéria de fundo seja diversa (favorecendo o contato com diversos temas), a sistemática regulatória é comum em todos os setores (possibilitando a adaptação de um procedimento mais eficaz para tutelar essa relação – como a oitiva obrigatória do regulador antes da concessão de tutela provisória[86], por exemplo, aspecto fortemente criticado no modelo atual de controle).

3.1.3.1. *Tutela de litígios estruturais regulatórios*

Interessante notar que, pela própria natureza da atividade regulatória, pautada em políticas públicas, os conflitos dela decorrentes, inclusive o próprio controle dos atos emanados pelo regulador, têm grande potencial de evidenciar problemas estruturais, tutelados por processos estruturais[87]. O

85. Sobre o tema: COELHO, Fernanda Rosa. Critérios de escolha da causa-piloto e controle da representatividade das partes no incidente de resolução de demandas repetitivas. *Revista da Faculdade de Direito da Universidade de São Paulo,* São Paulo, v. 116, n. 2, p. 305-328, 2021.

86. Nesse sentido, a Resolução n. 135/2022, do CNJ, recomenda aos magistrados, sempre que possível, realizarem a oitiva do Cade antes de concederem tutelas de urgência relacionadas a processos administrativos em tramitação no órgão, minimizando efeitos danosos decorrentes de eventual abuso do direito de demandar.

87. Por vezes referido na doutrina brasileira como "processo estruturante" ou "medidas estruturais", a noção de processo estrutural surgiu nos Estados Unidos, na década de 1950, tendo como paradigma o caso *Brown* vs. *Board of Education of Topeka*, que versava sobre a segregação racial de estudantes de escolas públicas estadunidenses. No Brasil, um dos casos emblemáticos é a chamada "ACP do Carvão", ação civil pública ajuizada pelo MP em face da União e de diversas mineradoras, na Justiça Federal de Criciúma, visando a um projeto de recuperação ambiental da região degradada pela mineração, além do "Caso Creche", versando sobre disponibilidade de vagas em creche e pré-escola no município de São Paulo (sobre os casos: ARENHART, Sérgio Cruz. Processos estruturais no direito brasileiro: reflexões a partir do caso da ACP do Carvão. *In:* GRINOVER, Ada Pellegrini; WATANABE, Kazuo; COSTA, Susana Henriques da (Coords.). *O processo para solução de conflitos de interesse público.* Salvador: Juspodivm, 2017. p. 475-492; COSTA, Susana Henriques da. Acesso à justiça: promessa ou realidade? Uma análise do litígio sobre creche e pré-escola no município de São Paulo. *In:* GRINOVER, Ada Pellegrini; WATANABE, Kazuo; COSTA, Susana Henriques da (Coords.). *O processo para solução de conflitos de interesse público.* Salvador: Juspodivm, 2017. p. 449-474). O Projeto de Lei n. 8.058/2014 buscava instituir processo especial para o controle e intervenção em políticas públicas pelo Poder Judiciário, indicando, como uma de suas características, ser estrutural (art. 2º., parágrafo único, I). Esse PL é tido como uma tentativa de normatizar os processos estruturais no Brasil. Embora o tema não seja propriamente novo, ganhou maior atenção recentemente, havendo um acréscimo significativo de produção doutrinária nacional, destacando-se: JOBIM, Marco Félix. *Medidas estruturantes na jurisdição constitucional:* da Suprema Corte Estadunidense ao Supremo Tribunal Federal. 3. ed. Porto Alegre: Livraria do Advogado, 2022; VITORELLI, Edilson. *Processo civil estrutural:* teoria e prática.

problema estrutural "se configura a partir de um estado de coisas que necessita de reorganização (ou reestruturação)"[88], quer dizer, há uma situação de desconformidade, não correspondente ao considerado ideal, ainda que não propriamente ilícita. Nesses casos, o processo busca uma reforma estrutural (*structural reform*) com o objetivo de concretizar um direito fundamental, realizar uma determinada política pública ou resolver litígios complexos[89].

Com efeito, em um juízo especializado, concentrando as demandas oriundas das diversas composições possíveis das relações reguladas, podem-se, mais facilmente, identificar problemas estruturais no setor regulado. Esses problemas podem ocorrer no próprio ato regulatório e na atividade regulatória, justificando uma revisão judicial – ainda assim, mantendo a referida postura deferente. Porém, eles também podem ser identificados no cumprimento da norma pelo agente econômico ou na prestação do serviço, decorrente dos litígios entre consumidores e regulados. Nesses casos, a intervenção judicial na conduta do agente regulado a partir de um processo estrutural permite uma solução dialogada entre todos os envolvidos, destacando-se a participação do órgão regulador, para efetivar a política pública do setor regulado[90].

Dada a natureza do processo estrutural, impõe-se a construção de uma decisão dialogada, com ampla participação de todos os envolvidos e potenciais atingidos pelas medidas, aproximando a atividade judicial dos debates comuns em órgãos administrativos e legislativos[91]. A acessibilidade de um juízo especializado com todos os interessados em um litígio estrutural de determinado setor regulado pode contribuir muito para a efetiva partici-

---

4. ed. São Paulo: Juspodivm, 2023; ARENHART, Sérgio Cruz; OSNA, Gustavo; JOBIM, Marco Félix. *Curso de processo estrutural.* 2. ed. São Paulo: Thomson Reuters Brasil, 2022.

88. DIDIER JÚNIOR, Fredie; ZANETI JÚNIOR, Hermes. *Curso de direito processual civil:* processo coletivo. 16.ed. São Paulo: Juspodivm, 2022. p. 582.

89. Ibidem, p. 580-582. Embora a noção de processo estrutural tenha nascido no âmbito da judicialização de interesse público e políticas públicas (*public law litigation*), eles não se restringem a ele, abrangendo, também a esfera privada. Ações concursais, como falência e recuperação judicial, ou inventário judicial, podem ser consideradas processos estruturais (Ibidem, p. 583; CABRAL, Antonio do Passo. *Juiz natural e eficiência processual:* flexibilização, delegação e coordenação de competências no processo civil. São Paulo: Thomson Reuters Brasil, 2021. p. 427).

90. É mais comum que processos estruturais envolvam a reestruturação de entes, órgãos ou instituições públicas, pois afetam um número significativo de pessoas e não podem, simplesmente, ser eliminados. Isso não impede que esses processos busquem mudanças em estruturas privadas de interesse público (como no caso dos agentes regulados, por exemplo) ou de estruturas integralmente privadas, mas essenciais ao mercado e à sociedade em que estão inseridas. Nas palavras de Edilson Vitorelli, "no mundo contemporâneo, estruturas particulares são tão ou mais importantes para a vida dos cidadãos que os próprios Estados nacionais e, por isso, podem representar ameaças ainda maiores à liberdade dos cidadãos". (VITORELLI, Edilson. Levando os conceitos a sério: processo estrutural, processo coletivo, processo estratégico e suas diferenças. *Revista de Processo,* São Paulo, v. 43, n. 284, p. 333-369, out. 2018. p. 341).

91. Ibidem, p. 343. O autor, com base na doutrina de Stephen Yeazell, compara a comunidade de comunicação que deve ser criada nos processos estruturais a um *town meeting*, permitindo a ampla participação dos diferentes grupos atingidos, sopesando os interesses de cada um deles.

pação e construção de uma decisão mais rente à realidade contemporânea, possibilitando, também, maior adaptação do procedimento e incentivo à consensualidade[92].

A decisão estrutural (*structural injunction*) parte da constatação de desconformidade para estabelecer o estado ideal de coisas (fim) e o modo pelo qual será implementado (meio), ou seja, ela não estrutura, mas "reestrutura" o que estava desorganizado[93]. Em regra, para a consecução dos objetivos estabelecidos, é insuficiente apenas uma decisão, sendo necessária a prolação de outras tantas decisões na busca da efetivação e da concretização dos resultados esperados, resolvendo-se os problemas na medida em que forem surgindo, fenômeno conhecido por "provimentos em cascata"[94]. Tendo em vista que uma das características desses litígios é a complexidade (no sentido de admitir diversas soluções)[95], essa postura permite ao magistrado melhor adequar o pronunciamento judicial à realidade contemporânea, possibilitando, de fato, alcançar o estado de coisas previamente almejado[96]. Como bem pontua Edilson Vitorelli, "o processo não se foca no que aconteceu, mas no que vai acontecer depois que interferir na realidade"[97]. Justamente por isso, a revisão periódica da efetividade da decisão é essencial[98].

Um juízo especializado teria melhores condições de promover adequada e tempestivamente essa fiscalização da decisão estrutural. Além de sua afinidade com o tema, com os atores envolvidos no conflito e com a própria construção das medidas adotadas – facilitando, assim, eventual revisão e prolação de novas decisões –, seu contato perene com as demandas individuais e coletivas envolvendo a mesma relação regulada favorece a identificação de eventual

---

92. Fredie Didier Júnior e Hermes Zaneti Júnior destacam, entre as características do processo estrutural, "desenvolver-se num procedimento marcado por sua flexibilidade intrínseca, com a possibilidade de adoção de formas atípicas de intervenção de terceiros e de medidas executivas, de alteração do objeto litigioso, de utilização de mecanismos de cooperação judiciária" e a "consensualidade, que abranja inclusive a adaptação do processo (art. 190, CPC)". (DIDIER JÚNIOR, Fredie; ZANETI JÚNIOR, Hermes. *Curso de direito processual civil:* processo coletivo. 16.ed. São Paulo: Juspodivm, 2022. p. 586).

93. Ibidem, p. 587.

94. ARENHART, Sérgio Cruz. Decisões estruturais no direito processual civil brasileiro. *Revista de Processo,* São Paulo, v. 38, n. 225, p. 389-410, nov. 2013. p. 400.

95. VITORELLI, Edilson. *O devido processo legal coletivo.* 3. ed. São Paulo: Thomson Reuters Brasil, 2022, *Ebook.* RB-1.4.

96. Para Owen Fiss, grande estudioso do tema, essa implementação gradual das medidas judiciais é a tônica dos processos estruturais, pois é com a execução das medidas previstas que se poderá melhor avaliar seu potencial de sucesso ou não, diante da variedade de soluções possíveis para o caso. Por isso, podem-se revisar as medidas sempre que elas não forem eficazes ou se mostrarem desnecessariamente onerosas, por exemplo. (FISS, Owen. The forms of justice. *Harvad Law Review,* v. 1, v. 93, p. 1-58, nov. 1979. p. 49).

97. VITORELLI, Edilson. *O devido processo legal coletivo.* 3. ed. São Paulo: Thomson Reuters Brasil, 2022, *Ebook.* RB-6.16.

98. ARENHART, Sérgio Cruz. Decisões estruturais no direito processual civil brasileiro. *Revista de Processo,* São Paulo, v. 38, n. 225, p. 389-410, nov. 2013. p. 405.

falha no projeto estabelecido na decisão estrutural. Evita-se, também, que decisões isoladas interfiram nas medidas estruturais, risco iminente diante da possibilidade de entendimentos conflitantes derivados da competência pulverizada sobre o mesmo tema.

O exercício dessa fiscalização pelo juiz é imperioso quando se tratar de processo estrutural com foco direto nas medidas regulatórias, em que a reestruturação se dará na própria atividade do regulador, porquanto se trata, efetivamente, de um controle da atividade regulada. No entanto, quando se tratar de medida voltada à atividade do agente econômico – o que, supõe-se, seria mais recorrente, considerando-se o comportamento desses atores e a quantidade de litígios dessa natureza –, é possível o exercício dessa atividade pelo órgão regulador competente. No Brasil, já há casos de delegação dessa função a entidades de infraestrutura específica (*claims resolution facilities*) criadas para esse fim (sendo o exemplo mais emblemático a Fundação Renova[99]) ou já existentes, adequadas à tarefa.

No âmbito da regulação, a CVM já atuou dessa forma em caso no qual se verificou a prática de *inside trading*, ou seja, uso ilegal de informações privilegiadas (art. 1º., II, Lei n. 7.913/1989), tendo sido celebrado TAC entre o Ministério Público Federal, a CVM e uma das empresas envolvidas. O valor pago a título de reparação foi depositado pela empresa em uma conta bancária controlada e gerida pela CVM, responsável por notificar, credenciar, quantificar os danos e pagar os lesados[100]. Houve, portanto, uma "delegação da atividade de execução do TAC", pois os valores depositados foram movimentados pelo próprio regulador, não pelo Judiciário (art. 2º, § 1º., Lei n. 7.913/1989)[101].

Embora as *claim resolution facilities*, em sua origem estadunidense, tenham sido criadas para gerenciar casos de responsabilidade civil em danos massificados, a fim de padronizar a indenização dos lesados, seu

99. A Fundação Renova foi constituída em 2016 a partir do termo de ajustamento de conduta firmado entre as empresas Samarco, Vale do Rio Doce e BHP Billiton com a União, Estados de Minas Gerais, Espírito Santo e suas autarquias, com o objetivo de mobilizar a reparação dos danos causados pelo rompimento da barragem de Fundão, em Mariana/MG. Outro exemplo, no âmbito privado, é plataforma criada pelo Grupo Oi no curso de seu processo de recuperação judicial, com o fim de viabilizar a mediação com milhares de seus credores, em todo o país.

100. Essa forma de atuação tem base nos arts. 10 e 11 da Deliberação CVM n. 390, que permite ao órgão, a partir da celebração de um termo de compromisso, na hipótese de existência de danos, notificar os investidores conhecidos para que forneçam mais informações sobre a quantificação de sua reparação e, quando se tratar de investidores em número indeterminado ou de identidade desconhecida, publicar editais para sua identificação e quantificação das indenizações individuais, cujo pagamento pode ser efetivado pela própria CVM.

101. CABRAL, Antonio do Passo; ZANETI JÚNIOR, Hermes. Entidades de infraestrutura específica para a resolução de conflitos coletivos: as *claims resolution facilities* e sua aplicabilidade no Brasil. *Revista de Processo*, São Paulo, v. 44, n. 287, p. 445-483, jan. 2019. p. 451.

objeto pode ser muito mais amplo, incluindo "implementação de políticas públicas, sugestão de projetos de lei para a regulação dos setores envolvidos, entre outras medidas para obtenção de tutela específica das obrigações ou seus resultados práticos equivalentes"[102]. Os órgãos reguladores já têm competências específicas para exercer as atividades indicadas, que podem ser eficientemente aproveitadas nos processos estruturais, reduzindo os custos (financeiros e temporais) do controle judicial, além de propiciar um avanço mais acentuado na política regulatória, pois cabe aos reguladores, por excelência, tal tarefa[103].

Outra atribuição que pode ser conferida à essas entidades é a de receber diretamente as demandas dos envolvidos, conhecendo de questões fáticas e jurídicas para decidir a respeito: "funcionam, por assim dizer, como tribunais extrajudiciais"[104]. Para Antonio do Passo Cabral, há uma "delegação de competência" com a "transferência de prerrogativas jurisdicionais para outros órgãos estatais", com a finalidade de "imprimir maior eficiência na gestão de processos de alta complexidade"[105]. Como visto, os órgãos reguladores possuem função judicante que os capacita para essa atribuição, sendo interessante, também por isso, o aprimoramento do exercício dessa função pelos reguladores, objeto central do próximo capítulo.

Uma das características principais dessas entidades é dispor de um diálogo otimizado com o Judiciário, com os indivíduos envolvidos e com a comunidade potencialmente atingida, o que pode se dar, entre outras formas, por meio de comitês, apresentação de relatórios periódicos e audiências públicas para apresentação e debates sobre a evolução das medidas adotadas[106]. Com efeito, a complexidade do controle de atos regulatórios, antes referida, pode ser atenuada por meio de um diálogo interinstitucional entre os órgãos

---

102. Ibidem, p. 448. Como pontua Sérgio Cruz Arenhart, a decisão estrutural pode "ditar à Administração Pública o objetivo a ser alcançado, reservando-lhe a escolha dos meios e preservando sua discricionariedade, ou se pode estabelecer desde logo um cronograma de atividades a serem adotadas". (ARENHART, Sérgio Cruz. Decisões estruturais no direito processual civil brasileiro. *Revista de Processo,* São Paulo, v. 38, n. 225, p. 389-410, nov. 2013. p. 396).

103. A opção por criar uma nova entidade específica ou aproveitar uma instituição já existente deve levar em conta aspectos qualitativos e quantitativos de seu *staff*, sua infraestrutura, especialização, qualificação e experiência anteriores, por exemplo (CABRAL, Antonio do Passo; ZANETI JÚNIOR, Hermes. Entidades de infraestrutura específica para a resolução de conflitos coletivos: as *claims resolution facilities* e sua aplicabilidade no Brasil. *Revista de Processo,* São Paulo, v. 44, n. 287, p. 445-483, jan. 2019. p. 451). Nos casos envolvendo os setores regulados, tem-se que, *a priori*, os reguladores seriam os mais indicados para assunção desse múnus, uma vez que já contemplam todos os aspectos indicados, dispensando os custos inerentes à implementação de nova estrutura.

104. Ibidem, p. 447.

105. CABRAL, Antonio do Passo. *Juiz natural e eficiência processual:* flexibilização, delegação e coordenação de competências no processo civil. São Paulo: Thomson Reuters Brasil, 2021. p. 428.

106. CABRAL, Antonio do Passo; ZANETI JÚNIOR, Hermes. Entidades de infraestrutura específica para a resolução de conflitos coletivos: as *claims resolution facilities* e sua aplicabilidade no Brasil. *Revista de Processo,* São Paulo, v. 44, n. 287, p. 445-483, jan. 2019. p. 453.

reguladores e o Judiciário, a partir da interação, da colaboração e da troca de informações entre os envolvidos. Vale dizer, "o atual estágio de desenvolvimento social exige novos arranjos institucionais, fora dos enquadramentos tradicionais de concepções binárias e relações burocráticas-hierarquizadas"[107].

3.1.3.2. *Cooperação judiciária entre Justiça Estadual e Federal e entre vara comum e especializada*

Um ponto merecedor de reflexão na especialização com essa concentração de competências é o inevitável conflito entre a Justiça Federal e Estadual: se as ações diretas de controle judicial de atos regulatórios são processadas na Justiça Federal, por ter o regulador (autarquia) como parte, as demandas que envolvem consumidor e agentes regulados, em regra, tramitam na Justiça Estadual[108]. Além disso, deve-se cuidar para não inviabilizar o acesso à justiça com a especialização, como já exposto nas críticas ao modelo. Uma vara especializada na comarca da capital, por exemplo, pode obstaculizar o acesso aos jurisdicionados do interior ou levá-los à "justiça comum", quebrando a lógica da especialização. O contexto impõe um olhar para a especialização a partir da cooperação judiciária.

Calcado em princípios como a duração razoável do processo (art. 5º, LXXVIII, CF; art. 4, CPC), a eficiência (art. 37, CF; art. 8º., CPC) e a cooperação processual (art. 6º., CPC), a cooperação judiciária nacional[109] conta com previsão expressa no código processual vigente, além de disciplina pelo CNJ, na Resolução n. 350/2020. Em ambos, há a possibilidade de cooperação entre "órgãos jurisdicionais de diferentes ramos do Poder Judiciário" (art. 69, § 3º., CPC; art. 5º., I, Resolução n. 350/2020). À luz da unidade da jurisdição nacional, se a divisão

---

107. GODINHO, Heloísa Helena Antonacio M. O controle externo das agências reguladoras (artigos 14 a 16 da Lei n. 13.848/2019). *In:* SCHIER, Adriana; FORTINI, Cristiana; MELO, Lígia; VALLE, Vanice (Coords.). *Marco legal das agências reguladoras na visão delas:* comentários à Lei n. 13.848/2019 e à IN n. 97/2020. Belo Horizonte: Fórum, 2021. p. 127.

108. Em outro contexto, em texto crítico sobre a especialização judiciária, Richard Posner identificou problema semelhante. O autor destacou a possibilidade de os tribunais federais precisarem enfrentar questões subjacentes, que envolvam a competência do tribunal estadual. Para mitigar a incapacidade do Tribunal de enfrentar tais questões de forma inteligente, deve-se incluir em sua carga de trabalho um contato mais próximo ao direito estadual, não apenas esporádico. (POSNER, Richard. Will the Federal Courts of Appeals survive until 1984? An essay on delegation and specialization of the judicial function. *Southern California Law Review,* California, v. 56, p. 761-791, 1983.p. 788).

109. De acordo com Fredie Didier Júnior, em monografia específica sobre o tema: "A cooperação judiciária nacional é o complexo de instrumentos e atos jurídicos pelos quais os órgãos judiciários brasileiros podem interagir entre si, com tribunais arbitrais ou órgãos administrativos, com o propósito de colaboração para o processamento e/ou julgamento de casos e, de modo mais genérico, para a própria administração da Justiça, por meio de compartilhamento ou delegação de competências, prática de atos processuais, centralização de processos, produção de prova comum, gestão de processos e de outras técnicas destinadas ao aprimoramento da prestação jurisdicional no Brasil". (DIDIER JÚNIOR, Fredie. *Cooperação judiciária nacional:* esboço de uma teoria para o direito brasileiro. 2. ed. Salvador: Juspodivm, 2021. p. 51-52).

de competências visa a facilitar o exercício jurisdicional pela especialização, não pode servir para isolar o órgão jurisdicional, diante de uma fragmentação da atividade judicante[110]. Quer dizer, "se o sistema de competências divide o poder jurisdicional entre diversos centros decisórios, ao invés de isolá-los, devemos permitir-lhes atuar conjuntamente para uma melhor condução e mais adequada solução do processo"[111].

A propósito, a cooperação entre órgãos de ramos distintos não é inédita no Brasil[112], inclusive entre Justiça Estadual e Federal. Em 14 de outubro de 2021, o Tribunal de Justiça de Pernambuco (TJPE), o Tribunal Regional da 5ª. Região (TRF5) e a Justiça Federal de Primeiro Grau em Pernambuco, firmaram Termo de Cooperação Judiciária para dar tratamento adequado aos processos judiciais referentes a vícios construtivos em imóveis financiados pelo Sistema Financeiro de Habitação (SFH), a partir de Nota Técnica[113] previamente elaborada pela Justiça Federal e Estadual de Pernambuco. No caso, houve a definição pelo STF, em julgamento do Tema de Repercussão Geral n. 1.011, sobre a competência para tais processos, variando entre a Justiça Federal e a Estadual de acordo com os critérios definidos pela Corte. Haveria, portanto, um risco de extinção dos processos e ausência de um tratamento uniforme aos milhares de processos ajuizados sobre o tema. No entanto, em muitas demandas havia litisconsórcio ativo, o que implicaria, em princípio, o desmembramento para o julgamento pelos respectivos juízos competentes. Com o termo de cooperação, aliado a uma postura de fomento à autocomposição, busca-se uma atuação conjunta dos magistrados estaduais e federais[114].

---

110. ARAGÃO, Nilsiton Rodrigues de Andrade. Fundamentos da cooperação judiciária nacional. *In:* DIDIER JÚNIOR, Fredie; CABRAL, Antonio do Passo (Coords.). *Cooperação judiciária nacional.* Salvador: Juspodivm, 2021. p. 64.

111. CABRAL, Antonio do Passo. *Juiz natural e eficiência processual:* flexibilização, delegação e coordenação de competências no processo civil. São Paulo: Thomson Reuters Brasil, 2021. p. 368.

112. Um exemplo recente foi o Ato de Cooperação Jurisdicional firmado entre o Tribunal Regional do Trabalho da 1ª. Região (TR/RJ) e o Tribunal de Justiça do Rio de Janeiro (TJ/RJ), em 17 de janeiro de 2023, com o objetivo de otimizar a realização dos pagamentos efetuados aos credores trabalhistas nas recuperações judiciais. (TRT/RJ e TJ/RJ assinam acordo de cooperação na área de recuperação judicial. Justiça do Trabalho, TRT da 1ª. Região (RJ), Rio de Janeiro, 19 jan. 2023. Disponível em: https://www.trt1.jus.br/ultimas-noticias/-/asset_publisher/IpQvDk7pXBme/content/trt-rj-e-tj-rj-assinam-acordo-de-cooperacao-jurisdicional-na-area-da-recuperacao-judicial/21078. Acesso em: 18 jul. 2023).

113. PERNAMBUCO. Nota técnica conjunta n. 1/2021 da Rede de Inteligência da Justiça Federal da 5ª. Região, do Centro Local de Inteligência da Justiça Federal da 5ª. Região, do Centro Local de Inteligência da Justiça Federal em Pernambuco e do Núcleo de Cooperação Judiciária do Tribunal de Justiça de Pernambuco. Recife, 14 de setembro de 2021.

114. Ibidem, p. 3.

Foi determinada a criação de "Núcleos de Justiça 4.0"[115], cuja tramitação é integralmente digital, em ambos os Tribunais para lidar com esses casos. Entre as providências cabíveis aos Núcleos, destaca-se "a homologação, pelas Justiças Estadual e Federal, dos acordos celebrados e, se houver apólices privadas e públicas num mesmo processo, a *homologação conjunta*" e "o *julgamento conjunto* pela Justiças Estadual e Federal das demandas em que não forem celebrados acordos, se houver apólices privadas e públicas no mesmo processo"[116]. Nas classificações dos processos remetidos aos Núcleos, há uma categoria própria indicada como "competência mista"[117]. Esses processos ficam formalmente com o Núcleo da Justiça Estadual, onde os juízes federais atuam em conjunto com os estaduais[118]. A Nota Técnica ainda recomenda que as reuniões entre os Núcleos "sejam realizadas com a participação dos laboratórios de inovação de ambos os Tribunais e com a utilização de metodologias de *design thinking*"[119], ou seja, em uma abordagem colaborativa, visando à solução dos problemas[120].

Entende-se a mesma lógica aplicável ao juízo especializado em matéria regulatória. Em se tratando de processos cuja competência esteja bem delimitada, caberá ao juízo respectivo o julgamento ordinariamente, sem prejuízo do diálogo entre os diferentes ramos judiciais, a fim de aprimorar a tutela judicial e manter uma coerência de entendimento sobre a matéria[121]. Nesse aspecto, seria interessante a criação de um núcleo de cooperação envolvendo servidores de ambos os ramos, para possibilitar melhor tráfego de informações e acessibilidade. No caso de "competência mista", podem-se centralizar as demandas no juízo estadual, pois não é estranho ao sistema de competências constitucional o processamento de causas de competência Federal pela Justiça Estadual, mesmo excepcionalmente (art. 109, § 3º., CF) – embora a hipótese aqui posta não se trate de modificação de competência,

---

115. Os "Núcleos de Justiça 4.0" são especializados e tramitam integralmente em meio digital, tendo seu funcionamento remoto. Os processos tramitam por meio do "Juízo 100% Digital", em que videoconferências e outros atos são realizados com o auxílio da tecnologia e dispensam a presença física das partes e representantes, pois toda a movimentação dos processos ocorre *online*. Os "Núcleos de Justiça 4.0" são disciplinados pela Resolução CNJ n. 385/2021, e o "Juízo 100% Digital", pela Resolução CNJ n. 345/2020.
116. PERNAMBUCO, 2021, p. 8, grifo nosso.
117. Ibidem, p. 11.
118. Ibidem, p. 12.
119. Ibidem, p. 13.
120. BONINI, Luiz Alberto; SBRAGIA, Roberto. O modelo de *design thinking* como indutor da inovação nas empresas: um estudo empírico. *Gestão e Projetos: GeP*, v.2, n. 1, p. 3-25, 2011.
121. De acordo com a Resolução CNJ n. 350/2020, os atos de cooperação podem consistir, dentre outros, na prestação e troca de informações relevantes para a solução dos processos (art. 6º, II) e na formulação de consulta dirigida a outro magistrado ou órgão do Poder Judiciário (incluindo comitês, comissões e grupos de trabalho instituídos em seu âmbito), solicitando manifestação ou opinião em resposta (art. 6º, XXI).

mas, ressalta-se, de seu exercício conjunto e simultâneo[122], uma "verdadeira *comitologia judicial*"[123]. Essa medida também privilegia o acesso pelo jurisdicionado, uma vez que há uma maior quantidade de varas estaduais que federais no Brasil[124].

Para fins recursais, o ideal é que a cooperação tida em primeiro grau se espelhe também em segundo grau, possibilitando uma análise conjunta da matéria de "competência mista". A opção do caso de Pernambuco foi diferente, pelo desmembramento em sentença, tomando em consideração as partes do processo: autores com apólices privadas permaneceriam na Justiça Estadual, e os vinculados a apólices públicas seriam encaminhados à Justiça Federal[125]. Nos casos regulatórios, essa divisão pode não ser tão simples, tanto pela multipolaridade das relações quanto pela complexidade da matéria, abrangendo simultaneamente uma gama de interesses sobrepostos e concorrentes. Em alguns casos, tal divisão poderia distinguir em sentença a abrangência de cada juízo, definindo os capítulos atinentes a cada ramo judiciário, a partir de seus critérios próprios (*v.g.* uma questão que esteja diretamente ligada à atuação do regulador ou que questione a norma regulatória caberia à Justiça Federal, ao passo que o descumprimento puro e simples dessa norma pelo agente regulado em prejuízo ao consumidor caberia à Justiça Estadual). Não obstante, tem-se como muito tênue a linha divisora entre uma e outra situação, sendo de difícil compreensão do próprio Judiciário as características da relação regulatória (tema que permeia todo

---

122. A Resolução CNJ n. 350/2020 prevê a possibilidade, por ato de cooperação, de definição do juízo competente para a decisão sobre questão comum ou questões semelhantes ou de algum modo relacionadas, respeitadas as regras constantes nos arts. 62 e 63 do CPC. Isso levanta a discussão, na doutrina, sobre a possibilidade de alteração de competência absoluta no âmbito da cooperação. Defendendo a possibilidade de modificação da competência absoluta por ato concertado, fundado, resumidamente, na ausência de vedação à tal prática pelo CPC e na limitação do autorregramento da vontade para o tema às partes, não ao próprio órgão judicial, que poderia dela dispor: AVELINO, Murilo Teixeira. Disposição de competência decisória por ato concertado entre juízes cooperantes. *In:* DIDIER JÚNIOR, Fredie; CABRAL, Antonio do Passo (Coords.). *Cooperação judiciária nacional.* Salvador: Juspodivm, 2021, p. 370. Em sentido contrário, pela impossibilidade de alteração da competência absoluta por ato concertado, embora entendam possível a definição de questões incidentais (de fato e de direito) por juiz "absolutamente incompetente": DIDIER JÚNIOR, Fredie. *Cooperação judiciária nacional:* esboço de uma teoria para o direito brasileiro. 2.ed. Salvador: Juspodivm, 2021. p. 85; ARAGÃO, Nilsiton Rodrigues de Andrade. Fundamentos da cooperação judiciária nacional. *In:* DIDIER JÚNIOR, Fredie; CABRAL, Antonio do Passo (Coords.). *Cooperação judiciária nacional.* Salvador: Juspodivm, 2021. p. 79. A proposta aqui, no entanto, não se trate de modificação de competência, mas de aproveitar ao máximo a potencialidade de cada juízo, trabalhando de forma conjunta, concertada, utilizando os saberes de ambos em prol de um objetivo comum para consecução da tutela mais adequada e coerente possível.

123. CABRAL, Antonio do Passo. *Juiz natural e eficiência processual:* flexibilização, delegação e coordenação de competências no processo civil. São Paulo: Thomson Reuters Brasil, 2021. p. 435.

124. De acordo com o Relatório Justiça em Números 2023, em 2022 havia 8.628 varas na Justiça Estadual e 824 varas na Justiça Federal. (CONSELHO NACIONAL DE JUSTIÇA. *Justiça em números 2023:* ano-base 2022. Brasília: CNJ, 2023. p. 26).

125. PERNAMBUCO, 2021, p. 15.

esse capítulo), entendendo-se salutar a manutenção da cooperação também em grau recursal.

Por fim, considerando-se o acesso do cidadão ao juízo especializado, é importante que essa cooperação se dê entre "varas comuns" e a vara especializada, pois é inviável que se tenha vara especializada (seja da matéria que for) em todas as comarcas, sobretudo nas mais distantes das capitais, que, muitas vezes, abarcam alguns pequenos municípios da mesma região. Nesses casos, talvez o custo (financeiro e temporal) para dirigir-se até a vara especializada não compense o ajuizamento da demanda, e a tramitação em vara comum perderia as vantagens que justificam a especialização[126]. O diálogo entre a "vara comum" e a vara especializada, a partir dos instrumentos de cooperação[127], possibilita um ganho na qualidade da tutela judicial, em prol do sistema de justiça e do jurisdicionado, podendo ser aplicado não apenas em matéria regulatória, mas em todas as áreas especializadas[128].

Essas são apenas algumas primeiras reflexões sobre o tema, ainda novo na doutrina e na prática forense, mas de inegável potencial a longo prazo. Como bem aponta Antonio do Passo Cabral, seria ingênuo acreditar que apenas o arcabouço normativo é suficiente para fomentar a cooperação judiciária em âmbito judicial, que depende de mudanças culturais na burocracia. Deve-se instigar o magistrado, sempre acostumado a atuar solitariamente, a aprender e praticar a cooperação, a trabalhar de forma conjunta, concertada. O autor conclui: "feliz ou infelizmente, as leis não podem tanto"[129]. O sucesso do tema, portanto, depende de uma "variável interveniente, não menos significativa: a cultural"[130], ou seja, "num certo sentido, está nas mãos do próprio Poder

126. Nesse sentido: "De fato, a proximidade do juízo em relação às pessoas facilita o comparecimento pessoal ao fórum, às audiências de conciliação, mediação ou instrução e julgamento, às audiências públicas. Se não se preferisse o foro mais próximo das pessoas, poder-se-ia estar inviabilizando que um ou alguns dos envolvidos exercessem seus direitos processuais. Sem dúvidas, ter que percorrer grandes distâncias, além de exigir tempo, custa dinheiro, e alguns litigantes, especialmente os menos favorecidos, podem não dispor de recursos financeiros suficientes". (CABRAL, Antonio do Passo. *Juiz natural e eficiência processual:* flexibilização, delegação e coordenação de competências no processo civil. São Paulo: Thomson Reuters Brasil, 2021. p. 497)

127. Destaca-se, sem prejuízo de outras medidas, a consulta à vara especializada, com a possibilidade de sua participação como consultor no processo (art. 5º., XXI, Resolução CNJ n. 350/2020).

128. Um exemplo é a tramitação de recuperações judiciais, processos notadamente complexos, em varas cíveis de comarcas do interior. Não se questiona a competência do juízo para lidar com esses processos, mas, certamente, o auxílio de um magistrado ou de equipe de servidores especializados no procedimento, que vivenciem essa experiência cotidianamente, traria um ganho de eficiência tanto ao processo quanto à própria vara, em que tantas outras demandas merecem atenção.

129. CABRAL, Antonio do Passo. *Juiz natural e eficiência processual:* flexibilização, delegação e coordenação de competências no processo civil. São Paulo: Thomson Reuters Brasil, 2021.p. 457.

130. VASCONCELOS, Antônio Gomes de. As múltiplas dimensões da cooperação judiciária na administração da justiça brasileira. *In:* DIDIER JÚNIOR, Fredie; CABRAL, Antonio do Passo (Coords.). *Cooperação judiciária nacional.* Salvador: Juspodivm, 2021. p. 180. Segundo o autor: "o maior ou menor êxito da cooperação judiciária como estratégia de administração da justiça lato senso, dependerá também das premissas com as quais os órgãos judiciais, compreendem o seu sentido teórico e pragmático,

Judiciário uma transformação endógena na administração da justiça, sem mais medidas legislativas e sem mais gasto público"[131].

3.2. AÇÕES INDIVIDUAIS ENTRE CONSUMIDORES E AGENTES REGULADOS

Embora a produção doutrinária sobre a atividade judicial nos setores regulados dirija-se majoritariamente ao controle judicial dos atos regulatórios, sobretudo na ótica administrativista, a maior quantidade de demandas judiciais envolvendo os setores regulados são de litígios individuais entre consumidores e agentes regulados. Justifica-se, assim, tanto o recorte da presente pesquisa, quanto a abordagem deste subcapítulo. O exame da tutela individual desses conflitos, sob o prisma auto e heterocompositivo, permite verificar o comportamento dos grandes litigantes no processo judicial e os reflexos dessa litigiosidade no contexto regulatório.

3.2.1. Autocomposição nas demandas entre consumidores e agentes regulados

A Resolução n. 125/2010 do CNJ, além de instituir uma política pública de tratamento adequado dos conflitos, conferiu ao próprio Conselho a incumbência de organizar programas "com objetivo de promover ações de incentivo à autocomposição de litígios e à pacificação social por meio da conciliação e da mediação" (art. 4º.). Não por outro motivo, muitas das iniciativas que buscam fomentar a resolução consensual de conflitos são protagonizadas pelo CNJ, que também edita diversas normas nesse mesmo sentido.

Uma dessas iniciativas é o "Prêmio Conciliar é Legal", instituído também em 2010, que "busca identificar, premiar, disseminar a realização de ações de modernização no âmbito do Poder Judiciário que estejam contribuindo para a aproximação das partes, a efetiva pacificação e, consequentemente, o aprimoramento da Justiça"[132]. Entre outros fatores, são premiadas as boas práticas que visam à solução consensual dos conflitos entre as partes (art. 13) e que são catalogadas no "Banco de Boas Práticas"[133].

---

o que será determinante para a maior ou menor 'boa vontade' da magistratura em acolher decididamente o instituto e extrair dele toda a sua potencialidade".

131. Ibidem, p. 180.

132. CNJ. Prêmio Conciliar é Legal. Disponível em: https://www.cnj.jus.br/programas-e-acoes/conciliacao-e-mediacao/premio-conciliar-e-legal/. Acesso em: 13 jan. 2022.

133. O Banco Itaú, por exemplo, ganhou destaque em duas oportunidades. Em 2015, seu segmento de cartão de crédito (área mais acionada pelo Judiciário) foi um dos vencedores do V Prêmio Conciliar é Legal, com a implementação de um novo modelo de gestão do contencioso. No período entre 2012 e 2014, houve redução no número de ações ajuizadas mensalmente contra a instituição, na carteira

Todavia, a despeito de algumas experiências positivas na prevenção e na resolução extrajudicial dos conflitos, de modo geral, grande parte dos litígios entre consumidores e agentes regulados ainda chega ao Judiciário, momento em que entra em cena um dos programas mais tradicionais para fomento da consensualidade: a Semana Nacional da Conciliação. Realizada anualmente, desde 2006, envolve os Tribunais de Justiça, os Tribunais do Trabalho e os Tribunais Federais. Para o programa, os Tribunais selecionam os processos que tenham possibilidade de acordo e intimam as partes envolvidas no conflito. Caso alguma das partes tenha interesse em incluir seu processo nessa inciativa, deve procurar, com antecedência, o tribunal em que o caso tramita[134].

Os resultados apresentados, sempre de forma quantitativa, são otimistas. De modo geral, quase metade das audiências realizadas na Semana Nacional de Conciliação terminam com o acordo efetuado. Em 2019, por exemplo, das 424.208 audiências marcadas, 75,69% foram realizadas e, entre estas, houve o consenso em 46,12%. Desde sua implementação, em 2008, a campanha mais bem sucedida foi a de 2015, na qual 82,15% das audiências marcadas foram realizadas, tendo sido firmado acordo em 60,45% delas[135]. Vale destacar que recebem menção honrosa no "Prêmio Conciliar é Legal" os Tribunais que realizam o maior número de acordos na "Semana Nacional de Conciliação" em relação ao total de sentenças e decisões terminativas de processo passíveis de acordo nos doze meses anteriores à premiação[136].

Percebe-se, nessas iniciativas, o privilégio ao aspecto quantitativo de avaliação do sucesso das conciliações, voltando à percepção de que o desa-

---

de cartões de crédito, de 7,3 mil para 5 mil, o que equivale a uma baixa de 28%. A taxa de êxito nas ações judiciais subiu 54%, e houve uma redução dos estoques de processo, de 106 mil para 63 mil, o que representa queda de 40%. (CNJ. Banco de Boas Práticas em Mediação Judicial e Conciliação. Prêmio Conciliar é Legal 2015 - vencedores + menções honrosas. Disponível em: https://www.cnj.jus.br/wp-content/uploads/2021/06/Pre%CC%82mio-Conciliar-e%CC%81-Legal-2015-%E2%80%93-vencedores-menc%CC%A7o%CC%83es-honrosas.pdf. Acesso em: 13 jan. 2022). Em 2016, a instituição voltou à premiação, dessa vez em razão de seu "Curso de Mediação Judicial". Entre os resultados, houve consolidação da política da instituição voltada à solução adequada dos conflitos, ou seja, à não judicialização automática em caso de conflito, e, quando judicializadas, houve maior agilização e coerência no manejo eficiente de ações judiciais em andamento, no âmbito nacional. (CNJ. Banco de Boas Práticas em Mediação Judicial e Conciliação. Prêmio Conciliar é Legal 2016 - vencedores + menções honrosas. Disponível em: https://www.cnj.jus.br/wp-content/uploads/2021/06/Pre%CC%82mio-Conciliar-e%CC%81-Legal-2016-%E2%80%93-vencedores-menc%CC%A7o%CC%83es-honrosas.pdf. Acesso em: 13 jan. 2022).

134. CNJ. Semana Nacional da Conciliação. Disponível em: https://www.cnj.jus.br/programas-e-acoes/conciliacao-e-mediacao/semana-nacional-de-conciliacao/. Acesso em: 13 jan. 2022.

135. CNJ. Semana Nacional da Conciliação/Resultados. Disponível em: https://www.cnj.jus.br/programas-e-acoes/conciliacao-e-mediacao/semana-nacional-de-conciliacao/resultados-semana-conciliacao/. Acesso em: 13 jan. 2022.

136. Além disso, a partir de 2020, na décima-primeira edição do Prêmio, foi incluída a premiação por "produtividade", independentemente de inscrição, para os Tribunais que demonstrassem "consolidação da Política Judiciária Nacional de tratamento adequado de interesses em cada ramo de justiça".

fogo do Judiciário é o objetivo a ser perseguido, em detrimento da adequada solução dos casos, invertendo-se as premissas dos meios consensuais de resolução de conflitos. Uma análise qualitativa desses programas poderia contribuir sobremaneira não apenas com a iniciativa em si, mas com o sistema de justiça de modo geral, identificando aspectos como os motivos que levam as partes a comparecerem ou não à audiência designada, o nível de satisfação das partes em relação aos termos do acordo e, indo além, o grau de adimplemento dos acordos firmados[137]. A ciência desses fatores pode auxiliar o aprimoramento ou a implementação de outros programas e medidas de estímulo ao não ajuizamento ou resolução consensual de tais conflitos. Novamente, parte-se da ideia de que, para definir se determinado método é ou não adequado, deve-se ter em mente as características do litígio a ele submetido.

Porém, embora a solução consensual seja desejável e salutar ao sistema de justiça, notadamente à satisfação das partes, tida, inclusive, como uma norma fundamental do processo civil contemporâneo, deve-se atentar ao modo como tais negociações se dão, a fim de se preservar o escopo primeiro da autocomposição. Nesse ponto, os "mutirões de conciliação" são alvo de críticas.

Para realização dessas audiências, geralmente os conciliadores separam-se em várias mesas, dispostas em fileiras, realizando centenas de audiências durante o dia. A realização da prática, "aos montes e desordenadamente", não parece se desenvolver em favor das partes ou na busca de melhor resolver o conflito, que constitui o objetivo central da autocomposição. Com o grande número de audiências marcadas em curto espaço de tempo, os demandantes não dialogam suficientemente, o que também não é incentivado pelo conciliador, que está preocupado com a próxima audiência e com o cumprimento da meta diária. A celeridade, assim, favorece não as partes – nem sequer do autor –, mas o cumprimento de metas estabelecidas pelos Tribunais[138]. O contraditório participativo, a oralidade e a razoabilidade devem estar

137. Em estudo empírico sobre a institucionalização de mecanismos de autocomposição pelo Judiciário, Maria Cecília de Araujo Asperti estudou nove programas brasileiros em cinco estados diferentes (Distrito Federal, Minas Gerais, Mato Grosso do Sul, Rio de Janeiro e São Paulo). Um dos aspectos examinados foi a forma de avaliação do programa, identificando-se que, apenas em Brasília, tanto o Cejusc da Justiça Estadual quanto o dos Juizados Especiais, além da coleta de dados estatística, realizam uma pesquisa de satisfação voltada às partes e seus advogados, a fim de avaliar a atuação do conciliador ou mediador e do preposto da empresa. Essa avaliação poderia, eventualmente, ser aprimorada e estendida aos demais programas de incentivo à autocomposição. (ASPERTI, Maria Cecília de Araujo. *A mediação e a conciliação de demandas repetitivas:* os meios consensuais de resolução de disputas e os grandes litigantes do Judiciário. Belo Horizonte: Fórum, 2020. p. 123-131).

138. SILVA, Irapuã Santana do Nascimento da. Existe possibilidade de acordo no novo CPC? *In:* CABRAL, Trícia Navarro Xavier; ZANETI JÚNIOR, Hermes (Coords). *Justiça multiportas:* mediação, conciliação, arbitragem e outros meios de solução adequada para conflitos. Salvador: Juspodivm, 2016. p. 449-450.

presentes sempre no processo autocompositivo, afinal, "um processo que é resolvido sem preocupação formal alguma, às pressas, é um processo ruim"[139].

Outro ponto de reflexão é a aplicação indiscriminada da autocomposição em todos os litígios, inclusive nos casos entre consumidores e grandes empresas (destacando-se os agentes regulados). O fomento à conciliação entre esses atores, com significativa disparidade informacional e econômica, pode influenciar sobremaneira os termos e a efetividade do acordo, mitigando a desejável autonomia privada das partes buscada na consensualidade. Michele Taruffo destaca, entre os aspectos negativos da autocomposição, sua potencial incapacidade de eliminar ou, pelo menos, de reduzir as desigualdades entre as partes, o que poderia acarretar soluções injustas, especialmente quando afastada a proteção jurídica muitas vezes concedida para equilibrar esses interesses (como a legislação consumerista, por exemplo)[140].

Owen Fiss, em estudo crítico à autocomposição, indica três principais formas pelas quais a assimetria entre as partes prejudica o acordo: a parte mais pobre tem menos condições de reunir e analisar informações sobre o litígio, o que a deixa em situação de desvantagem na negociação; ela também pode precisar imediatamente do valor que pleiteia, sendo induzida a celebrar rapidamente um acordo, mesmo que corresponda a quantia inferior à que conseguiria com o julgamento; ou, também, a parte pode não ter recursos suficientes para levar o processo até o fim[141]. Essa disparidade se acentua nas negociações diretas entre consumidor e empresa, como ocorre, por exemplo, na plataforma consumidor.gov.br[142].

Nesse aspecto, uma vantagem da concentração de audiências de conciliação nos mutirões está na negociação prévia entre o Judiciário e grandes litigantes para fixação de parâmetros mínimos para os acordos, incentivando a empresa a formular proposta mais vantajosa ao litigante ocasional do que costumam fazer em juízo[143]. O litigante habitual também se compromete a outorgar maior flexibilidade aos seus prepostos ou a manter um gestor com maior poder de decisão durante as sessões, aumentando a margem de negociação e a possibilidade de êxito da conciliação[144]. Essa postura visa a reduzir um dos maiores empecilhos à conciliação: o engessamento de propostas e a

---

139. Ibidem, p. 449-450.

140. TARUFFO, Michele. Um'alternativa alle aternative: modelli di risoluzione dei conflitti. *Revista de Processo,* São Paulo. v. 32, n. 152, p. 319-31, out. 2007. p. 322.

141. FISS, Owen. Against Settlement. *The Yale Law Journal,* v. 93, n. 6, p. 1073-1090, maio 1984. p. 1076.

142. Sobre o tema, cf. subcapítulo 2.2.3.5.

143. ASPERTI, Maria Cecília de Araujo. *A mediação e a conciliação de demandas repetitivas:* os meios consensuais de resolução de disputas e os grandes litigantes do Judiciário. Belo Horizonte: Fórum, 2020. p. 113.

144. Ibidem, p. 129.

rigidez na negociação por parte das empresas[145], ao mesmo tempo em que proporciona a negociação entre sujeitos com poder de barganha compatível (Judiciário e litigante habitual), mitigando, em alguma medida, o desequilíbrio inerente ao tipo de disputa submetido aos "mutirões", sobretudo entre consumidores e empresas[146]. Sob a ótica da empresa, a prática permite que esta tenha uma noção mais clara sobre seu passivo judicial e, eventualmente, mude sua postura ao verificar os aspectos de sua atividade que geram um número considerável de processos semelhantes[147].

Por outro lado, são as empresas que pautam esses mutirões, não apenas pelo seu protagonismo[148], mas por serem elas que, em geral, escolhem os casos que compõem as sessões de conciliação naquele período, representando significativa vantagem do litigante habitual. Isso porque, com esse controle, elas podem encaminhar à conciliação apenas casos nos quais não vislumbram chance de êxito ou, ainda, aqueles que, se forem julgados, podem compor uma jurisprudência desfavorável aos interesses da empresa. Assim, a possibilidade de ditar a pauta de conciliação acaba fazendo, por via transversa, com que os litigantes habituais tenham maior facilidade para pautar, também, os debates judiciais aptos a formarem precedentes, beneficiando-se da situação, por óbvio[149]. O acordo, portanto, priva as cortes da oportunidade ou mesmo da capacidade de fornecerem uma interpretação, especialmente em casos de grande repercussão[150].

---

145. Como apontado por um dos entrevistados na pesquisa empírica realizada por Maria Cecília de Araujo Asperti, "A maior dificuldade que não sai acordo é justamente, vamos lá, por falta de flexibilidade por parte das empresas. [proposta] Meio que engessada. Se as empresas olhassem isso como uma forma de fidelização, de agradar o cliente, sei lá, uma diferença de uma, duas ou três parcelas não ia fazer a menor diferença para a empresa". (Ibidem, p. 121).

146. Ibidem, p. 187.

147. Em outra entrevista da mesma pesquisa empírica referida: "[...] Ela [empresa] testa uma prática dela, prática está equivocada, no final do mutirão a proposta é: ou muda, ou daqui a três semanas você vai fazer outro mutirão de 300 e você vai gastar mais 600 mil. [...] Ele não está contratando uma consultoria, ele está recebendo de quem julga ele, uma consultoria de graça de como ele pode não vir a ser condenado de novo em 300 processos num dia. Então isso eles vão aprendendo. Não é um mau negócio fazer mutirão". (Ibidem, p. 128).

148. Especialmente nos mutirões realizados no âmbito dos Juizados Especiais, a maioria dos casos se referem à relação de consumo envolvendo, bancos, concessionárias de serviços, operadoras de telefonia, companhias aéreas, seguradoras etc. (Ibidem, p. 125).

149. Ibidem, p. 190.

150. FISS, Owen. Against Settlement. *The Yale Law Journal*, v. 93, n. 6, p. 1073-1090, maio 1984. p. 1085-1086. O autor afirma que "o acordo é um substituto pobre para o julgamento" e que "celebrar um acordo significa aceitar menos do que o ideal". Destaca, porém, que "ser contra o acordo" não significa obrigar as partes a litigarem, mas "sugerir que quando as partes celebram um acordo, a sociedade obtém menos do que parece, por um preço que não sabe que está pagando". Exemplificando, as partes podem firmar acordo em processo cujo objeto seja segregação racial nas escolas, contentando-se com as condições acordadas, mas isso não fará com que seja garantida a igualdade racial, tema de fundo da questão. Para o autor, portanto, "as partes podem compor-se amigavelmente sem que a justiça seja feita". Exemplo dessa prática nos litígios entre consumidores e agentes regulados é o acordo coletivo dos planos econômicos, cf. subcapítulo 3.3.2.

Sobre esse aspecto, interessante notícia refere-se à decisão da 7ª. Turma do Tribunal Regional do Trabalho da 1ª. Região, que negou a homologação de acordo entre a Uber e uma motorista, condenando a empresa a registrar a carteira da trabalhadora, com o reconhecimento de todos os direitos trabalhistas correlatos. A relatora do caso entendeu que a Uber estaria usando o acordo para manipular a jurisprudência trabalhista sobre o tema, oscilante entre o reconhecimento ou não de vínculo trabalhista dos motoristas registrados no aplicativo. A magistrada baseou-se, também, em acórdão do Tribunal da 3ª. Região, em que foi verificado que a Uber não oferta acordo na Turma que costuma ter posicionamentos favoráveis a ela, mas faz acordo nas demais, demonstrando a estratégia da empresa em procurar manter uma jurisprudência em seu favor[151].

A falta de uma interpretação judicial dessas situações conflituosas colabora para a ausência da devida responsabilização do grande litigante envolvido, uma vez que um julgamento público estimularia outras pessoas na mesma situação a ajuizar suas demandas[152], além de impedir o estabelecimento de parâmetros médios que servem de referência para apresentação de propostas de acordo[153]. Esse movimento acaba prejudicando o potencial redistributivo do Judiciário, ao direcionar os litigantes ocasionais para outras arenas em que os grandes litigantes têm maior controle, como é o caso dos mutirões[154]. O grande ponto de reflexão aqui, portanto, não é militar contra o acordo, mas buscar aprimorar as técnicas e os mecanismos de consensualidade, a fim de mitigar as disparidades indicadas e o protagonismo dos grandes litigantes nesse setor.

3.2.2. Adjudicação de demandas entre consumidores e agentes regulados

A despeito da maior deferência que o Judiciário apresenta ante as normas regulatórias[155], quando instado a decidir litígios individuais entre consumidores e agentes regulados, sua análise se dá com fundamento principal na relação contratual e no direito do consumidor, em detrimento das

151. PAIVA, Letícia. TRT1 não admite acordo e Uber terá de registrar e pagar direitos a motorista. *Jota*, 3 ago. 2021. Disponível em: https://www.jota.info/tributos-e-empresas/trabalho/uber-trt1-acordo--negado-registrar-carteira-03082021. Acesso em: 16 jan. 2023.
152. POSNER, Richard. *Economic analysis of law*. 8. ed. Nova York: Aspen, 2011. p. 765.
153. GALANTER, Marc. The hundred-year decline of trials and the thirty-year war. *Stanford Law Review*, California, v. 57, n. 5, p. 1255-1274, abr. 2005. p. 1273.
154. ASPERTI, Maria Cecília de Araujo; COSTA, Susana Henriques da. Julgamento em extinção? O estudo do "vanishing trial" de Marc Galanter e a transformação da atividade jurisdicional no Brasil. *Revista Direito Mackenzie*, v. 16, n. 1, p. 1-44, 2022. p. 39.
155. Cf. subcapítulo 3.1.1.

questões regulatórias. Em estudo empírico, focado no Tribunal de Justiça de São Paulo[156], Marcos Rolim da Silva identificou que a menção às normas regulatórias não se verificou predominante na decisão judicial e, mesmo quando foi ratificado o ato do agente regulado, a decisão levou em conta outros aspectos oriundos das circunstâncias próprias do caso concreto, aferidas por laudos periciais e outros documentos, como confissão de dívida do consumidor[157]. O autor conclui que o Tribunal se apresenta como um efetivo revisor desses atos, em uma postura pouco deferente às normas regulatórias[158], privilegiando, na ação individual, noções e conceitos próprios do direito contratual, interpretados à luz do direito consumerista, numa racionalidade essencialmente privatista[159].

Essa postura, em um primeiro momento, parece positiva, pois apresenta um viés mais protetivo ao cidadão, considerando a própria proteção do consumidor como fator legitimador da regulação[160]. Haveria um *déficit* de participação que ensejaria uma desconsideração dos interesses dos consumidores na elaboração das normas pelos reguladores, cuja vulnerabilidade ficaria acentuada no âmbito regulatório, uma vez que associações, órgãos de defesa do consumidor e, principalmente, os consumidores individuais não têm conhecimento técnico para compreender e participar ativamente do processo

156. A pesquisa restringiu-se a examinar os casos judicializados de cobranças realizadas por concessionários de energia elétrica com base nos Termos de Ocorrência e Inspeção (TOI) no Tribunal bandeirante. (SILVA, Marcos Rolim da. *Regulação econômica e processo civil:* tutela individual e coletiva na solução de conflitos envolvendo serviços públicos. São Paulo: Juspodivm, 2022. p. 245).

157. Esses aspectos foram usados como fundamento para os julgamentos que consideraram o TOI válido em 52% dos casos, e, em 27% dos casos, apareceram ao lado da presunção de veracidade do TOI. Nos casos que invalidaram o TOI, 58% mencionaram a norma da Aneel pertinente e, entre os que validaram o TOI, 51% mencionaram a norma, o que demonstra o rechaço à validade do TOI apesar da consideração do conteúdo das normas da Aneel, que regem os procedimentos para sua emissão. Em 68% daqueles em que não houve perícia, o ato da concessionária foi invalidado, independentemente da norma regulatória sobre o tema. (Ibidem, p. 247-252).

158. Ibidem, p. 253. Vale ressaltar que, conforme o autor, a pesquisa coordenada por Ricardo Morishita Wada, sobre conflitos de consumo de energia elétrica no Rio de Janeiro, apresentou resultados muito próximos aos vistos no seu estudo junto ao TJSP, o que reforça as premissas e conclusões expostas.

159. Ibidem, p. 328.

160. Como observa Bruno Miragem, um dos argumentos que serviram para legitimação do processo de desestatização e estrutura de regulação dos serviços públicos foi, justamente, a satisfação do consumidor, pois a flexibilidade inerente à iniciativa privada oferece mais condições para a prestação de um serviço adequado e universal. Bem por isso, os órgãos reguladores têm, entre suas finalidades originárias, a de garantir a efetivação desses interesses (MIRAGEM, Bruno. A regulação do serviço público de energia elétrica e o direito do consumidor. *In:* DI PIETRO, Maria Sylvia Zanella; SUNDFELD, Carlos Ari (Org.). *Doutrinas Essenciais de Direito Administrativo.* São Paulo: Revista dos Tribunais, 2012. v. VI. p. 1164).

regulatório, ao contrário dos agentes regulados[161]. Pressupõe-se uma natural assimetria de informações e desconfiança entre cidadão e o regulador[162].

Para mitigar tais dificuldades, Roberto Pfeiffer sugere que os reguladores adotem, entre outras medidas, disponibilização de informações claras e adequadas, transparência das decisões, consultas e audiências públicas para a normatização de matérias de impacto para os consumidores e institucionalização de espaços de participação dos representantes dos consumidores nos órgãos reguladores[163]. Dessa forma, "eventuais dificuldades que o consumidor tenha de avaliar meritoriamente as decisões das agências reguladoras devem ser compensadas pela transparência no processo respectivo"[164]. Como visto no capítulo anterior, a LGAR positivou algumas dessas propostas, especialmente com a AIR nos casos de interesse dos consumidores, além de estreitar a interação entre reguladores e órgãos de defesa do consumidor, superando tal crítica.

Com base nessa suposta fragilidade das normas regulatórias, Fernando Costa de Azevedo defende a primazia do direito consumerista nas relações entre prestadores de serviços públicos (agentes regulados) e consumidores a partir da aplicação de um princípio *favor debilis*, ou seja, aplicação da norma mais favorável aos interesses da parte mais fraca da relação, interpretação que decorreria da leitura constitucional de defesa do consumidor, estampada no inciso XXXII do art. 5º.[165] A aplicação desse princípio, porém, deve ser harmonizada com os interesses do fornecedor, no caso, dos agentes regula-

161. PFEIFFER, Roberto Augusto Castellanos. Código de Defesa do Consumidor e serviços públicos: balanço e perspectivas. *Revista de Direito do Consumidor,* São Paulo, a. 25, v. 104, p. 65-98, mar./abr. 2016. p. 69.

162. DANTAS, Bruno; FREIRE, Alexandre. Transparência decisória nas agências reguladoras e prestação de contas ao cidadão. *Jota,* 25 abr. 2023.

163. PFEIFFER, Roberto Augusto Castellanos. Código de Defesa do Consumidor e serviços públicos: balanço e perspectivas. *Revista de Direito do Consumidor,* São Paulo, a. 25, v. 104, p. 65-98, mar./abr. 2016. p. 71.

164. DANTAS, Bruno; FREIRE, Alexandre. Transparência decisória nas agências reguladoras e prestação de contas ao cidadão. *Jota,* 25 abr. 2023. Os autores afirmam: "Numa comparação com o cenário institucional de quase três décadas atrás, e sempre com a ressalva de que melhorias que incrementem a eficiência esperada da atuação das agências sempre serão bem-vindas, é inegável que predomina, no Brasil, um patamar muito superior de transparência ao que se viu no passado. [...] as suas agências reguladoras [do Brasil] – embora em diferentes intensidades – têm se mostrado *players* que se fazem ouvir pela qualidade de sua atuação".

165. AZEVEDO, Fernando Costa de. A proteção dos consumidores-usuários de serviços públicos no direito brasileiro: uma abordagem a partir do diálogo das fontes. *Revista de Direito do Consumidor,* São Paulo, a. 24, v. 102, p. 123-137, nov./dez. 2015. p. 126. Segundo o autor, o reconhecimento, pelo Judiciário, do poder normativo dos reguladores e a consequente deferência às normas regulatórias, o que chamou de "Direito das Resoluções" pode conflitar com as normas do Código de Defesa do Consumidor que, por ser uma lei "materialmente diferenciada", com matriz principiológica, deve ser aplicada em detrimento da norma regulatória, a despeito da especialidade, numa lógica de interpretação a partir do diálogo das fontes.

dos, como ocorre com a mitigação da continuidade dos serviços públicos essenciais, por exemplo[166].

No entanto, essa harmonização já é ínsita à própria atuação dos reguladores, refletindo-se em suas normas regulatórias. O fato de um dos fundamentos da regulação ser a manutenção do equilíbrio de determinado setor econômico não impede que a atividade regulatória introduza objetivos de ordem geral que não seriam alcançados pela livre-iniciativa dos agentes econômicos, viabilizando o atingimento dos objetivos estabelecidos em políticas públicas[167]. Por outro lado, embora deva manter um compromisso forte com os consumidores, a quem, em suma, dirige-se a regulação, essa postura não deve incorrer em um "populismo regulatório", que, com a vinculação exclusivamente a seus interesses, poderia levar, no extremo, "ao aniquilamento de parcela dos exploradores da atividade regulada, acarretando, a longo prazo, redução da competição"[168].

Em verdade, essa postura protetiva ao consumidor representa um risco considerável ao processo regulatório. Nessas demandas, comumente massificadas, a atuação do órgão regulador, pautada em normas técnicas e complexas, é substituída pela atuação do Judiciário, que percebe a relação entre consumidor e agente regulado como contratual e privada[169], privilegiando uma interpretação casuística e pragmática, a partir da proteção do direito

166. Ibidem, p. 127. De acordo com a jurisprudência do STJ, é legítimo o corte de serviços públicos essenciais quando inadimplente o usuário, desde que precedido de notificação (BRASIL. Superior Tribunal de Justiça (Segunda Turma). Agravo Regimental no Recurso Especial n. 412.822/RJ. Relator Min. Mauro Campbell Marques, 19 de novembro de 2013. Diário de Justiça Eletrônico, 25 nov. 2013; BRASIL. Superior Tribunal de Justiça (Primeira Turma). Agravo Regimental no Recurso Especial n. 1.090.405/RO. Relator Min. Arnaldo Esteves Lima, 17 de abril de 2012. Diário de Justiça Eletrônico, 04 maio 2012), bem como de razões de ordem técnica ou de segurança das instalações, desde que precedido de notificação (BRASIL. Superior Tribunal de Justiça (Segunda Turma). Recurso Especial n. 1.298.735/RS. Relator Min. Mauro Campbell Marques, 01 de março de 2012. Diário de Justiça Eletrônico, 09 mar. 2012).

167. MARQUES NETO, Floriano de Azevedo. *Agências reguladoras independentes:* fundamentos e seu regime jurídico. Belo Horizonte: Fórum, 2009. p. 36.

168. Ibidem, p. 70-71.

169. Como bem destaca Marcos Paulo Veríssimo: "Esse processo de judicialização da ação regulatória a partir da racionalidade do direito privado relaciona-se com todo um conjunto de transformações na dinâmica do processo civil brasileiro, que tornou possível a este funcionar, como já ocorre há algum tempo no direito americano, como uma espécie de *substituto semiprivado da ação regulatória estatal centralizada*. Essa substituição da regulação via intervenção estatal direta e organizada em agências pelo contencioso repetitivo de consumo, iniciado pelas partes interessadas, gera problemas operacionais tanto no campo da tutela individual como no campo da tutela coletiva. E esses problemas, creio eu, se desdobram também em problemas muitos concretos de aplicação dogmática do direito (seja ele processual, seja ele consumerista, seja ele administrativo)". (VERISSIMO, Marcos Paulo. Defesa do consumidor, processo coletivo e judicialização da regulação tarifária das telecomunicações no Brasil. *In:* SALLES, Carlos Alberto de (Coord.). *As grandes transformações do processo civil brasileiro:* homenagem ao professor Kazuo Watanabe. São Paulo: Quartier Latin, 2009. p. 847-848. Grifo no original).

consumerista[170]. Não há, em regra, qualquer intervenção, participação ou comunicação sobre esses litígios individuais ao órgão regulador[171], excluindo essas relações do âmbito regulatório. O fundamento para negativa dessa participação é, predominantemente, a relação privada entre consumidor e concessionária[172], sobretudo naquelas que têm por objeto a revisão de tarifas de serviços e a própria prestação do serviço, que compõem grande parte desse tipo de demandas.

No entanto, a atuação do agente regulado é parte relevante de uma política regulatória de inserção dos serviços no mercado, devendo preocupar-se, também, com sua universalização, qualidade e tarifas módicas[173]. Como bem pontua Floriano de Azevedo Marques Neto, no âmbito dos setores regulados, além do consumidor efetivo do serviço, que tem acesso à utilidade pública e aos direitos inerentes à sua condição, como qualidade do serviço e modicidade das tarifas, há uma categoria de indivíduos que, por razões econômicas, geográficas ou sociais, não têm acesso ao serviço, os chamados consumidores potenciais. É a essa parcela que se volta a política regulatória de universalização do serviço, sendo seu direito mais candente o de acesso a ele. A noção de "preço justo" pelo serviço se coloca com relevo entre essas categorias: postular uma tarifa módica pode impedir a expansão do acesso ao serviço, pois reduz a capacidade de investimento do prestador. Essa oposição de interesses entre os consumidores efetivos e os consumidores potenciais corre o risco de, desafortunadamente, ser arbitrada em favor dos primeiros, via de regra mais articulados e mobilizados[174], situação, de fato, concretizada com a postura do Judiciário.

Daí porque Alexandre Santos de Aragão, embora reconheça a aplicabilidade do direito consumerista nessas relações[175], defende que se deve

---

170. SAMPAIO, Patrícia; WADA, Ricardo Morishita. A regulação e o Judiciário: o caso do setor de eletricidade. *In:* PRASO, Mariana Mota (Org.). *O Judiciário e o Estado Regulador brasileiro.* São Paulo: FGV Direito SP, 2016. p. 142.

171. Um exemplo é o entendimento assentando com a Súmula 506 do STJ: A Anatel não é parte legítima nas demandas entre a concessionária e o usuário de telefonia decorrentes de relação contratual.

172. BRASIL. Superior Tribunal de Justiça (Primeira Turma). Agravo Interno no Recurso Especial n. 1.724.930/SP. Relator Min. Regina Helena Costa, 16 de agosto de 2018. Diário de Justiça Eletrônico, 22 ago. 2018; BRASIL. Superior Tribunal de Justiça (Segunda Turma). Agravo Interno no Recurso Especial n. 1.240.796/MS. Relator Min. Mauro Campbell Marques, 06 de novembro de 2018. Diário de Justiça Eletrônico, 13 nov. 2018.

173. FERRAZ JÚNIOR, Tercio Sampaio; MARANHÃO, Juliano Souza de Albuquerque; AZEVEDO, Paulo Furquim de. *As inter-relações entre o processo administrativo e o judicial, sob a perspectiva da segurança jurídica do plano da concorrência econômica e da eficácia da regulação pública.* São Paulo: USP, 2011. p. 301.

174. MARQUES NETO, Floriano de Azevedo. *Agências reguladoras independentes:* fundamentos e seu regime jurídico. Belo Horizonte: Fórum, 2009. p. 70.

175. Para o autor, o direito positivo brasileiro adotou acertadamente uma posição mista em relação à categorização jurídica do usuário dos serviços públicos, entre uma visão mais privatista, pela lógica do CDC (arts. 4º., II; 6º., X; 22), e outra publicista, derivada da própria natureza do serviço público (art.

interpretá-lo com reservas. O autor entende que o CDC não pode ser aplicado indiscriminadamente aos serviços públicos, porquanto não são atividades econômicas comuns, sujeitas à liberdade de empresa e desconectadas da preocupação de manutenção de um sistema prestacional coletivo. Justamente o fato de essas atividades visarem a assegurar os interesses dos cidadãos enquanto integrantes de uma mesma sociedade, e não como pessoas individualmente consideradas, é que se justifica sua submissão a um regime jurídico especial, apartado da livre-iniciativa[176].

Por isso, quando se analisa o valor da tarifa, por exemplo, apenas sob o ponto de vista do CDC, ignora-se o fato de que ela não representa simplesmente uma contraprestação aos serviços utilizados, mas também o financiamento para a expansão do serviço a quem ainda não tem tal acesso (consumidores potenciais). A abusividade da tarifa, portanto, deve ter em conta o complexo equilíbrio de despesas e receitas envolvidas no contrato de concessão e as normas regulatórias, pois é elemento fundamental de realização das políticas públicas setoriais[177]. Fica evidente que os litígios entre consumidores e agentes regulados têm por base a discussão acerca da própria política regulatória, mesmo de forma reflexa, esbarrando na competência dos órgãos reguladores, situação ignorada na judicialização pela via individual. A partir disso, pode-se ventilar ser a via coletiva a melhor escolha para judicialização dos conflitos nos setores regulados.

3.3. AÇÕES COLETIVAS ENTRE CONSUMIDORES E AGENTES REGULADOS

A tutela coletiva insere-se na "segunda onda" de acesso à justiça do Projeto Florença, com a necessidade da representação judicial dos direitos difusos, o que acarretaria uma revolução no âmbito do direito processual civil, forçando uma reflexão sobre suas noções tradicionais[178]. As relações complexas da sociedade moderna afastam-se do tradicional individualismo e criam a demanda de novas formas de tutela, implicando a necessidade de adequar o processo a seus novos escopos. Essa mudança de mentalidade reflete-se no redimensionamento de alguns institutos do processo clássico, como a legitimidade para agir, a extensão da coisa julgada e o objeto litigioso

---

7º. da Lei n. 8.987/95), equilibrando as duas lógicas que, por mais que visem à proteção do cidadão, têm enfoques diferentes. (ARAGÃO, Alexandre Santos de. Serviços públicos e direito do consumidor: possibilidades e limites da aplicação do CDC. *Revista de Doutrina TRF4,* 30 jun. 2010).

176. Ibidem.

177. Ibidem.

178. CAPPELLETTI, Mauro; GARTH, Bryant. Acess to justice: the worldwide movement to make rights effective. A general report. *In:* CAPPELLETTI, Mauro (Ed.). *Acess to justice.* Milan: Giuffrè; Alphen aan den Rijn: Sijthoff & Noordhoff, 1978. v. 1: A world survey, t. 1. p. 35.

do processo, por exemplo, mas espraia suas consequências para o processo como um todo[179].

No Brasil, a base normativa da tutela coletiva é formada pela Lei da Ação Pública (LACP) e pelo CDC, que, junto de outras leis sobre a matéria, formam o chamado microssistema processual coletivo[180]. Aliás, a contemporaneidade do tema fica evidenciada com a recente apresentação de três Projetos de Lei (PL) visando a disciplinar uma nova Lei de Ação Civil Pública, cujas propostas buscam harmonizar a evolução da doutrina, jurisprudência e legislação sobre a tutela coletiva[181]. Com o entendimento doutrinário de microssistema, o processo coletivo ganha normas e princípios próprios, para estabelecer um devido processo legal coletivo[182].

A partir da atuação das ações coletivas, o processo passa a ser visto como um instrumento cujas funções têm natureza política, participativa e de integração democrática[183]. Torna-se, também, mecanismo de controle político e prospectivo de políticas públicas, pois, na sociedade de massa, pluralista por natureza, comumente há conflitos entre interesses transindividuais antagônicos, porém legítimos, de grupos sociais diversos, cabendo ao Judiciário definir qual deles e em qual medida deve prevalecer, sendo tal tarefa de

---

179. LEONEL, Ricardo de Barros. *Manual do processo coletivo*. 4. ed. São Paulo: Malheiros, 2017. p. 32-34.

180. O art. 117 do CDC acrescenta à LACP o art. 21 que expressa serem aplicáveis à defesa dos direitos e interesses difusos, coletivos e individuais o disposto no diploma consumerista. A leitura conjunta das normas atinentes à tutela coletiva em leis esparsas criou um verdadeiro microssistema processual coletivo. Somam-se ao CDC e à LACP outras previsões legais, como a Lei da Ação Popular, o Estatuto da Criança e do Adolescente (Lei n. 8.069/1990), o Estatuto da Pessoa Idosa (Lei n. 10.741/2003), o Estatuto da Pessoa com Deficiência (Lei n. 13.146/2015), o Estatuto da Cidade (Lei n. 10.257/2001), o Estatuto do Torcedor (Lei n. 10.671/2003), entre outros.

181. O PL n. 4.441/2020, de autoria do deputado Paulo Teixeira (PT/SP), foi o primeiro a ser apresentado, seguido pelo PL n. 4.778/2020, conhecido como "Projeto CNJ", por ser oriundo de atividades do Grupo de Trabalho instituído pela entidade por meio da Portaria n. 152/2019. Esse é, sem dúvidas, o projeto mais criticado pelos juristas da área, sob o fundamento de que representa significativo retrocesso na disciplina da tutela coletiva (para um maior aprofundamento nas críticas, sugere-se: GIDI, Antonio. O Projeto CNJ de Lei de Ação Civil Pública. Avanços, inutilidades, imprecisões e retrocessos: a decadência das ações coletivas no Brasil. *Civil Procedure Review (special edition)*, 2021; LEONEL, Ricardo de Barros. Processo coletivo: preocupações legislativas. *Conjur*, 30 out. 2020). Mais recentemente, uma comissão de juristas constituída por membros do Instituto Brasileiro de Direito Processual (IBDP) foi formada com fito de aprimorar os Projetos referidos, de que se origina o PL n. 1.641/2021, batizado de "Projeto Ada Pellegrini Grinover", em homenagem à notável professora que muito se dedicou ao tema da tutela coletiva no Brasil.

182. Fredie Didier Júnior e Hermes Zaneti Júnior, em sua obra dedicada ao processo coletivo, destacam a necessidade de adaptação do devido processo legal ao processo coletivo, indicando alguns aspectos merecedores de destaque do chamado devido processo legal coletivo. Tais aspectos, conforme os autores, constituem verdadeiros princípios autônomos do direito processual coletivo, não obstante extraídos da referida cláusula geral, quais sejam: princípio da adequada representação, princípios da competência adequada, princípio da certificação adequada, princípio da informação e publicidade adequada, entre outros. (DIDIER JÚNIOR, Fredie; ZANETI JÚNIOR, Hermes. *Curso de direito processual civil:* processo coletivo. 16. ed. São Paulo: Juspodivm, 2022. p. 146).

183. LEONEL, Ricardo de Barros. *Manual do processo coletivo*. 4.ed. São Paulo: Malheiros, 2017. p. 38-40.

natureza eminentemente política[184]. Todas essas características fazem crer ser essa a via mais adequada para tutela dos complexos litígios dos setores regulados, especialmente daqueles entre consumidores e agentes regulados.

Essa é a conclusão de Kazuo Watanabe, ao examinar a concomitância de ações individuais e coletivas que tratavam das tarifas de assinaturas básicas de telefonia. O autor entende que as tarifas cobradas pelos agentes regulados estariam em conformidade com a política tarifária estabelecida pela agência reguladora responsável, no caso, a Anatel. Justamente por isso, questionar tal tarifa judicialmente, pela via individual, acabaria por comprometer o equilíbrio econômico-financeiro dos contratos de concessão. Portanto, a relação jurídica dos consumidores com os agentes regulados teria natureza unitária e incindível, sendo que qualquer modificação deveria ser uniforme para todos, o que implica maior adequação da tutela coletiva ao caso, devendo inadmitir as ações individuais[185].

A preferência pela tutela coletiva se justificaria tanto pela complexidade da relação judicializada quanto por seu impacto na sociedade como um todo, por meio da política regulatória. A vantagem da via coletiva para tutela dos litígios entre consumidores e agentes regulados seria sua maior adaptação a institutos processuais tradicionais, como a legitimidade, a coisa julgada e atividade probatória. No entanto, a prática forense mostra que essas adaptações acabam atraindo um maior foco aos debates estritamente processuais, sendo, inclusive, o esgarçamento desses conceitos clássicos utilizados em benefício do agente regulado, de modo a prejudicar uma adequada análise da questão de mérito que se discute[186].

Em seu já mencionado estudo, Marcos Rolim da Silva analisou 14 ações civis públicas, sendo que 7 delas foram julgadas parcialmente procedentes; 6, improcedentes; e 1, encerrada mediante homologação de acordo. Enquanto as ações julgadas procedentes focaram-se em uma análise meritória sobre a adequação do procedimento adotado pela concessionária, as julgadas improcedentes tiveram, entre seus principais fundamentos, a abrangência da eficácia da sentença coletiva, evidenciando o receio de possíveis efeitos sistêmicos de tal decisão. Em um dos casos analisados, por exemplo, a natureza de direito individual homogêneo era uma das premissas que basearam o

184. COSTA, Susana Henriques da; FERNANDES, Débora Chaves Martines. Processo coletivo e controle judicial de políticas públicas – relatório Brasil. *In:* GRINOVER, Ada Pellegrini; WATANABE, Kazuo; COSTA, Susana Henriques da (Coords.). *O processo para solução de conflitos de interesse público.* Salvador: Juspodivm, 2017. p. 366.

185. WATANABE, Kazuo. Relação entre demanda coletiva e demanda individual. *Revista de Processo,* São Paulo, v. 31, n. 139, p. 28-35, set. 2006. p. 34.

186. SILVA, Marcos Rolim da. *Regulação econômica e processo civil:* tutela individual e coletiva na solução de conflitos envolvendo serviços públicos. São Paulo: Juspodivm, 2022. p. 340-341.

ajuizamento da demanda coletiva que, curiosamente, foi julgada improcedente justamente pela possibilidade de identificação de cada consumidor atingido, característica própria dos direitos individuais homogêneos[187]. A legitimidade ativa *ad causam*, apesar do rol legal, foi objeto de intenso debate em nove ações analisadas, sendo, inclusive, um dos fundamentos utilizados para a improcedência de uma delas, ajuizada pela Defensoria Pública do Estado de São Paulo, que teria legitimidade apenas para postular em benefício dos "necessitados"[188].

Percebe-se que, nessas ações, há um protagonismo de questões processuais não vislumbrado nas ações individuais[189]. A atuação dos magistrados, sobretudo na atividade probatória, foi mais passiva, e a instrução contou, predominantemente, com provas documentais, sem a realização de perícia em qualquer dos processos[190]. A flexibilização de conceitos processuais, como legitimidade ativa e coisa julgada, atrai argumentos que questionam a própria viabilidade da tutela coletiva, e, ao contrário do que se percebe nas ações individuais, a postura do Judiciário quando examina a questão pela via coletiva tende a ser mais deferente[191]. Cumprindo o objetivo de seu estudo, Marcos Rolim da Silva conclui que a via de judicialização utilizada influencia efetivamente o olhar lançado pelo Judiciário sobre a relação entre agente regulado e consumidor[192].

Essa também é a percepção dos magistrados que lidam com demandas coletivas. Em 2018, o CNJ realizou pesquisa para examinar, empiricamente, o funcionamento e a eficiência das ações coletivas. Ao serem questionados se "ações individuais solicitando acesso a políticas/bens públicos têm mais sucesso do que ações coletivas", 62,4% dos magistrados entrevistados responderam que sim, sendo que apenas 8,5% entendem que as ações coletivas são mais bem-sucedidas, enquanto 23,4% não vislumbram diferenças significativas entre elas[193]. Um dos motivos para isso pode ser extraído da própria percepção dos julgadores, de que "os autores das ações coletivas não acompanham tais processos com o mesmo afinco com que atores de ações individuais acompanham suas lides"[194], além de considerarem as demandas coletivas mais complexas, o que requer um tratamento diferenciado e enseja

187. Ibidem, p. 258-259.
188. Ibidem, p. 256.
189. Ibidem, p. 255-256.
190. Ibidem, p. 258.
191. Ibidem, p. 300.
192. Ibidem, p. 339.
193. CONSELHO NACIONAL DE JUSTIÇA. *Ações coletivas no Brasil:* temas, atores e desafios da tutela coletiva. Brasília: CNJ, 2018. p. 105-106.
194. Ibidem, p. 104. No ponto, 59,8% dos entrevistados concordaram com tal afirmativa; 35,2% discordaram; e 4,9% não souberam opinar.

uma demora maior no tempo de julgamento[195]. Essa complexidade é vista, principalmente, na produção probatória e na quantidade de interessados a serem ouvidos, repercutindo em suas decisões, que exigem maior reflexão por parte do magistrado[196].

Outra percepção, no entanto, chama à atenção. Ao serem questionados sobre a estrutura do Judiciário, 95% dos entrevistados consideram o número de juízes inadequado ao processamento das ações coletivas, e 89,3% dos magistrados ouvidos não consideram plenamente adequada a formação da magistratura em temas relacionados aos direitos coletivos e aos instrumentos processuais para tutelar tais direitos[197]. O mesmo se passa em relação aos servidores judiciários, sendo que 68,1% dos entrevistados percebem como insuficiente a quantidade de profissionais, enquanto, para cerca de 97,8%, o conhecimento de seus funcionários não é totalmente adequado quando o assunto é tutela coletiva[198]. Evidenciam-se, assim, problemas de ordem quantitativa e qualitativa na tutela coletiva do Judiciário, o que pode justificar a postura deferente quando depara com questões de alta complexidade, como as que envolvem os setores regulados.

Idealmente, as ações coletivas ampliariam a capacidade do Judiciário para tutelar questões de interesse público e multifacetadas. Na realidade, são as características que lhe confeririam essa nova atuação que acabam servindo de obstáculo para o exame adequado desses temas. A arena que serviria para agrupar interesses dispersos na sociedade por meio de um "representante adequado" é usada em prol do litigante que já está devidamente representado perante o Judiciário – o que ocorre, por exemplo, quando as empresas reguladas utilizam os argumentos processuais para questionar as ações coletivas, afastando o debate do mérito da questão e, em alguma medida, usando o sistema judicial a seu favor. Assim, se, por um lado, a agregação desses interesses coletivos sub-representados serviria para ampliar o debate judiciário e alcançar as políticas públicas (e, no caso, regulatórias) subjacentes ao conflito em si, trazendo maior completude da tutela jurisdicional, por

---

195. Ibidem.

196. Ibidem, p. 107. Apesar de reconhecerem a complexidade da instrução e do desenvolvimento das ações coletivas, curiosamente, 56,3% dos magistrados entrevistados não entendem que as regras processuais das ações coletivas retardam o andamento do processo. Por outro lado, ao serem questionados sobre os problemas das ações coletivas, a maioria deles (27,5%) indicou a falta de celeridade, consequência da multiplicidade de réus, o que geraria excesso de incidentes e prazos (citação, defesa prévia, dilação probatória, etc.), e a complexidade do processo, em especial dos pedidos, da instrução e da frequente configuração de litisconsórcio passivo. Para eles, o formalismo e o aspecto burocrático são problemas que poderiam ser contornados com a unificação e o aprimoramento da tutela coletiva por meio de um Código de Processo Coletivo ou de um capítulo sobre a matéria no CPC. (Ibidem, p. 142).

197. Ibidem, 2018, p. 125-126.

198. Ibidem, 2018, p. 126.

outro, pode ampliar a vantagem dos grandes litigantes – que performam melhor no ambiente judicial – e atrair uma postura mais deferente (ou menos crítica) do Judiciário[199].

Contudo, essa deferência pode não ser de todo positiva, pois parece não derivar de uma decisão consciente de respeito à regulação como um todo, mas de uma dupla dificuldade enfrentada pelo julgador: um tema complexo (regulação setorial) sob uma forma não tão familiar (ação coletiva). Se o Judiciário não está suficientemente preparado para lidar com as ações coletivas, como demonstrou a entrevista supracitada, tampouco compreende a relação complexa existente nos setores regulados e seu efetivo papel com o advento do Estado regulador, mantendo a lógica já conhecida, que oscila entre o direito administrativo, nas relações entre regulado e regulador, e o direito privado, entre regulado e consumidor[200].

Na pesquisa realizada junto aos magistrados, quando questionados sobre suas sugestões para o aprimoramento da tutela coletiva diante da realidade judiciária atual, destacaram-se a sistematização única e a simplificação dos procedimentos, tendo alguns entrevistados, ainda, sugerido a adoção de capítulo sobre as ações coletivas no CPC ou a criação de um Código de Processo Coletivo[201] (o que pode ser alcançado com o sucesso dos PLs sobre a Nova Lei da Ação Civil Pública), além da criação de varas especializadas em ações coletivas, na linha do defendido no começo do presente capítulo. Em sede doutrinária, igualmente, a pertinência da criação de órgãos especializados para processamento, julgamento e execução de processos coletivos é defendida em razão de sua relevância social e do potencial de redução da litigiosidade individual que apresenta[202].

Em estudo profundo sobre as formas e limites do processo adjudicatório, Lon L. Fuller conclui pela inaptidão de tal processo para o tratamento de problemas policêntricos, que fogem à lógica binária do certo ou errado (ou procedente e improcedente, nos termos dispositivos). Um dos problemas identificados pelo autor quando essas questões são submetidas ao Poder Judiciário é o comportamento de adequá-lo ao procedimento adjudicatório

---

199. SILVA, Marcos Rolim da. *Regulação econômica e processo civil:* tutela individual e coletiva na solução de conflitos envolvendo serviços públicos. São Paulo: Juspodivm, 2022. p. 329-333.

200. FERRAZ JÚNIOR, Tercio Sampaio; MARANHÃO, Juliano Souza de Albuquerque; AZEVEDO, Paulo Furquim de. *As inter-relações entre o processo administrativo e o judicial, sob a perspectiva da segurança jurídica do plano da concorrência econômica e da eficácia da regulação pública.* São Paulo: USP, 2011. p. 297-298.

201. CONSELHO NACIONAL DE JUSTIÇA. *Ações coletivas no Brasil:* temas, atores e desafios da tutela coletiva. Brasília: CNJ, 2018. p. 105-106.

202. MENDES, Aluisio Gonçalves de Castro. O juiz competente e a especialização judicial no Código-Modelo de Processo Coletivos. *Revista de Processo,* São Paulo, v. 31, n. 133, p. 267-277, mar. 2006. p. 272.

em vez de flexibilizar o procedimento à natureza do conflito[203]. Essa postura é flagrante na tutela judicial dos litígios entre consumidores e agentes regulados. Na via individual, a relação privada e contratual existente entre as partes é a mais óbvia e familiar ao julgador, sobretudo porque, pela própria natureza singular da ação, os contornos da demanda são desenhados pelo autor especificamente com esse viés, a fim de valer-se da proteção do direito consumerista, sendo os argumentos regulatórios ou tentativa de intervenção do regulador, via de regra, suscitados pela concessionária. Esse quadro favorece a atitude do magistrado em manter-se na confortável seara do direito privado individual. Já na via coletiva, com a dificuldade de lidar com o procedimento e a matéria apresentados, sua saída para conformá-los a um caminho seguro e conhecido é manter-se "deferente" ao processo regulatório, seja ele qual for.

3.3.1. Participação dos órgãos reguladores nas ações coletivas

A dimensão coletiva do contraditório exige, além de um representante adequado da coletividade[204], o mais amplo debate possível sobre o direito ali tutelado. Uma forma de qualificar a tutela coletiva e mitigar, em alguma medida, os problemas enfrentados nessa via judicial, é a participação do órgão regulador nas ações coletivas. Mas, assim como a via judicial influencia o resultado da lide, a forma de intervenção e participação do órgão regulador também se reflete na condução do processo.

No estudo realizado por Marcos Rolim da Silva, das 14 ações civis públicas pesquisadas, houve tentativa de inclusão do regulador em 12 delas, entre as quais 10 como litisconsorte necessário passivo e duas como assistente

---

203. FULLER, Lon L. The forms and limits of adjudication. *Harvard Law Review*, v. 92, n. 02, p. 353-409, dec. 1978. p. 401. Oscar Chase argumenta sobre a tendência natural da sociedade de resolver os problemas utilizando-se de instrumentos já disponíveis, mesmo que se trate de uma questão nova, ou de uma nova esfera, ilustrando bem o comportamento do Judiciário no tratamento de ações coletivas sobre conflitos dos setores regulados. (CHASE, Oscar G. *Law, culture, and ritual:* disputing systems in cross-cultural contexto. New York: New York University Press, 2005. p. 175).

204. Há previsão de controle judicial da representação adequada dos legitimados para ajuizamento de ações coletivas previstas nos PLs da Nova Ação Civil Pública. O tema é relevante e vem ganhando merecida atenção da doutrina. Para um aprofundamento, sugere-se: VITORELLI, Edilson; BARROS, José Ourismar. *Processo coletivo e direito à participação:* técnicas de atuação interativa em litígios complexos. São Paulo: Juspodivm, 2022. Na obra, os autores apresentam interessante proposta de um direito da coletividade à assessoria técnica independente para abrandar a disparidade de informações entre o grupo e o réu, normalmente detentor do conhecimento técnico sobre o litígio. Embora enfoquem o instituto sob o viés dos desastres ambientais e da disparidade de conhecimento entre as empresas e as vítimas, a mesma situação de desequilíbrio é evidenciada nas relações entre consumidores e agentes regulados, podendo ser um grande acréscimo nesses conflitos. A atuação, por exemplo, de acadêmicos e estudiosos da área junto à coletividade, como assessores técnicos independentes, proporcionaria maior paridade ao debate entre eles e os agentes regulados, servindo para qualificar a própria atividade regulada como um todo e, bem por isso, sendo proposta interessante para pesquisas futuras.

simples. Os pedidos, quase todos feitos pela empresa ré, foram acatados em apenas três casos, mas mantido somente em um[205]. A negativa se dá sobretudo com base no entendimento assentado pelo STJ, de que as ações coletivas que discutem relação contratual entre particular e empresa concessionária não atingem a órbita jurídica do regulador, afastando sua participação como litisconsorte necessário, mas facultada sua atuação como *amicus curiae*[206].

Em brevíssima síntese, a assistência é modalidade de intervenção de terceiros em que o assistente, juridicamente interessado, vai a juízo para auxiliar uma das partes a obter um provimento favorável a si (art. 119, CPC). Percebe-se, assim, não se tratar de uma "ajuda altruísta, mas de um auxílio voltado à obtenção de decisão jurisdicional da qual, futuramente, poderá beneficiar-se"[207]. Nas palavras de Pontes de Miranda, "defende, assistindo, o direito de outrem; e defende, com a permissão de assistir, o seu interesse"[208]. Já o litisconsórcio é a pluralidade de partes em um polo da relação processual. Trata-se de "uma *situação* existente no processo sempre que nele figurem mais de dois sujeitos como partes principais"[209]. O instituto, disciplinado entre os arts. 113 e 118 do CPC comporta uma série de classificações[210],

205. O autor indica os casos: "[...] a) no referente ao agravo de instrumento nº 2075658-06.2017.8.26.0000, mas a 1ª Vara Federal da Subseção Judiciária de Caraguatatuba reverteu esse comando, mediante decisão proferida em 20.03.2019, na qual afirmou o descabimento do ingresso da Aneel como Assistente Simples (o que, até 04.04.2019, ainda se mostrava passível de recurso); b) no processo referente à apelação nº 9092873-22.2007.8.26.0000, onde o ingresso da Aneel como litisconsorte passiva necessária foi, no entanto, revisto pela Justiça Federal; e c) nos autos da apelação nº 0007886-26.2008.4.03.6119, único caso em que o ingresso da Aneel como Assistente Simples se tornou definitivo, razão pela qual a ação civil pública foi julgada no mérito pela Justiça Federal" (SILVA, Marcos Rolim da. *Regulação econômica e processo civil:* tutela individual e coletiva na solução de conflitos envolvendo serviços públicos. São Paulo: Juspodivm, 2022. p. 258).

206. BRASIL. Superior Tribunal de Justiça (Primeira Turma). Agravo Interno no Recurso Especial n. 1.513.395/SE. Relator Min. Sérgio Kukina, 13 de junho de 2017. Diário de Justiça Eletrônico, 13 jun. 2017; BRASIL. Superior Tribunal de Justiça (Segunda Turma). Agravo Regimental no Recurso Especial n. 1.570.188/PE. Relator Min. Mauro Campbell Marques, 10 de março de 2016. Diário de Justiça Eletrônico, 16 mar. 2016; BRASIL. Superior Tribunal de Justiça (Primeira Turma). Recurso Especial n. 700.206/MG. Relator Min. Luiz Fux, 09 de março de 2010. Diário de Justiça Eletrônico, 19 mar. 2010.

207. RODRIGUES, Daniel Colnago. *Intervenção de terceiros*. 2. ed. São Paulo: Thomson Reuters Brasil, 2021. *E-book*. RB-2.2.

208. PONTES DE MIRANDA, Francisco. *Comentários ao Código de Processo Civil.* 3. ed. Rio de Janeiro: Forense, 1997. T. II. p. 64.

209. DINAMARCO, Cândido Rangel. *Litisconsórcio.* 9. ed. São Paulo: Malheiros, 2021. p. 27. O autor faz interessante cotejo entre intervenção de terceiro e litisconsórcio, indicando a primeira como um *ato ou fato processual* pelo qual um sujeito ingressa em processo pendente, deixando, assim, de ser terceiro para tornar-se parte, e o segundo como *situação* existente no processo, que pode ocorrer, inclusive, por força de uma intervenção.

210. Resumidamente, quanto ao polo processual, pode ser ativo, passivo ou misto (quando há pluralidade de partes em ambos os polos processuais). Quanto ao momento, pode ser inicial (contemporâneo ao ajuizamento da ação) ou ulterior (surge no curso do processo). Quanto ao resultado do processo, pode ser unitário (a decisão de mérito, pela natureza da relação jurídica, é igual a todos os litisconsortes – art. 116, CPC) ou simples (os litisconsortes podem obter sentença de mérito diferente entre si). Quanto à obrigatoriedade, pode ser necessário (obrigatório) ou facultativo (por óbvio, sempre que não for necessário, o litisconsórcio será facultativo).

cabendo destacar, em razão do entendimento jurisprudencial antes referido, a noção de litisconsórcio necessário nos casos em que a lei assim expressamente determinar, ou quando "a relação jurídica controvertida tiver de ser decidida de modo uniforme para todos os litisconsortes"[211]. Comum entre ambos e ponto fundamental para a análise do meio de participação dos órgãos reguladores é a parcialidade da atuação do litisconsorte e do assistente, que mantêm assumida posição de apoio e favorecimento a uma das teses veiculadas no processo em que intervenham ou a um dos polos da relação processual, afastando-se da autonomia e da imparcialidade ínsitas à própria criação e atuação dos órgãos reguladores.

Isso, talvez, tenha influenciado a percepção de Marcos Rolim da Silva ao examinar a manifestação da agência reguladora em determinada ação coletiva, justificando o interesse das concessionárias em levar os reguladores ao processo por sua "inequívoca tendência de proteção da política tarifária e manutenção do equilíbrio econômico-financeiro dos contratos de concessão", concluindo: "há, assim, quase uma confusão entre os interesses de regulador e regulado"[212]. Para o autor, embora haja um comprometimento do regulador também com o interesse dos consumidores, o debate judicial sobre políticas públicas nos casos examinados é monopolizado pela perspectiva da concessionária[213].

Porém, examinando o trecho da manifestação do órgão regulador transcrito pelo próprio autor em sua pesquisa, é expressa a indicação de que o objetivo da participação "não seria defender a conduta da distribuidora, mas sim garantir a validade de uma norma aprovada conforme os preceitos legais e discricionariedade atribuída à Aneel"[214]. A manifestação prossegue com a adequação formal da Resolução sob a qual se funda o ato da concessionária, precedida de audiência pública e ampla participação da sociedade, como determina a lei instituidora da agência, além da inviabilidade de adoção

---

211. DINAMARCO, Cândido Rangel. *Litisconsórcio.* 9.ed. São Paulo: Malheiros, 2021. p. 107. Conforme o autor, nessa hipótese há uma estreita ligação entre a necessariedade e a unitariedade do litisconsórcio, não observada nos casos em que a necessariedade derive de lei.

212. SILVA, Marcos Rolim da. *Regulação econômica e processo civil:* tutela individual e coletiva na solução de conflitos envolvendo serviços públicos. São Paulo: Juspodivm, 2022. p. 301.

213. Ibidem, p. 301-302. Segue o autor: "Por trás da insistência em viabilizar o ingresso da Aneel, vislumbra-se uma estratégia de defesa: a mera participação da agência teria o condão de qualificar a controvérsia como algo transcendente às múltiplas relações individuais existentes entre usuários/consumidores e concessionárias, ainda que estas fossem postas em juízo como direitos individuais homogêneos. A simples intervenção da Aneel poderia, assim, canalizar o debate judicial para uma discussão sobre a própria regulação outorgada pela agência. A razão para tanto, supõe-se, é a atração do argumento da deferência às decisões da administração pública".

214. Ibidem, p. 280-281.

dos parâmetros propostos pela ação coletiva[215]. Tal posicionamento, ao contrário da conclusão do autor, liga-se à atuação técnica e imparcial esperada do órgão regulador e deve ser tomado em consideração nos litígios dessa natureza, envolvendo as relações entre consumidores e agentes regulados.

O fato de as informações técnicas especializadas do regulador eventualmente confluírem com a defesa do agente regulado, como pode ser o caso analisado, não macula sua imparcialidade. Demonstra que a conduta da concessionária alinha-se ao esperado no sistema regulatório e, porque não, à política pública desenvolvida para aquele setor regulado. Aceitar a existência da referida "confusão entre os interesses de regulador e regulado" significaria dizer, no limite, que todas as manifestações dos órgãos reguladores seriam sempre harmoniosas com as teses defendidas pela concessionária. Isso, contudo, não é verdade. Em ação coletiva que condenou empresa de telefonia em danos morais, por exemplo, a manifestação da Anatel, como *amicus curiae*, forneceu subsídios, como relatórios e processos administrativos, que atestavam a deficiência dos serviços prestados pela operadora[216]. Por isso, entende-se que a participação como *amicus curiae* é a forma mais adequada de atuação do órgão regulador em demandas coletivas envolvendo consumidores e agentes regulados, tendo em vista a necessidade de considerar toda a complexa relação regulada na tomada de decisão e a manutenção da posição imparcial do regulador diante dos sujeitos dessa relação – tanto regulada quanto processual.

Sob outra perspectiva, Eduardo Talamini entende que as agências reguladoras devem ser litisconsortes passivas, atuando ao lado do agente regulado, quando *i)* se pretenda, além de perquirir a inadequação da conduta da concessionária, apontar e combater a omissão da agência em seu papel fiscalizador (caso de litisconsórcio facultativo); ou *ii)* quando uma ação coletiva atacar um ato do agente privado praticado em observância à norma regulatória, por reputar ser uma disciplina ilegítima (caso de litisconsórcio necessário). Nesse último caso, quando não houvesse uma impugnação direta à norma regulatória, a agência poderia ingressar como assistente, diante do reflexo, mesmo mediato e remoto, que a procedência da ação possa ter na política regulatória instituída[217].

---

215. Em complemento: "Adicionalmente, vê-se que a discussão levantada pelo MPE/SP adentra na esfera da conveniência e oportunidade das regras estabelecidas (ao questionar prazos, por exemplo). Ainda que lhe caiba fazê-lo, entende-se que a discussão técnica deve ser travada inicialmente junto à Agência Reguladora, restando ao Poder Judiciário o controle de legalidade da norma". (Ibidem).

216. BRASIL. Superior Tribunal de Justiça (Segunda Turma). Agravo Regimental no Recurso Especial n. 1.502.179/PE. Relator Min. Herman Benjamin, 22 de novembro de 2016. Diário de Justiça Eletrônico, 19 dez, 2016.

217. TALAMINI, Eduardo. A participação do Cade e das agências reguladoras em processo judicial. *V Jornadas Brasileiras de Direito Processual Civil*, 2003. p. 19. (Versão escrita da palestra proferida no

Concorda-se que, havendo impugnação expressa e específica de determinado ato ou norma regulatória, mesmo cumulada com outros contra o agente regulado, o regulador deve figurar como litisconsorte. Ocorre que, muitas vezes, sobretudo nas ações entre consumidores e agentes regulados, a atividade regulatória não é questionada, mas suscitada (eventualmente) como uma espécie de argumento lateral, para reforçar as teses apresentadas. Parece ser essa a situação dos casos analisados por Marcos Rolim da Silva, tanto por apresentarem já na inicial a alegação de violação da norma regulatória[218] – ou seja, ela não era questionada, mas utilizada pelo autor como referência de conduta – quanto ao referi-la como fundamento nas decisões judiciais[219]. Esse contexto apenas reforça a posição adotada de ser *a priori* mais adequada a intervenção do órgão regulador como *amicus curiae* em ações coletivas.

3.3.1.1. Participação como amicus curiae

Embora já se apresentasse em leis esparsas para casos específicos[220], o *amicus curiae* ganha previsão geral no art. 138 do CPC, podendo ser admitido em qualquer processo, desde que considerada a relevância da matéria,

---

evento). Além disso, o autor entende que, havendo outra situação não enquadrada nas citadas, como caso de litisconsórcio, mas com reflexo econômico junto ao regulador, poder-se-ia fazer valer a intervenção prevista no art. 5º., parágrafo único, da Lei n. 9.469/1997, sendo permitida a participação como *amicus curiae* nos demais casos, desde que enquadrados nas hipóteses de tal intervenção. (Ibidem, p. 22-24).

218. Os argumentos apresentados nas iniciais foram: "a abusividade na forma de estimativa do consumo não faturado, após a constatação de fraude, a qual estaria em desconformidade com os critérios estabelecidos pelo art. 75 da Resolução Aneel n. 456/2000"; "condicionamento da religação da energia elétrica ao pagamento dos valores referentes ao consumo não faturado [...], em prejuízo a normas de direito do consumidor e à própria Resolução n. 414/2010 da Aneel"; "contrariedade das normas da Aneel que conferiam presunção de veracidade aos atos das concessionárias" e "violação da Resolução Aneel n. 456/2000". Em uma das ações analisadas, não foi mencionada na petição inicial nenhuma norma regulamentar voltada ao setor elétrico. (SILVA, Marcos Rolim da. *Regulação econômica e processo civil:* tutela individual e coletiva na solução de conflitos envolvendo serviços públicos. São Paulo: Juspodivm, 2022. p. 266, 277, 287 e 295).

219. Ibidem, p. 275, 286, 293 e 299.

220. A figura aparece na Lei n. 6.385/1976, legitimando a CVM para intervir nos processos cujo objeto seja matéria de sua competência, seguida pela Lei n. 8.884/1994, prevendo a intervenção do Cade nas ações relacionadas ao direito de concorrência, disciplina mantida na atual lei anticoncorrencial (Lei n. 12.529/2011). Tais previsões têm especial relevância para a temática, considerando o entendimento dessas instituições como órgãos reguladores. A Lei n. 8.197/1991, revogada e substituída pela Lei n. 9.469/1997, admite a intervenção da União nas causas em que figurem como parte entes da administração pública indireta, e a Lei n. 8.906/1994 estabelece a intervenção da Ordem dos Advogados do Brasil. Há previsão de intervenção, também, do Instituto Nacional de Propriedade Industrial (INPI), pela Lei n. 9.279/1996, e de intervenção em processos administrativos pela Lei n. 9.784/1999. O destaque para a figura do *amicus curiae* se deu, porém, com sua admissão pelo STF, com a Lei n. 9.868/1999, nas ações de controle de constitucionalidade. Sobre a origem, nacional e estrangeira, do *amicus curiae,* sugere-se: BUENO, Cássio Scarpinella. *Amicus curiae no processo civil brasileiro:* um terceiro enigmático. São Paulo: Saraiva, 2006.

a repercussão social da controvérsia ou a especificidade do tema, requisitos alternativos, dados pelo *caput* do referido artigo[221]. A intervenção do *amicus curiae* se justifica quando há uma "importância transcendental da causa", sob o aspecto qualitativo ("relevância da matéria") ou quantitativo ("repercussão social da controvérsia"). Em certos casos, justifica-se sua atuação, pois a decisão da causa tem repercussão para além do próprio processo, sendo aplicada a outras pessoas, direta ou indiretamente (ações coletivas e julgamentos de casos repetitivos, por exemplo); em outros, essa dimensão *ultra partes* decorre do debate sobre temas fundamentais para a ordem jurídica, a despeito de não apresentarem uma tendência à repetitividade[222]. Em boa medida, as ações coletivas entre consumidores e agentes regulados se enquadram em ambas as situações, seja por sua potencial massificação, seja pela relevância social ínsita à própria tutela coletiva, reforçada pela noção de política pública regulatória que permeia a relação tutelada.

No entanto, a característica mais marcante dessas demandas é a "especificidade do tema objeto da demanda", conceito vinculado à ideia de "complexidade do objeto da demanda", ou seja, "trata-se de tema específico e cujo conhecimento técnico não é comum às regras de experiência ordinárias"[223]. Nas palavras de Eduardo Talamini, "ao avaliar a necessidade de subsídios técnico-jurídicos, o juiz deve estar investido da humildade que é indispensável a todo aquele que investiga". Para o autor, a ideia de que "o juiz conhece o direito" (*iura novit curia*) enseja o dever do magistrado de aplicar corretamente o direito, valendo-se de todos os mecanismos que o ordenamento oferece, inclusive, a colaboração do *amicus curiae*[224]. No ponto, é inegável a *expertise* dos órgãos reguladores em compreender todas as nuances da relação regulada (fáticas, técnicas e jurídicas) e os reflexos sistêmicos da decisão sobre o litígio, mesmo quando ele envolve apenas uma de suas facetas (novamente, considerando a política pública subjacente à regulação setorial).

Bem por isso, a participação do *amicus curiae* pressupõe sua "representatividade adequada", não no sentido subjetivo, como exigido pelos

---

221. Enunciado n. 395 do Fórum Permanente de Processualistas Civis: "Os requisitos objetivos para a intervenção do *amicus curiae* são alternativos".

222. TALAMINI, Eduardo. O *amicus curiae* e as novas caras da Justiça. *In:* TALAMINI, Eduardo; SICA, Heitor Vitor Mendonça; CINTRA, Lia Carolina Batista; EID, Elie Pierre (Coords.). *Partes e terceiros no processo civil.* Salvador: Juspodivm, 2020. p. 548.

223. MIGLIAVACCA, Carolina Moraes. *Amicus curiae no Código de Processo Civil de 2015:* suas duas funções. Londrina: Thoth, 2021. p. 115.

224. TALAMINI, Eduardo. O *amicus curiae* e as novas caras da Justiça. *In:* TALAMINI, Eduardo; SICA, Heitor Vitor Mendonça; CINTRA, Lia Carolina Batista; EID, Elie Pierre (Coords.). *Partes e terceiros no processo civil.* Salvador: Juspodivm, 2020. p. 548. Segundo o autor, a complexidade da matéria para fins de intervenção do *amicus curiae* pode ser fática, técnica, jurídica ou extrajurídica.

legitimados coletivos, por exemplo, mas como uma qualificação objetiva, que demonstre a aptidão adequada do terceiro em colaborar com o debate: uma "contributividade adequada"[225]. Diferentemente da regra exigida nas intervenções de terceiro, o *amicus curiae* não se legitima por um interesse puramente jurídico no feito, mas por um "interesse institucional", que transcende o interesse individual e se legitima em prol da coletividade, visando ao aprimoramento da prestação jurisdicional com o aporte de informações complementares que, de outro modo, provavelmente não seriam de seu conhecimento[226]. O interesse institucional é, por isso, um interesse público, valendo-se em juízo dos interesses corporificados do *amicus curiae*, relativos às instituições, externos a eles, não pelo seu próprio interesse[227]. O *amicus curiae* deve apresentar alguma relação com o que está sendo discutido na demanda, aferida no "plano institucional", de suas "finalidades institucionais", e não de seus próprios interesses no deslinde da ação[228].

Os órgãos reguladores demonstram com facilidade o interesse institucional nos casos aqui analisados. Partindo do entendimento do *amicus curiae* como um sujeito desinteressado, cuja participação não é vinculada a uma relação material, Antonio do Passo Cabral empresta a mesma característica aos órgãos reguladores, que, por seu próprio desenho institucional, não podem atuar vinculados a um determinado interesse material polarizado: "qualquer que seja a posição processual em que se encontrem no processo, as agências [órgãos reguladores] atuam inspiradas no interesse público da regulação e fiscalização, e exercem suas faculdades processuais com imparcialidade"[229]. O autor ainda pontua que entes fiscalizatórios, como os órgãos reguladores, quando posicionados no polo passivo de determinada demanda, sentem-se "obrigados" a defender o ato impugnado pelo fato de serem réus, afastando-se da possibilidade de reconhecer os acertos dos argumentos dos autores[230].

225. Ibidem, p. 551.

226. BUENO, Cássio Scarpinella. *Amicus Curiae:* uma homenagem a Athos Gusmão Carneiro. *In:* DIDIER JÚNIOR, Fredie; CERQUEIRA, Luís Otávio Siqueira de; CALMON FILHO, Petrônio; TEIXEIRA, Sálvio de Figueiredo. (Coords.). *O terceiro no processo civil e assuntos correlatos:* estudos em homenagem ao Professor Athos Gusmão Carneiro. São Paulo: Revista dos Tribunais, 2010. p. 161.

227. BUENO, Cássio Scarpinella. *Amicus curiae no processo civil brasileiro:* um terceiro enigmático. São Paulo: Saraiva, 2006. p. 503.

228. Ibidem, p. 147. Segundo o autor: "Para nós, terá 'representatividade adequada' toda aquela pessoa, grupo de pessoas ou entidades, de direito público ou de direito privado, que conseguir demonstrar que tem um específico *interesse institucional* na causa e, justamente em função disso, tem condições de contribuir para o debate da matéria, fornecendo elementos ou informações úteis e necessárias para o proferimento de melhor decisão jurisdicional".

229. CABRAL, Antonio do Passo. Pelas asas de Hermes: a intervenção do *amicus curiae*, um terceiro especial. Uma análise dos institutos interventivos similares – o *amicus* e o *vertreter des öffentlichen interesses*. *Revista de Processo,* São Paulo, v. 29, n. 117, p. 9-41, set. out/2004. p. 35.

230. CABRAL, Antonio do Passo. Despolarização do processo e "zonas de interesse": sobre a migração entre polos da demanda. *Revista da SJRJ,* Rio de Janeiro, n. 26, p. 19-55, 2009. p. 21.

Essa percepção ressalta a necessidade de uma adequada participação dos órgãos reguladores nas demandas entre consumidores e agentes regulados, reforçando a impertinência de sua inclusão como assistente ou litisconsorte[231].

Importante destacar que a atuação do *amicus curiae* nem sempre é pautada pela imparcialidade. Carolina Migliavacca, em obra dedicada ao tema, identifica duas funções principais desse terceiro: a *representativa*, cuja participação é fundada no contraditório amplo e social dos setores da sociedade, vinculados ao tema em debate, especialmente na tomada de decisões com caráter vinculante, a fim conferir uma legitimidade democrática à atividade jurisdicional; e a *instrutória*, quando a intervenção é calcada no fornecimento de dados técnicos aos sujeitos do processo[232]. Essa última entende-se ser a forma mais adequada de participação dos órgãos reguladores nas demandas entre consumidores e agentes regulados.

Se o *amicus curiae* representativo prescinde da demonstração de imparcialidade, tal requisito é essencial ao *amicus curiae* instrutório[233], cuja "declaração de desinteresse no êxito das partes agrega às próprias informações prestadas uma carga de fidedignidade semelhante à atribuída aos levantamentos científicos, enaltecendo ainda mais esse dever de isenção no teor dos dados informados"[234]. Os sujeitos do processo devem zelar pela necessidade de o terceiro apresentar o máximo de isenção e desinteresse no êxito de uma ou de outra parte, sendo contundente com essa função do *amicus curiae*[235].

---

231. Defendendo a intervenção do regulador como *amicus curiae* ainda em 2007, André Rodrigues Cyrino apoia-se na previsão do art. 5º., parágrafo único, da Lei n. 9.469/1997, embora manifeste sua posição favorável à "generalização do *amicus curiae*", que acabou se dando com o CPC de 2015. Para o autor, a colaboração do "*amicus curiae* regulatório" tem como âmago o bom funcionamento institucional do Estado, para aperfeiçoamento tanto da regulação, quanto do controle judicial da atuação estatal na economia. (CYRINO, André Rodrigues. Separação de poderes, regulação e controle judicial: por um *amicus curiae* regulatório. *Revista Brasileira de Direito Público – RBDP*, Belo Horizonte, a. 5, n. 19, p. 67-95, out./dez. 2007. p. 90).

232. MIGLIAVACCA, Carolina Moraes. *Amicus curiae no Código de Processo Civil de 2015:* suas duas funções. Londrina: Thoth, 2021. p. 198.

233. Em estudo profundo sobre a participação no processo civil, Sofia Temer trabalha com a ideia de "terceiro colaborador", em sentido muito próximo ao do *amicus curiae* instrutório, identificado por Carolina Migliavacca, cuja atuação se torna relevante pela impossibilidade de as partes levarem ao processo elementos necessários à elucidação do caso, seja por desconhecê-los ou não reputá-los pertinentes, seja pela natural seleção de argumentos favoráveis a si. Nesse viés, não parece haver diferença significativa entre as posições das duas autoras, podendo encaixar-se a figura atípica indicada por Sofia Temer como *amicus curiae*. Porém, a autora inclui nessa classificação, ainda, terceiros que auxiliam o juízo na efetivação das medidas judiciais, exemplificados pelos comandos normativos do CPC expostos nos arts. 380; 401; 772, III; 790, III; 817; 845, entre outros, sendo esse o ponto diferenciador entre as posições doutrinárias. (TEMER, Sofia. *Participação no processo civil:* repensando litisconsórcio, intervenção de terceiros e outras formas de atuação. Salvador: Juspodivm, 2020. p. 299-304).

234. MIGLIAVACCA, Carolina Moraes. *Amicus curiae no Código de Processo Civil de 2015:* suas duas funções. Londrina: Thoth, 2021. p. 200.

235. Ibidem, p. 199. A autora faz uma ressalva: "[...] esta averiguação não retira do terceiro que intervém como *amicus curiae* na função instrutória a sua condição humana (inerente, inclusive, ao próprio juiz

Em seu viés instrutório, cumpre ao interveniente "contribuir quanto à elucidação e a esclarecimentos sobre tema que é de seu conhecimento"[236], a partir de sua experiência própria, com significativo grau de saber técnico[237].

Novamente, os órgãos reguladores encaixam-se perfeitamente nas exigências de imparcialidade e especialização[238] exigidas para a intervenção instrutória. O grande problema da intervenção do *amicus curiae,* nesses casos, é sua discricionariedade. Os órgãos reguladores podem ser chamados a intervir, pelo próprio julgador, por qualquer uma das partes (que, muitas vezes, fazem-no sob a forma de litisconsorte, como já visto) ou, ainda, por iniciativa própria, mas não há uma obrigatoriedade de comunicação aos reguladores sobre as demandas envolvendo as relações reguladas. O cenário vislumbrado, portanto, é de uma ausência da participação dos órgãos reguladores devido à falta de ciência deles quanto às demandas em curso, mesmo havendo uma figura que comporte adequadamente seus interesses.

Sobre esse aspecto, imprescindível perceber que CVM[239] e Cade[240] têm, em sua lei de regência, dispositivo específico que disciplina sua intervenção nos processos cujo objeto seja de sua competência regulatória. Tais previsões, inclusive, são tidas como a gênese do *amicus curiae* no direito brasileiro. A intimação do órgão, nesses casos, é obrigatória. Há uma correta presunção legislativa de "interesse institucional" desses entes, criados para tutelar determinado direito ou área de atuação, cuja participação certamente enriquece a decisão judicial. Essas entidades, por sua "*expertise* genética", "têm condições muito mais concretas e reais de oferecer subsídios para o proferimento de um escorreito julgamento, pouco importando, no particular, a atuação processual das próprias partes"[241].

---

e demais sujeitos processuais de quem se exige imparcialidade), sobretudo porque, em se tratando de estudioso ou *expert* em determinado tema, é comum que alguma relação afetiva com o objeto técnico seja identificada no *amicus curiae*".

236. Ibidem, p. 144. Como bem pontua Antonio do Passo Cabral, "Se não existe necessidade de demonstração de um interesse jurídico, o conteúdo da manifestação do amigo da Corte deve ser apto a prestar uma relevante contribuição para a decisão". (CABRAL, Antonio do Passo. Pelas asas de Hermes: a intervenção do *amicus curiae,* um terceiro especial. Uma análise dos institutos interventivos similares – o *amicus* e o *vertreter des öffentlichen interesses. Revista de Processo,* São Paulo, v. 29, n. 117, p. 9-41, set. out/2004. p. 19).

237. Ibidem, p. 112.

238. Cf. subcapítulo 2.1.2.

239. Lei n. 6.385/76, art. 31: "Nos processos judiciários que tenham por objetivo matéria incluída na competência da Comissão de Valores Mobiliários, será esta sempre intimada para, querendo, oferecer parecer ou prestar esclarecimentos, no prazo de quinze dias a contar da intimação".

240. A intervenção do Cade era prevista no art. 89 da Lei n. 8.884/1994, revogada pela Lei n. 12.529/2011, que dispõe, em seu art. 118: "Nos processos judiciais em que se discuta a aplicação desta Lei, o Cade deverá ser intimado para, querendo, intervir no feito na qualidade de assistente".

241. BUENO, Cássio Scarpinella. *Amicus curiae no processo civil brasileiro:* um terceiro enigmático. São Paulo: Saraiva, 2006. p. 430.

Por essa razão, Cássio Scarpinella Bueno identifica, nessas intervenções, a função do *amicus curiae* como uma espécie de "fiscal da lei" (*rectius*, fiscal do ordenamento jurídico), de quem se espera "o oferecimento das melhores condições objetivas de julgamento para determinada causa", sendo ele eleito por sua própria lei de regência como o "adequado representante" daquele específico "direito objetivo" [242]. A ideia não é sobrepor sua atuação à do Ministério Público, mas incrementar a tutela jurisdicional a partir de um "diálogo institucional" para uma decisão judicial melhor, mais justa e democrática[243].

Porém, embora o autor apenas identifique essa função nas intervenções específicas previstas expressamente em leis próprias[244], entendendo a CVM e o Cade como órgãos reguladores[245], defende-se a intimação obrigatória também das agências reguladoras e do Bacen, por analogia ao disposto no regramento daqueles entes. O fundamento para essa intervenção é a *expertise* daquela entidade em determinado setor e/ou matéria, cuja competência de atuação acaba confluindo com a atividade judicial, impondo, assim, sua participação nesses casos. Havendo outros órgãos com a mesma característica regulatória, não é coerente afastá-los desse necessário "diálogo institucional" por ausência de um permissivo legal expresso. É a própria natureza da entidade que impõe sua participação. O respeito ao princípio da legalidade[246], portanto, está na interpretação das competências atribuídas a tais entes por sua norma de regência, cuja participação em demandas dessa natureza (inclusive entre consumidores e agentes regulados) reforça a própria noção de eficiência da Administração Pública[247], sendo inescusável

---

242. Ibidem, p. 429.

243. Ibidem, p. 430.

244. Além da CVM e do CADE, o autor também entende que exercem função de "fiscal da lei" o INPI (arts. 57, 118 e 175 da Lei n. 9.279/1996) e a OAB (art. 49 da Lei n. 8.906/1994). (Ibidem, p. 430).

245. Cf. subcapítulo 2.1.1.

246. A sujeição da Administração ao princípio da legalidade (art. 37, CF) compreende a observância não apenas da lei formal, mas também dos preceitos decorrentes de um Estado Democrático de Direito, dos demais fundamentos e princípios de base constitucional, além das normas que a própria Administração edita – incluindo-se, aqui, as normas de regências dos órgãos reguladores. (MEDAUAR, Odete. *Direito administrativo moderno*. 21. ed. Belo Horizonte: Fórum, 2018. p. 117). Alexandre Santos de Aragão trabalha com a ideia de "princípio de juricidade" como uma noção ampliada do princípio da legalidade, decorrente da visão neoconstitucionalista do direito, abrangendo princípios jurídicos, finalidades públicas, valores e direitos fundamentais, regras constitucionais e legais, no "bloco de legalidade", que legitima e limita a ação administrativa: "O princípio da juridicidade nada mais é do que o princípio da legalidade entendido substancialmente, não se tendo em consideração apenas esta ou aquela regra legal específica, mas o ordenamento jurídico como um todo". (ARAGÃO, Alexandre Santos de. *Curso de direito administrativo*. 2. ed. Rio de Janeiro: Forense, 2013. p. 152).

247. "A eficiência não pode ser entendida apenas como maximização financeira, mas sim como um melhor exercício das missões de interesse coletivo que incumbem ao Estado, que deve obter a maior realização prática possível das finalidades do ordenamento jurídico, com os menores ônus possíveis, tanto para o Estado, inclusive de índole financeira, como para as liberdades dos cidadãos". (Ibidem, p. 175).

a recusa do julgador na aplicação aqui proposta. Não obstante, o ideal seria uma previsão legal expressa determinando a obrigatoriedade da intimação dos reguladores nos casos pertinentes. Essa é uma das propostas dos Projetos de Lei de Nova Ação Civil Pública.

3.3.1.2. *Intervenção prevista nos Projetos de Lei de Nova Ação Civil Pública*

Os três Projetos de Lei em tramitação para disciplinar a Nova Ação Civil Pública preveem a comunicação obrigatória aos reguladores nos casos pertinentes. O PL n. 4.441/2020 expressa a necessária citação da agência, órgão ou ente regulador quando "a decisão interferir em área por ele regulada"[248]. O PL n. 1.641/2021 apresenta duas diferenças sutis, que, no entanto, aperfeiçoam sobremaneira o texto legal: a citação será necessária quando "a decisão afetar as relações por eles [reguladores] disciplinadas" e a intervenção não acarretará deslocamento de competência[249].

Contudo, apesar de as previsões não indicarem expressamente a modalidade da intervenção dos reguladores, pode-se pensar que ela se daria, predominantemente, na forma do *amicus curiae*, pela similitude de sua redação com as previsões específicas indicadas na gênese do instituto, bem como pelo não deslocamento da competência diante de sua participação. Entretanto, a indicação sobre a competência, apresentada no PL n. 1.641/2021 pode derivar da própria forma de fixação prevista pelo Projeto, que privilegia uma noção de competência adequada ao julgamento das ações coletivas[250].

O aspecto mais importante, porém, é o alargamento da previsão para abranger os casos que afetem as relações do setor regulado, não apenas da área regulada. Embora, a uma primeira vista, pareçam sinônimas, as expressões têm sensíveis diferenças. É notória a dificuldade do Poder Judiciário de compreender a relação entre consumidor e agente regulado como integrante da política regulatória, o que se reflete em suas decisões, em âmbito

---

248. PL n. 4.441/2020, art. 18, § 3º.: "A agência, o órgão ou o ente regulador será necessariamente citado para, querendo, intervir no processo, quando a decisão interferir em área por ele regulada".

249. PL n. 1.641/2021, art. 20, § 1º.: "A agência, o órgão ou o ente regulador será necessariamente citado para, querendo, intervir no processo, quando a decisão afetar as relações por eles disciplinadas, caso em que a intervenção não acarretará deslocamento de competência".

250. Conforme dispõe a justificativa do projeto: "[...] é elaborada uma disciplina de fixação de competência jurisdicional para as ações coletivas, estabelecendo-se como competente o foro do local onde ocorreu ou deva ocorrer a ação, a omissão, o dano ou o ilícito. Adotou-se, ainda, o moderno critério da competência adequada para a resolução de possíveis conflitos envolvendo juízos igualmente competentes". Entre os aspectos para aferição da competência adequada, elencados no art. 8º., § 2º., do PL, estão a facilidade na obtenção e na produção de provas, a proximidade da residência dos membros do grupo, a especialização dos juízes na matéria objeto do litígio e a facilitação do exercício das garantias fundamentais processuais do réu. O deslocamento forçado da competência em razão de determinada intervenção, portanto, não se harmoniza com o ideal de competência evidenciado no Projeto, mostrando-se coerente a previsão sobre os reguladores.

individual ou coletivo, como visto. Daí porque limitar a comunicação dos reguladores aos casos que interfiram na "área regulada" poderia excluir essas demandas do comando normativo, pelo simples fato de pressupor, consoante entendimento do STJ, que elas não atingem a órbita jurídica do regulador e, por consequência, não interferem na área por ele regulada. Por outro lado, o comando mais amplo, sobre a possibilidade de afetar (e não interferir) as relações reguladas, e não a área regulada, pode iluminar o julgador para a pertinência de ouvir o órgão regulador nas diversas configurações em que a política regulatória se apresenta em juízo, sobretudo aquela entre consumidor e agente regulado. Indo além, o ideal seria determinar a comunicação "sempre que o objeto do processo diga respeito a matéria regulada, evitando que seja necessário fazer juízos de valor sobre o que seja 'interferência' na área regulada"[251].

Ponto de crítica em ambas as redações, porém, é o meio de chamada do regulador ao processo, pela citação. Malgrado pareça preciosismo terminológico, reitera-se a preocupação com a forma de participação dos órgãos reguladores para não macular sua natureza técnica e imparcial. A citação, nos termos legais, é o ato pelo qual determinado sujeito (réu, executado ou interessado) é convocado a integrar a relação processual (art. 238, CPC), ou seja, "para integrar o processo, tornando-se parte"[252-253]. Quer-se evitar, justamente, essa posição de parcialidade, e, ainda que se entenda a citação, nesse caso, dirigida ao interessado (órgão regulador) com intuito de comunicação da existência e do teor da demanda[254], é inegável o vínculo quase intuitivo entre citação e polo passivo da demanda, podendo levar a um enviesamento da atuação desejável do regulador. Mais adequado seria a "intimação" desses sujeitos, da mesma forma que os Projetos preveem para a Defensoria Pública

---

251. OSNA, Gustavo; FRANCISCO, João Eberhardt; AZEVEDO, Júlio Camargo de; CINTRA, Lia Carolina Batista; ASPERTI, Maria Cecília de Araújo; SOUZA, Michel Roberto Oliveira de. Primeiras impressões dos recentes projetos de ação coletiva (parte II). *Jota*, São Paulo, 19 nov. 2020.

252. CUNHA, Leonardo Carneiro da. Comentários ao Código de Processo Civil: arts. 188 ao 293, *In:* MARINONI, Luiz Guilherme (Dir.); ARENHART, Sérgio Cruz; MITIDEIRO, Daniel (Coords.). *Coleção comentários ao Código de Processo Civil.* 2.ed. São Paulo: Thomson Reuters Brasil, 2018. V. III. p. 136.

253. Vale perceber, em reforço, que, nos casos de intervenção de terceiro provocada, notadamente a denunciação da lide, o chamamento ao processo e a desconsideração da personalidade jurídica, o Código refere-se, expressamente, à citação desses sujeitos parciais (art. 126, 131 e 135, CPC, respectivamente). Por outro lado, ao se referir ao *amicus curiae*, de natureza peculiar e funções distintas, assevera a possibilidade de o juiz solicitar sua participação, por meio de intimação (art. 138, CPC).

254. Para Sofia Temer, diferentemente do CPC/73, que apresentava a citação expressamente como um chamado à defesa (art. 213), no Código vigente "a citação passa a ser compreendida como ato de efetiva comunicação a respeito do processo, para que o sujeito integre a relação processual e assuma a posição que lhe pareça mais adequada. [...] permite que sejam convocados [sujeitos] sem posição pré-determinada". (TEMER, Sofia. *Participação no processo civil:* repensando litisconsórcio, intervenção de terceiros e outras formas de atuação. Salvador: Juspodivm, 2020. p. 202-203).

nos casos envolvendo grupos vulneráveis[255] e na intervenção do Ministério Público (art. 178, CPC), especialmente considerando-se a similaridade da atuação nas ações coletivas.

O criticado[256] PL n. 4.778/2020, embora acerte na previsão de intimação, limita sua necessidade às agências reguladoras (mantendo uma indesejada restrição dos órgãos reguladores abrangidos pela obrigatoriedade da comunicação), quando a decisão interferir em "área por ela regulada"[257]. Há, também, outra previsão: a citação da agência reguladora, como litisconsorte necessário, quando for diretamente atingida pela sentença[258]. No entanto, a reiteradamente referida dificuldade do Judiciário em compreender as atividades dos reguladores diante da pluralidade de relações dos setores reguladores, ensejaria, igualmente, uma dificuldade em vislumbrar a posição jurídica adequada para sua intervenção. A dualidade de possibilidades geraria mais problemas do que benefícios.

O melhor sujeito para definir o grau de intervenção da demanda nas políticas regulatórias e, por consequência, o nível e a forma de participação dos órgãos reguladores nesses casos, são os próprios reguladores. Por esse motivo, andaram bem os PLs n. 4.441/2020 e n. 1.641/2021 ao preverem: "Uma vez integrado ao processo, o sujeito poderá adotar a posição processual que atenda ao interesse ali tutelado e à finalidade de sua intervenção"[259]. Ambos relegam à decisão de saneamento e organização do processo "definir os poderes do *amicus curiae* e de eventuais terceiros na decisão que solicitar ou admitir a sua intervenção"[260].

O texto projetado apresenta alguma confusão. Como, no CPC, a definição dos poderes do *amicus curiae* se dá na decisão que solicita ou admite a intervenção (art. 138, § 2º., CPC), não fica claro se a decisão de saneamento e organização das ações coletivas apenas reafirmará os poderes delimitados na decisão pretérita (indicada na parte final transcrita) ou se ela – e apenas ela – fixará tais poderes (sendo dispensável a parte final transcrita). Sofia Temer, em estudo profundo sobre a participação no processo civil, entende que a fixação das prerrogativas do sujeito ingressante deve ocorrer no mo-

---

255. PL n. 4.441/2020, art. 18, § 5º.: "Quando não for parte, a Defensoria Pública será intimada a intervir no processo em que se discuta direito de grupo de pessoas economicamente vulneráveis".

PL n. 1.641/2021, art. 21: "Quando não for parte, a Defensoria Pública será intimada a intervir no processo em que se discuta direito de grupo de pessoas vulneráveis".

256. Cf. nota 181 do capítulo 3.

257. PL n. 4.778/2020, art. 12, § 2º.: "A agência reguladora será necessariamente intimada para, querendo, intervir no feito, quando a decisão interferir em área por ela regulada".

258. PL n. 4.778/2020, art. 12, § 1º.: "A agência reguladora será citada como litisconsorte necessária, quando for diretamente atingida pela sentença".

259. Art. 18, § 7º. e art. 20, § 5º., respectivamente.

260. PL n. 4.441/2020, art. 19, VI, e PL n. 1.641/2021, art. 22, § 1º., IV.

mento de ingresso, levando em consideração a finalidade da atuação e seu interesse[261]. De fato, pensando em uma intervenção voluntária ou provocada para determinado fim, entende-se que a justificativa para a intervenção deve vir acompanhada dos poderes a que tal sujeito deve fazer jus, cabendo à decisão de sua admissão ou solicitação estabelecer as regras da atuação do interveniente[262].

No entanto, especificamente no caso dos órgãos reguladores, reitera-se o entendimento de que são eles os melhores sujeitos para definir sua atuação, considerando a (exaustivamente referida) dificuldade do Judiciário de apreender os contornos das relações reguladas. Nesse caso, entende-se adequada a delimitação dos poderes em momento posterior à decisão que solicita seu ingresso – tendo em vista que a intimação desse sujeito em específico seria obrigatória e imediata na previsão dos PLs. Caberia ao órgão regulador, em sua primeira manifestação, justificar a posição adotada[263] e as prerrogativas que entende pertinentes à sua atuação naquele caso[264]. As partes também poderiam indicar sua percepção sobre o ponto, para, então, o julgador definir a questão, tão logo quanto possível. Tal decisão pode, mas não deve, dar-se apenas na decisão de saneamento e organização do processo, tendo em vista o decurso de tempo até essa fase processual e a potencial contribuição que os reguladores terão nesse lapso temporal – prejudicada diante da incerteza dos limites de sua atuação.

---

261. TEMER, Sofia. *Participação no processo civil:* repensando litisconsórcio, intervenção de terceiros e outras formas de atuação. Salvador: Juspodivm, 2020. p. 350-352.

262. Como bem pondera Sofia Temer, o terceiro interveniente deve estar sujeito às consequências de sua participação, inclusive em relação às estabilidades processuais e aos custos do processo, que serão "calibrados" de acordo com o "tipo" ou "intensidade" do sujeito e a finalidade de sua atuação, o "nível" ou o "grau" de participação e exercício, a relação do sujeito com o objeto do processo, entre outros. Busca-se, com isso, evitar um regime de intervenção sem responsabilidade ao interveniente, que, em última análise, poderia acarretar mau uso do instituto (*v.g.* um assistente que intervenha como *amicus curiae* a fim de evitar os custos processuais decorrentes da primeira modalidade). (Ibidem, p. 387-398).

263. Sem prejuízo de que, no decorrer da demanda, o regulador mude sua posição na demanda, desde que justificadamente, oportunizando o contraditório aos demais participantes do processo. Entendendo sobe a possibilidade de migração entre os polos da demanda (CABRAL, Antonio do Passo. Despolarização do processo e "zonas de interesse": sobre a migração entre polos da demanda. *Revista da SJRJ*, Rio de Janeiro, n. 26, p. 19-55, 2009. *passim*).

264. Os critérios indicados por Carolina Migliavacca para o *amicus curiae* instrutório podem ser interessantes parâmetros para a definição dos poderes dos órgãos reguladores nesses casos (MIGLIAVACCA, Carolina Moraes. *Amicus curiae no Código de Processo Civil de 2015:* suas duas funções. Londrina: Thoth, 2021. p. 140-148). Sofia Temer defende que seja adotado o regime-base já estabelecido na legislação para sujeitos que atuem em função assemelhada à do interveniente, incorporando-se técnicas especiais em um "diálogo entre típico e atípico" (TEMER, Sofia. *Participação no processo civil:* repensando litisconsórcio, intervenção de terceiros e outras formas de atuação. Salvador: Juspodivm, 2020. p. 354-355). Para a intervenção dos reguladores, partindo do entendimento de sua atuação como "fiscal do ordenamento jurídico regulatório", pode-se conferir a ele determinadas prerrogativas típicas do Ministério Público, tais como a oportunidade de se manifestar após os sujeitos originários (arts. 179, I, e 364, CPC) ou a apresentação de quesitos (art. 473, IV, CPC).

São importantes as previsões contidas nos PLs de Nova Ação Civil Pública para comunicação obrigatória do órgão regulador nas demandas pertinentes, sendo necessária, porém, maior reflexão e aprimoramento do texto projeto, para melhor aproveitamento de sua intervenção. Seja como for, qualquer esforço no sentido de ampliar o precário diálogo institucional em prol de uma tutela jurisdicional o mais adequada possível deve ser bem-vinda e incentivada.

3.3.2. Autocomposição coletiva entre consumidores e agentes regulados

Ainda que de forma breve, importa perceber que os problemas evidenciados na autocomposição entre consumidores e agentes regulados na via individual também se mostram na via coletiva, mas, nesse caso, o potencial é significativamente mais amplo e geral, além de incluir outras dificuldades, derivadas das próprias peculiaridades da tutela coletiva. Superado o dogma da indisponibilidade do direito tutelado e admitida a transação envolvendo direitos coletivos *lato sensu*, alguns pontos cruciais impõem-se ao debate, por exemplo, a adequação do legitimado para firmar o acordo em nome da coletividade e a vinculação dos membros do grupo aos termos acordados coletivamente[265]. O maior exemplo não só de acordo coletivo, mas de autocomposição coletiva entre consumidores e agentes regulados (no caso, instituições bancárias) é o caso dos expurgos inflacionários.

Ao longo dos anos, foram ajuizadas milhares de ações individuais e coletivas pelos poupadores prejudicados, a fim de compensar suas perdas financeiras com os Planos Econômicos Bresser (Decreto-Lei n. 2.335/1987), Verão (Decreto-Lei n. 7.730/1989), Collor I (Decreto-Lei n. 8.024/1990) e Collor II (Decreto-Lei n. 8.177/1991). Nas instâncias ordinárias, firmou-se o entendimento favorável aos poupadores, ou seja, "os cálculos necessários a conversão de valores que estavam em conta poupança, naquele momento, foram realizados de modo indevido, reduzindo o valor disponível para o poupador, o qual foi, naturalmente, apropriado pelo respectivo banco".[266]

Em 2009, a Confederação Nacional do Sistema Financeiro (Consif) ajuizou a Arguição de Descumprimento de Preceito Fundamental (ADPF) n. 165, buscando declarar a constitucionalidade dos dispositivos constantes

265. A fim de manter o escopo do presente trabalho, opta-se por apresentar apenas alguns pontos que bem ilustram as dificuldades e as críticas sobre a solução autocompositiva entre consumidores e agentes regulados (cf. subcapítulo 3.2.1). Sobre a autocomposição nas ações coletivas, sugere-se: MERÇON-VARGAS, Sarah. *Meios alternativos na resolução de conflitos de interesses transindividuais*. 2012. Dissertação (Mestrado) – Faculdade de Direito, Universidade de São Paulo, São Paulo, 2012.

266. VITORELLI, Edilson. Acordo coletivo dos planos econômicos e por que ele não deveria ser homologado. *Jota*, 15 jan. 2018.

nos Decretos-Leis dos Planos Econômicos[267]. Participaram da ação, como *amici curiae*, a Associação Brasileira do Consumidor (Abracon), o Instituto Brasileiro de Defesa do Consumidor (Idec), o Bacen, a OAB, o Conselho Federal de Economia (Cofecon), entre outros. Em 2018, mediado pela Advocacia-Geral da União, foi firmado um acordo coletivo para ressarcimento dos valores, que, em 2020, teve um aditivo.

O acordo, até hoje, é alvo de muita polêmica, e os questionamentos sobre a sua conveniência e adequação geraram fortes debates. Por sua complexidade, o tema comporta um estudo de caso específico, abrangendo diversos aspectos. Destacam-se, aqui, apenas os pontos que dialogam com as críticas já expostas quanto à realização de acordos em um cenário de disparidade entre as partes (no caso, consumidores e instituições bancárias), a fim de ilustrar as reflexões teóricas também em um cenário de tutela coletiva.

Na decisão de homologação do acordo coletivo, consta expressamente a ausência de comprometimento da Corte com as teses jurídicas nele veiculadas, ou seja, "ao homologá-lo, o Supremo Tribunal Federal não estará chancelando nenhuma interpretação peculiar dada à lei". Ao contrário disso, como pontuado pelo relator, o então Ministro Ricardo Lewandowski, "não obstante o ajuste proposto veicule diversas teses jurídicas, a homologação não as alcança, nem as legitima, abrangendo tão somente as disposições patrimoniais firmadas no âmbito da disponibilidade das partes"[268]. Como dito, nas instâncias ordinárias, a vitória dos poupadores era pacífica, e, no STJ, as discussões remanescentes voltavam-se à prescrição, ao alcance subjetivo das ações coletivas, à forma de atualização monetária e ao montante de juros incidente sobre o valor[269]. Com o acordo, as instituições bancárias evitaram uma decisão vinculante da mais alta Corte do país, possivelmente desfavorável a si, sendo esse um dos exemplos de atuação estratégia do grande litigante antes destacado[270].

---

267. BRASIL. Supremo Tribunal Federal (Tribunal Pleno). Acordo na Arguição de Descumprimento de Preceito Fundamental n. 165/DF. Relator Min. Ricardo Lewandowski, 01 de março de 2018. Diário de Justiça Eletrônico, 08 mar. 2018.

268. Ibidem, p. 14. Conclui o relator: "Em outras palavras, a homologação estará apenas resolvendo um incidente processual, com vistas a conferir maior efetividade à prestação jurisdicional, extraindo desse importante instrumento previsto no art. 102, § 1º, da Constituição, e regulamentado pelo Lei n. 9.882/1999, todas as suas potencialidades, de forma coerente com imperativos do Direito contemporâneo".

269. VITORELLI, Edilson. Acordo coletivo dos planos econômicos e por que ele não deveria ser homologado. *Jota*, 15 jan. 2018.

270. Outra reflexão pertinente a esse contexto, que desborda ao presente estudo, é a capacidade institucional do STF de decidir questões complexas que fogem ao escopo jurídico. A esse respeito, Fernando Leal bem pondera: "É verdade que, em muitos casos, tudo indica que o Supremo não decide porque não quer. Mas, às vezes, pode não julgar porque não sabe bem o que fazer". (LEAL, Fernando. Os impactos dos planos econômicos e a encruzilhada do Supremo. *Jota*, 15 ago. 2016).

Para Edilson Vitorelli, grande crítico do acordo coletivo sobre os expurgos inflacionários, um bom acordo deve reduzir dois fatores: incerteza e tempo. No caso dos planos econômicos, não haveria muita insegurança, pois os tribunais eram francamente favoráveis aos poupadores, e nem muito tempo a ser recuperado – passados mais de 30 anos, com a estimativa de que 20% dos autores (mais de 400 mil pessoas) tenham falecido nesse período. Além disso, a Ministra Carmen Lúcia, presidente do STF à época, afirmou, em mais de uma ocasião, que os casos seriam pautados para julgamento, ou seja, o acordo ocorreu "às vésperas da decisão do STF"[271].

Em contraponto, Luiz Fernando Casagrande Pereira afirma que, desde 2015, o entendimento do STJ sobre a exclusão dos juros remuneratórios do cálculo dos valores devidos aos poupadores era uma significativa mitigação da visão de sua vitória absoluta, porquanto tal verba representava uma redução expressiva no montante devido, cenário considerado para a composição do acordo nos termos firmados[272]. Além disso, outros Ministros já haviam anunciado o julgamento do caso, que chegou a ser iniciado em 2013, mas foi interrompido e não mais continuado. Ou seja, "o julgamento é *iminente* há oito anos"[273].

Sem adentrar no mérito sobre o acordo para os poupadores, o cenário apresentado demonstra o uso estratégico do Judiciário pelo grande litigante. O conhecimento e o acesso a profissionais especializados certamente possibilitaram às instituições bancárias estenderem o debate ao STF, criando a chance de rever o entendimento contrário a seus interesses, desenhado nas instâncias ordinárias, ou, no mínimo, postergar o cumprimento de sua obrigação. Como preconizado por Marc Galanter, esses litigantes auferem vantagens do aparato institucional judiciário, inclusive de sua sobrecarga, utilizando a morosidade processual como fator de pressão para negociar reparações em valor aquém do devido, porquanto o prolongamento do processo

271. VITORELLI, Edilson. Acordo coletivo dos planos econômicos e por que ele não deveria ser homologado. *Jota*, 15 jan. 2018. Ainda conforme o autor: "Assim, um bom acordo, nesse caso, seria um acordo que assegurasse aos poupadores tudo ou quase tudo aquilo a que fazem jus, uma vez que o ganho temporal ou de redução da incerteza em decorrência do acordo são muito baixos. Se essa não for a realidade, o acordo é um mau acordo".

272. PEREIRA, Luiz Fernando Casagrande. A homologação do acordo dos planos econômicos. *Jota*, 19 fev. 2018.

273. Ibidem. O autor ainda destaca outro aspecto sobre o risco e o tempo do acordo: "Ao momento do acordo, portanto, os processos estavam suspensos há quase oito anos por dois ministros do STF que identificaram plausibilidade na tese dos bancos (tese que levaria a conta a zero). Em decisão de homologação, o Ministro Lewandowski reconheceu existir *incerteza sobre o resultado final do litígio no STF*. [...] Apesar disso tudo, há quem diga que o acordo foi inoportuno porque em breve o Supremo julgaria o caso. É um prognóstico orientado exclusivamente pela fé. É desconsiderar o *overbooking* da pauta do Supremo, especialmente em tempos de constante crise política".

no tempo aumenta o custo e o risco do julgamento, favorecendo-os[274]. Assim, um processo que perdura por longo tempo transforma-se em instrumento de ameaça e pressão, uma "arma formidável nas mãos dos mais fortes para ditar ao adversário as condições da rendição"[275]. Como há muito destacado por Mauro Cappelletti, o grau de resistência ao tempo do hipossuficiente é menor que o do rico[276]. Mesmo nas ações coletivas, vê-se, entre as partes, uma paridade apenas teórica, não correspondente à paridade de fato[277]. Não seria absurdo pensar, no contexto do acordo dos planos econômicos, que os poupadores, em verdade, foram "vencidos pelo cansaço".

O principal fator legitimante do acordo é sua voluntariedade, porquanto a adesão a seus termos seria opcional, em um sistema *opt in*, ou seja, o acordo apenas vincula os sujeitos que manifestam seu desejo nesse sentido. Aos demais, continua ressalvada a via judicial individual, como ocorre naturalmente, no sistema de tutela coletiva. Em sua crítica, Edilson Vitorelli afirma tratar-se de uma "meia verdade", porquanto apenas quem propôs ação individual teria, verdadeiramente, uma opção, visto que, nos termos do acordo, as ações coletivas seriam extintas, e o sujeito não poderia propor uma ação individual, em razão da prescrição[278]. Rebatendo o argumento, Luiz Fernando Casagrande Pereira destaca que o acordo abordou de forma diversa as execuções coletivas com e sem trânsito em julgado, sendo nas primeiras inequivocamente opcional a adesão, "não apenas porque assim está expresso no acordo, como também não haveria alternativa à luz do microssistema do processo coletivo brasileiro"[279].

Seja como for, analisando pragmaticamente, as possibilidades do litigante que opte por seguir sua demanda individual, excluindo-se do acordo, não parecem muito promissoras. É crível pensar que as instituições bancárias

274. GALANTER, Marc. Why the "haves" come out head: speculations on the limits of legal change. *Law & Society Review*, v. 9, n.1, p. 95-160, 1974.

275. TROCKER, Nicolò. *Processo civile e costituzione*. Problemi di diritto tedesco e italiano. Milano: Giuffrè, 1974. p. 276-277. No original: "Un processo che si trascina per lungo tempo diventa anche un comodo strumento di minaccia e di pressione, un'arma formidabile nelle mani del più forte per dettare all'avversario le consizioni dela resa".

276. CAPPELLETTI, Mauro. La giustizia dei poveri. *In:* CAPPELLETTI, Mauro *Processo e ideologie*. Bologna: Il Molino, 1969. p. 547-556.

277. CALAMANDREI, Piero. Il rispetto della personalità nel processo. *In:* CALAMANDREI, Piero. *Processo e democrazia*. Confenze tenute alla Facoltà di Diritto Dell'Università Nazionale Del Messico. Padova: Cedam, 1954. p. 150. Prossegue o autor (em tradução livre): "As despesas necessárias para fazer valer em juízo as próprias razões são tais que, muitas vezes, o despossuído, não tendo meios para fazer frente, deve resignar-se, com o coração envenenado pela amargura, a suportar injustiça de quem tem mais dinheiro. Assim, o direito de ação corre o risco de continuar sendo, como a liberdade de imprensa ou a liberdade de cultura, um luxo dos ricos". (Ibidem, p. 151).

278. VITORELLI, Edilson. Acordo coletivo dos planos econômicos e por que ele não deveria ser homologado. *Jota*, 15 jan. 2018.

279. PEREIRA, Luiz Fernando Casagrande. A homologação do acordo dos planos econômicos. *Jota*, 19 fev. 2018.

prefiram arrastar a discussão no tempo, inclusive levando o debate sobre o *quantum* devido às Cortes Superiores (tendo em vista sua maior resistência a esses fatores), em que o cenário lhes é mais favorável, propiciando, provavelmente, uma decisão muito próxima aos termos do acordo. Se é verdade que a decisão homologatória servirá de baliza para o Judiciário em futuros casos de acordo coletivo, como destacado pelo Ministro relator[280], servirá também de referência quanto ao mérito do caso, à míngua de outro parâmetro para tal fim[281], havendo, portanto, ainda que tacitamente, um certo grau de vinculatividade nos termos do acordo.

Isso leva à crítica sobre a inadequação da representação da coletividade (os poupadores) no caso em tela, extensiva, como já dito, a todo o sistema de tutela coletiva[282]. Esse aspecto, em alguma medida, dialoga com a percepção exposta pelos juízes na entrevista antes referida, de que os autores coletivos não atuariam com o vigor esperado para a defesa do direito por ele representado[283]. Curioso perceber que a doutrina majoritariamente indica

280. Como exposto no voto do relator, o então Ministro Ricardo Lewandowski, na decisão homologatória do acordo: "Diante da disseminação das lides repetitivas no cenário jurídico nacional atual, e da possibilidade de sua solução por meio de processos coletivos, a decisão a ser proferida pelo Supremo Tribunal Federal assume o caráter de marco histórico na configuração do processo coletivo brasileiro. Ao decidir este acordo, esta Casa estabelecerá parâmetros importantes para os inúmeros casos análogos, passados, presentes e futuros, que se apresentam e se apresentarão perante juízes que tomarão esta decisão como referência ao homologar acordos coletivos, bem assim ao deixar de fazê-lo. Ressalto que já é hora de tais parâmetros serem estabelecidos porque é assim, conferindo maior previsibilidade ao processo coletivo, que o Supremo Tribunal Federal o fortalecerá, como também o ideal de acesso à Justiça. [...] É essa a responsabilidade e a contribuição do Supremo Tribunal Federal na data de hoje, ao estabelecer os parâmetros para que o presente acordo venha a ser homologado e cumprido, servindo de norte para futuros acordos coletivos".

281. Uma das críticas ao acordo feita por Owen Fiss, abordadas no subcapítulo 3.2.1 é a ausência de formação de um parâmetro judicial legítimo para verificar a adequação dos termos de negociação.

282. Ainda em sua crítica, Edilson Vitorelli destaca, sobre a inadequação da representação dos poupadores pelas associações que firmaram o acordo coletivo: "De acordo com informações divulgadas pela AGU, foram realizadas mais de 50 reuniões para fechar o acordo. Nenhuma delas foi levada ao conhecimento público. Para nenhuma delas foi publicado um edital de convocação, que permitisse que os poupadores pudessem comparecer e compreender os rumos que os seus próprios direitos estavam tendo. [...] Mesmo depois que o acordo já tinha sido assinado, não foi feita uma audiência pública para ouvir os poupadores. Pelo contrário, o acordo só foi tornado público depois de ter sido apresentado ao STF. Alegava-se para a imprensa, curiosamente, que o acordo era 'sigiloso', embora os processos aos quais se refere sejam todos públicos e o sigilo, no caso, estivesse se voltando contra os donos dos direitos negociados. Isso significa que os verdadeiros titulares do direito foram alijados do debate por seus representantes. E isso não é correto. Ainda que se tratasse, no mérito, do melhor acordo do mundo (e não é o caso), ainda seria essencial que as pessoas tivessem a oportunidade de se manifestar. Ao oportunizar a participação no processo, o Estado o trata como sujeito capaz de compreender e decidir o que é melhor para si. A participação nas decisões capazes de afetar seus interesses é uma das premissas básicas do sistema democrático. Entregar resultados prontos, 'de cima para baixo', é um comportamento autoritário. Esse autoritarismo pode até ser adocicado, numa forma de paternalismo, com a afirmação de que o resultado é o melhor possível para as pessoas. Mas é só um pouco de açúcar. A matriz continua autoritária". (VITORELLI, Edilson. Acordo coletivo dos planos econômicos e por que ele não deveria ser homologado. *Jota,* 15 jan. 2018).

283. Cf. subcapítulo 3.3.

a necessidade de homologação judicial do acordo coletivo como forma de mitigar eventuais problemas da autocomposição coletiva, "para demonstrar que foram atendidos todos os requisitos e tomadas todas as cautelas para a melhor proteção do interesse metaindividual ou individual de massa no caso concreto"[284]. Foi exatamente o ocorrido no caso em tela e, mesmo assim, há forte crítica sobre os aspectos formais do acordo. No entanto, com a assumida dificuldade do Judiciário em tratar ações coletivas[285], não causa espanto que os critérios utilizados para aferição da adequada representação sejam questionáveis.

Volta-se, aqui, às previsões dos PLs de Nova Ação Civil Pública, com noções mais claras e critérios mais bem delimitados acerca do controle judicial da representação adequada dos legitimados coletivos, aplicáveis, igualmente, à autocomposição coletiva, que conta, no PL n. 4.441/2020 e no PL n. 1.641/2021, com extensa disciplina[286]. Tais propostas podem proporcionar desejável e interessante aprimoramento e superação dos pontos de crítica aqui trabalhados e evidenciados no acordo coletivo dos planos econômicos. Outra previsão importante ao presente estudo é a possibilidade de solicitar-se aos órgãos ou entidades de reconhecida capacidade técnica, "manifestação sobre a viabilidade técnica, operacional e financeira das obrigações a serem assumidas em autocomposição coletiva"[287], em uma espécie de paralelo com a comunicação obrigatória desses atores, antes abordada. Tal previsão chamaria os órgãos reguladores a participar ativamente dos termos do acordo construído, visando, a um só tempo, à democratização do debate, à consideração do tema como uma política pública complexa, envolvendo diversos atores, e ao compromisso de efetivação da decisão consensual.

Com efeito, o Bacen participou da ADPF n. 165, quando se manifestou pela constitucionalidade dos planos econômicos, colocando-se em posição favorável às instituições bancárias, ao agente regulado. Tal postura foi duramente criticada, indicando um "movimento orquestrado" do regulador com

---

284. ARENHART, Sérgio Cruz; OSNA, Gustavo. Notas sobre a autocomposição no processo coletivo. *Revista de Processo*, São Paulo, v. 46, n. 316, p. 239-272, jun. 2021. p. 254. No mesmo sentido, DIDIER JÚNIOR, Fredie; ZANETI JÚNIOR, Hermes. Justiça multiportas e tutela constitucional adequada: autocomposição em direitos coletivos. *In:* ZANETI JÚNIOR, Hermes; CABRAL, Trícia Navarro Xavier (Coords.). *Justiça Multiportas:* mediação, conciliação, arbitragem e outros meios de solução adequada de conflitos. Salvador: Juspodivm, 2016.

285. Cf. subcapítulo 3.3.

286. No PL n. 4.441/2020, o Capítulo IV é exclusivamente dedicado à autocomposição coletiva, incluindo os arts. 27 até 42. O tema é objeto também do Capítulo IV do PL n. 1.641/2021, disciplinado entre os arts. 37 e 43. Nesse último, há, ainda, um rol de princípios que devem nortear a autocomposição coletiva, entre os quais a participação, sempre que possível, do grupo social titular da pretensão coletiva e dos demais legitimados processuais, e a representatividade adequada e a informação suficiente sobre os melhores termos para a tutela coletiva (art. 37).

287. Previsão do art. 38 do PL n. 4.441/2020 e do art. 40 do PL n. 1.641/2021.

os agentes econômicos, "deixando à mostra a possibilidade de ingresso de mais uma parte no polo ativo da ação, ainda que ilegítima, ou ao menos um litisconsorte disfarçado de *amicus curiae* ou em coadjuvante interessado na vitória da autora da ação"[288]. Não obstante, o Bacen apresentou estudos técnicos realizados para elucidar os pontos de crítica à sua posição, sobretudo o valor supostamente superestimado do impacto macroeconômico da demanda e o fato de que a defesa da constitucionalidade dos planos econômicos seria articulada em favor das grandes instituições financeiras, em detrimento dos interesses dos pequenos poupadores[289]. Como já referido, o fato de, eventualmente, a manifestação do órgão regulador confluir com a tese defendida por uma ou outra parte não macula sua imparcialidade, desde que calcada na tecnicidade e *expertise* esperadas da instituição. De toda forma, é essencial o controle judicial sobre eventual captura do regulador, o que, sabidamente, não é tarefa fácil.

3.4. JULGAMENTO DE CASOS REPETITIVOS ENTRE CONSUMIDORES E AGENTES REGULADOS

Os conflitos entre consumidores e agentes regulados também podem ser agrupados, judicialmente, por meio dos julgamentos de casos repetitivos[290], com destaque para o IRDR, considerando-se a quantidade de demandas individuais e a natureza massificada dessas relações. Sendo esse, igualmen-

288. ALMEIDA, João Batista de. Os bancos contra os consumidores: aspectos da ação de descumprimento de preceito fundamental. *Revista dos Tribunais,* São Paulo, v. 891, p. 107-124, jan. 2010. p. 110.

289. SIQUEIRA, Francisco José de; ROMAN, Flávio José. ADPF 165: memorial apresentado pelo Bacen à Procuradoria-Geral da República. *Revista de Direito Bancário e do Mercado de Capitais,* São Paulo, v. 49, jul. 2010. Segundo o memorial: "Esse dado – a concentração de recursos depositados em poupança – também escancara que a atuação do Bacen nos autos da ADPF 165-0/DF, em favor da constitucionalidade dos planos econômicos, não se faz em desfavor ou contra os interesses dos pequenos poupadores, pois, como se evidenciou, são justamente grandes poupadores que constituem a classe mais representativa no caso. Não é preciso, portanto, proclamar que a improcedência da arguição prestigiaria interesses de cidadãos com parcos recursos. [...] A defesa da constitucionalidade dos planos monetários editados entre 1986 e 1991 tem em mira a defesa do Sistema Financeira Nacional, bem comum associado ao 'desenvolvimento equilibrado do país' e aos 'interesses da coletividade' (art. 192 da CF/1988). Tal sistema não se confunde com a figura dos empresários que nele atuam e, portanto, não deveria despertar, quanto à apreciação de suas questões – de ordem pública, - a mesma reserva com que comumente são avaliados os interesses particulares daqueles empresários".

290. O Código de 2015 aprimorou a disciplina dada aos recursos extraordinário e especial (arts. 1.036 a 1.041, CPC/2015; arts. 543-B e 543-C, CPC/1973, instituídos, respectivamente, pelas Leis n. 11.418/2006 e 11.672/2008), e apresentou como grande novidade o IRDR (arts. 976 a 987, CPC). Esses institutos são considerados espécies do gênero julgamento de casos repetitivos (art. 928, CPC), cujo objeto é questão unicamente de direito material ou processual (art. 928, parágrafo único, CPC), motivo pelo qual se entende haver um microssistema de julgamento de casos repetitivos (Enunciado n. 345 do Fórum Permanente de Processualistas: "O incidente de resolução de demandas repetitivas e o julgamento de recursos extraordinário e especial repetitivos formam um microssistema de solução de casos repetitivos, cujas normas de regência se complementam e devem ser interpretadas conjuntamente").

te, um mecanismo de coletivização, que, porém, diferentemente das ações coletivas, tem por objeto questões unicamente de direito, importa perceber que existem demandas que somente podem ser tratadas por meio das ações coletivas (*v.g.* a reparação de danos ambientais resultantes de uma atividade industrial inadequada) e outras que se adequam apenas aos procedimentos dos julgamentos repetitivos (como se vê em uma discussão sobre questão exclusivamente de direito processual, por exemplo)[291]. No entanto, podem-se imaginar situações de tutela por ambas as técnicas, como se nota, por exemplo, no caso em que se busca a invalidação de uma cláusula abusiva em um contrato de adesão, com milhares de atingidos[292]. É fácil perceber que muitos dos litígios dos setores regulados, principalmente entre consumidores e agentes regulados, podem ser tutelados por ambas as técnicas – o questionamento acerca das tarifas de telefonia, analisado por Kazuo Watanabe, e os litígios sobre a fiscalização do setor elétrico, examinado por Marcos Rolim da Silva, bem demonstram essa peculiaridade.

Para Fredie Didier Júnior e Hermes Zaneti Júnior, a escolha da técnica a utilizar é uma questão de estratégia processual, considerando-se as iniciativas por litigantes eventuais ou habituais, a busca por uma coisa julgada ou a formação de tese jurídica, os custos da litigância (financeiros, políticos, sociais etc.), a participação de *amicus curiae*, entre outros. Porém, os autores destacam a existência de uma diretriz normativa no sentido de priorizar a tutela coletiva por ação coletiva, revelada com clareza no art. 139, inciso X, do CPC. Segundo tal dispositivo, constatando a repetição, o órgão julgador tem o dever de informar os legitimados para fins de ajuizamento da ação coletiva[293].

291. Não se pode olvidar que o parágrafo único do art. 1º. da LACP impõe restrições ao cabimento das ações coletivas quando envolverem tributos, contribuições previdenciárias, o Fundo de Garantia por Tempo de Serviço (FGTS), entre outros, de maneira que tais matérias somente poderão ser objeto de julgamento de casos repetitivos, sendo defesa a ação coletiva que tenha tais temas por objeto.

292. André Vasconcelos Roque identifica um campo de atuação exclusiva das ações coletivas (direitos difusos e coletivos *stricto sensu;* direitos individuais homogêneos com danos pulverizados) e dos procedimentos de resolução de casos repetitivos (questões comuns extraídas de demandas heterogêneas), destacando-se uma "zona de sobreposição" entre ambos, ou seja, situações em que ambos os institutos podem ser aplicados: direitos individuais homogêneos com pretensões individuais significativas (ROQUE, André Vasconcelos. Ações coletivas e procedimentos para a resolução de casos repetitivos. *In:* DIDIER JÚNIOR, Fredie; CUNHA, Leonardo Carneiro da (Coords.). *Julgamento de casos repetitivos.* Salvador: Juspodivm, 2016. p. 32).

293. DIDIER JÚNIOR, Fredie; ZANETI JÚNIOR, Hermes. Ações coletivas e o incidente de resolução de demandas repetitivas – espécies de processo coletivo no direito brasileiro. *In:* DIDIER JÚNIOR, Fredie; CUNHA, Leonardo Carneiro da (Coord.). *Julgamento de casos repetitivos.* Salvador: Juspodivm, 2016. p. 189.

Entende-se que, nos litígios inseridos na "zona de sobreposição" entre as técnicas, deve-se privilegiar a ação coletiva em detrimento do IRDR[294], sobretudo pela não vinculação do indivíduo a eventual decisão desfavorável[295]. Não obstante, o que se percebe, contemporaneamente, é uma preferência pelos casos repetitivos em detrimento das ações coletivas[296]. Curiosamente, o regramento processual civil atentou aos casos repetitivos envolvendo os setores regulados, prevendo, em ambas as técnicas, a comunicação do órgão regulador para a "fiscalização da efetiva aplicação, por parte dos entes sujeitos a regulação, da tese adotada"[297]. Tal previsão provoca, no mínimo, duas reflexões essenciais: como viabilizar a participação dos órgãos reguladores no julgamento da tese, não apenas após sua fixação, e qual o grau de vinculação do regulador à tese fixada, mesmo quando ausente do debate para sua formação.

3.4.1. Comunicação, fiscalização e vinculação dos órgãos reguladores à tese jurídica

A previsão de comunicação dos órgãos reguladores teve origem em 2011, enquanto ainda tramitava na Câmara dos Deputados o Projeto de Lei

---

294. Indo além, entende-se que, caso haja alguma ação coletiva em curso, essa deve constituir fato impeditivo, no Estado ou região em que estiver tramitando, para a instauração de IRDR sobre questão coletiva *lato sensu* que seja objeto daquela, pois é na ação coletiva que deve ser resolvida. (DIAS, Handel Martins; JOÃO, Alexandre Lipp. A tutela de situações jurídicas coletivas no direito brasileiro: uma comparação entre as ações coletivas e o incidente de resolução de demandas repetitivas instituído pelo novo Código de Processo Civil. *In:* VELANDIA CANOSA, Eduardo Andrés (Org.). *II Congresso de Derecho Procesal Jairo Parra Quijano*, Tendencias Contemporaneas del Derecho Procesal. Bogotá: Universidad Libre, 2017. p. 186).

295. A tese fixada pelos julgamentos de casos repetitivos tem eficácia vinculante, ou seja, deve ser aplicada em todos os casos em tramitação e aqueles posteriormente ajuizados, que versem sobre a mesma questão ali decidida (art. 927, III, CPC). Por outro lado, eventual improcedência da ação coletiva não impede a propositura de ação individual pelos interessados (art. 103, §§ 1º e 2º, CDC).

296. Um exemplo é a previsão de escolha das ações coletivas como causa-piloto dos julgamentos de casos repetitivos nos Projetos de Lei da Nova Ação Civil Pública (art. 5º., parágrafo único, PL n. 4.441/2020; art. 6º., PL 1.641/2021; art. 3º., PL 4.778/2020). Embora essa seja uma sugestão já ventilada pela doutrina, o que se tem, em verdade, é uma absorção da ação coletiva pelo repetitivo, evidenciando a preferência por este. Entende-se que o mais adequado seria a previsão expressa, nos Projetos de Lei, de prevalência da ação coletiva, vedando-se a instauração do repetitivo quando já em curso ação coletiva que trate do mesmo tema (cf. nota supra). Assim, os repetitivos atuariam apenas em sua "zona de exclusividade", enquanto as ações coletivas atuariam com protagonismo na "zona de sobreposição" entre os instrumentos.

297. O CPC apresenta essa previsão para o IRDR no art. 985, § 2º.: "Se o incidente tiver por objeto questão relativa a prestação de serviço concedido, permitido ou autorizado, o resultado do julgamento será comunicado ao órgão, ao ente ou à agência reguladora competente para fiscalização da efetiva aplicação, por parte dos entes sujeitos a regulação, da tese adotada". Nos recursos excepcionais repetitivos, no art. 1.040, IV, do CPC: "Se os recursos versarem sobre questão relativa a prestação de serviço público objeto de concessão, permissão ou autorização, o resultado do julgamento será comunicado ao órgão, ao ente ou à agência reguladora competente para fiscalização da efetiva aplicação, por parte dos entes sujeitos a regulação, da tese adotada".

do atual CPC, com a Emenda na Comissão (EMC) n. 694/2011, de autoria do Deputado Jerônimo Goergen (PP/RS), para incluir ao então art. 938 (que tratava do IRDR), um § 1º. de redação[298] muito semelhante à hoje contida no art. 985, § 2º. do CPC, reprisada no art. 1.040, IV, para os recursos repetitivos. Em sua justificativa, o Deputado destacou ser comum o reconhecimento, pelos tribunais, de condutas ilegais das empresas (por exemplo, abusividade de cláusulas contratuais), que seguem praticando a conduta abusiva, por falta de fiscalização dos órgãos reguladores. Portanto, a comunicação ao regulador para fins de "fiscalização e regulação", nos termos da tese fixada, "confere maior eficácia ao novo instituto, chamando a responsabilidade também as Agências reguladoras, com vistas a evitar novas demandas repetitivas"[299].

A versão final, constante do Código vigente, apresenta a comunicação apenas para fins de fiscalização, sem referir a regulação, limitando, *a priori*, a influência da tese ao âmbito específico do agente regulado. Haveria, portanto, apenas uma recomendação, uma espécie de cooperação entre o Judiciário e o órgão regulador, cujo objetivo é efetivar as decisões judiciais[300]. Para Cassio Scarpinella Bueno, "se esta fiscalização for efetiva, como se espera, reduz-se os riscos de nova judicialização do conflito e, com isto, dá-se passo importante em direção a um mecanismo mais racional de distribuição de justiça"[301]. Parte-se da premissa de que o órgão regulador tem o dever de fiscalizar a conduta dos agentes regulados, que devem observar a decisão do IRDR; logo, não haveria um avanço do Judiciário sobre o papel do regulador[302].

Essa leitura se alinha ao entendimento doutrinário de não vinculação da Administração Pública às teses dos julgamentos repetitivos. O argumento central dessa corrente funda-se na separação de poderes, motivo pelo qual caberia ao Poder Legislativo a edição de normas gerais e abstratas, devendo eventual exceção ter previsão constitucional expressa, como ocorre com a súmula vinculante e as decisões em controle concentrado de constitucionalidade[303]. Como o *caput* do art. 927 do CPC impõe a observância de seus

298. Art. 938. "[...] § 1º. Envolvendo a matéria questão de direito relativa à prestação de serviço concedido, permitido ou autorizado, será comunicada ao órgão ou agência reguladora responsável para fiscalização do efetivo cumprimento da decisão adotada, por parte das empresas sujeitas à regulação". (BRASIL. Emenda na Comissão n. 694/2011: PL 8046/2010. 21 dez. 2011).

299. Ibidem.

300. CARDOSO, André Guskow. O incidente de resolução de demandas repetitivas – IRDR e os serviços concedidos, permitidos ou autorizados. *Revisa de Direito Administrativo Contemporâneo*, São Paulo, v. 23, p. 139-172, mar./abr. 2016. p. 151.

301. BUENO, Cassio Scarpinella. *Novo CPC anotado*. São Paulo: Saraiva, 2015. p. 629.

302. SILVEIRA, Bruna Braga da. *Litigiosidade repetitiva, processo e regulação:* interações entre o Judiciário e o regulador no julgamento de casos repetitivos. Salvador: Juspodivm, 2020. p. 175.

303. Nesse sentido, *v.g.* CARDOSO, André Guskow. O incidente de resolução de demandas repetitivas – IRDR e os serviços concedidos, permitidos ou autorizados. *Revisa de Direito Administrativo Contemporâneo*, São Paulo, v. 23, p. 139-172, mar./abr. 2016. p. 152; TEMER, Sofia. *Incidente de resolução de demandas*

incisos apenas aos juízes e aos tribunais, a leitura adequada seria a de que todos os pronunciamentos ali arrolados vinculam o Poder Judiciário (vertical e horizontalmente), mas apenas aqueles com previsão constitucional expressa vinculam também a Administração Pública. A comunicação ao regulador prevista nos julgamentos de casos repetitivos conferiria apenas uma eficácia persuasiva à Administração Pública, ou seja, eventualmente poderia haver mudança no cenário regulatório decorrente das consequências da aplicação da decisão pelos agentes regulados, mas não de uma obediência direta à tese[304].

---

repetitivas. 2. ed. Salvador: Juspodivm, 2017. p. 229-230. Para a autora, "é claro que em termos de coerência e integridade do sistema jurídico, é preciso defender que todos observem e respeitem os precedentes, como normas que pautarão as condutas dos particulares e do Estado. Mas, sobretudo por razões que dizem respeito à estrutura constitucional dos poderes do Estado, parece adequado defender que apenas o Poder Judiciário esteja propriamente vinculado". Em sentido contrário, defendendo a vinculação da Administração Pública às teses dos julgamentos de casos repetitivos, *v.g.* MANCUSO, Rodolfo de Camargo. *Incidente de resolução de demandas repetitivas.* 2. ed. Salvador: Juspodivm, 2019. p. 35, 87. Segundo o autor, o CPC traria uma "irradiação de efeitos de produtos judiciários otimizados" em dimensão endoprocessual, panprocessual e extraprocessual, sendo essa última representada, justamente, pelos comandos dos arts. 985, § 2º. e 1.040, IV, que vincularia as teses repetitivas à Administração Pública da mesma forma que a súmula vinculante faria. Bem por isso, defende uma "leitura renovada e contextualizada" do art. 5º., II constitucional, entendendo que a "*norma legislada*" e a "*norma judicada*" formariam "uma mesma realidade, coesa e integrada ao interno da experiência jurídica como um todo". Hermes Zaneti Júnior, por sua vez, entende que o precedente é norma jurídica e, portanto, vincula todos os aplicadores do direito, especialmente os órgãos públicos, "uma vez que estes devem seguir os precedentes vinculantes do novo CPC com a força normativa própria da lei, sob pena de ofensa ao princípio da legalidade", destacando essa postura nas manifestações do Ministério Público, da Defensoria Pública e da Advocacia Pública (ZANETI JÚNIOR, Hermes. Comentários aos arts. 926 a 928. *In:* CABRAL, Antonio do Passo; CRAMER, Ronaldo (Coords). *Comentários ao novo Código de Processo Civil.* 2. ed. Rio de Janeiro: Forense, 2016. p. 1340, *Kindle*). Porém, em outra sede o mesmo autor afirmou, sobre os incisos III, IV e V do art. 927 do CPC: "não há inconstitucionalidade porque não há ofensa aos princípios da separação de poderes e da legalidade, uma vez que se vincula apenas aos órgãos do Poder Judiciário e se observa a legalidade por ter sido a vinculação formalmente estabelecida por lei". (ZANETI JÚNIOR, Hermes. *O valor vinculante dos precedentes:* teoria dos precedentes normativos formalmente vinculantes. 4. ed. Salvador: Juspodivm, 2019. p. 400). A vinculação referida pelo autor parece ser relativa ao comportamento da Administração Pública enquanto parte em processo judicial, não em sua atuação típica executiva. Finalmente, entendendo pela inconstitucionalidade da vinculação da tese repetitiva inclusive em relação ao Poder Judiciário, *v.g.* TUCCI, José Rogério Cruz e. *Precedente judicial como fonte do direito.* 2.ed. Rio de Janeiro, GZ, 2021. p. 167; ABBOUD, Georges; CAVALCANTI, Marcos de Araújo. Inconstitucionalidades do incidente de resolução de demandas repetitivas (IRDR) e os riscos ao sistema decisório. *Revista de Processo,* São Paulo, v. 40, n. 240, p. 221-242, fev. 2015. p. 223-224; CAVALCANTI, Marcos de Araújo. *Incidente de resolução de demandas repetitivas (IRDR).* São Paulo: Revista dos Tribunais, 2016. p. 366-372. Segundo esse autor, "a *ratio decidendi* extraída do julgamento do IRDR é texto normativo de *caráter geral e abstrato* que precisa ser interpretado na sua aplicação aos casos concretos. Portanto, a tese jurídica firmada em IRDR possui as mesmas características da lei (generalidade e abstratividade). [...] Por se tratar do exercício de função típica do Poder Legislativo pelo Poder Judiciário, a Constituição da República deve expressamente autorizá-la".

304. TEMER, Sofia. *Incidente de resolução de demandas repetitivas.* 2.ed. Salvador: Juspodivm, 2017. p. 228. No mesmo sentido, Antonio do Passo Cabral: "A comunicação do resultado do julgamento a estes órgãos pode não só levar a uma implementação mais rápida e correta da decisão do IRDR, mas também estimular, se for o caso, mudança nas rotinas de fiscalização ou nas normas administrativas editadas pelo regulador" (CABRAL, Antonio do Passo. Comentários ao art. 985. *In:* CABRAL, Antonio do Passo; CRAMER, Ronaldo (Coords). *Comentários ao novo Código de Processo Civil.* 2.ed. Rio de Janeiro: Forense, 2016. p. 1446, *Kindle*).

No entanto, a exigência de fiscalização pelo regulador importa em sua aceitação da tese repetitiva como norma à qual está submetida, pois, com base nele, avaliarão a conduta do regulado como correta ou não, aplicando ou deixando de aplicar a sanção por seu descumprimento[305]. A despeito de ausência de previsão legal expressa sobre a vinculação do órgão regulador à tese fixada e da necessidade de regulação após a comunicação (como exposto na justificativa da EMC), a intenção do legislador parece ter sido, para além de fiscalizar a conduta dos agentes regulados diante do entendimento judicial, ajustar a política regulatória conforme a tese repetitiva[306]. Há, portanto, um notório desvirtuamento do processo civil e uma intervenção ilegítima do Poder Judiciário nas atividades do Poder Executivo, uma vez que a tese fixada não serviria apenas para garantir maior segurança jurídica e isonomia, impondo-se, também, como uma regra regulatória[307].

Além disso, o próprio mandamento constitucional de eficiência administrativa impede o órgão regulador de ignorar a tese fixada, negligenciando o entendimento judicial sobre a conduta lícita e adequada naquela relação regulada, ensejando mais conflitos e desperdício econômico[308]. Isso porque a não observância da tese fixada em julgamento de casos repetitivos enseja o cabimento da reclamação (arts. 985, § 1º.; 988, III, CPC). Mesmo adotando a corrente que defende a não vinculação da Administração Pública aos julgamentos de casos repetitivos e, por isso, o não cabimento da reclamação diante de seu descumprimento pelo órgão regulador[309], a dissonância entre

---

305. SILVEIRA, Bruna Braga da. *Litigiosidade repetitiva, processo e regulação:* interações entre o Judiciário e o regulador no julgamento de casos repetitivos. Salvador: Juspodivm, 2020. p. 175-176.

306. Ibidem, p. 175.

307. SANTOS, João Marcelo dos. Riscos e impactos negativos do art. 985, § 2º., do Novo Código de Processo Civil. *Revista Opinião.Seg*, São Paulo, n. 12, p. 66-71, ago. 2016. p. 68-69. Conforme o autor, "É desejável que órgãos reguladores busquem sempre a redução do número de conflitos de interesses passíveis de gerar o acionamento do Poder Judiciário. É também desejável que o Poder Judiciário decida demandas específicas com a preocupação de estabelecer precedentes que não sejam danosos e até colaborem para a evolução da vida social e econômica. Mas não se vislumbra nessa busca de mútua cooperação a possibilidade de destruição da independência dos Poderes, tanto pelo caráter basilar que tal independência apresenta para a democracia, como porque esta independência é também baseada nas diferentes funções exercidas por cada Poder". (Ibidem, p. 69).

308. Conforme fundamento extraído da manifestação da Associação Norte-Nordeste de Professores de Processo (ANNEP) como *amicus curiae* na ADI n. 9.452, que questiona a constitucionalidade, entre outros, dos arts. 985, § 2º. e 1.040, IV, do CPC, referido na obra de Bruna Braga da Silveira. (SILVEIRA, Bruna Braga da. *Litigiosidade repetitiva, processo e regulação:* interações entre o Judiciário e o regulador no julgamento de casos repetitivos. Salvador: Juspodivm, 2020. p. 217).

309. Cf. CARDOSO, André Guskow. O incidente de resolução de demandas repetitivas – IRDR e os serviços concedidos, permitidos ou autorizados. *Revisa de Direito Administrativo Contemporâneo,* São Paulo, v. 23, p. 139-172, mar./abr. 2016. p. 154, e TEMER, Sofia. *Incidente de resolução de demandas repetitivas.* 2.ed. Salvador: Juspodivm, 2017. p. 229, destacando o entendido dessa última autora, para quem o art. 985, § 2º. do CPC não prevê uma eficácia diretamente obrigatória como o *caput* do art. 927: "uma das consequências dessa diferenciação é que não caberá reclamação contra ato da administração pública que não observar tese fixada no IRDR. A Administração Pública apenas ficará vinculada nos limites dos conflitos subjetivos de que seja partícipe".

a tese fixada e a norma regulatória certamente voltaria ao Judiciário, provavelmente pela via do controle direto de ato regulatório.

Supondo que a norma regulatória impusesse ao agente regulado uma conduta dispensada pela tese repetitiva, essa exigência administrativa seria levada ao Judiciário, que aplicaria o entendimento outrora fixado (especialmente diante de sua vinculação expressa aos julgamentos repetitivos). Por outro lado, se o agente regulado descumprisse a determinação judicial com base na norma regulatória, caberia ao lesado buscar sua aplicação junto ao Judiciário[310], cujo destino será conhecido. Pragmaticamente, o órgão regulador, mesmo não expressamente vinculado à tese repetitiva, não terá como se opor ao seu cumprimento[311-312].

Bruna Braga da Silveira alerta para o fato de que, quando o Judiciário uniformiza entendimento sobre questão regulatória sem consultar o órgão regulador, apenas notificando para que fiscalize o cumprimento do decidido, não apenas desconsidera a política regulatória desenhada pelo regulador, mas também impõe uma compreensão, não raro diversa, sobre tema de sua competência[313]. Como bem pontua João Marcelo dos Santos, "se existe uma

---

310. Porquanto a tese repetitiva vincule os agentes regulados (independentemente de se entender pela vinculatividade do regulador), tem-se que essa judicialização poderia se dar pela reclamação ou mediante procedimento comum, facultando ao lesado a escolha da via mais adequada ao caso e à sua estratégia processual.

311. João Marcelo dos Santos, reconhecendo a possibilidade de o Poder Judiciário, nesses casos, atuar efetiva e proativamente como um regulador, destaca com perplexidade a ausência de legitimidade do órgão regulador para propor qualquer recurso ou contestar a própria natureza geral da decisão. (SANTOS, João Marcelo dos. Riscos e impactos negativos do art. 985, § 2º, do Novo Código de Processo Civil. *Revista Opinião.Seg*, São Paulo, n. 12, p. 66-71, ago. 2016. p. 70).

312. A fim de verificar a ocorrência dessa comunicação na prática, realizou-se consulta própria por meio do Fala.Br (Plataforma Integrada de Ouvidoria e Acesso à Informação, vinculada ao Portal Gov.Br) aos órgãos reguladores abordados nesta pesquisa (Anatel, Bacen, Aneel, ANS e Anac), questionando: a) Como se dá, se ocorre, a fiscalização do cumprimento das teses repetitivas pelo regulador?; b) Qual o grau de vinculação do regulador, em seu viés regulatório e normativo, em relação às teses repetitivas, especialmente em IRDR, cuja eficácia é regional? A tese prevalece perante a política regulatória antes instituída? Apenas o Bacen respondeu efetivamente à consulta formulada, afirmando não ter identificado a recepção de nenhuma comunicação judicial para fins de fiscalização da efetivação aplicação de tese repetitiva (Protocolo NUP 18810.010114/2023-93). Uma hipótese seria a falha na comunicação do Judiciário ao regulador sobre as teses fixadas. Essa análise, pertinente sobretudo em relação ao IRDR, exigiria um exame dos incidentes julgados em território nacional que envolvam matéria regulada e seus desdobramentos específicos, desde a comunicação (ou não) ao regulador até a conduta do órgão para sua fiscalização. Tal movimento foge ao escopo do presente trabalho, sendo, no entanto, um ótimo campo para pesquisas futuras.

313. SILVEIRA, Bruna Braga da. *Litigiosidade repetitiva, processo e regulação:* interações entre o Judiciário e o regulador no julgamento de casos repetitivos. Salvador: Juspodivm, 2020. p. 175. Conclui a autora: "Tem-se com a referida regra uma potencial invasão do espaço da Agência pelo Judiciário: na *participação*, não prevendo intervenção obrigatória da Agência para aportar elementos técnicos aptos a influenciar na decisão; na *normatização*, pois a decisão tomada em um caso repetitivo será aplicada a todos os processos que versem sobre a questão – e em muitos casos, a questão pode ser decidida de forma diversa do constante na norma regulatória; e na *fiscalização*, pois caso atendido o comando do Judiciário pela Agência, terá que passar a fiscalizar não necessariamente de acordo com

situação a demandar intervenção, e tal intervenção não ocorreu, pode haver uma razão"[314]. Nesse contexto, levando ares constitucionais ao instituto, a melhor leitura dos arts. 985, § 2º., e 1.040, IV, do CPC, seria de comunicação ao órgão regulador também para participação na formação da tese jurídica, não apenas para sua fiscalização posterior.

3.4.2. Participação dos órgãos reguladores na formação da tese jurídica

Partindo da premissa de que os julgamentos de casos repetitivos são espécies do gênero processo coletivo[315], as considerações feitas sobre a participação dos órgãos reguladores nas ações coletivas[316] são, igualmente, aplicadas aqui. No entanto, diante da vinculatividade incondicional da tese fixada pelos repetitivos (*pro et contra*)[317], aplicada a todos os processos presentes e futuros que abordem a questão, sendo, também, uma forma de sumarização do procedimento[318], a participação e o efetivo debate para a formação da decisão ganham ainda mais relevo, sobretudo quando se trata

---

a sua compreensão e normatização para o setor, mas de acordo com o decidido no caso repetitivo". (Ibidem, p. 211).

314. SANTOS, João Marcelo dos. Riscos e impactos negativos do art. 985, § 2º, do Novo Código de Processo Civil. *Revista Opinião.Seg*, São Paulo, n. 12, p. 66-71, ago. 2016. p. 69.

315. Adota-se, aqui, a posição de Fredie Didier Júnior e Hermes Zaneti Júnior, que definem o processo coletivo como "aquele em que se postula um direito coletivo lato sensu (situação jurídica coletiva ativa) ou que se afirme a existência de uma situação jurídica coletiva passiva (deveres individuais homogêneos, p. ex.) de titularidade de um grupo de pessoas". A partir desse conceito, os autores identificam as ações coletivas e o julgamento de casos repetitivos como espécies do gênero processo coletivo, "pois têm por objetivo a solução de uma situação jurídica coletiva – titularizada por grupo/coletividade/comunidade". (DIDIER JÚNIOR, Fredie; ZANETI JÚNIOR, Hermes. *Curso de direito processual civil:* processo coletivo. 16. ed. São Paulo: Juspodivm, 2022, v. 4, p. 48-56).

316. Cf. subcapítulo 4.3.1.

317. Marcos Rolim da Silva, além de cotejar ações individuais e coletivas, analisou o REsp n. 1.412.433/RS, julgado sob o rito dos repetitivos, que deu origem ao Tema Repetitivo 699, cuja questão de fundo coincide com aquela delimitada pelo autor em seu estudo empírico. Da análise, constatou que, diferentemente do ocorrido com as ações coletivas, a eficácia subjetiva da tese de repetitivos não foi um problema para a fixação do posicionamento da Corte e sequer foi debatido. (SILVA, Marcos Rolim da. *Regulação econômica e processo civil:* tutela individual e coletiva na solução de conflitos envolvendo serviços públicos. São Paulo: Juspodivm, 2022. p. 324-326). Uma das hipóteses levantadas pelo autor é de que "as técnicas de resolução de demandas repetitivas possibilitam um maior controle, pela cúpula do Judiciário, de quais matérias merecem ser decididas de forma a gerar teses dotadas de efeito vinculante às demais esferas do Judiciário. Em outras palavras, o próprio Judiciário definiria sobre quais matérias ele *quer* e *tem capacidade* para estabelecer decisões vinculantes. O risco associado a essa possibilidade é o de serem alijadas do âmbito judicial matérias de interesse público sobre as quais o Judiciário não se encontra confortável para decidir – ainda que, em uma perspectiva comparada, seja, eventualmente, a instituição mais adequada para a tomada de uma decisão". (SILVA, Marcos Rolim da. *Regulação econômica e processo civil:* tutela individual e coletiva na solução de conflitos envolvendo serviços públicos. São Paulo: Juspodivm, 2022. p. 335-336).

318. Relembra-se, acerca da sumarização do procedimento, que a existência de tese fixada em julgamento de casos repetitivos enseja, por exemplo, a improcedência liminar do pedido (art. 332, CPC) e a concessão de tutela de evidência (art. 331, II, CPC).

de questões regulatórias, tendo em vista seu impacto na política regulatória e na atuação do órgão regulador, como visto no subcapítulo anterior.

Em pesquisa empírica sobre julgamento de casos repetitivos em matéria regulatória, Bruna Braga Silveira constatou a relevância do tema em sede de repetitivos e a ausência de uma efetiva participação dos órgãos reguladores na construção da tese jurídica fixada. Cerca de 15% dos julgamentos de casos repetitivos analisados tinham por objeto questões inseridas nos setores regulados da economia[319]. Houve a participação do órgão regulador em apenas 33,3% dos IRDRs analisados, dos quais 50% fundamentaram fortemente sua decisão em questões regulatórias. Em 24% dos recursos especiais repetitivos, houve a participação do regulador, com destaque para o Bacen e/ou CVM, participantes em 42,5% dos casos afetados em matéria bancária. A influência dessa participação é flagrante na análise desse instrumento: em 88% dos casos de que o órgão regulador participou, o STJ considerou fortemente o argumento regulatório; já nos casos sem a participação, 75% deles sequer mencionaram a regulação como fundamentação, considerada em apenas 5% dos casos[320]. Conclui-se, assim, que a participação dos órgãos reguladores, nos julgamentos de casos repetitivos, "tende a modificar sensivelmente o conteúdo do julgado, especialmente conduzindo a uma maior consideração da racionalidade regulatória na prestação jurisdicional"[321].

Sem previsão específica que discipline sua intervenção nesses casos, deve-se considerá-lo como "interessado" (arts. 983; 1.038, I, CPC), participando na qualidade de *amicus curiae*, pelos mesmos motivos abordados em relação às ações coletivas[322]. A intervenção e a colaboração dos reguladores na formação da tese repetitiva atendem ao critério de legitimação democrática, permite uma qualificação técnica da decisão e atende aos reclamos

319. Do total de 638 IRDRs suscitados no país até junho de 2018, 94 versam sobre tais questões; entre os 669 recursos especiais repetitivos transitados em julgado, 104 tinham como objeto controvérsia sobre o setor regulado. Nos IRDRs, o maior volume quantitativo de processos concentra-se no setor de energia (26), seguido pelo bancário e instituições financeira (22). Já nos recursos repetitivos, 45% dos casos discutiam questões ligadas ao setor financeiro, seguido pelo setor de energia elétrica e telecomunicações. (SILVEIRA, Bruna Braga da. *Litigiosidade repetitiva, processo e regulação:* interações entre o Judiciário e o regulador no julgamento de casos repetitivos. Salvador: Juspodivm, 2020. p. 184-187).

320. SILVEIRA, Bruna Braga da. *Litigiosidade repetitiva, processo e regulação:* interações entre o Judiciário e o regulador no julgamento de casos repetitivos. Salvador: Juspodivm, 2020. p. 190. Sobre o estudo, conclui a autora: "A relevância da participação da Agência é enorme e pôde ser verificada de forma expressiva na pesquisa empreendida. A diferença na fundamentação a nível de consideração de questões regulatórias nos julgados repetitivos é significativa: se analisarmos os recursos repetitivos em matéria regulada, o percentual de casos em que a regulação *não foi mencionada* cai de 59% para 8% quando a Agência participa do julgamento. Já os casos em que a regulação foi *fortemente considerada* cresce de 25% para 88% com a participação do ente". (Ibidem, p. 228).

321. Ibidem, p. 236.

322. Cf. subcapítulo 3.3.1.1.

do Estado Democrático de Direito, viabilizando uma verdadeira interação e integração entre as esferas de Poder previstas constitucionalmente[323]. Como defende André Guskow Cardoso, a notificação obrigatória ao órgão regulador para participar dos julgamentos de casos repetitivos que envolvam matéria de sua competência é a única forma de compatibilizar a determinação de fiscalização da aplicação da tese fixada com os princípios constitucionais do devido processo legal, ampla defesa e contraditório[324].

A legitimidade democrática vem, também, com a ampliação da discussão em torno da matéria, permitindo que a decisão sobre a questão repetitiva seja fruto de cognição completa e de um debate amadurecido, afinal, o produto do julgamento será utilizado como padrão decisório[325]. A comunicação ao órgão regulador para participar da formação da tese também possibilita que ele divulgue aos interessados (agentes regulados e consumidores) a existência de julgamento de caso repetitivo em curso, versando sobre questão jurídica atinente ao setor regulado e ampliando a participação para além de sua própria atuação[326]. Outrossim, embora não supra, por si só, a ausência de um controle efetivo da representatividade adequada das partes, ponto sensível em especial no IRDR, a presença de *amici curiae* reforça o contraditório e, de certa forma, mitiga algumas das críticas à técnica dos julgamentos de casos repetitivos.

No entanto, Bruna Braga da Silveira destaca que, em cerca de 70% dos casos por ela analisados, discutindo matéria inserta nos setores regulados da economia, não houve qualquer participação dos órgãos reguladores, demonstrando que a faculdade de sua intervenção, prevista no sistema de julgamento de casos repetitivos, não vem sendo utilizada a contento pelo Judiciário[327]. Aliás, a autora identificou que o Instituto Brasileiro de Defesa do Consumidor (Idec) foi convidado a participar desses julgamentos em mais casos do que o órgão regulador[328], reforçando a percepção equivocada do

---

323. WELSCH, Gisele Mazzoni. *Legitimação democrática do Poder Judiciário no novo Código de Processo Civil.* São Paulo: Revista dos Tribunais, 2016. p. 169-170.

324. CARDOSO, André Guskow. O incidente de resolução de demandas repetitivas – IRDR e os serviços concedidos, permitidos ou autorizados. *Revisa de Direito Administrativo Contemporâneo,* São Paulo, v. 23, p. 139-172, mar./abr. 2016. p. 153. Também pondera o autor: "Evidentemente, a entidade pode eventualmente optar por não participar. Mas, nesse caso, e sem prejuízo da apuração de eventual responsabilidade funcional pela adoção de tal decisão, a entidade não poderá posteriormente se opor à tese eventualmente fixada com fundamento na ausência de sua participação".

325. CÂMARA, Alexandre Freitas. *O novo processo civil brasileiro.* 3. ed. São Paulo: Atlas, 2017. p. 562.

326. CARDOSO, André Guskow. O incidente de resolução de demandas repetitivas – IRDR e os serviços concedidos, permitidos ou autorizados. *Revisa de Direito Administrativo Contemporâneo,* São Paulo, v. 23, p. 139-172, mar./abr. 2016. p. 157.

327. SILVEIRA, Bruna Braga da. *Litigiosidade repetitiva, processo e regulação:* interações entre o Judiciário e o regulador no julgamento de casos repetitivos. Salvador: Juspodivm, 2020. p. 230.

328. Ibidem, p. 221.

Judiciário sobre a natureza e a complexidade dos litígios entre consumidores e agentes regulados.

O legislador, ao reconhecer a especificidade da litigiosidade própria dos setores regulados, determinando a comunicação aos reguladores da tese firmada, por congruência e simetria, deveria ter imposto a participação dos órgãos reguladores quando o caso repetitivo tiver por objeto questão relativa ao setor regulado, para ampliar o contraditório e aportar ao julgamento sua perspectiva regulatória e visão técnica[329]. Assim como defendido no âmbito das ações coletivas, entende-se que a obrigatoriedade da intimação dos órgãos reguladores nos julgamentos de casos repetitivos pode se dar por analogia à previsão específica da CVM e do Cade, entes que exercem a função regulatória e cuja intervenção se baseia, justamente, na competência e na capacidade institucional sobre as questões abrangidas em seu âmbito de atuação[330]. Outra possibilidade seria a aplicação das previsões dos PLs de Nova Ação Civil Pública, caso promulgados, por força do microssistema processual coletivo.

Inegável, porém, como referido para as ações coletivas, ser mais benéfica uma previsão legal específica com a determinação de intimação do órgão regulador para integrar a formação da tese repetitiva, retirando a possibilidade de intervenção da esfera de discricionariedade do julgador. Além de todas as contribuições já mencionadas, a ampla participação do regulador ensejaria uma melhor recepção, pelo órgão, do dever de fiscalização das teses firmadas, esse sim expressamente previsto (arts. 985, § 2º.; 1.040, IV, CPC)[331].

---

329. Ibidem, p. 196-198. "Ao deixar de prever a obrigatoriedade de notificação da Agência para participar da fixação da tese, deixou, o legislador, abertura para que a racionalidade da Agência – que abrange as normas regulatórias em múltiplos aspectos técnicos, desde específicos do setor (como elétrico, de telecomunicações, bancário, etc.) até econômicos (tarifários e, especialmente, relacionados ao equilíbrio econômico e financeiro, além de concorrencial e de mercado), olhando para os usuários enquanto um conjunto e não individualmente – fosse desconsiderada quando do julgamento". (Ibidem, p. 224). No mesmo sentido, Gisele Mazzoni Welsch entende que a participação do órgão regulador na formação da tese no IRDR, deve se dar necessariamente, não como uma faculdade do juiz, considerando o potencial repetitivo das questões debatidas e o caráter vinculante do julgamento de casos repetitivos. (WELSCH, Gisele Mazzoni. *Legitimação democrática do Poder Judiciário no novo Código de Processo Civil.* São Paulo: Revista dos Tribunais, 2016. p. 172).

330. "Recorde-se, sobre o tema, que na Agência se concentram competências para tratar de uma série de interesses diversos e possivelmente antagônicos. A ela caberá equilibrar tais interesses, extraindo do setor regulado o interesse público, encontrado na soma (ou choque) desses diversos agentes partícipes do mercado. Ora, com essas considerações, é de todo conveniente que o Poder Judiciário não apenas *permita* sua participação como *deseje* sua participação, com poder de influência, para que traga e permita explorar a multiplicidade de interesses envolvidos, a complexidade técnica aplicável, enfim, o panorama regulatório abrangente". (SILVEIRA, Bruna Braga da. *Litigiosidade repetitiva, processo e regulação:* interações entre o Judiciário e o regulador no julgamento de casos repetitivos. Salvador: Juspodivm, 2020. p. 196-197).

331. Ibidem, p. 203.

Deve-se reconhecer, também, que a questão perpassa, necessariamente, por um "esforço institucional coordenado", sendo recomendável – e incentivado – ao regulador que busque acompanhar os julgamentos de casos repetitivos instaurados (que devem ser publicizados pelo CNJ), a fim de promover, por si, sua participação, independente da intimação do julgador ou da provocação de alguma das partes[332]. A intervenção do regulador é essencial para minorar o déficit institucional do Judiciário, de lidar com questões técnicas, considerando a perspectiva regulatória no julgamento das ações que, em um primeiro momento, parecem versar exclusivamente sobre questões consumeristas, quando, na verdade, inserem-se em um contexto regulatório muito mais amplo que a relação privada entre consumidor e agente regulado[333].

A partir das reflexões postas neste capítulo, haveria uma aproximação (ainda que no âmbito judicial) entre órgãos reguladores e consumidores, auxiliando na pavimentação de um canal de comunicação mais claro e forte entre eles, hoje quase inexistente, possibilitando, oportunamente, levar esses debates à seara do próprio regulador, fora do Judiciário. Esse é o ponto central do capítulo seguinte.

---

332. Ibidem, p. 237.
333. Ibidem, p. 233-234.

Capítulo 4

REFLEXÕES PARA O APRIMORAMENTO DA FUNÇÃO JUDICANTE DOS ÓRGÃOS REGULADORES

Desenvolve-se, neste capítulo, a proposta central da pesquisa. Trata-se, em síntese, de algumas reflexões iniciais sobre o aprimoramento da função judicante dos órgãos reguladores, a fim de implementar um meio adequado de resolução de conflitos entre consumidores e agentes regulados, a partir de um efetivo "devido processo regulatório judicante". A intenção é incentivar uma atuação mais engajada dos reguladores na auto e na heterocomposição desses conflitos, com significativa repercussão em toda política regulatória. Busca-se, com isso, estreitar (ou fundar) a relação entre consumidor e órgão regulador, otimizando, a um só tempo, a satisfação da sociedade com o serviço prestado, a fiscalização e o controle do cumprimento da política regulatória e a eficiência do sistema de justiça.

Antes de adentrar no tema, importa tecer algumas considerações metodológicas. Diante das características dos órgãos reguladores, entende-se que as sugestões aqui podem ser implementadas de *lege lata*, a partir da mudança de postura e comportamento do próprio regulador. Não obstante, seria muito bem-vinda a positivação dessas questões (por lei ou por normativa do próprio regulador), proporcionando mais clareza, segurança e, até mesmo, maior atenção ao estudo da temática. Ademais, diante da lacuna doutrinária sobre o assunto, o presente trabalho almeja uma primeira aproximação com essas questões, sem esgotar os aspectos e múltiplas visões possíveis para seu exame.

O recorte proposto neste capítulo cinge-se ao estudo do tema pelas lentes do direito processual civil. Nesse particular, a escolha da abordagem se deu a partir de aspectos gerais passíveis de utilização para outros métodos de resolução de conflitos fora do Judiciário. Quer dizer, busca-se indicar alguns pontos básicos para aferir se determinados mecanismos, de fato, prestam-se a uma tutela efetiva e adequada dos conflitos aos quais se direcionam. A esse propósito, para melhor sistematização da pesquisa, classificam-se os pontos estudados em fatores institucionais (a partir das características ínsitas à instituição responsável por resolver o conflito), fatores subjetivos (tanto dos sujeitos intermediadores do conflito quanto das partes, sobretudo dos motivos pelos quais elas buscariam esse mecanismo em detrimento dos demais) e fatores processuais (à luz das garantias processuais constitucionais).

4.1. FATORES INSTITUCIONAIS

A preocupação relativa a propostas de desjudicialização de conflitos e abertura do sistema de justiça multiportas deve ser menos em desafogar o Judiciário e mais em desenhar um meio adequado à resolução dos conflitos, atento às garantias constitucionais dos jurisdicionados. Sendo assim, o alívio ao Judiciário deve ser uma consequência natural da aptidão da nova via de acesso à justiça, não seu objetivo primário. Sem isso, corre-se o risco de apenas "mudar o problema de lugar", da esfera judicial para a extrajudicial. Como bem alerta Rodolfo de Camargo Mancuso, "uma coisa é equacionar a crise, lidar com ela, buscando resolvê-la com justiça; outra coisa é *livrar-se dela* a qualquer preço"[1]. Nesse ponto, ressalta-se a necessidade de examinarem-se as potencialidades da função judicante dos órgãos reguladores para resolução de conflitos entre consumidores e agentes regulados.

Como percebe Carlos Ari Sundfeld, "é-nos difícil compreender – e aceitar – que o Judiciário não seja o único foro para mediação e solução de conflitos"[2]. Por esse motivo, causa "um certo choque" a possibilidade de exercício desse papel pelos órgãos reguladores, pois "nossa compreensão profunda ainda hesita em admitir que a produção jurídica no âmbito da Administração Pública possa ser tão importante socialmente quanto a do Poder Judiciário"[3]. Contemporaneamente, a tarefa de "dizer o Direito" deixa de ser exclusividade do Judiciário para ser "tarefa perfeitamente desempenhável por outros agentes, órgãos ou instâncias, desde que aptos a prevenir ou resolver os conflitos com justiça e em tempo hábil"[4].

1. MANCUSO, Rodolfo de Camargo. *Acesso à Justiça:* condicionantes legítimas e ilegítimas. Salvador: Juspodivm, 2019. p. 149. Ainda conforme o autor: "A se entender de outro modo, haveria, apenas, a *troca* de uma solução insatisfatória por outra: a solução adjudicada estatal (demorada, onerosa, imprevisível, impactante) sendo *substituída* por uma auto ou heterocomposição *não pacificadora*, se a solução alcançada não foi justa, equânime, razoável, ponderada, é dizer: se não levou em conta as desigualdades substanciais entre os contendores".
2. SUNDFELD, Carlos Ari. Introdução às agências reguladoras. *In:* SUNDFELD, Carlos Ari (coord.). *Direito Administrativo Econômico.* São Paulo: Malheiros, 2000. p. 31.
3. Ibidem, p. 31.
4. MANCUSO, Rodolfo de Camargo. *Acesso à Justiça:* condicionantes legítimas e ilegítimas. Salvador: Juspodivm, 2019. p. 368.

No entanto, alguns dos órgãos reguladores parecem ainda não ter a "convicção de que regular é *produzir Direito*, já que envolve o cumprimento de fins com o emprego de instrumentos estritamente jurídicos", mantendo o espírito de que regular seria tratar de questões técnicas e econômicas (tomando cuidado com a opinião pública)[5]. Se essa pode não ser a realidade evidenciada à luz do Direito Administrativo, que vem dando maior ênfase ao direito regulatório ao longo dos anos, a função judicante, sob o prisma processual, ainda carece de atenção da doutrina e dos próprios reguladores, como ficou demonstrado no estudo de sua atuação diante da reclamação dos consumidores[6].

Deve-se encarar a resolução de conflitos como uma técnica pela qual os órgãos reguladores podem aprimorar suas funções regulatórias, sobretudo quando há descumprimento de determinadas normas por falta de conhecimento ou dificuldade de adaptação dos agentes regulados, por exemplo[7]. O aprimoramento dessa atuação reflete-se positivamente, também, em toda a sociedade, no contexto do sistema de justiça. O engajamento e o comprometimento dos reguladores com a investigação das reclamações prestadas pelos consumidores e a correção das falhas identificadas são fundamentais para a resolução global da questão, com a efetiva melhora na prestação do serviço à sociedade, evitando a judicialização massiva sobre essas questões[8].

Conflitos como os oriundos dos setores regulados, seja por sua excessiva latitude, abrangendo múltiplos pontos conflituosos, seja por sua conotação não própria ou predominantemente jurídica (abrangendo aspectos sociais, políticos e econômicos, por exemplo), sinalizam, ao menos em um primeiro momento, para sua tutela fora do Judiciário, diante de sua inaptidão para o enfrentamento de conflitos multiplexos, bem como de sua prestação notoriamente lenta, onerosa e imprevisível[9]. Caberia, aqui, um exame das capacidades institucionais dos órgãos reguladores para destacar a pertinência do aprimoramento de sua função judicante por meio de um

5. SUNDFELD, Carlos Ari. Introdução às agências reguladoras. *In:* SUNDFELD, Carlos Ari (coord.). *Direito Administrativo Econômico.* São Paulo: Malheiros, 2000. p. 38.
6. Cf. subcapítulo 2.2.3.
7. GUERRA, Sérgio; SALINAS, Natasha Schmitt Caccia. Resolução eletrônica de conflitos em agências reguladoras. *Revista Direito GV,* São Paulo, v. 16, n. 1, p. 1-36, 2020. p. 3.
8. BRAGANÇA, Fernanda; LOSS, Juliana; BRAGA, Renata. Plataforma de solução de conflitos nas agências reguladoras e implantação da Resolução n. 358 do Conselho Nacional de Justiça (CNJ). *Revista Eletrônica do CNJ,* v. 6, n. 1, p. 45-55, jan./jun. 2022. p. 46.
9. MANCUSO, Rodolfo de Camargo. *Acesso à Justiça:* condicionantes legítimas e ilegítimas. Salvador: Juspodivm, 2019. p. 372. "[...] a lide judicializada, não raro, acaba por representar apenas a *questão central*, ficando com um perímetro menor do que a inteira controvérsia, tal como esta se apresentava no plano pré-processual: os *pontos conflitivos periféricos*, assim deixados não resolvidos, continuarão seu curso, podendo num ponto futuro retornar à Justiça em forma de novas lides, num perverso círculo vicioso". (Ibidem, p. 58).

processo regulatório específico para resolução de conflitos - é dizer, um processo regulatório judicante.

O exame das capacidades institucionais tem sua gênese na obra de Neil K. Komesar[10], e, posteriormente, foi incrementado pelos estudos de Cass Sunstein e Adrian Vermeule[11], que buscaram incorporar às técnicas de decisão estatal a análise das virtudes e das limitações de todas as instituições que podem tomar determinada decisão. Embora a tese seja tratada pelos autores com foco nas políticas públicas e na interpretação jurídica, respectivamente, pode ser aplicada a qualquer área do direito. No Brasil, o tema é predominantemente abordado por constitucionalistas[12] e administrativistas, estes últimos focando o controle judicial de atos administrativos[13]. Aplicando a teoria ao direito processual civil, destaca-se a tese de Antonio do Passo Cabral sobre juiz natural[14], aqui amplamente referida.

A escolha sobre "quem decide" é, na verdade, a escolha sobre "o que se decide"[15]. Daí porque a preocupação da análise a partir das capacidades institucionais foca-se em perquirir "quem decide melhor"[16]. Além disso, como observado por Oscar Chase, os meios de resolução de conflitos nunca são neutros em relação aos indivíduos em disputa, de modo que, a depender de quem decide e de quais mecanismos são utilizados, diferentes setores da sociedade podem ser privilegiados ou prejudicados[17]. Deve-se manter em mente que essa difícil, mas essencial escolha se dá sempre entre "alternativas altamente imperfeitas"[18], dependendo, por isso, de uma comparação específica e empírica de variáveis diversas, que se alternam no tempo e no

---

10. KOMESAR, Neil K. *Imperfect alternatives:* choosing institutions in law, economics, and public policy. Chicago: University of Chicago Press, 1994.
11. SUNSTEIN, Cass R.; VERMEULE, Adrian. Interpretation and institutions. *Michigan Law Review,* v. 101, p. 855-951, fev. 2003.
12. Merece destaque: ARGUELHES, Diego Werneck; LEAL, Fernando. O argumento das "capacidades institucionais" entre a banalidade, a redundância e o absurdo. *Direito, Estado e Sociedade,* n. 38, p. 6-50, jan./jun. 2011.
13. Um exemplo é o trabalho desenvolvido por Eduardo Jordão, amplamente referido no subcapítulo 3.1, que apresenta algumas ideias sobre o tema.
14. CABRAL, Antonio do Passo. *Juiz natural e eficiência processual:* flexibilização, delegação e coordenação de competências no processo civil. São Paulo: Thomson Reuters Brasil, 2021. *passim.*
15. KOMESAR, Neil K. *Imperfect alternatives:* choosing institutions in law, economics, and public policy. Chicago: University of Chicago Press, 1994. p. 3.
16. Como bem destacam Cass R. Sunstein e Adrian Vermeule: "a questão central não é 'como, em princípio, um texto deve ser interpretado?'. A questão, ao contrário, é "como certas instituições, com suas habilidades e limitações distintas, devem interpretar certos textos?". (SUNSTEIN, Cass R.; VERMEULE, Adrian. Interpretation and institutions. *Michigan Law Review,* v. 101, p. 855-951, fev. 2003. p. 886. Tradução livre).
17. CHASE, Oscar G. *Law, culture, and ritual:* disputing systems in cross-cultural contexto. New York: New York University Press, 2005. p. 23.
18. KOMESAR, Neil K. *Imperfect alternatives:* choosing institutions in law, economics, and public policy. Chicago: University of Chicago Press, 1994. p. 5.

espaço[19]. Diante dessas premissas, não se deve buscar um tipo de solução ideal ou recomendar que os órgãos decisores cheguem o mais perto dela possível, mas sim, comparando-se as características de cada instituição para a consecução de determinado objetivo em um dado cenário, adotar a "segunda melhor" solução (*second-best*[20]).

Logo, não se pode utilizar distinções abstratas sobre o que compete, em tese, a cada instituição, a fim de assentar, por exemplo, que "questões políticas" não podem ser decididas pelo Judiciário[21]. É preciso comparar, mas essa comparação deve ser feita à vista de circunstâncias concretas e contextualizadas[22]. Essa contextualização não implica, necessariamente, um casuísmo exacerbado. A partir das capacidades institucionais, podem-se sugerir modelos decisórios e posturas institucionais com validade para um conjunto mais amplo de casos, quando observadas circunstâncias fáticas e jurídicas similares[23].

Com esse olhar amplo, busca-se examinar a potencialidade do incremento da função judicante para a resolução dos conflitos entre consumidores e agentes regulados, em comparação à sua tutela judicial, hoje preponderante. Seria inadequado afirmar que há, na presente pesquisa, uma efetiva "análise institucional comparada", porquanto os órgãos reguladores atualmente não exercem, de forma integral e satisfatória, essa específica atividade, como já abordado[24]. Nem por isso se quer aqui usar tal teoria como um "mantra"[25] ou um "slogan"[26] para justificar, arbitrariamente, um argumento teórico.

---

19. CABRAL, Antonio do Passo. *Juiz natural e eficiência processual:* flexibilização, delegação e coordenação de competências no processo civil. São Paulo: Thomson Reuters Brasil, 2021. p. 319.
20. SUNSTEIN, Cass R.; VERMEULE, Adrian. Interpretation and institutions. *Michigan Law Review,* v. 101, p. 855-951, fev. 2003. p. 914.
21. ARGUELHES, Diego Werneck; LEAL, Fernando. O argumento das "capacidades institucionais" entre a banalidade, a redundância e o absurdo. *Direito, Estado e Sociedade,* n. 38, p. 6-50, jan./jun. 2011. p. 22-23. Esse é o tipo de raciocínio das "tendências relacionais", identificado e criticado por Eduardo Jordão acerca dos critérios de controle judicial do ato administrativo (cf. subcapítulo 3.1).
22. CABRAL, Antonio do Passo. *Juiz natural e eficiência processual:* flexibilização, delegação e coordenação de competências no processo civil. São Paulo: Thomson Reuters Brasil, 2021. p. 320.
23. ARGUELHES, Diego Werneck; LEAL, Fernando. O argumento das "capacidades institucionais" entre a banalidade, a redundância e o absurdo. *Direito, Estado e Sociedade,* n. 38, p. 6-50, jan./jun. 2011. p. 23; CABRAL, 2021, p. 320.
24. Cf. subcapítulo 2.2.3.
25. Diego Arguelhes e Fernando Leal já manifestaram a preocupação de que a teoria se torne um novo "mantra" para constitucionalistas, sem uma efetiva consideração dos argumentos das capacidades institucionais no debate, identificando, inclusive, alguns maus usos do argumento na prática brasileira. (ARGUELHES, Diego Werneck; LEAL, Fernando. O argumento das "capacidades institucionais" entre a banalidade, a redundância e o absurdo. *Direito, Estado e Sociedade,* n. 38, p. 6-50, jan./jun. 2011. p. 12).
26. Antonio do Passo Cabral mostra a mesma preocupação, com base nas observações de Arguelhes e Leal: "Cabe o alerta para que, no início da utilização das capacidades institucionais no direito processual, não cometamos os mesmos erros enfrentados no direito público". (CABRAL, Antonio do

Há um notório potencial de incremento no sistema de justiça com a plena atividade dos reguladores na resolução de conflitos, hoje explorado timidamente[27]. A intenção é, a partir das premissas institucionais, sinalizar as vantagens do incremento dessa atividade, proposta central deste trabalho[28].

4.1.1. Aspectos estruturais e funcionais dos órgãos reguladores na resolução de conflitos

Antonio do Passo Cabral aponta alguns parâmetros importantes para comparação, de ordem estrutural (como a composição do órgão decisor, seu orçamento, as garantias dos julgadores, sua legitimidade popular) e de ordem funcional (os procedimentos utilizados e a extensão das garantias processuais)[29]. Parte-se dessas indicações para analisar os aspectos estruturais e funcionais dos órgãos reguladores para a resolução de conflitos.

Uma das premissas do argumento das capacidades institucionais é "considerar que algum grau de especialização funcional em prol de fins constitucionais é um pressuposto normativo da separação de poderes"[30]. Nessa perspectiva, a Constituição pode ser comparada a uma "planta elaborada por um arquiteto institucional", que distribui competências e poderes entre instituições criadas especificamente para promoção de certos objetivos, municiando-as com condições específicas para atingir determinados resultados e incrementar a eficiência do exercício de seus poderes[31]. Justamente por isso, devem-se considerar questões referentes à formação dos julgadores e as condições estruturais de cada órgão para obter e assimilar informações,

---

Passo. *Juiz natural e eficiência processual:* flexibilização, delegação e coordenação de competências no processo civil. São Paulo: Thomson Reuters Brasil, 2021. p. 326).

27. "Em outras palavras, mesmo se assumirmos que o desenho original se pautou por um ideal de especialização funcional, esse desenho original será contestado e transformado ao longo do tempo. Isso não impede, no entanto, que o referido ideal possa desempenhar um papel importante não apenas para a construção da teoria, como também para a orientação efetiva de qualquer procedimento de comparação das capacidades de diferentes instituições". (ARGUELHES, Diego Werneck; LEAL, Fernando. O argumento das "capacidades institucionais" entre a banalidade, a redundância e o absurdo. *Direito, Estado e Sociedade,* n. 38, p. 6-50, jan./jun. 2011. p. 17).

28. Tem-se como uma interessante proposta para pesquisa futura a verificação empírica junto a algum (ou alguns) regulador(es) da viabilidade prática de implementação das sugestões aqui expostas, no intuito de possibilitar a implementação de um modelo adequado de resolução de conflitos entre consumidores e agentes regulados, com o incremento da sua função judicante. Indo além, com a institucionalização da prática, em uma espécie de "projeto piloto", seria possível aferir seus resultados positivos e limitações, para empreender efetivamente uma análise institucional comparada com a tutela judicial desses casos.

29. CABRAL, Antonio do Passo. *Juiz natural e eficiência processual:* flexibilização, delegação e coordenação de competências no processo civil. São Paulo: Thomson Reuters Brasil, 2021. p. 483.

30. ARGUELHES, Diego Werneck; LEAL, Fernando. O argumento das "capacidades institucionais" entre a banalidade, a redundância e o absurdo. *Direito, Estado e Sociedade,* n. 38, p. 6-50, jan./jun. 2011. p. 11.

31. Ibidem, p. 16-17.

"tanto para poder adquirir dados relevantes para a decisão, como também para compreendê-los, processá-los e posteriormente os usar como fundamento decisório"[32].

Sobre esse aspecto, a *expertise* dos órgãos reguladores sobrepõe-se a qualquer outro no que diz respeito ao setor de sua competência. Consequentemente, há uma maior tendência de que os julgadores, nessa arena, apresentem uma formação mais qualificada sobre os conflitos que lhe serão submetidos, comparativamente à generalidade do Judiciário. Além disso, ainda que se pense em uma vara judicial especializada, é da característica institucional do Poder Judiciário – considerando-se sua necessária inércia – o acesso apenas às informações apresentadas pelos litigantes, delimitadas conforme seu interesse, sem uma visão global do problema[33]. Em casos complexos, como os litígios do setor regulado, "o órgão decisor deve ser capaz de construir uma visão completa do conjunto e aquilatar o mosaico de interesses variáveis que perpassam a compreensão do conflito"[34]. Nesse ponto, há uma significativa superioridade dos órgãos reguladores.

A dinâmica de formação dos centros decisórios também é outro fator relevante. Parece haver uma maior vantagem de julgamentos por órgãos colegiados em comparação aos juízos unipessoais, pois os debates entre os julgadores potencializam um maior teste dos argumentos, reduzindo a possibilidade de erro[35]. A tomada de decisão pelos órgãos reguladores, via de regra, é feita por órgão colegiado, sendo aconselhável manter-se esse formato nos processos regulatórios judicantes heterocompositivos. É interessante pensar em colegiados compostos por servidores com conhecimentos diversos dos aspectos jurídicos, técnicos e econômicos, e, dada a relevância do diálogo interinstitucional nas relações reguladas, bem percebida pela LGAR[36], proporcionar a participação de órgãos de defesa do consumidor, por exemplo, para expandir o diálogo sobre o tema, em especial seus reflexos na política

---

32. CABRAL, Antonio do Passo. *Juiz natural e eficiência processual:* flexibilização, delegação e coordenação de competências no processo civil. São Paulo: Thomson Reuters Brasil, 2021. p. 484.
33. Cf. subcapítulo 3.1.2.
34. CABRAL, Antonio do Passo. *Juiz natural e eficiência processual:* flexibilização, delegação e coordenação de competências no processo civil. São Paulo: Thomson Reuters Brasil, 2021. p. 487. Como observado pelo autor: "Não se desconsidera a possibilidade de o juiz se valer de peritos (art. 156 e 465 do CPC) e *amici curiae* (art. 138 do CPC) para compensar esse déficit técnico. Ou que os tribunais implementem mecanismos de gestão das estruturas judiciárias orientadas para a especialização de magistrados e órgãos jurisdicionais. Porém, se o processo versa, p.ex., sobre um ato administrativo muito complexo e especializado, proveniente de uma agência reguladora – que tem expertise técnica -, há um maior prognóstico de erro judiciário, o que talvez sugira que tal matéria não devesse ficar na órbita de um centro decisório generalista".
35. Ibidem, p. 502. O autor ressalva que, talvez, a dificuldade de reunião do colegiado para cada deliberação e a atividade de coleta de provas favoreçam um juízo unipessoal.
36. Cf. subcapítulo 2.2.2.2.

regulatória. Nas soluções autocompositivas, porém, é mais interessante a condução por um intermediador distinto daquele que eventualmente possa vir a decidir o conflito em caso de insucesso da tentativa conciliatória[37].

Além disso, "devem ser preferidos os centros decisórios em que existam exigências mais intensas de fundamentação para a decisão, o que viabiliza uma maior possibilidade de controle"[38]. Como visto, a atividade normativa dos reguladores exige uma motivação qualificada, a partir dos comandos do art. 5º. da LGAR, dos arts. 20 e 21 da LINDB e do art. 50 da Lei n. 9.784/1999[39], exigível para a atividade judicante. Trata-se de uma exigência fundamental para o controle dessas decisões, considerando-se a falibilidade ínsita a toda instituição. Essa medida favorece, também, um modelo de "concorrência harmônica" interinstitucional. Apesar dos inevitáveis desacordos, assume-se que as diferentes instituições atuantes em um mesmo arranjo estão comprometidas com a máxima realização possível de objetivos comuns determinados pela ordem constitucional[40].

Deve-se considerar, também, o custo para cada solução, tanto financeiro quanto temporal. Embora não se tenha dados precisos para a efetiva comparação, sobre o primeiro aspecto, acredita-se que, especialmente as despesas com pessoal, seriam menores nos órgãos reguladores em comparação ao Poder Judiciário. A remuneração dos servidores dos órgãos reguladores varia entre R$ 9,3 mil, para os cargos de técnicos, e R$ 22,9 mil, para cargos de especialistas[41]. Já o Judiciário tem uma média mensal de despesas com pessoal de R$ 69,8 mil por magistrado e R$ 19,3 mil por servidor[42]. Em relação ao segundo aspecto, a atuação especializada do regulador é um fator favorável à maior celeridade dos procedimentos[43], inclusive por dispensar o esforço das partes em detalhar as peculiaridades do setor regulado (o que ocorre em um centro decisório generalista) e otimizar a atividade probatória.

Entende-se, por esses mesmos motivos, a impertinência de criação de instituições específicas para a tutela desses conflitos, como a proposta de

---

37. Sobre a atuação dos terceiros intermediadores no processo regulatório judicante, cf. subcapítulo 4.2.1.

38. CABRAL, Antonio do Passo. *Juiz natural e eficiência processual:* flexibilização, delegação e coordenação de competências no processo civil. São Paulo: Thomson Reuters Brasil, 2021. p. 502.

39. Cf. subcapítulo 2.2.2.1.

40. ARGUELHES, Diego Werneck; LEAL, Fernando. O argumento das "capacidades institucionais" entre a banalidade, a redundância e o absurdo. *Direito, Estado e Sociedade,* n. 38, p. 6-50, jan./jun. 2011. p. 18.

41. BERBERT, Lúcia. Salários das agências reguladoras chegam a R$ 22,9 mil. *Tele Síntese,* 2 maio 2023. Disponível em: https://www.telesintese.com.br/salarios-das-agencias-reguladoras-chegam-a-r--229-mil/#:~: text=Sal%C3%A 1rios%20das%20ag%C3%AAncias%20reguladoras%20chegam%20a%20R%24%2022%2C9%20mil. Acesso em: 5 ago. 2023.

42. CONSELHO NACIONAL DE JUSTIÇA. *Justiça em números 2023:* ano-base 2022. Brasília: CNJ, 2023. p. 68.

43. BACELLAR, Luiz Ricardo trindade. Função jurisdicional das agências reguladoras. *Revista de Processo,* São Paulo, v. 28, n. 111, p. 148-161, jul./set. 2003.

implementação do *ombudsman* bancário, por exemplo[44]. Havendo no sistema jurídico nacional um ente dotado de capacidade para resolução de conflitos e especializado nos setores regulados, parece mais adequado transferir a ele tal tarefa. A criação de uma nova instituição parece contraproducente, porquanto traria maior custo financeiro e possivelmente apresentaria as mesmas dificuldades apontadas na judicialização desses casos, sobretudo quanto ao acesso à informação. O hiato entre a resolução específica das demandas individuais e a correção do problema como um todo, considerando-se a política regulatória subjacente, permaneceria. Nesse sentido, uma das maiores vantagens do aprimoramento da função judicante dos órgãos reguladores é a potencialidade de sua atuação para resolver a gênese dos conflitos levados a ela, reduzindo a ocorrência de novas demandas, diante da adequação do serviço prestado.

4.1.2. Efeitos dinâmicos do aprimoramento da função judicante dos órgãos reguladores

Na análise das capacidades institucionais, Sunstein e Vermeule consideravam, também, os "efeitos dinâmicos", ou seja, as consequências daquele modelo decisório no tempo[45]. Dito de outro modo, "a análise de diferentes alternativas de decisão deve se dar de acordo com suas possíveis consequências para a promoção de um mesmo valor ou objetivo"[46]. Deve-se considerar o impacto global da atribuição de competência a determinado órgão, não apenas em um caso singular, mas em um grupo quantitativamente maior de casos similares em que a mesma lógica decisória deva ser aplicada[47]. Trata-se de uma estrutura consequencialista de raciocínio: deve-se escolher uma alternativa de decisão a partir das consequências que ela é capaz de produzir, direta ou indiretamente[48].

Embora hoje seja inadequado falar-se de um função meramente retrospectiva do Judiciário, sobretudo diante da valorização dos precedentes e de sua atuação mais ativa nos processos estruturais[49], é inegável que os órgãos

44. Cf. subcapítulo 2.2.3.2.

45. SUNSTEIN, Cass R.; VERMEULE, Adrian. Interpretation and institutions. *Michigan Law Review*, v. 101, p. 855-951, fev. 2003. p. 886.

46. ARGUELHES, Diego Werneck; LEAL, Fernando. O argumento das "capacidades institucionais" entre a banalidade, a redundância e o absurdo. *Direito, Estado e Sociedade*, n. 38, p. 6-50, jan./jun. 2011. p. 11.

47. CABRAL, Antonio do Passo. *Juiz natural e eficiência processual:* flexibilização, delegação e coordenação de competências no processo civil. São Paulo: Thomson Reuters Brasil, 2021. p. 322.

48. ARGUELHES, Diego Werneck; LEAL, Fernando. O argumento das "capacidades institucionais" entre a banalidade, a redundância e o absurdo. *Direito, Estado e Sociedade*, n. 38, p. 6-50, jan./jun. 2011. p. 24.

49. Nessa linha, Ada Pellegrini Grinover defendia uma atuação mais ativa do magistrado, de acordo com as funções contemporâneas do Judiciário: "No Estado Democrático Constitucional o Poder Judiciário assume uma função de *controle, equilíbrio e garantia*. [...] Nesse quadro, justifica-se o maior ativismo

reguladores apresentam um "marcante caráter prospectivo de realização das políticas públicas cuja implementação lhes incumbe", ultrapassando a mera composição do conflito entre as partes, para objetivar a composição de "latentes conflitos inter subsetoriais", como aqueles entre determinadas categorias de consumidores, entre consumidores e agentes regulados, entre estes e o Estado etc.[50] Com o incremento de sua atuação na resolução de conflitos entre consumidores e agentes regulados (função judicante), os reguladores podem estabelecer medidas mais eficientes, em seu âmbito precípuo de atuação, visando a conter esses problemas na origem, ou, ainda, caso já exista regulação sobre o tema, intensificar a fiscalização e aplicar eventuais sanções aos concessionários (funções normativa e executiva). Um instrumento que pode auxiliar nessa tarefa é a Avaliação de Resultado Regulatório (ARR).

Prevista no Decreto n. 10.411/2020, a ARR é considerada como "a verificação dos efeitos decorrentes da edição de ato normativo, considerados o alcance dos objetivos originalmente pretendidos e os demais impactos observados sobre o mercado e a sociedade, em decorrência de sua implementação" (art. 2º., III). Os órgãos reguladores devem instituir agenda pública de ARR, indicando a justificativa da escolha dos atos nela inseridos e o cronograma de sua elaboração (art. 13, § 2º. e § 4º.). Para a escolha desses atos, devem ser considerados critérios como: *i)* ampla repercussão na economia ou no país; *ii)* existência de problemas decorrentes da aplicação do referido ato normativo; *iii)* impacto significativo em organizações ou grupos específicos; e *iv)* tratamento de matéria relevante para a agenda estratégica do órgão (art. 13, § 3º.). Além disso, a ARR pode ter caráter temático e ser realizada apenas quanto a partes específicas de um ou mais atos normativos (art. 13, § 1º.)[51].

A ARR, assim como a AIR, é uma ferramenta de aperfeiçoamento da ação regulatória, mas, enquanto na AIR são estudados os efeitos esperados da regulação, na ARR o foco está sobre seus efeitos observados[52]. São, por-

---

do juiz que, no entanto, é submetido a condicionamentos e limites: a informação e o assessoramento sobre as questões técnicas que não se enquadram em sua especialização, a aplicação do critério da razoabilidade, a motivação e os controles internos e externos sobre sua atuação". (GRINOVER, Ada Pellegrini. *Ensaio sobre a processualidade:* fundamentos para uma nova teoria geral do processo. Brasília: Gazeta Jurídica, 2018. p. 129-130).

50. ARAGÃO, Alexandre Santos de. *Agências reguladoras e a evolução do direito administrativo econômico.* 3.ed. Rio de Janeiro: Forense, 2013. p. 339.

51. Importante destacar, conforme o guia orientativo para elaboração da ARR, suas etapas: 1) descrição da regulação e seu contexto; 2) identificação dos objetivos da regulação; 3) descrição do tipo de ARR e dos resultados que serão avaliados; 4) definição e aplicação da técnica de análise dos dados; 5) discussão dos resultados e recomendação para o ciclo regulatório. (BRASIL. *Guia orientativo para elaboração de Avaliação de Resultado Regulatório – ARR.* Ministério da Economia, Diretoria de Produtividade, Concorrência e Comércio Exterior. 2021. Disponível em: https://www.gov.br/participamaisbrasil/cp-guia-arr. Acesso em: 4 ago. 2023).

52. HOLPERIN, Michelle; MENDONÇA, José Vicente Santos de. ARR, aprendizagem regulatória e o direito ao erro do administrador. *Jota,* 1 mar. 2023.

tanto, ferramentas complementares. A AIR deve proporcionar elementos que permitam a futura avaliação da regulação (objetivos, monitoramento, indicadores, etc.), e as lições aprendidas ao longo da elaboração da ARR podem aperfeiçoar o processo de análise *ex-post* e a própria elaboração da regulação[53]. A diferença entre elas é sua popularidade: há uma quantidade consideravelmente maior de estudos e AIR realizadas em comparação com ARR[54]. Uma hipótese sobre essa disparidade é o receio dos reguladores em descobrir que a regulação não atingiu os objetivos pretendidos com sua adoção[55].

No entanto, o erro é natural e inevitável, especialmente no contexto dinâmico de efetivação de políticas públicas, como as regulatórias: "entre a publicação de um ato normativo e a obtenção dos resultados pretendidos, há um sem-número de variáveis"[56]. O uso de ferramentas como AIR e ARR destina-se a aperfeiçoar a tomada de decisão e reduzir, tanto quanto possível, os erros, corrigindo-os quando identificados. Isso não torna o erro evitável, mas "deve-se buscar errar de forma rápida e sábia"[57]. Esse controle constante do erro pode se dar pelo monitoramento periódico de indicadores relevantes sobre a regulação[58], que, idealmente, devem estar apontados no relatório de AIR quando da sua elaboração.

Nesse monitoramento constante, a reclamação dos consumidores e a atividade do órgão regulador na resolução desses conflitos ganha relevância. A percepção dos consumidores sobre os serviços regulados é uma excelente ferramenta de controle, pelo regulador, da efetividade da regulação

---

53. ALBUQUERQUE, Kélvia. Avaliação de Resultado Regulatório – ARR. *7º. Seminário IBRAC de Regulação e Concorrência,* dez. 2021. p. 14.

54. HOLPERIN, Michelle; MENDONÇA, José Vicente Santos de. ARR, aprendizagem regulatória e o direito ao erro do administrador. *Jota,* 1 mar. 2023. Segundo os autores, quando o Decreto n. 10.411/2020 foi publicado, existiam mais de 600 relatórios de AIR e apenas 10 relatórios de ARR.

55. Ibidem.

56. Ibidem.

57. Ibidem. Os autores concluem: "Erraremos – agora sim — ao adotar a ARR como forma de divulgar apenas bons resultados. ARR não é marketing de repartição. Assim, existe um *direito ao erro* do administrador público, que se materializa, de modo didático, em ARRs que espelham iniciativas fracassadas. Sonegá-las é impedir o aprendizado da comunidade. O objetivo de uma ARR deve ser o de promover a aprendizagem regulatória, trazendo informações sobre a regulação analisada, e que, eventualmente, possam auxiliar futuras intervenções. A ideia é cometer erros diferentes no futuro, e, em longo prazo, errar menos. Mas errar é humano, demasiado humano – tanto na regulação quanto em qualquer lugar".

58. Esse monitoramento pode ser conceituado como o processo contínuo de coleta de dados acerca de uma intervenção ou processo que busca avaliar se as metas pré-estabelecidas foram atingidas. É recomendável por permitir: 1) a avaliação do cumprimento de metas pré-estabelecidas; 2) a identificação dos efeitos de uma determinada intervenção; 3) a identificação de eventuais problemas na implementação de uma intervenção; 4) a identificação da necessidade de implementação de medidas adicionais para que os objetivos da intervenção sejam alcançados; 5) a avaliação sobre a implementação adequada da intervenção regulatória. (ALBUQUERQUE, Kélvia. Avaliação de Resultado Regulatório – ARR. *7º Seminário IBRAC de Regulação e Concorrência,* dez. 2021. p. 21).

e, principalmente, do eventual descumprimento ou exercício insatisfatório pelos agentes regulados. Pode haver, ainda, uma inadequação da norma à realidade, dificultando seu atendimento da maneira esperada. Em todos os casos, o regulador, a partir das reclamações recebidas e tratadas por ele, tem melhores condições de identificar se alguma norma precisa de ajuste, ou até de concluir pela necessidade de regulação de determinada situação por ele ignorada, criando uma norma para colmatar a lacuna encontrada. Há uma nítida e estreita relação de cooperação e complementação entre o aprimoramento da função judicante e a otimização da ARR, com fim de incrementar todo o contexto regulatório.

Importante destacar que a ampla participação da sociedade na ARR não só é bem-vinda, mas de absoluta relevância para disponibilização de melhores orientações, de modo mais simples, claro e objetivo possível[59]. Aliás, a participação social na ARR é ainda mais estratégica, pois os efeitos de determinada ação regulatória nem sempre são monitoráveis pela Administração Pública. Ouvir as partes afetadas e interessadas auxilia na investigação e no monitoramento de seus efeitos, promovendo maior robustez na intervenção regulatória. Com isso, cumpre-se o compromisso de assegurar maior transparência, encorajando um diálogo genuíno e de mais confiança no processo de formulação de políticas regulatórias. O aprimoramento da função judicante seria um ótimo impulsionador e agregador da política regulatória como um todo.

4.2. FATORES SUBJETIVOS

Tão importante quanto a estrutura e as características da instituição escolhida para resolução de determinados conflitos são os sujeitos responsáveis por essa tarefa. O grau de confiança do jurisdicionado no meio de resolução de conflitos depende muito da metodologia do processo e dos atributos do julgador em si, havendo uma forte correlação entre esses dois aspectos. Por esse motivo, é relevante identificar, a partir dos conflitos em voga, qual a melhor forma de atuação do terceiro intermediador (tanto na auto quanto na heterocomposição) e os princípios indissociáveis dessa figura.

4.2.1. Atuação do terceiro intermediador

Atualmente, a função dos órgãos reguladores na resolução de conflitos entre consumidores e agentes regulados é, predominantemente, de

---

59. GUARANYS, Marcelo Pacheco dos; ALBUQUERQUE, Kelvia Frota de. Hora de avançar com a Avaliação de Resultado Regulatório no Brasil. *Jota*, 8 nov. 2021.

aproximação entre esses sujeitos, não de intermediação[60]. Essa metodologia enseja uma negociação direta entre esses atores (como ocorre na plataforma consumidor.gov.br, por exemplo), o que pode acentuar as disparidades entre eles, sendo, por isso, criticada[61]. Assim, um dos incrementos necessários à função judicante dos órgãos reguladores é seu exercício por um terceiro intermediador (seja na auto ou na heterocomposição). Ademais, para alcançar os almejados efeitos prospectivos e preventivos, refletidos em toda a política regulatória, são importantes a atenção e a proximidade do regulador com as reclamações apresentadas.

Nesse cenário, uma das maiores garantias que o consumidor pode ter na resolução justa e adequada de seu conflito é a imparcialidade do julgador. Como visto, os órgãos reguladores gozam de autonomia[62], o que lhes permite uma desejável equidistância dos interesses envolvidos nas relações reguladas e uma ação com maior tecnicidade possível. Essa autonomia e especialidade são estendidas a seus servidores e refletem-se na imparcialidade do terceiro intermediador. As garantias de vitaliciedade, inamovibilidade e irredutibilidade de subsídios (art. 95, CF), conferidas aos magistrados, assentam sua imparcialidade e independência, isto é, garantem que não ficará suscetível a represálias ou pressões sobre suas decisões.

Os servidores públicos gozam de estabilidade (art. 41, CF) e de irredutibilidade dos subsídios e vencimentos (art. 37, XV, CF), perdendo o cargo apenas por decisão judicial ou administrativa, precedida do devido processo legal (art. 41, § 1º., CF). Essas prerrogativas preservam a independência de quem efetivamente exercerá a função judicante nos órgãos reguladores. Ter um servidor exercendo a tarefa de resolução de conflitos beneficia a função pública (jurisdicional, no caso), impedindo que pressões espúrias desvirtuem sua atuação e tomada de decisão em prol dos interesses envolvidos[63]. Tem-se, aqui, a primeira (e imprescindível) característica do terceiro intermediador nos processos regulatórios judicantes: deve ser um servidor estável do órgão regulador.

---

60. Cf. subcapítulo 2.2.3.
61. Cf. subcapítulo 2.2.3.5.
62. Cf. subcapítulo 2.1.2.
63. FRANCO, Fernão Borba. Processo administrativo, teoria geral do processo, imparcialidade e coisa julgada. *In:* DIDIER JÚNIOR, Fredie; JORDÃO, Eduardo Ferreira (Coords.). *Teoria do processo:* panorama doutrinário mundial. Salvador: Juspodivm, 2007. p. 240. O autor ilustra a relevância dessa característica aos servidores que exercem funções de decisão em processos administrativos: "Imagine-se o exemplo de um servidor pressionado por superior hierárquico para tomar uma determinada decisão, que beneficia determinado particular, mas não o interesse público. Se não lhe fosse outorgada essa garantia mínima de estabilidade, poderia até perder o cargo por negar-se a compactuar com o ato desejado pelo superior".

O aprimoramento da função judicante dos órgãos reguladores, como aqui proposta, pressupõe dois tipos de procedimentos distintos, à disposição do consumidor: autocompositivo e heterocompositivo. Tendo em vista a peculiaridade de cada um deles, entende-se que as características, a conduta e as habilidades do intermediador devam variar de acordo com a função exercida. Além disso, é preciso considerar as peculiaridades dos sujeitos envolvidos no conflito, sem olvidar a política regulatória como um todo. Essas premissas fundamentam as ponderações sobre a postura do terceiro intermediador no processo regulatório judicante.

4.2.1.1. No processo autocompositivo

A imprescindível necessidade de imparcialidade do intermediador no modelo autocompositivo do processo regulatório judicante lhe impõe a aplicação das mesmas causas de impedimento e suspeição dos mediadores e dos juízes, inclusive o dever de revelar eventual fato que possa suscitar nas partes sua parcialidade[64]. Aliás, talvez por contar com lei própria, a significativa maioria dos modelos consensuais propostos contemporaneamente baseiam-se na mediação, não na conciliação. Tem sido frequente falar-se em mediação empresarial, tributária, com Poder Público, etc. O CPC apresenta a diferença entre conciliação e mediação e, consequentemente, entre a forma de atuação dos intermediadores: a primeira é recomendada quando não houver vínculo pretérito entre as partes, e o conciliador pode sugerir solução para o litígio; a segunda é preferível quando há vínculo anterior entre as partes, e a tarefa do mediador é auxiliar as partes a chegarem a um consenso por si (art. 165, § 2º. e §3º., CPC).

Impende saber qual a técnica mais indicada para os litígios entre consumidores e agentes regulados. Por um lado, há um vínculo pré-existente entre as partes, possivelmente mantido com o termo do conflito, recomendando uma atuação mais voltada à mediação; por outro, é nítida a disparidade entre esses sujeitos (técnica, informacional, econômica etc.), além do reflexo do conflito na política regulatória como um todo, o que requer atuação mais propositiva do intermediador, na linha da conciliação. Esse problema já foi identificado pela doutrina, com a qual se concorda: ainda que, dogmaticamente, possa-se distinguir essas instituições, na prática é difícil delimitar tal distinção[65].

É muito difícil, para o mediador, não formular uma proposta de acordo, sobretudo para aproximar as partes. Quando "as cartas já estão em cima da

---

64. Na Lei de Mediação, esses aspectos estão previstos no art. 5º.
65. NIEVA-FENOLL, Jordi. Mediação: uma "alternativa razoável ao processo judicial? *Revista Eletrônica de Direito Processual – REDP*, Rio de Janeiro, a. 8, v. XIV, p. 213-228, jul./dez. 2014. p. 217.

mesa", é natural que o mediador consiga apresentar uma proposta com potencial de resolver o conflito e evitar que as partes conduzam-se a um novo enfretamento. Entretanto, nem por isso ele se torna um conciliador, ou deixa de ser um mediador[66]. Pensar em um mediador impedido de propor qualquer base de acordo é reduzir a utilidade desse mecanismo, sendo proveitosa e até desejável tal atitude, desde que mantida a necessária imparcialidade[67]. Sob outro ângulo, o conciliador que busca aproximar as partes e entender a gênese do conflito antes de propor qualquer solução não "ultrapassa seus limites". Como se percebe, a mediação se converte em conciliação facilmente, e vice-versa, possibilitando que se chegue à conclusão de que podem ser tratadas como "o mesmo meio de resolução de conflitos", variando a postura do intermediador de acordo com a necessidade do contexto do caso[68].

Esse é o entendimento aqui adotado. Não obstante, diante da maior abrangência da medição, bem-vinda para os casos em estudo, além da robustez legislativa e doutrinária sobre o tema, adota-se o uso do termo "mediador" e, quando pertinente e no que couber, as disposições da Lei de Mediação, destacando o entendimento da possibilidade de o mediador (terceiro intermediador) também atuar propositivamente, na efetiva construção de um consenso. A propósito, há diversos estilos e técnicas mediativas que podem servir de inspiração na busca da atuação mais adequada do terceiro nos litígios entre consumidores e agentes regulados. As mais populares (e pertinentes ao presente estudo) são a mediação facilitativa e a mediação avaliativa.

Originada na Escola de Direito de Harvard, a mediação facilitativa é mais voltada ao mundo corporativo, baseado em negociações a fim de se identificarem os interesses das partes e de se chegar a soluções com ganhos mútuos[69]. Sua nota distintiva é a obtenção de um acordo como um dos objetivos primários, não como consequência da aproximação das partes[70]. Na mediação avaliativa, o mediador tem a função de alertar as partes sobre os possíveis resultados de uma demanda adjudicada e sugerir possíveis soluções de acordo, destacando os pontos fortes e fracos das posições de ambas as

66. Ibidem, p. 216.

67. ABBOTT, Felipe Gorigoitía; PACHECO, Claudio Meneses. Contra la conciliación intraprocesal en el proceso civil: reflexiones y propuestas de cambio. *In:* SIMONS, Adrian; MENDES, Aluisio Gonçalves de Castro; RAGONE, Alvaro Péres; LUCON, Paulo Henrique dos Santos (Coords.). *Estudos em homenagem a Ada Pellegrini Grinover e José Carlos Barbosa Moreira.* São Paulo: Tirant lo Blanch, 2019. p. 529.

68. NIEVA-FENOLL, Jordi. Mediação: uma "alternativa razoável ao processo judicial? *Revista Eletrônica de Direito Processual – REDP,* Rio de Janeiro, a. 8, v. XIV, p. 213-228, jul./dez. 2014. p. 217.

69. GOLDBERG, Stephen; SANDER, Frank; ROGERS, Nancy; COLE, Sarah Rudolph. *Dispute resolution:* negotiation, mediation and other processes. 4. ed. Nova York: Aspen Publishers, 2003. p. 33.

70. LUCHIARI, Valeria Ferioli Lagrasta. *Mediação judicial:* análise da realidade brasileira: origem e evolução até a Resolução n. 125, do Conselho Nacional de Justiça. Rio de Janeiro: Forense, 2012. p. 24.

partes[71]. Nesse modelo, a mediação não é apenas centrada em técnicas de aproximação das partes, mas exige do terceiro intermediador conhecimento específico e experiência na matéria de fundo da discussão, devendo fornecer dados e critérios de decisão às partes[72].

A busca por um acordo, como no modelo facilitativo, parece adequar-se aos conflitos aqui em exame, além de ter o condão de efetivamente analisar os interesses dos envolvidos, que sempre se refletirão na política regulatória. Além disso, a postura mais ativa do método avaliativo proporciona um maior equilíbrio entre as partes[73], sobretudo por munir o consumidor de informações essenciais para o desfecho do litígio, às quais é provável que o agente regulado já tenha acesso, podendo, propositalmente, omiti-las durante a negociação. Em alguma medida, a autocomposição conduzida pelo órgão regulador pode auxiliar no equilíbrio entre litigantes habituais e eventuais (consumidores e agentes regulados), assim como o Judiciário atua nos mutirões de conciliação, por meio de uma negociação prévia com as empresas, por exemplo[74]. Como bem observa Eduardo Oteiza, uma política de justiça adequada deve examinar o problema da desigualdade das partes no conflito e, por isso, oferecer diferentes oportunidades adaptadas às exigências sociais[75]. O benefício da postura mais proativa do mediador é notado na prática.

A Faculdade de Filosofia e Ciências Humanas da Pontifícia Universidade Católica do Rio Grande do Sul (PUCRS) realizou pesquisa empírica com o objetivo de analisar as causas da morosidade da Justiça Civil brasileira e apontar soluções, almejando a celeridade e a redução dos custos de transação, a partir de entrevistas realizadas com juízes, desembargadores, advogados,

71. Ibidem, p. 28.

72. Ibidem, p. 29.

73. Oscar Chase observou que, nos litígios em matéria locatícia, em Nova York, os inquilinos obtinham melhores resultados nos Tribunais do que nos meios alternativos. O motivo disso era, justamente, a postura de neutralidade dos mediadores diante de um caso notório de disparidade entre as partes, provocando um potencial fortalecimento do poder de barganha da parte que ocupava a posição de vantagem. Outro problema ocorre quando a mediação deixa de enfatizar o direito para privilegiar outras formas de diálogo, pois, comumente, os direitos retirados de foco são exatamente os que protegem o sujeito em face do poder social ou pessoal do outro, gerando um abalo no cidadão menos poderoso. (CHASE, Oscar G. *Law, culture, and ritual:* disputing systems in cross-cultural contexto. New York: New York University Press, 2005. p. 185). Crítica semelhante é feita em TARUFFO, Michele. Un'alternativa alle aternative: modelli di risoluzione dei conflitti. *Revista de Processo,* São Paulo. v. 32, n. 152, p. 319-31, out. 2007. p. 322 e ss.

74. Cf. subcapítulo 3.2.1.

75. OTEIZA, Eduardo. Punto de vista: Marc/Adr y diversidad de culturas: el ejemplo latinoamericano. *In:* CABRAL, Trícia Navarro Xavier; ZANETI JÚNIOR, Hermes (Coords.). *Justiça multiportas:* mediação, conciliação, arbitragem e outros meios de solução adequada para conflitos. Salvador: Juspodivm, 2016. p. 740.

pessoas jurídicas e pessoas físicas[76]. Muitos dos entrevistados valorizaram a figura dos "mediadores", dos terceiros que auxiliam na construção do acordo, tendo em vista sua capacidade de mostrar aos envolvidos as alternativas de resolução de conflito pela via da composição e os potenciais ganhos, abrindo às partes outras perspectivas, que elas, por si só, no calor do conflito, não percebiam. Ao descobrir o peso de seus argumentos em comparação aos da parte contrária, os sujeitos envolvidos podem avaliar "suas armas" e concluir que uma saída negociada seja mais pertinente[77]. Quando questionados sobre eventuais sugestões para ampliar a possibilidade de acordo, pessoas físicas e jurídicas foram uníssonas em indicar o papel central do terceiro intermediador (mais comumente, o juiz estatal) no sentido de incentivar a autocomposição e de mostrar o "horizonte de possibilidades" das partes diante daquele litígio[78].

Além disso, no contexto das relações dos setores regulados, a atuação ativa do mediador pode levar em conta a viabilidade de efetivação e cumprimento do acordo nos termos postos. Talvez, de boa-fé ou para encerrar logo o litígio, o agente regulado oferte proposta inexequível, diante dos reflexos na política regulatória. Pode, também, apresentar proposta prejudicial ao consumidor, alegando impossibilidade técnica de cumprir o que este propôs. Por isso, outra característica importante do mediador no processo regulatório judicante é sua especialização na matéria do setor regulado. Deve ter conhecimento amplo de todos os aspectos do setor, jurídicos ou não, pois "mal poderá ajudar as partes quem, sob o ponto de vista técnico, não sabe do que trata o litígio e não conhece seus meandros e as possíveis saídas"[79].

O agente regulado pode, ainda, apresentar proposta visando apenas a "livrar-se" daquela reclamação, sem atentar à correção do problema em sua gênese. Certamente, assim como é facultado a ambas as partes não realizar o acordo e interromper as negociações a qualquer momento[80], também é possível firmarem acordo em termos que, sob a ótica da política regulatória,

76. PONTIFÍCIA UNIVERSIDADE CATÓLICA DO RIO GRANDE DO SUL (PUCRS). *Demandas judiciais e morosidade da justiça civil.* Porto Alegre, 2011. p. 17.

77. Ibidem, p. 8.

78. Ibidem, p. 105.

79. NIEVA-FENOLL, Jordi. Mediação: uma "alternativa razoável ao processo judicial? *Revista Eletrônica de Direito Processual – REDP,* Rio de Janeiro, a. 8, v. XIV, p. 213-228, jul./dez. 2014. p. 218. Na mesma linha, Paula Costa e Silva destaca a necessidade de o intermediador atentar à interligação necessária entre o acordo firmado entre as partes e direito, alinhando a mediação ao mundo jurídico. A partir disso, afasta a predominância de sociólogos ou outros profissionais para desempenhar essa atividade, destacando a atuação do jurista como a melhor escolha para auxiliar as partes na procura de uma solução justa, diante da potencial implicação de concessões recíprocas. (SILVA, 2008, p. 159).

80. A Lei de Mediação prevê, expressamente, a autonomia das partes como um princípios da prática (art. 2º., V), de onde se extrai a facultatividade de celebrar ou não o acordo, e a livre permanência no procedimento de mediação (art. 2º., § 2º.).

não sejam o ideal. Nesse caso, o mediador poderia reportar o provável descumprimento das normas regulatórias pelo agente regulado, para instauração de um processo administrativo sancionador, diverso do judicante, a fim de investigar o fato e aplicar a sanção, se for o caso[81]. Trata-se não de impor a "decisão" do regulador em detrimento da vontade das partes na solução de seu litígio, mas de alcançar o objetivo precípuo dos reguladores, de zelar pela qualidade do serviços no âmbito do setor regulado. A função judicante, nesse contexto, é um auxílio para o pleno exercício das atividades regulatórias[82]. Além disso, não havendo acordo, o consumidor poderia levar o debate ao Poder Judiciário ou optar pela resolução pelo próprio regulador, em um processo heterocompositivo.

4.2.1.2. No processo heterocompositivo

Primeiro aspecto a ser ressaltado sobre o terceiro intermediador no processo heterocompositivo: ele deve ser diferente daquele que atuou na fase autocompositiva. Essa medida visa a manter a imparcialidade, pois a participação do terceiro na mediação pode, ainda que inconscientemente, enviesar as decisões. Sua participação no momento autocompositivo, muitas vezes formulando propostas, possibilita que ele forme uma crença sobre quem tem razão, já firmando um posicionamento sobre a questão[83]. Há um reflexo significativo também no comportamento das partes, que, durante a mediação, apresentam fatos e argumentos que nem sempre revelariam na frente de alguém que fosse julgar seu caso. Essa postura pode comprometer o desempenho do terceiro na prática mediativa[84].

---

81. Todos os órgãos reguladores examinados no subcapítulo 2.2.3 indicam que a reclamação dos usuários é utilizada para o controle do ente sobre a conduta dos agentes regulados e proposição de início de investigação para apurar eventual irregularidade ou insuficiência na prestação do serviço. Portanto, essa medida não representaria uma grande novidade, tampouco algum prejuízo ao agente regulado ou motivo para questionar sua legitimidade e afastar-se do procedimento judicante ora proposto. Ademais, é bom lembrar que os órgãos reguladores podem, a qualquer momento, motivadamente, instaurar processos administrativos para fiscalização e eventual sanção dos regulados.

82. Como bem observam Sérgio Guerra e Natasha Salinas, a oferta de meios de resolução de conflitos pelo órgão regulador busca induzir os agentes regulados a corrigirem, por si mesmos, os atos que, eventualmente, estiverem em desconformidade com as normas vigentes. Tais mecanismos não são desenvolvidos apenas para solucionar conflitos e satisfazer o direito do consumidor; servem, igualmente, para orientar ações regulatórias, fiscalizatórias e sancionadoras. (GUERRA, Sérgio; SALINAS, Natasha Schmitt Caccia. Resolução eletrônica de conflitos em agências reguladoras. *Revista Direito GV*, São Paulo, v. 16, n. 1, p. 1-36, 2020. p. 32).

83. BEZ, Bianca. *Negociação, economia e psicologia:* por que litigamos? 2. ed. São Paulo: Juspodivm, 2021. p. 206.

84. LORENCINI, Marco Antônio Garcia Lopes. "Sistema Multiportas": opções tratamento de conflitos de forma adequada. *In:* SALLES, Carlos Alberto de; LORENCINI, Marco Antônio Garcia Lopes; SILVA, Paulo Eduardo Alves da (Coords.). *Negociação, mediação, conciliação e arbitragem:* curso de métodos adequados de solução de controvérsia. 4.ed. Rio de Janeiro: Forense, 2021. p. 53.

Com o mesmo propósito, as causas de impedimento e suspeição previstas na Lei do Processo Administrativo (art. 18), na Lei de Arbitragem (art. 14) e no CPC (arts. 144 e 145) aplicam-se ao processo regulatório judicante. É dever do terceiro revelar[85] qualquer situação que possa configurar sua imparcialidade, sendo, igualmente, possibilitado às partes que suscitem eventual questão pertinente[86]. Pode-se pensar em hipóteses como a existência de relações negociais (pretéritas ou atuais) ou comerciais importantes com alguma das partes (em especial com o agente regulado, de forma a vedar a atuação, como julgador, de um servidor que, antes, prestasse serviço para determinada empresa, por exemplo), ou com aquele que detivesse conhecimento prévio do litígio (tanto por ter figurado na fase autocompositiva, quanto por ter conhecimento privado)[87].

Como já visto[88], é preferível que a tomada de decisão em processos regulatórios judicantes seja feita por órgão colegiado, sendo esse, inclusive, o padrão dos órgãos reguladores (art. 7º., LGAR). Seria interessante uma composição em trios, como sugerido na arbitragem, abrangendo servidores do órgão regulado que tenham, cumulativamente ou não, conhecimentos mais profundos sobre os aspectos jurídicos, técnicos e econômicos do setor regulado, possibilitando uma análise ampla do litígio e de seus reflexos na política regulatória. A indicação dos terceiros para composição do colegiado poderia ser feita pelo próprio órgão regulador ou pelas partes, entre aqueles servidores habilitados e capacitados para tal tarefa, semelhante ao que ocorre com as Câmaras Arbitrais, que disponibilizam listagem de árbitros aptos para conduzir a arbitragem.

No curso do processo, os julgadores poderão participar ativamente da instrução probatória, determinando a realização de provas que julgarem necessárias[89]. Isso não elimina a atividade probatória das partes e as regras de ônus da prova, uma vez que a atividade probatória do colegiado pode proporcionar uma maior igualdade entre as partes do processo. Considerando-se a natureza dos sujeitos envolvidos nesses litígios (consumidor e agente regulado), a inércia probatória pode derivar de dificuldades econômicas e

---

85. Art. 14, § 1º., da Lei de Arbitragem e art. 19 da Lei de Processo Administrativo.
86. Art. 15 da Lei de Arbitragem e art. 20 da Lei de Processo Administrativo.
87. CARMONA, Carlos Alberto. *Arbitragem e processo:* um comentário à Lei n. 9.307/96. 3.ed. São Paulo: Atlas, 2009. p. 254.
88. Sobre a colegialidade, cf. subcapítulo 4.1.1.
89. Nesse sentido, o art. 22 da Lei de Arbitragem e o art. 29 da Lei de Processo Administrativo. Os limites da atuação instrutória da autoridade e da produção de provas pelas partes no processo regulatório judicante é tema muito pertinente, mas, por sua singularidade, prefere-se não aprofundar seu exame, mantendo-se a proposta de generalidade da primeira aproximação com o tema.

técnicas, não de uma desídia da parte[90]. No entanto, a atividade probatória pelo julgador (público ou privado) ainda é controvertida, sobretudo pelo viés da imparcialidade.

Essa iniciativa seria temerária do ponto de vista psicológico, diante da potencial tendência de privilegiar uma prova em detrimento das demais[91]. Tal situação deixaria o julgador em "constante flerte com a parcialidade"[92]. No entanto, quando ele determina uma prova, não sabe de antemão seu resultado, podendo favorecer qualquer uma das partes. Seu objetivo é ter uma visão o mais completa possível dos fatos para melhor tutelar o direito material em apreço[93]. Logo, "não se deve confundir imparcialidade com passividade do julgador durante o desenvolvimento do processo"[94]. Porém, essa atuação encontra "balizas intransponíveis", destacando-se a rigorosa observância do contraditório (efetiva participação das partes na colheita da prova, sendo essa uma medida de garantir a imparcialidade) e a obrigatoriedade de motivação (tanto no momento de requisitá-la quanto no de valorá-la na decisão final)[95].

Nos litígios entre consumidores e agentes regulados, pela complexidade da relação, interligada à política regulatória, é provável a necessidade de um maior arcabouço probatório, que, por vezes, foge ao domínio das partes. Pode-se valer de expediente semelhante à "carta arbitral" para o exercício dessa atividade probatória quando necessário o auxílio ou intervenção do Poder Judiciário[96]. Além disso, a depender do caso, é pertinente a intimação de interessados para complementar a instrução[97], em uma espécie de *amicus curiae* administrativo[98]. Nesses casos, o papel dos órgãos de defesa do con-

90. BEDAQUE, José Roberto dos Santos. *Poderes instrutórios do juiz*. 4. ed. São Paulo: Revista dos Tribunais, 2009. p. 99. Como bem apontado pelo autor: "Considerando que a parte 'mais fraca' não tem as mesmas possibilidades que a 'mais forte' de trazer, para os autos, as provas necessárias à demonstração de seu direito, a ausência de iniciativa probatória pelo juiz corresponde a alguém assistir passivamente a um duelo entre o lobo e o cordeiro". (Ibidem, p. 104).

91. BEZ, Bianca. *Negociação, economia e psicologia:* por que litigamos? 2.ed. São Paulo: Juspodivm, 2021. p. 208.

92. PEÑA, Eduardo Chemale Selistre. *Poderes e atribuições do juiz*. São Paulo: Saraiva, 2014. p. 133.

93. BEDAQUE, José Roberto dos Santos. *Poderes instrutórios do juiz*. 4.ed. São Paulo: Revista dos Tribunais, 2009. p. 110. O autor questiona: "não seria parcial o juiz que, tendo conhecimento de que a produção de determinada prova possibilitará o esclarecimento de um fato obscuro, deixe de fazê-lo e, com tal atitude, acabe beneficiando a parte que não tem razão?".

94. Ibidem, p. 113.

95. GRINOVER, Ada Pellegrini. A iniciativa instrutória do juiz no processo penal acusatório. *Revista do Conselho Nacional de Política Criminal e Penitenciária*, v. 1, n. 18, p. 15-26, jan./jun. 2005. p. 20.

96. Sobre esse aspecto, cf. subcapítulo 4.3.1.2.

97. Nesse sentido, há previsão na Lei de Processo Administrativo, especialmente nos arts. 29 e 39.

98. Sobre o tema: DIDIER JÚNIOR, Fredie. Intervenção de *amicus curiae* em processo apto à formação de precedente administrativo obrigatório. *Civil Procedure Review*, v. 11, n. 2, p. 209-2018, 2020.

sumidor[99] é relevante, pois permite ampliação do debate para a adequação da política regulatória, se, eventualmente, tiver sido negligenciada na gênese da norma, na atividade objeto do processo regulatório judicante, ou se for caso de situação ainda sem regulação normativa específica.

4.2.2. Motivação das partes para buscar o órgão regulador

Uma corrente doutrinária cada vez mais forte defende a possibilidade de condicionar-se o acesso ao Judiciário à tentativa prévia de autocomposição, sobretudo aos meios eletrônicos de resolução de conflitos, como a plataforma consumidor.gov.br[100]. Assim, a busca por meios autocompositivos, em momento anterior ao ajuizamento da ação, deveria ser considerada para aferição do interesse processual suficiente ao regular processamento da demanda. Admitindo essa posição doutrinária, não haveria grandes perquirições a serem feitas sobre os motivos que levariam as partes a buscar o órgão regulador, e não o Judiciário, para resolver seus conflitos: elas assim o fariam simplesmente por ser uma exigência para o eventual ajuizamento de ação judicial. Se o problema fosse resolvido ainda na esfera administrativa, melhor; caso contrário, já estaria cumprido o requisito indispensável para configurar o interesse processual. No entanto, a posição aqui adotada é contrária a tal condicionamento, entendendo-o inconstitucional, motivo que justifica o presente tópico.

O debate não é novidade na jurisprudência brasileira, notadamente no STF, que já se manifestou sobre o assunto em pelo menos duas (polêmicas) oportunidades: no caso das demandas previdenciárias[101], admitindo o con-

---

99. A LGAR prevê uma articulação entre os reguladores e os órgãos de defesa do consumidor, cf. subcapítulo 2.2.2.2.

100. Tem-se notícia de decisões, em primeiro grau, extinguindo o processo por falta de interesse processual, pela ausência de reclamação prévia ao consumidor.gov.br (SANTA CATARINA. 1ª. Vara de Araquari. Processo n. n. 0301352-63.2017.8.24.0103. Juíza Cristina Paul Cunha Bogo, 05 janeiro de 2019. Disponível em: https://www.migalhas.com.br/arquivos/2019/1 /art20190130-10.pdf. Acesso em: 28 fev. 2022). Esse entendimento foi seguido por alguns Tribunais (*v.g.* MINAS GERAIS. Tribunal de Justiça (11ª. Câmara Cível). Apelação Cível 1.0000.20.084392-8/001. Relatora Des. Mônica Libânio, 19 de agosto de 2020; RIO GRANDE DO SUL. Tribunal de Justiça (Décima Segunda Câmara Cível). Apelação Cível 70083126508. Relatora Des. Ana Lúcia Carvalho Pinto Vieira Rebout, 05 de março de 2020), embora a tendência majoritária seja de rechaçar a obrigatoriedade do uso da plataforma (*v.g.* SÃO PAULO. Tribunal de Justiça (24ª. Câmara de Direito Privado) Apelação Cível 1003505-48.2020.8.26.0400. Relator Des. Jonize Sacchi de Oliveira, 31 de março de 2021; PARANÁ, Tribunal de Justiça (3ª. Turma Recursal). Recurso Inominado 0005000-88.2021.8.16.0174. Relator Juiz Juan Daniel Pereira Sobreiro, 19 de setembro de 2022; MINAS GERAIS. Tribunal de Justiça (14ª. Câmara Cível). Agravo de Instrumento 1.0000.20.497271-5/001. Relator Des. Valdez Leite Machado, 04 de fevereiro de 2021).

101. BRASIL. Supremo Tribunal Federal (Tribunal Pleno). Recurso Extraordinário n. 631.240/MG. Relator Min. Roberto Barroso, 03 de setembro de 2014. Diário de Justiça Eletrônico, 10 nov. 2014. Foi decidido, por maioria de votos, que a concessão de um benefício previdenciário depende de requerimento do interessado, não se caracterizando ameaça ou lesão a direito antes de sua apreciação e indefe-

dicionamento, e no da comissão de conciliação prévia (CCP) trabalhista[102], afastando-o. No centro atual dessa discussão, dois Projetos de Lei tramitam com o objetivo de condicionar o acesso ao Judiciário: o PL n. 533/2019, de autoria do Deputado Júlio Delgado (PSB/MG)[103], e o PL n. 3.813/2020, de autoria do Deputado Ricardo Barros (PP/PR)[104].

Ilustrando bem a divergência de posicionamentos sobre o tema, o deputado Vinicius Carvalho (Republicanos/SP), relator do PL n. 533/2019, apresentou parecer favorável à aprovação do projeto, com substitutivo para incluir outro parágrafo ao art. 17 do CPC, voltado às relações de consumo, destacando a atuação da Administração Pública e do Sistema Nacional de Defesa do Consumidor na comprovação da "resistência"[105]. O deputado Gilson Marques (Novo/SC), por outro lado, votou pela não aprovação do projeto, considerando que a proposta criaria um ônus exagerado para os consumidores, além de que, em inúmeras situações, o autor apenas conseguiria localizar o réu com os meios de localização e citação próprios do Poder Judiciário.

O debate reverbera na doutrina. As vozes defensoras do condicionamento de acesso ao Judiciário fundam-se, basicamente, em uma leitura contemporânea da inafastabilidade da jurisdição e do interesse processual, apresentando a instância judicial como *ultima ratio* para resolução de conflitos[106]. Grande cultor dos meios consensuais, Kazuo Watanabe, em parecer respondendo à consulta da empresa Mercado Livre acerca da possibilidade de

---

rimento pelo INSS, ou se excedido o prazo legal para sua análise. Restaram vencidos integralmente os Ministros Marco Aurélio e Cármen Lúcia e, em menor extensão, a Ministra Rosa Weber.

102. BRASIL. Supremo Tribunal Federal (Tribunal Pleno). Ação Direta de Inconstitucionalidade n. 2.139/DF. Relator Min. Cármen Lúcia, 1 de agosto de 2018. Diário de Justiça Eletrônico, 19 fev. 2019. Foi reconhecido, por unanimidade, a inconstitucionalidade do art. 6255-D e parágrafos da Consolidação das Leis do Trabalho (CLT), que reconhecia a submissão da pretensão à Comissão de Conciliação Prévia (CCP) como requisito para ajuizamento de reclamação trabalhista.

103. O PL pretende acrescentar o parágrafo único ao art. 17 do CPC, dispondo que "em caso de direitos patrimoniais disponíveis, para haver interesse processual é necessário ficar evidenciada a resistência do réu em satisfazer a pretensão do autor".

104. O PL "dispõe sobre a obrigatoriedade, nos litígios entre particulares que tenham por objeto direitos patrimoniais disponíveis, de realização de sessão extrajudicial de autocomposição prévia à propositura de ação judicial, estabelecendo normas para tanto, com destaque para as relações jurídicas cíveis, consumeristas, empresariais e trabalhistas (a despeito de, especificamente sobre essa última, o STF já ter manifestado a inconstitucionalidade do tema, como visto).

105. O substitutivo pretende incluir os seguintes parágrafos no art. 17 do CPC/2015: "§ 1º. Em caso de direitos patrimoniais disponíveis, para haver interesse processual é necessário ficar evidenciada a resistência do réu em satisfazer a pretensão do autor; § 2º. Tratando-se de ação decorrente da relação de consumo, a resistência mencionada no § 1º. poderá ser demonstrada pela comprovação de tentativa extrajudicial de satisfação da pretensão do autor diretamente com o réu, ou junto aos órgãos integrantes da Administração Pública ou do Sistema Nacional de Defesa do Consumidor, presencialmente ou pelos meios eletrônicos disponíveis".

106. Nesse sentido, *v.g.*, ROQUE, André Vasconcelos; DELLORE, Luiz; GAJARDONI, Fernando da Fonseca; MACHADO, Marcelo Pacheco; OLIVEIRA JÚNIOR, Zulmar Duarte de. Releitura do princípio do acesso à Justiça: a necessidade de prévio requerimento e o uso da plataforma consumidor.gov.br. *Migalhas*, 17 jun. 2019; PARO, Giácomo; MARQUES, Ricardo Dalmaso; DUARTE, Ricardo Quass. *On-line dispute*

extinguir e/ou suspender as demandas judiciais sem registro de reclamação prévia[107], entende que tais medidas são compatíveis com a garantia de acesso ao Poder Judiciário, por permitirem um tratamento mais adequado e eficaz à resolução do conflito, justamente pelo número altíssimo de resolução satisfatória de controvérsias, tanto na plataforma da própria empresa quanto no consumidor.gov.br, além de os prazos de resposta serem bastante reduzidos.

É possível notar que essa posição ignora as críticas ao sistema de avaliação da plataforma e a disparidade entre consumidor e fornecedor em uma negociação direta. Percebe-se, nesse movimento, que a intenção real, de esvaziamento do Judiciário, vem sob o véu da adequação aos "novos" meios de resolução de conflitos, na intenção de legitimar o condicionamento do acesso à Justiça pelo cidadão mais vulnerável em face de um adversário juridicamente mais bem preparado.

Embora a "cultura da pacificação" seja muito bem-vinda e mereça atenção do jurista contemporâneo, a busca indiscriminada pela autocomposição pode surtir um efeito deletério de promoção de acordo ineficientes, ou seja, que não beneficiem a sociedade[108]. No caso dos consumidores contra grandes empresas, Claudia Lima Marques destaca que a ideia de uma possível conciliação, na prática, transforma-se em "truque" que transfere os pleitos dos consumidores para os "foros sigilosos" das empresas, sem fazer precedentes (administrativos ou judiciais) aos demais casos, imperando aí o silêncio sobre problemas e danos sofridos pelos reclamantes[109]. Como visto,

---

resolution (ODR) e o interesse processual. *In:* WOLKART, Erik Navarro *et.al* (Coord.). *Direito, processo e tecnologia*. São Paulo: Revista dos Tribunais, 2020; MANCUSO, 2018.

107. Referido parecer foi lavrado pelo Professor Kazuo Watanabe, em conjunto com Ricardo Quass Duarte e Caroline Visentini Ferreira Gonçalves, em 05 de abril de 2019. Sobre o caso, em estudo realizado em 2017, a empresa Mercado Livre detectou que, em 40% dos casos judicializados, apenas soube do problema com a citação. Em 2018, o Mercado Livre lançou o Projeto Empodera, que estimula os clientes a resolverem eventuais problemas extrajudicialmente, na plataforma da empresa ou pelo consumidor.gov.br, ambos gratuitos. Nesse contexto, formulou os seguintes quesitos: 1) é necessário ao demandante comprovar o interesse processual em demandas ajuizadas contra o Mercado Livre, demonstrando ter registrado uma reclamação na plataforma Mercado Livre e/ou consumidor.gov? Caso essa comprovação não seja feita, é lícito ao juiz extinguir o processo, por falta de interesse processual (art. 485, VI, CPC)?; 2) considerando os altos índices de solução de conflitos por meio das plataformas do Mercado Livre e do consumidor.gov, como alternativa à extinção do processo, pode o juiz suspendê-lo, até que o demandante comprove ter registrado sua reclamação na plataforma do Mercado Livre e/ou no consumidor.gov?

108. ROMANI, Caio Augusto Tedesco. Desnecessidade, inutilidade e inadequação do Projeto de Lei 533/2019: uma análise interdisciplinar. *Revista de Processo,* v. 47, n. 334, p. 49-64, dez. 2022. p. 52.

109. MARQUES, Claudia Lima. Direito do consumidor pode ser considerado um sucesso no Brasil. *Conjur,* 28 mar. 2018. Em forte crítica ao modelo proposto, que beneficiaria as empresas em detrimento do consumidor, subvertendo a lógica protecionista do direito consumerista, a autora assevera: "Realmente, na nascente tese da 'demanda resistida', os fornecedores de produtos e serviços aparecem como 'coerdeiros-amigos' que colocam à disposição dos consumidores uma série de canais de 'diálogos', de 'solução' e de 'negociação' direta, e os consumidores 'aparecem', de outro lado, como radicais 'lobos ou Gersons', que não querem perder tempo com negociações, e sim 'tirar vantagem' dos 'cordeiros' recorrendo ao Estado-juiz para que diga o direito... direito que – por sinal – os cordeiros obviamente

a assimetria de informações pode acentuar a vulnerabilidade do consumidor, sobretudo quando negocia diretamente com o fornecedor.

Ampliar o conjunto de opções legítimas, efetivas e adequadas à disposição dos jurisdicionados é, justamente, o foco do sistema multiportas e da criação de outros meios de resolução de conflitos que buscam, de fato, reforçar o acesso à justiça. Daí porque a definição *a priori* de quais meios são mais adequados a determinado conflito, com a instituição de "filtros", acaba por conduzir o jurisdicionado a apenas "uma porta", restringindo o acesso à justiça sob o enganoso pretexto de estar ampliando-o. Se o Estado deve incentivar o uso das vias consensuais e extrajudiciais, não pode ele, por isso, impedir o acesso a outros meios, ou seja, se, ao "abrir novas portas", o Estado "fechar" as já existentes, o sistema nasce falho e é, em si mesmo, contraditório. Se a noção de acesso à justiça não é mais aquela restrita ao Judiciário, daí não se extrai que o Judiciário tenha sido excluído ou desvalorizado em seu *mister* na efetivação de direitos e resolução de conflitos.

Diante disso, a garantia do art. 5º., inciso XXXV, da CF, interpretada no contexto constitucional e contemporâneo[110], impõe ao Estado (não apenas ao legislador) uma dupla atuação, com *viés positivo*, de possibilitar a tutela dos direitos por todo e qualquer meio legítimo, judicial ou extrajudicial, consensual ou adjudicatório, proporcionando maior qualidade na prestação jurisdicional em sentido amplo, e com *viés negativo*, de não impedir ou obstaculizar o acesso do jurisdicionado a esses meios, inclusive ao Poder Judiciário[111]. Por esse motivo, entende-se ser inconstitucional o condicionamento *a priori* do ajuizamento de demanda judicial, seja por lei, seja pelo próprio Judiciário, mas legítimo à própria parte buscar tutela jurisdicional fora do Judiciário – como ocorre na arbitragem, por exemplo.

---

sabem exatamente qual é, e não o cumpriram por um simples cálculo de custo-benefício!". No subcapítulo 3.2.1, é analisada com maior profundidade a vantagem dos chamados litigantes habituais na política de acordos e seu uso estratégico do Judiciário para esse desiderato.

110. Esse contexto deve considerar a amplitude da prestação jurisdicional e a promoção da solução consensual dos conflitos, expostas como normas fundamentais do CPC; a oferta de mecanismos de soluções de controvérsias, o atendimento e a orientação do cidadão como política pública de tratamento adequado dos conflitos de interesses, implementada pela Resolução n. 125/2010 do CNJ; e, principalmente, as próprias garantias constitucionais de liberdade e do devido processo legal.

111. Na mesma linha é o entendimento de Carlos Alberto de Salles, para quem a garantia constitucional insculpida no art. 5º., inciso XXXV, em que pese mencione "a lei não excluirá", refere-se a todo operador do direito (legislador, juiz, administrador) quando estabelece uma proibição à restrição do acesso ao Judiciário e, por via transversa, garante o direito de acesso à prestação jurisdicional diante de toda e qualquer lesão ou ameaça a direito. A garantia da inafastabilidade deve ser lida por esse duplo enfoque, de vedação constitucional e de obrigação da prestação pelo Estado ao jurisdicionado. (SALLES, Carlos Alberto de. Mecanismos alternativos de solução de controvérsias e acesso à Justiça: a inafastabilidade da tutela jurisdicional recolocada. *In:* FUX, Luiz; NERY JÚNIOR, Nelson; WAMBIER, Teresa Arruda Alvim (Coords.). *Processo e Constituição:* estudos em homenagem ao Professor José Carlos Barbosa Moreira. São Paulo: Revista dos Tribunais, 2006. p. 781-782).

Em um Estado Democrático de Direito, é razoável conceder ao cidadão a liberdade e a possibilidade de submeter-se ao meio de resolução de conflitos que melhor lhe aprouver, mantendo em todas as searas o respeito às garantias constitucionais, ainda que aquele não pareça ser o mais adequado ao conflito em que ele está envolvido. Dessa forma, para além da adequação do mecanismo ao litígio, uma interpretação constitucional dos meios extrajudiciais de resolução de conflitos impõe a voluntariedade como pressuposto essencial de sua legitimidade[112].

Tendo como premissa a liberdade de escolha dos jurisdicionados em relação ao meio de resolução para seu conflito, sobretudo o acesso incondicionado ao Judiciário, é importante analisar as vantagens e os incentivos do mecanismo proposto. A questão é terreno fértil para estudos à luz da análise econômica do direito e/ou da psicologia cognitiva[113], matérias que vêm recebendo cada vez mais atenção na doutrina jurídica. No entanto, mantendo-se a delimitação metodológica desta pesquisa, a análise empreendida neste subcapítulo restringe-se a ponderações perfunctórias, no intuito de possibilitar algumas reflexões iniciais sobre a observância desses aspectos pelos órgãos reguladores, no aprimoramento de sua função judicante.

Tem-se como marco a já referida pesquisa empírica realizada pela PUCRS, entre cujos objetivos estava o de investigar, junto aos entrevistados, suas motivações para litigar e fazer acordo. Embora não se pretenda aqui estabelecer incentivos específicos para esses fins, entende-se apropriado o uso das conclusões apresentadas pela referida pesquisa ao objetivo deste estudo. Uma importante observação extraída pelos estudiosos da PUCRS é a de que essas motivações variam de um litigante habitual para um litigante eventual, sendo essa a situação dos litígios entre consumidores e agentes regulados.

---

112. Essa também é a conclusão de Renato Beneduzi: "Mas o binômio *meios adequados/sistema multiportas* só será constitucionalmente legítimo se interpretado em harmonia com a *garantia constitucional de ação* (art. 5º, inc. XXXV, da Constituição Federal). A seleção da porta, por este motivo, não poderá ser nunca imposta às partes, que deverão ser apenas *aconselhadas* sobre qual delas, à luz das características particulares do litígio, poderia vir a ser a mais adequada. Todos, com efeito, têm o direito de pedir ao Estado tutela jurídica mediante sentença em um processo judicial, mesmo quando este não for o meio teoricamente mais adequado para a solução do litígio. Por isso, a voluntariedade é condição indispensável de legitimidade da aplicação no Brasil do sistema multiportas". (BENEDUZI, Renato Resende. Teoria geral do litígio. *In:* MENDES, Aluisio Gonçalves de Castro; BEDAQUE, José Roberto dos Santos; CARNEIRO, Paulo Cezar Pinheiro; ALVIM, Teresa Arruda (Coords.). *O novo processo civil brasileiro:* temas relevantes – estudos em homenagem ao professor, jurista e ministro Luiz Fux. Rio de Janeiro: LMJ Mundo Jurídico, 2018. V. II. p. 429).

113. Relacionando esses temas ao processo civil, destacam-se: FUX, Luiz; BODART, Bruno. *Processo civil e análise econômica.* 2. ed. Rio de Janeiro: Forense, 2021; WOLKART, Erik Navarro. *Análise econômica do processo civil:* como a economia, o direito e a psicologia podem vencer a tragédia da Justiça. 2. ed. São Paulo: Thomson Reuters Brasil, 2020; COSTA, Eduardo José da Fonseca. *Levando a imparcialidade a sério:* proposta de um modelo interseccional entre direito processual, economia e psicologia. Salvador: Juspodivm, 2018; BEZ, Bianca. *Negociação, economia e psicologia:* por que litigamos? 2. ed. São Paulo: Juspodivm, 2021.

4.2.2.1. *Para o consumidor*

As motivações para litigar foram agrupadas em quatro tipos distintos: ausência ou baixo nível dos custos, incluindo-se o baixo risco; busca de um ganho; busca do Judiciário como meio, por exemplo, para postergar responsabilidades – uso instrumental; e percepção de lesão moral ou financeira. Entre esses aspectos, os mais destacados pelos entrevistados foram a conjugação de baixos custos com baixa exposição a riscos[114].

Para as pessoas físicas, os baixos custos são um estímulo para recorrer ao Judiciário, conjugando não apenas a possibilidade de concessão da assistência judiciária gratuita, como também a grande concorrência no mercado de serviços advocatícios, que se reflete no valor dos honorários cobrados[115]. Sobre esse ponto, embora não conste na pesquisa, vale destacar que a atuação da Defensoria Pública, igualmente, reflete-se na ausência ou na significativa redução de eventuais custos para ajuizamento de ação judicial.

A consciência de uma lesão sofrida também é bastante citada como motivação para litigar. Muitas vezes, quando uma parte não obtém uma solução diretamente com a outra, vê no Judiciário a única maneira de forçá-la a reconhecer a lesão e cumprir com sua obrigação[116]. Isso ficou evidente em outra pesquisa, antes referida, sobre a utilização de meios de resolução extrajudicial de conflitos no âmbito de serviços regulados por agências governamentais[117]. Nessa oportunidade, ao serem questionados sobre o motivo para terem escolhido ir ao Judiciário, 49% dos entrevistados responderam que "era o único meio que restou para resolver", e 3% não sabiam "outras formas de resolver"[118].

Daqui, extraem-se dois aspectos de relevância para o aprimoramento da função judicante dos órgãos reguladores: o baixo custo e a acessibilidade. Sobre o primeiro aspecto, os reguladores devem oferecer gratuitamente a ferramenta de resolução de conflitos ao consumidor, como ocorre hoje. Isso, porém, não impede que se pense, em especial para as soluções heterocompositivas, em um sistema de custas semelhante ao do Judiciário, cujos valores poderiam ser investidos na manutenção e no incremento do processo regulatório judicante. Sobre a participação de advogados, embora a assistência por um profissional reflita uma maior paridade entre consumidores e agentes

---

114. PONTIFÍCIA UNIVERSIDADE CATÓLICA DO RIO GRANDE DO SUL (PUCRS). *Demandas judiciais e morosidade da justiça civil.* Porto Alegre, 2011. p. 7.

115. Ibidem, p. 53.

116. Ibidem, p. 64-67.

117. Cf. subcapítulo 2.2.3.

118. OLIVEIRA, Fabiana Luci de; RIBEIRO, Leandro Molhano (Coords.). *Utilização de meios de resolução extrajudicial de conflitos no âmbito de serviços regulados por agências governamentais.* Brasília: Ministério da Justiça, 2013. 2013, p. 30.

regulados, pode-se adotar a mesma sistemática dos Juizados Especiais Cíveis, facultando a assistência por advogado (Lei n. 9.099/1995, art. 9º.)[119]. Nessa hipótese, é importante que o terceiro intermediador alerte as partes sobre a conveniência do patrocínio por advogado.

Nesse ponto, a Defensoria Pública pode exercer importante papel junto aos órgãos reguladores[120]. Além de representar os consumidores nos processos regulatórios judicantes, seria interessante a realização de convênio, por meio de protocolo institucional[121], entre as duas instituições, facilitando tanto a requisição de defensores para atuarem na resolução dos conflitos no âmbito do regulador quanto o encaminhamento de reclamações à via regulatória de resolução de conflitos, abrindo um canal permanente de diálogo entre eles[122]. Essa relação pode favorecer, também, a divulgação desse meio de resolução de conflitos, ponto essencial para seu sucesso, sendo atores importantes também os agentes regulados e o Judiciário[123]. Na pesquisa da PUCRS, muitos entrevistados indicaram, como motivo para litigar, o conhecimento de que alguém de seu círculo social foi bem-sucedido em sua empreitada judicial, de modo que buscaram, para seu dano, o mesmo direito[124]. Algo semelhante pode ocorrer com os consumidores satisfeitos com a resolução de conflitos pelo órgão regulador.

Além da divulgação, impõe-se um amplo e fácil acesso do consumidor ao procedimento, favorecendo seu comparecimento pessoal, mas, principalmente, por meio de plataforma virtual acessível, com interface amigável, considerando-se a vulnerabilidade digital ainda presente no Brasil[125]. Uma

---

119. A Lei n. 9.784/1999 prevê a facultatividade da assistência de advogados nos processos administrativos, salvo quando for legalmente prevista sua obrigatoriedade (art. 3º., IV). A Lei de Mediação faculta a assistência de advogado nos procedimentos extrajudiciais, mas, caso uma das partes opte pela presença de advogado, a outra, obrigatoriamente, deverá indicar fazê-lo, conservando a paridade entre as partes (art. 10). Na mediação judicial, por óbvio, a presença de advogado é obrigatória, salvo nos Juizados Especiais (art. 26).

120. O art. 9º., § 1º., da Lei n. 9.099/1995 dispõe que, se uma das partes comparecer assistida por advogado, ou se o réu for pessoa jurídica, a outra parte pode optar pela "assistência judiciária prestado por órgão instituído junto ao Juizado Especial, na forma da lei local". Essa tarefa pode ser exercida pela Defensoria Pública nos processos regulatórios judicantes.

121. De acordo com Antonio do Passo Cabral, "Estes protocolos podem ser caracterizados como *acordos plurilaterais institucionais*, celebrados por pessoas jurídicas ou órgãos em nome de uma categoria ou grupo, vinculando todos os seus membros", que assumem aspecto de normatividade. (CABRAL, Antonio do Passo. *Convenções processuais:* teoria geral dos negócios jurídicos processuais. 4.ed. São Paulo: Juspodivm, 2023. p. 103).

122. Outra possibilidade seria a celebração de protocolos dessa natureza também com escritórios-modelo de universidades.

123. Sobre a divulgação do processo regulatório judicante, cf. subcapítulo 4.3.2.

124. PONTIFÍCIA UNIVERSIDADE CATÓLICA DO RIO GRANDE DO SUL (PUCRS). *Demandas judiciais e morosidade da justiça civil.* Porto Alegre, 2011. p. 59.

125. Em pesquisa realizada pelo Centro Regional de Estudos para o Desenvolvimento da Sociedade da Informação (CETIC.BR), sobre o uso das tecnologias da informação e comunicação nos domicílios brasileiros, estimou-se que, em 2021, existiam cerca 59 milhões de domicílios com internet no país,

inspiração interessante para essa questão vem da Defensoria Pública do Rio de Janeiro, que lançou, em outubro de 2020, um aplicativo institucional para atendimento dos assistidos. Até dezembro de 2021, o aplicativo havia chegado à marca de mais de 100 mil *downloads*, com 79 mil cadastramentos de usuários, 39.391 atendimentos, 77 mil agendamentos e quase 25 mil casos iniciados[126].

No entanto, mesmo os aplicativos institucionais podem apresentar dificuldades quanto a acessibilidade, operabilidade e adaptação do usuário às diferentes interfaces e sistemas tecnológicos, em especial sob o ponto de vista de um público ainda carente da adequada capacitação tecnológica[127]. Nesse cenário, interessante a proposta de Júlio Azevedo e Giovani Ravagnani para maximizar os resultados da inclusão digital com a criação de um "canal próprio de atendimento institucional via *WhatsApp*"[128], aplicativo presente em 99% dos celulares brasileiros. O fato de os usuários já estarem habituados ao aplicativo facilitaria a interação, a comunicação institucional e a assistência jurídica – o acesso à justiça, por conseguinte. A proposta não erradica a barreira da exclusão digital no país, mas se mostra como uma medida simples, eficiente e propositiva para superar parte dos problemas

---

o que equivale a 82% dos domicílios brasileiros. A despeito do acesso ter avançado entre usuários com menor renda e menos escolarizados, tais estratos fazem um uso mais limitado da rede, em geral por meio de um único dispositivo (telefone celular) e a partir de apenas um tipo de conexão (rede móvel ou Wi-Fi), o que pode limitar o desenvolvimento das habilidades digitais que potencializam a apropriação dos benefícios oferecidos pela rede. (CENTRO REGIONAL DE ESTUDOS PARA O DESENVOLVIMENTO DA SOCIEDADE DA INFORMAÇÃO [CETIC.BR]. *TIC Domicílios 2021:* pesquisa sobre o uso das tecnologias da informação e comunicação nos domicílios brasileiros. São Paulo: Comitê Gestor da Internet no Brasil, 2022). Outra parcela da população com acentuada vulnerabilidade digital são idosos e pessoas com deficiência, para quem, ainda que tenham acesso a um bom dispositivo e a conexão de alta velocidade, a operabilidade de aplicativos e plataformas virtuais pode não ser tão simples.

126. PACHECO, Rodrigo Baptista. O aplicativo "Defensoria RJ" ultrapassou a marca de 100 mil downloads nas lojas digitais. [...]. *LinkedIn*, dez. 2021. Disponível em: https://www.linkedin.com/posts/rodrigo-baptista-pacheco-307928b0_o-aplicativo-defensoria-rj-ultrapassou-activity-6772612222523990016-RH-h. Acesso em: 1 dez. 2022. O aplicativo possibilita agendamento de atendimentos remotos e presenciais, encaminhamento de documentos, consulta, informações sobre processos, entre outras funcionalidades. As demandas mais atendidas referem-se a pensão alimentícia (pedido e oferta) e divórcio consensual.

127. AZEVEDO, Júlio de Camargo; RAVAGNANI, Giovani. WhatsApp e inclusão digital: uma saída para as Defensorias Públicas. *Conjur,* 11 maio 2021.

128. A ideia desenvolvida pelos autores, considerando a atuação da Defensoria Pública, é a de que a instituição integre tecnologicamente seu sistema interno de atendimento e gestão com o WhatsApp. "Assim, 'do lado de fora', o cidadão visualizaria a interface do WhatsApp, canal que centralizaria suas comunicações e mensagens com maior operabilidade e facilidade; já 'do lado de dentro', estagiários, servidores e Defensores Públicos lidariam com os mesmos sistemas internos com os quais estão acostumados, sem necessitar vincular um novo aparelho de telefonia celular para contato com o público exterior. Seria como vestir o sistema interno das Defensorias Públicas com as roupas externas do WhatsApp, facilitando, assim, a interlocução digital. Esse mecanismo já é comumente utilizado por grandes corporações em seus *callcenters*, em que atendentes e operadores utilizam *softwares* próprios de gestão e atendimento, tecnologicamente integrados com o WhatsApp, que passa a figurar como a porta de entrada para a comunicação com os consumidores". (Ibidem).

derivados da vulnerabilidade digital[129]. Medidas como essa seriam muito bem-vindas nos órgãos reguladores[130].

Por fim, a pesquisa da PUCRS identificou que, não raro, os litigantes associam sua postura também à função "pedagógica", para que o ofensor aprenda a não repetir a mesma conduta[131]. Essa motivação é ainda mais acentuada pelas pessoas físicas quando se trata de relações de consumo. Cite-se como exemplos a propaganda enganosa, o aumento de mensalidades, a falta de assistência ante o cancelamento de voos, questões de créditos e taxa de juros na relação com bancos e serviços deficientes ou cobranças abusivas de telefonia. Nesses casos, os entrevistados expressam não só a necessidade de uma reparação para si, mas também o desejo de não ver tal conduta se repetir com outros, além da intenção de "incomodar" a outra parte e lhe retribuir o desgosto sofrido[132]. A motivação das pessoas físicas em recorrer ao Judiciário apresenta uma racionalidade multifacetada, agregando outros elementos à percepção de lesão sofrida[133].

De fato, muitos dos consumidores que hoje utilizam as vias de reclamação dos órgãos reguladores manifestam-se contra a atuação pontual dos entes apenas no caso específico reclamado, sem uma resolução do problema global que tal caso representa também aos outros consumidores[134]. Esse é um passo essencial no aprimoramento da função judicante dos órgãos reguladores, diante do potencial efeito sistêmico em toda a relação regulada, corrigindo falhas dos serviços, reavaliando a política regulatória, editando normas para situações não previstas, entre outras atividades precípuas do regulador. A percepção positiva sobre a proatividade dos reguladores diante de uma reclamação individual auxilia na construção de confiança entre o

129. Ibidem.

130. "[...] o desenho de uma plataforma específica para o setor regulado oferece flexibilidades importantes relacionadas à diversificação dos meios adequados de solução de conflitos pelos entes regulatórios e até mesmo à construção de um fluxo mais apropriado ao tratamento das demandas do segmento específico". (BRAGANÇA, Fernanda; LOSS, Juliana; BRAGA, Renata. Plataforma de solução de conflitos nas agências reguladoras e implantação da Resolução n. 358 do Conselho Nacional de Justiça (CNJ). *Revista Eletrônica do CNJ*, v. 6, n. 1, p. 45-55, jan./jun. 2022. p. 53).

131. PONTIFÍCIA UNIVERSIDADE CATÓLICA DO RIO GRANDE DO SUL (PUCRS). *Demandas judiciais e morosidade da justiça civil.* Porto Alegre, 2011. p. 64-67.

132. Ibidem, p. 8. Esse ponto também concorre para uma maior resistência das partes em fazer acordo, em especial nos casos em que a percepção do sujeito é de que houve uma lesão muito grande a seus direitos, gerando uma perspectiva de satisfação na própria condenação do opositor.

133. Percebe-se a complexidade das motivações para litigar, especialmente relacionadas às pessoas. Como destacam Chris Guthrie e Russel Korobkin, litigantes não litigam apenas pelo dinheiro, mas para provar que estão certos, para firmar precedentes, para "expressar seus sentimentos", para ser ouvidos e satisfazer seu senso de direito ao seu "dia na Corte", sendo, todos esses, fatores que podem facilmente impedir acordos extrajudiciais. (GUTHRIE, Chris; KOROBKIN, Russel. Psychology, economics, and settlement: a new look at the role of the lawyer. *Texas Law Review*, v. 76, p. 78-141, 1997. p. 79-80).

134. Essa crítica é feita especialmente em relação à Anatel, cf. subcapítulo 2.2.3.1.

consumidor e o órgão regulador, aspecto fundamental para o sucesso da resolução de conflitos pelo regulador e para a atividade regulatória como um todo.

4.2.2.2. Para o agente regulado

Considerando, novamente, a pesquisa da PUCRS, as pessoas jurídicas sequer mencionaram as custas judiciárias como um fator determinante, mas a ponderação se deu em relação à eventual pertinência de submeter o conflito à arbitragem, em detrimento da justiça estatal[135]. Diferente das pessoas físicas, as empresas mantêm uma postura mais racional e pragmática. Para elas, o processo e o litígio judicial são entendidos como parte do negócio, o que faz com que sejam analisados a partir de uma relação custo-benefício a fim de que se conclua pela conveniência ou não em litigar. Esse raciocínio tem um reflexo direto na política de acordos. Se, por um lado, o Judiciário pode servir como um meio de trazer a outra parte para a mesa de negociações, por outro, pode ser mais vantajoso receber um valor menor imediatamente, em um acordo, do que ter um ganho mais significativo após um longo período de tramitação do processo judicial[136].

Esse pensamento tem estreita relação com o uso instrumental do Poder Judiciário. Objetivos como o de forçar a parte a cumprir o contrato, ou mesmo a negociar um acordo, são recorrentes nas falas tanto de pessoas jurídicas quanto de pessoas físicas. Não por outra razão, as motivações para um acordo se apresentam um pouco mais complexas[137]. Além dos cálculos sobre custos do processo e risco assumido (na linha do raciocínio apresentado nas motivações para litigar), as empresas manifestaram preocupações de longo prazo, como a importância do relacionamento com o cliente, podendo ser mais vantajoso aprofundar os negócios com o sujeito do que ganhar o debate e a consequente vantagem financeira naquele momento[138].

A preocupação com a percepção dos consumidores induz à adoção de um sistema de reputação vinculado ao processo regulatório judicante. Esses sistemas agregam informações como *feedbacks* e escores de avaliação

---

135. PONTIFÍCIA UNIVERSIDADE CATÓLICA DO RIO GRANDE DO SUL (PUCRS). *Demandas judiciais e morosidade da justiça civil.* Porto Alegre, 2011. p. 53.

136. Ibidem, p. 59. Nesse sentido, a preocupação com a demora na fase de execução tende a fazer com que os vencedores aceitem o acordo, havendo a troca do tempo de espera para satisfação por uma redução no valor total do crédito.

137. A pesquisa identificou dois tipos de sujeitos mais propensos ao acordo: aqueles que buscam resolver o conflito o mais rápido possível, para então dedicarem-se a outras questões ou interesses, e os que veem o acordo como uma forma de abreviar o tempo do processo e superar o que consideram a morosidade da Justiça. (Ibidem, p. 8).

138. Ibidem, p. 8.

com base nas experiências dos consumidores na relação com a empresa. Busca-se minimizar os problemas de assimetria de informação entre cliente e fornecedor e encorajar um comportamento que induz à confiança[139]. Embora pareça não ser, ainda, um mecanismo muito popular no Brasil[140], alguns dos órgãos reguladores examinados já têm ferramentas nesse sentido (*v.g.*, Anatel[141] e Bacen[142]), adotada, também, a plataforma consumidor.gov.br. Deve-se dar maior publicidade a esses dados e verificar se, de fato, as informações disponibilizadas são as mais atrativas aos consumidores, para, eventualmente, implementarem-se outros marcadores de satisfação, mais específicos ao serviço em si e menos à resolução do problema indicado. Uma sugestão seria estabelecer algum tipo de pontuação ou certificação às organizações com maior índice de satisfação, revertendo em publicidade positiva[143].

Tendo em vista que a iniciativa dos processos regulatórios judicantes é dos consumidores, a partir de suas reclamações, os incentivos aos agentes regulados devem ser pensados não sob o viés de acesso, como para os consumidores, mas para sua permanência no procedimento, além da aquiescência e do cumprimento das determinações regulatórias oriundas do processo judicante. Sobre o primeiro aspecto, interessante a instituição de expedien-

---

139. FEITOSA, Douglas de Lima; GARCIA, Leandro Sumida. Sistemas de reputação: um estudo sobre confiança e reputação no comércio eletrônico brasileiro. *Revista de Administração Contemporânea*, v. 20, jan./fev. 2016.

140. Pode-se inferir, em pesquisa empírica, que o uso dos sistemas de reputação tem baixa adesão entre os usuários entrevistados, pois apenas um pouco mais da metade disseram ter conhecimento sobre as plataformas de reputação, como Reclame Aqui, e 41,5% as utilizam para tomar a decisão enquanto consumidores. Segundo os autores da pesquisa, isso pode indicar falta de popularidade ou fator de desconfiança dos usuários quanto aos sistemas, pois foram encontrados diversos exemplos de discrepância entre os selos e as notas dos usuários: por exemplo, muitos fornecedores têm notas e selos considerados positivos em uma plataforma, mas, em outros sistemas, apresentam avaliações inferiores. (CARVALHO, Brayner Cristian Mello; CORRÊA, Gabrielly Ezequiel; PINTO, João Pedro Ribeiro de Moura Buzato; LAZARIN, Nilson Mori. Sistemas de reputação e sua influência: um comparativo. *XIII Computer on the Beach*, Itajaí, maio. 2022. p. 2).

141. Cf. subcapítulo 2.2.3.1.

142. Cf. subcapítulo 2.2.3.2.

143. Outra sugestão seria criar uma certificação como o "Selo Verde", fornecida pelo Conselho Nacional de Defesa Ambiental (CNDA) para empresas que atendem a determinados requisitos que assegurem a qualidade ecológica e socioambiental de produtos e serviços. Além de levar publicidade positiva à empresa, esse tipo de certificado aumenta seu *valuation*, possibilita maior facilidade para obtenção de certas linhas de créditos em bancos que tenham programas específicos, como BNDES e Itaú, e ensejam menor custo de aquisição de matéria-prima, economia de água e energia, bem como menor risco de penalização. (SELO Ambiental: saiba por que sua empresa deveria ter uma certificação. NeoWater, 20 set. 2022. Disponível em: https://www.neowater.com.br/post/selo=-ambiental-iso-leed#:~:text-No%20geral%2C%20possuir%20selos%20ambientais,na%20conserva%C3%A7%C3%A3o%20do%20meio%20ambiente. Acesso em: 09 mar. 2024). Poderia se verificar, também, a viabilidade de algum incentivo fiscal para empresas que atendessem determinados critérios em prol do consumidor e da regulação como um todo.

tes como o da Anac[144], impondo a seus regulados o cadastro na plataforma consumidor.gov.br, mas no sentido de compelir a empresa a submeter-se ao processo regulatório iniciado pelo consumidor.

Essa prática é inusual nos sistemas não judiciais de resolução de conflitos, que pressupõem um consenso das partes em, ao menos, submeter-se àquele procedimento (como na arbitragem, por exemplo). Além disso, poderia parecer contraditório em relação à premissa que fundamenta essa preocupação, de livre acesso aos meios de resolução de conflitos. Não seria estranho, também, suscitar uma notória desigualdade entre as partes do processo, porquanto a liberdade de adesão ao processo regulatório judicante dos consumidores seria mais acentuada que a dos agentes regulados. Porém, a análise da relação jurídica tutelada indica outra conclusão. É a evidente desigualdade entre as partes justifica a proposta.

Em estudo seminal sobre o princípio da igualdade, Celso Antônio Bandeira de Mello lista quatro elementos que, cumulativamente, justificam o *discrímen* do tratamento desigual: (a) a desequiparação não pode atingir de modo atual e absoluto um só indivíduo; (b) as situações ou pessoas desequiparadas devem ser efetivamente distintas entre si; (c) deve existir, em abstrato, uma correlação lógica entre os fatores diferenciais e a distinção do regime jurídico em função deles; e (d) esse vínculo de correlação deve, *in concreto*, ser pertinente em função dos interesses constitucionalmente protegidos[145]. Percebe-se com facilidade que a discriminação proposta apresenta todos esses elementos.

Isso poque a imposição do procedimento apenas aos agentes regulados (a) abrangeria todos os consumidores e concessionários, presentes e futuros, vinculados ao setor regulado, (b) os quais são manifestamente diferentes entre si, especialmente sob o prisma da litigância, tratando-se de litigantes eventuais e litigantes habituais, (c) justificando que a parte com mais vantagens seja submetida ao meio eleito pelo hipossuficiente, a fim de mitigar a "disparidade de armas" e de informações entre eles, (d) em prol da garantia de um efetivo acesso à justiça e da manutenção das políticas regulatórias, zelando, a um só tempo, pela defesa do consumidor e pela ordem econômica[146].

---

144. Cf. subcapítulo 2.2.3.5.

145. MELLO, Celso Antônio Bandeira de. *O conteúdo jurídico do princípio da igualdade.* 3. ed. São Paulo: Malheiros, 2010. p. 41.

146. Os órgãos reguladores devem considerar que estão lidando com atores desiguais: "as concessionárias e o próprio Governo apresentam muito mais força e poder de articulação que os usuários desorganizados e desarticulados dos serviços públicos. Consequentemente, para que o equilíbrio tão desejado seja alcançado, não pode e não deve dar-se a todos os atores um tratamento igual". (PECI, Alketa; CAVALCANTI, Bianor Scelza. A outra face da regulação: o cidadão-usuário de serviços públicos no novo modelo regulatório brasileiro. *Revista de Direito Público da Economia – RDPE,* Belo Horizonte, a. 1, n. 3, p. 9-31, jul./set. 2003. p. 16).

Sob o prisma processual, "o direito fundamental à igualdade processual está a serviço da tutela dos direitos"[147]. O processo não pode ser neutro diante de desequilíbrios no plano material que afetam a possibilidade de acesso à justiça e, por isso, a participação do cidadão nas instituições voltadas à tutela de seus direitos[148]. Esse é o objetivo da discriminação no processo regulatório judicante. Não é demais lembrar que todas as garantias processuais serão alcançadas ao agente regulado durante a tramitação do processo, inclusive a faculdade de realizar ou não acordo e, principalmente, de submeter eventual decisão adjudicada ao controle judicial[149]. Interessante perceber que, na proposta de criação de um *ombudsman* bancário brasileiro, como antes referido[150], havia previsão expressa de que "a decisão do *ombudsman* vincula somente a instituição financeira" (art. 25), indo além da proposta aqui feita, que vincularia o agente regulado apenas à participação no processo regulatório judicante, não à decisão nele proferida, que poderia ser objeto de controle judicial em determinadas situações[151].

No que diz respeito à efetivação das decisões e à correção da conduta viciada, a primeira análise da questão pode se dar pela ótica do custo-benefício, utilizada pelas empresas para ponderar sobre a litigância[152]. Muitas vezes, é mais barato para o agente regulado arcar com as indenizações individuais e contar com a ineficácia da execução de eventuais sanções impostas pelo órgão regulador, do que corrigir a gênese do problema[153]. Com isso, perde-se todo o potencial pacificador e redistributivo buscado por meio do aprimoramento da função judicante dos reguladores.

A primeira reação para combater essa conduta seria, logicamente, o aumento do valor das indenizações, sobretudo das sanções impostas pelos reguladores nos processos sancionatórios originados das reclamações dos consumidores. Haveria, então, a aplicação de uma espécie de *punitive dama-*

147. ABREU, Rafael Sirangelo de. *Igualdade e processo:* posições processuais equilibradas e unidade do direito. São Paulo: Revista dos Tribunais, 2015. *Ebook,* RB-4.2.

148. Ibidem, RB-3.1.

149. Cf. subcapítulo 4.3.5.

150. Cf. subcapítulo 2.2.3.2.

151. A possibilidade de controle judicial da decisão do processo regulatório judicante é analisada no subcapítulo 4.3.5.

152. Mesmo empresas que não estejam imbuídas de uma postura colaborativa em suas práticas de mercado podem motivar-se a participar de tentativas de autocomposição, por exemplo, em razão de critérios econômicos. A possibilidade de poupar custo da judicialização e, principalmente, o receio de eventual penalidade administrativa ou judicial, são elementos que impulsionam a cooperação dos agentes regulados com os consumidores. (BRAGANÇA, Fernanda; LOSS, Juliana; BRAGA, Renata. Plataforma de solução de conflitos nas agências reguladoras e implantação da Resolução n. 358 do Conselho Nacional de Justiça (CNJ). *Revista Eletrônica do CNJ,* v. 6, n. 1, p. 45-55, jan./jun. 2022. p. 46).

153. Cf. subcapítulo 1.1.3.

ges, com fito de desestimular a conduta do agente regulado[154]. Para uma arrecadação efetiva desses valores, seria bem-vindo um diálogo institucional com o Poder Judiciário para facilitar a troca de informações e agilizar os processos de execução[155].

No entanto, uma proposta interessante seria substituir o tradicional paradigma sancionador pelo aspecto promocional[156], trabalhando com a ideia de sanção premial, entendida como "a consequência jurídica positiva para estimular determinado comportamento indicado na norma (legal ou convencional), independentemente de sua natureza (dever, direito potestativo, ônus, faculdade, etc.)"[157]. O procedimentos gerido pela ANS (considerando os benefícios da "Reparação Voluntária e Eficaz"[158]) oferece medidas dessa natureza. Pode-se pensar em medidas como redução de multas ou eventuais taxas devidas em razão do procedimento diante do adimplemento voluntário, aumento de prazo para adequação à política regulatória quando admitida a falha e ressarcido o consumidor, ou parcelamento compulsório da indenização pleiteada com o reconhecimento do pedido (situação semelhante à prevista na execução civil[159] e, em alguma medida, simétrica à submissão compulsória ao processo regulatório antes referida).

---

154. A aplicação dos *punitive damages* no Brasil ainda é controvertida. Embora de grande relevância para o tema aqui abordado, aprofundar seu exame fugiria ao escopo proposto. Sobre o tema: MARTINS--COSTA, Judith; PARGENDLER, Mariana Souza. Usos e abusos da função punitiva (*punitive damages* e o direito brasileiro). *Revista CEJ*, n. 28, p. 15-32, jan./mar. 2005.

155. Essa e outras medidas de diálogo interinstitucional entre reguladores e Judiciário são analisadas no subcapítulo 4.3.1.

156. Tem-se em Norberto Bobbio o expoente do tema, uma vez que a proposta do autor é, em apertadíssima síntese, a transmutação do Estado Liberal em um Estado Promocional, criando-se, paralelamente ao sistema punitivo, uma gama de prêmios e incentivos. (BOBBIO, Norberto. *Dalla struttura ala funzione:* nuovi studi di teori del diritto. Milano: Edizionidi Comunitá, 1977).

157. MAZZOLA, Marcelo. *Sanções premiais no processo civil:* previsão legal, estipulação convencional e proposta de sistematização (*standards*) para sua fixação judicial. São Paulo: Juspodivm, 2022. p. 75.

158. Cf. subcapítulo 2.2.3.4.

159. O art. 916, do CPC, correspondente ao art. 745-A, do CPC/1973, incluído pela Lei n. 11.382/2006, prevê o direito de parcelamento do débito em até seis parcelas mensais, independentemente de concordância do exequente, diante do reconhecimento do crédito executado e pagamento de 30% do valor em execução. Além desse, há outros dispositivos de lógica premial no CPC, especialmente na fase executiva, incentivando o adimplemento da obrigação e a não impugnação, que poderiam inspirar os reguladores, *v.g.*, art. 85, § 7º. (não incidência de honorários sucumbenciais no cumprimento de sentença que enseje expedição de precatório pelo não oferecimento de impugnação pela Fazenda Pública); art. 701, *caput* e § 1º., correspondentes ao art. 652-A, parágrafo único, do CPC/1973, incluído pela Lei n. 11.382/2006 (redução de honorários sucumbenciais pela metade diante do pagamento do valor integral do débito pelo executado, no prazo de 3 dias). Merece destaque, também, a dispensa de custas processuais remanescentes quando as partes firmarem acordo antes da sentença (CPC, art. 90, § 3º.) e a redução pela metade dos honorários quando o réu reconhecer a procedência do pedido e, simultaneamente, cumprir de forma integral a prestação (CPC, art. 90, § 4º.).

4.3. FATORES PROCESSUAIS

É inegável a processualidade nos atos regulatórios, de base constitucional[160] e reforçados pela LGAR. A partir disso, todas as garantias constitucionais do devido processo legal aplicam-se ao processo administrativo, podendo-se afirmar a existência e a imposição de um devido processo legal administrativo[161]. Contemporaneamente, o processo administrativo vem se fortalecendo como instância de realização do direito dos indivíduos, significando, assim, verdadeiro contributo ao acesso à justiça[162]. Como bem aponta Odete Medauar, "o processo administrativo direciona-se à realização da justiça, não só pelo contraditório e ampla defesa, vistos do ângulo do indivíduo, mas também por propiciar o sopesamento dos vários interesses envolvidos numa situação"[163].

Inserido no devido processo legal, o processo regulatório judicante deve se desenvolver à luz de todas as garantias processuais constitucionais. Daí a necessidade de assentar balizas mínimas para um processo regulatório judicante, ou seja, o processo realizado pelo órgão regulador para efetivação de sua função judicante. Além disso, deve-se pensar na estruturação de um procedimento[164] que atenda satisfatoriamente às garantias processuais constitucionais e seja adequado às características dos conflitos entre consumidores e agentes regulados. Aspectos como fases procedimentais, atividade probatória, recorribilidade interna, entre outros, merecem uma reflexão de acordo com a função judicante dos órgãos reguladores. Nessa primeira aproximação com o tema, como proposto pelo recorte metodológico da presente pesquisa, prefere-se destacar alguns pontos processuais sensíveis e significativos para o aprimoramento da função judicante dos órgãos reguladores.

---

160. Extrai-se, especialmente, da leitura conjugada dos incisos LIV e LV do art. 5º. constitucional.

161. GRINOVER, Ada Pellegrini. *Ensaio sobre a processualidade:* fundamentos para uma nova teoria geral do processo. Brasília: Gazeta Jurídica, 2018. p. 21-22.

162. OLIVEIRA, Daniela Olímpio de. Acesso à justiça e processualidade na Administração Pública. *In:* MAIA, Benigna Araújo Teixeira; BORGES, Fernanda Gomes e Souza; HILL, Flávia Pereira; RIBEIRO, Flávia Pereira; PEIXOTO, Renata Cortez Vieira (Orgs.). *Acesso à justiça:* um novo olhar a partir do Código de Processo Civil de 2015. Londrina: Thoth, 2021. p. 101.

163. MEDAUAR, Odete. *Direito administrativo moderno.* 21. ed. Belo Horizonte: Fórum, 2018. p. 162.

164. No ponto, importante o cotejo entre processo e procedimento feito por Ada Pellegrini Grinover: "O processo é voltado à atuação do direito material, e contém a relação jurídica processual; o procedimento destina-se à obtenção da tutela processual adequada. E se a finalidade última da jurisdição é pacificar com justiça, processo e procedimento situam-se no mesmo plano, sendo que no máximo se pode dizer que o segundo é instrumento do primeiro". (GRINOVER, Ada Pellegrini. *Ensaio sobre a processualidade:* fundamentos para uma nova teoria geral do processo. Brasília: Gazeta Jurídica, 2018. p. 18).

4.3.1. Cooperação interinstitucional entre regulador e Judiciário

Além da cooperação entre órgãos judiciários[165], a Resolução n. 350/2020 do CNJ prevê a cooperação interinstitucional, ou seja, a interação entre órgão julgador e outras instituições que possam colaborar com o sistema de justiça, estendendo o princípio e a disposição cooperativa para além das fronteiras do Poder Judiciário[166]. Como pontua Fredie Didier Júnior, o desenvolvimento e o estímulo da cooperação institucional são algumas das marcas distintas do modelo cooperativo atual[167]. Essa cooperação pode abranger, entre outras providências, *i)* a harmonização de procedimentos e rotinas administrativas; *ii)* gestão judiciária; *iii)* elaboração e adoção de estratégias para o tratamento adequado de processos coletivos e/ou repetitivos, inclusive para sua prevenção; e *iv)* mutirões para análise do enquadramento de processos ou de recursos nas hipóteses em que há precedentes obrigatórios (art. 15, Resolução CNJ n. 350/2020).

Nos termos do art. 16 da Resolução CNJ n. 350/2020, a cooperação interinstitucional pode ser realizada entre quaisquer instituições, do sistema de justiça ou fora dele, que possam promover o aprimoramento da administração da justiça, a celeridade e a efetividade jurisdicional, destacando, entre outros, a atuação do Ministério Público, da OAB, da Defensoria Pública e da Administração Pública. Há, inclusive, exemplos de cooperação entre órgãos do Poder Judiciário e alguns litigantes habituais (*v.g.*, INSS e Caixa Econômica Federal) para regular o modo como devem ser citados, a comunicação de atos processuais, o fluxo de envio de processos e os modelos de peticionamento[168]. É viável, também, a cooperação com entes administrativos vinculados a outros poderes, como Tribunais de Contas, Cade, CVM, Conselho de Controle de Atividades Financeiras (Coaf), Conselho Administrativo de Recursos Fiscais (Carf), representando um ganho potencial para solução de demandas que dependam de informações dessas entidades, por exemplo[169].

---

165. Cf. subcapítulo 3.1.3.2.

166. VASCONCELOS, Antônio Gomes de. As múltiplas dimensões da cooperação judiciária na administração da justiça brasileira. *In:* DIDIER JÚNIOR, Fredie; CABRAL, Antonio do Passo (Coords.). *Cooperação judiciária nacional.* Salvador: Juspodivm, 2021. p. 174. O autor, que prefere o termo "cooperação por extensão", afirma tratar-se de modalidade criada a partir do reconhecimento da insuficiência de uma atuação isolada do Poder Judiciário para tratar os conflitos subjacentes às demandas judiciais, sendo necessário o envolvimento de outros atores do sistema de justiça e de quaisquer outras instituições capazes de colaborar com a administração da justiça, celeridade e efetividade da prestação jurisdicional".

167. DIDIER JÚNIOR, Fredie. *Cooperação judiciária nacional:* esboço de uma teoria para o direito brasileiro. 2.ed. Salvador: Juspodivm, 2021. p. 73.

168. Ibidem, p. 36-72.

169. ARAGÃO, Nilsiton Rodrigues de Andrade. Fundamentos da cooperação judiciária nacional. *In:* DIDIER JÚNIOR, Fredie; CABRAL, Antonio do Passo (Coords.). *Cooperação judiciária nacional.* Salvador: Juspodivm, 2021. p. 70.

Nesse cenário, podem-se instituir atos cooperativos disciplinando a cooperação dos órgãos reguladores com o Judiciário para sua intimação obrigatória nas ações coletivas e casos repetitivos que versem sobre matéria regulada de sua competência, na linha do defendido no capítulo anterior. Antonio do Passo Cabral destaca esse diálogo com o regulador e Judiciário como campo fértil que visam à elaboração e à adoção de estratégias para prevenção ou tratamento adequado de processos coletivos e casos repetitivos[170]. Nessa linha, a Resolução n. 349/2020 do CNJ apresenta, como uma das competências dos Centros de Inteligência do Poder Judiciário, "auxiliar na internalização da norma jurídica construída em precedente qualificado relativo à prestação de serviço concedido, permitido ou autorizado por órgão, ente ou agência reguladora competente para fiscalização da efetiva aplicação da norma", sendo mais um fundamento normativo de incentivo ao estreitamento das relações entre regulador e Judiciário.

O próprio CNJ, por exemplo, já realizou acordo de cooperação técnica com a ANS para, dentre outros objetivos, promover uma atuação integrada a fim de garantir a proteção do direito dos consumidores de planos privados de assistência à saúde, estimular a resolução consensual de conflitos e, assim, reduzir demandas judiciais relacionadas à saúde suplementar. Além disso, busca-se contribuir para o aperfeiçoamento dos instrumentos de monitoramento e regulação do mercado de saúde suplementar[171]. Outro termo de cooperação, desta vez com a Anac, objetiva possibilitar o acesso da agência aos metadados da Base Nacional de Dados do Poder Judiciário (DataJud), mantido e gerido pelo CNJ, referentes às ações judiciais no setor de transporte aéreo[172-173].

Outra possibilidade é a cooperação entre reguladores e Defensoria Pública. Esse diálogo ampliaria o acesso à justiça e fomentaria um incremento na função judicante dos reguladores pela provocação da Defensoria, entidade

---

170. CABRAL, Antonio do Passo. *Juiz natural e eficiência processual:* flexibilização, delegação e coordenação de competências no processo civil. São Paulo: Thomson Reuters Brasil, 2021. p. 466.

171. CONSELHO NACIONAL DE JUSTIÇA. Acordo de Cooperação Técnica n. 104/2021. Acordo de Cooperação Técnica que entre si celebram o Conselho Nacional de Justiça – CNJ e a Agência Nacional de Saúde Suplementar – ANS visando ao intercâmbio e à cooperação técnica relacionados à assistência suplementar à saúde. Diário Oficial da União, 19 jul. 2021.

172. CONSELHO NACIONAL DE JUSTIÇA. Termo de Cooperação Técnica n. 38/2022. Termo de cooperação técnica que entre si celebram o Conselho Nacional de Justiça, o Ministério da Infraestrutura, por intermédio da Secretaria Nacional de Aviação Civil, e a Agência Nacional de Aviação Civil. Diário Oficial da União, 02 set. 2022.

173. Há, ainda, o Termo de Cooperação Técnica entre ANA e CNJ, visando à capacitação mútua e o desenvolvimento de estratégias integradas em ações de conservação de água e solo, segurança de barragens, operações de reservatórios e implementação do marco legal do saneamento básico. (CONSELHO NACIONAL DE JUSTIÇA. Termo de Cooperação Técnica n. 35/2022. Termo de cooperação que celebram entre si o Conselho Nacional de Justiça (CNJ) e a Agência Nacional de Águas e Saneamento Básico (ANA), para os fins que especifica. Diário Oficial da União, 10 ago. 2022).

com vasta experiência na tutela dos direitos. Além disso, possibilitaria que o regulador tivesse uma visão mais próxima aos interesses de parcela importante dos consumidores (mais vulneráveis, sobretudo economicamente), que podem ser esquecidos na elaboração de normas e políticas regulatórias. Todas essas formas de cooperação beneficiariam o jurisdicionado e a relação regulada como um todo.

4.3.1.1. Realização de audiência de mediação pelos órgãos reguladores

A cooperação institucional é ferramenta interessante para ampliação do sistema multiportas[174], tendo como uma de suas dimensões a "efetivação de medidas e providências referentes a práticas consensuais de resolução de conflitos" (art. 6º., XIX, Resolução CNJ n. 350/2020). Diante da insuficiência dos Cejuscs instalados e da sobrecarga das pautas judiciárias, que impedem a realização da audiência de conciliação e mediação prevista no art. 334 do CPC, e o fato de tal expediente não ser monopólio do Judiciário[175], essa atividade poderia ser exercida pelos órgãos reguladores, capacitados para isso[176], como ocorre hoje, por exemplo, com as serventias extrajudiciais.

A Lei n. 13.140/2015, em seu art. 42, admitiu a mediação levada a efeito nas serventias extrajudiciais, hipótese regulamentada pelo Provimento n. 67/2018 do CNJ. Merece destaque a Recomendação n. 28/2018 do CNJ para os Tribunais, por meio de seus Núcleos Permanentes de Métodos Consensuais de Solução de Conflitos (Nupemec), celebrarem convênios com notários e registradores do Brasil a fim de que estes passem a atuar como Cejuscs, sobretudo para a realização da audiência prévia do art. 334 do CPC[177]. Se é admissível que essa atividade seja exercida pelas serventias extrajudiciais, com sua atuação mais burocrática e, em boa medida, dependente de normativa

---

174. DIDIER JÚNIOR, Fredie. *Cooperação judiciária nacional:* esboço de uma teoria para o direito brasileiro. 2.ed. Salvador: Juspodivm, 2021. p. 73.
175. O próprio CPC, em seu art. 167, prevê a possibilidade de conciliação e mediação em câmaras privadas.
176. Fredie Didier Júnior e Leandro Fernandez, identificam, entre as formas de interação, "entre as portas" do sistema de justiça multiportas: "*a)* após a provocação do Judiciário, pode haver o encaminhamento das partes para tentativa de autocomposição por meio, por exemplo, da plataforma *consumidor.gov.br*, caso não tenha havido qualquer tentativa prévia de solução direta do conflito; [...] *c)* em matérias de elevada complexidade técnica envolvendo entes públicos, pode ser conveniente, mesmo na pendência de processo judicial, que as tratativas para tentativa de autocomposição sejam realizadas perante uma câmara de prevenção e resolução administrativa de conflitos, com o acompanhamento por agentes especializados no tema". (DIDIER JÚNIOR, Fredie; FERNANDEZ, Leandro. O sistema brasileiro de justiça multiportas como um sistema auto-organizado: interação, integração e seus institutos catalisadores. *Revista do Poder Judiciário do Estado do Rio Grande do Norte – REPOJURN*, a. 03, n. 01, p. 13-41, jan./jun. 2023. p. 30).
177. Sobre o tema: HILL, Flávia Pereira. Mediação nos cartórios extrajudiciais: desafios e perspectivas. *Revista Eletrônica de Direito Processual – REDP*, Rio de Janeiro, a. 12, v. 19, n. 3, p. 296-323, set./dez. 2018.

específica[178], deve-se admitir, com mais razão, a atuação dos órgãos reguladores para essa prática, nos processos que envolvam as relações reguladas.

Tendo em vista que o processo regulatório judicante se desenvolve à luz do devido processo legal, respeitando, também, os princípios atinentes à mediação quando em seu viés autocompositivo, não haveria qualquer prejuízo ao jurisdicionado na realização da mediação pelo órgão regulador e não pelo Cejusc ou pelo próprio magistrado. Ao contrário, como evidenciado, a adequação do órgão regulador para tutelar conflitos oriundos das relações regulatórias é significativamente maior que o Judiciário, aí incluídos os Cejuscs.

A adoção dessa medida representaria um incremento da política pública de incentivo à justiça multiportas, ofertando ao jurisdicionado um meio de tutela *a priori* mais adequado a seu conflito, e, por via de consequência, auxiliaria no desafogo do Judiciário e na efetividade da audiência de mediação, legalmente prevista. Outra possibilidade seria a integração dos canais *online* de resolução de conflitos, disponibilizado pelo regulador com as plataformas de processo eletrônico, como ocorre com o PJe e a plataforma consumidor.gov.br, além de convênios feitos diretamente com os Tribunais, para incentivar o uso desse mecanismo de forma preventiva ou após o ajuizamento de demandas.

A cooperação interinstitucional, nesse viés, com o fomento à autocomposição pelos órgãos reguladores, está em consonância com as políticas públicas e judiciárias de estímulo aos meios de prevenção e resolução dos conflitos, em uma relação cooperativa entre o Poder Judiciário e os diversos sistemas de resolução de conflitos sociais[179]. Esse implemento de políticas de tratamento adequado dos conflitos, por sua prevenção e fomento de solução consensuais e não judiciais, permite ao Poder Judiciário ser desonerado de demandas que prescindem de seu aparato para ser resolvido[180].

178. Cf. subcapítulo 1.2.2.3.

179. VASCONCELOS, Antônio Gomes de. As múltiplas dimensões da cooperação judiciária na administração da justiça brasileira. *In:* DIDIER JÚNIOR, Fredie; CABRAL, Antonio do Passo (Coords.). *Cooperação judiciária nacional.* Salvador: Juspodivm, 2021. p. 175. Ainda segundo o autor: "Esta intermediação é de extrema relevância, não só por potencializar a atuação do Poder Judiciário, mas, sobretudo para assegurar a observância dos princípios da legalidade e da ética na atuação dos atores sociais, não pertencentes ao sistema de justiça. Nesse sentido, cabe ao Poder Judiciário, mesmo em regime de cooperação judiciária por extensão, propugnar pela integridade dos direitos e pela justa composição das controvérsias, bem como por medidas de prevenção dos litígios".

180. Ibidem, p. 179-180.

4.3.1.2. *Aplicação análoga da carta arbitral pelos órgãos reguladores e outras medidas atípicas de comunicação interinstitucional*

Assim como a cooperação pode servir para desonerar o Judiciário e aprimorar a função judicante dos órgãos reguladores, fomentando seu uso pelos consumidores e agentes regulados, também tem potencial para auxiliar os reguladores a efetivarem algumas medidas que são importantes para a manutenção de seu funcionamento e que fogem a sua capacidade institucional ou força coercitiva. Algumas providências para efetivação de tutelas de urgência ou atos executivos, por exemplo, para cobrança de multas aplicadas aos agentes econômicos, são reservadas ao Poder Judiciário, situação próxima da vivenciada pelo juízo arbitral. Para este, há previsão da carta arbitral com esse fim.

Incluída na Lei de Arbitragem pela Lei n. 13.129/2015, a carta arbitral permite ao árbitro ou ao tribunal arbitral solicitar ao Poder Judiciário a prática ou a determinação de cumprimento de certos atos (art. 22-C)[181]. Como destaca Selma Lemes, "o árbitro tem jurisdição, mas não tem o poder de constrição do juiz, por isso a necessidade de colaboração judicial"[182]. Trata-se, portanto, de atividades complementares, não concorrentes, sem hierarquia ou subordinação, sendo a jurisdição "*partilhada,* e não *compartilhada*": cabe a um juízo a decisão e ao outro sua efetivação[183]. A carta arbitral é mais comumente utilizada para aplicação de medidas coercitivas (inclusive condução de testemunha - art. 22, § 2º., Lei n. 9.307/1996) e cautelares, decorrentes de tutela de urgência (art. 22-B, Lei n. 9.307/1996). É possível, também, a requisição de informações ou de expedição de ofícios a órgãos públicos ou instituições privadas para apresentação de documentos ou fornecimento de informações, podendo servir de mecanismo de incremento da produção probatória[184].

A partir dessa lógica, poder-se-ia pensar em um meio de diálogo entre órgão regulador e Judiciário análogo à carta arbitral, uma espécie de "carta

---

181. Previsto também no art. 237, IV do CPC, o instituto é referido no capítulo do Código de Processo Civil que trata da cooperação nacional (art. 69, § 2º., CPC), devendo atender, no que couber, aos requisitos paralegais das cartas de ordem, precatória e rogatória (art. 260, § 3º., CPC). A recusa a seu cumprimento é excepcional, mediante decisão motivada, nos casos previstos em lei (art. 267, CPC). Os requisitos e outras peculiaridades da carta arbitral estão disciplinados na Resolução n. 421/2021 do CNJ.

182. LEMES, Selma Maria Ferreira. Anotações sobre a Nova Lei de Arbitragem. *Revista de Arbitragem e Mediação,* São Paulo, v. 47, p. 37-44, out./dez. 2015. p. 40. A autora, com base nas lições do jurista francês Bruno Oppetit, destaca a simbiose existente entre a Justiça arbitral e a estatal: "há entre elas dualidade de legitimidade, mas comunhão de ética e de fim; diversidade de vias e de meios, mas unidade funcional; paralelismo, mas também convergência".

183. CAHALI, Francisco José. *Curso de arbitragem.* 9. ed. São Paulo: Thomson Reuters, 2022. *Ebook.* RB-10.6.

184. SIQUEIRA, Fernando. Carta arbitral: um mecanismo de cooperação. *Migalhas,* 23 out. 2017.

regulatória", para reforçar e complementar a função judicante do regulador na linha do que ocorre com a arbitragem. O regulador poderia contar com o apoio judicial para efetivar medidas coercitivas, como a execução de multas e outras decisões condenatórias eventualmente proferidas tanto no processo regulatório judicante (entre consumidores e agentes regulados) quanto nos processos sancionatórios. Por outro lado, o Judiciário poderia aproveitar atividades probatórias desenvolvidas no processo regulatório, em atenção ao devido processo legal, em eventual processo judicial de controle dessa atividade, por exemplo.

Analisando a carta arbitral, Francisco José Cahali entende que, para solicitação de informações ou providências diretas a serem promovidas pelo juízo destinatário ou seu respectivo cartório (como expedição de guia de levantamento ou alvará), basta um ofício do juízo arbitral ao estatal, sendo necessária a carta arbitral propriamente dita apenas quando o ato for praticado sob supervisão da autoridade do magistrado (como condução de testemunha)[185]. No entanto, considerando a lógica instrumental da cooperação, e desde que seja instruído com todas as informações necessárias ao cumprimento do ato, a forma do ato de cooperação (se por ofício ou por carta, por exemplo) revela-se menos importante.

Fredie Didier Júnior destaca como a principal característica da cooperação a atipicidade[186], no sentido de que pode ser efetivada por qualquer medida[187]. Não obstante, ela deve ser documentada (Resolução CNJ n. 350/2020, art. 5º, III), fundamentada (Resolução CNJ n. 350/2020, art. 5º, IV) e comunicada às partes (Resolução CNJ n. 350/2020, art. 5º, V). A escolha do instrumento de cooperação a ser utilizado, via de regra, baseia-se nas necessidades e nas peculiaridades do caso concreto, sob uma perspectiva de eficiência[188]. Portanto, a cooperação pode ser instrumentalizada por e-mail ou por outro meio idôneo de comunicação *online*, por exemplo, eliminando-se a formalidade e a burocracia que uma carta (arbitral) possa representar. Nilsiton Aragão bem alerta que, por manterem disciplina legal mais detalhada, as cartas podem ser interessantes quando se pretende um maior grau de se-

185. CAHALI, Francisco José. *Curso de arbitragem*. 9. ed. São Paulo: Thomson Reuters, 2022. *Ebook*. RB-10.6.

186. A atipicidade das formas e instrumentos da cooperação pode ser extraída da parte final do art. 5º, inciso II da Resolução CNJ n. 350/2020, ao afirmar que a cooperação "pode ser instrumentalizada por auxílio direto, atos concertados, atos conjuntos e *outros instrumentos adequados*", indicando tratar-se de um rol exemplificativo, condicionado tão somente à adequação instrumento.

187. DIDIER JÚNIOR, Fredie. *Cooperação judiciária nacional:* esboço de uma teoria para o direito brasileiro. 2.ed. Salvador: Juspodivm, 2021. p. 60.

188. RIBEIRO, Moacir. *Cooperação judiciária nacional:* o(s) dever(es) de engajamento e a relação jurídica processual entre juízos. Londrina: Thoth, 2023, p. 134.

gurança e previsibilidade na cooperação[189]. Nada impede que o instrumento atípico (como um *e-mail*) busque inspiração no regramento das cartas para sua apresentação[190], sendo recomendável tal conduta para contribuir para a necessária documentação e para a fundamentação da cooperação.

Os instrumentos atípicos de cooperação interinstitucional também podem ser interessantes para implementar mecanismos de intimação e participação dos órgãos reguladores em processos coletivos *lato sensu* que envolvam o setor regulado de sua competência[191], ampliando a qualidade da tutela judicial e a atuação regulatória. Na linha da Resolução n. 350/2020[192], o diálogo mais fluido entre regulador e Judiciário possibilita a identificação de temas relevantes para fixação de precedentes[193], para harmonizar os entendimentos das instituições, proporcionando, assim, maior previsibilidade e segurança jurídica a todos os atores da relação regulada, e para evitar a excessiva judicialização sobre a mesma questão.

Indo além, admitindo uma análise de competências *ad actum*, proposta por Antonio do Passo Cabral[194], pode-se pensar em um compartilhamento de atividades processuais entre órgãos reguladores e Poder Judiciário a partir da aferição de qual instituição é a mais capacitada para determinado

---

189. ARAGÃO, Nilsiton Rodrigues de Andrade. Potencialidades e limites da cooperação judiciária nacional. *Civil Procedure Review*, v. 11, n. 1, jan./abr. 2020, p. 40.

190. A Resolução CNJ n. 421/2021 apresenta como requisitos da carta arbitral *i)* a identificação do árbitro ou órgão arbitral solicitante; *ii)* a indicação do ato processual a ser praticado; *iii)* a assinatura do árbitro; *iv)* o número do procedimento arbitral; e *v)* a qualificação das partes (art. 3º., § 1º.). Além disso, exige que a carta seja acompanhada por uma série de documentos, entre os quais o inteiro teor da petição e a respectiva decisão arbitral cujo cumprimento é solicitado. Entende-se que essas mesmas informações devem ser apresentadas pelo órgão regulador quando solicitar cooperação interinstitucional (seja ao Judiciário, às serventias extrajudiciais, a outros entes públicos etc.).

191. Cf. subcapítulos 3.3.1 e 3.4.2.

192. O art. 15 da Resolução apresenta, entre as possíveis providências da cooperação interinstitucional, "a elaboração e adoção de estratégias para o tratamento adequado de processos coletivos e ou repetitivos, inclusive sua prevenção" e "mutirões para análise de enquadramento de processos ou de recursos nas hipóteses em que há precedentes obrigatórios".

193. Em entrevista ao site Conjur, a procuradora-chefe do Cade, Juliana Oliveira Domingues, noticia que a instituição já vem adotando práticas nesse sentido, a fim de aproximar as atividades do Cade e do Judiciário: "Nós mapeamos a maior parte desses casos para trabalhar nos temas que precisam de precedentes e de maior atenção do Poder Judiciário. [...] a nossa intenção é aproximar cada vez mais o Poder Judiciário das atividades do Cade, em especial, para poder sensibilizar para a importância desses temas. Se nós não tivermos precedentes, esses casos continuarão sendo judicializados". (CADE busca aproximação com o Judiciário para estimular precedentes. *Conjur*, 6 jun. 2023).

194. "O exame da competência *ad actum* permitirá que, para cada ato jurídico processual, possa ser analisada (ou reanalisada) a competência adequada (acrescida do teste das capacidades institucionais). A competência, nesse dinamismo, poderia ser analisada sob o prisma das funções jurisdicionais em cada uma das específicas situações processuais em que praticados os atos no processo e à luz das alternativas que se coloquem numa determinada fase processual". (CABRAL, Antonio do Passo. *Juiz natural e eficiência processual:* flexibilização, delegação e coordenação de competências no processo civil. São Paulo: Thomson Reuters Brasil, 2021. p. 331).

ato ou função, tanto na esfera administrativa quanto na esfera judicial[195]. Um exemplo seria o caso, antes referido, de realização das audiências de mediação pelos reguladores ou, até mesmo, a produção de uma prova ou comunicação de um agente regulado, entre outros. Como destacam Fredie Didier Júnior e Leandro Fernandez, "a interação entre órgãos decisórios pode reduzir as chances de ocorrência de uma espécie de *forum shopping* abusivo entre instâncias, que pode indevidamente beneficiar um litigante habitual. O incentivo contribui para a redução dessa assimetria"[196].

4.3.2. Publicidade dos atos e decisões do órgão regulador

O primeiro aspecto importante da publicidade, mais amplo, diz respeito ao conhecimento do processo regulatório judicante pelos interessados. A operacionalidade desse meio de resolução de conflitos (e dos demais) depende de se tornarem conhecidos pelos jurisdicionados[197]. Vale lembrar que, em pesquisa empírica antes referida, grande parte dos consumidores entrevistados afirmaram desconhecer a atuação dos órgãos reguladores na resolução de conflitos[198]. Assim, não basta que o mecanismo seja adequado e eficiente; deve-se popularizá-lo.

Uma boa alternativa para essa ampla divulgação seria a obrigatoriedade de os próprios agentes regulados informar aos consumidores a existência dessa via, como ocorrido no caso da empresa cearense de energia elétrica[199]. Essa informação poderia ser disponibilizada nas faturas dos serviços, nos *sites* dos agentes regulados e, até mesmo, nas gravações de espera utilizadas na ligações para ouvidoria, SAC ou outro serviço. Medidas nesse formato não representariam grande custo às empresas e seriam fortes aliadas na popularização da atuação judicante dos reguladores. Ademais, considerando o fato de os consumidores procurarem primeiramente o fornecedor para resolver o conflito[200], além do curioso índice de confiança da população em empresas e bancos (superior ao de entidades como o Ministério Público e

195. Segundo Cabral, quando houver a delegação da competência para a prática de alguns atos, o delegatário manterá a supervisão sobre a atividade. (Ibidem, p. 488).

196. DIDIER JÚNIOR, Fredie; FERNANDEZ, Leandro. O sistema brasileiro de justiça multiportas como um sistema auto-organizado: interação, integração e seus institutos catalisadores. *Revista do Poder Judiciário do Estado do Rio Grande do Norte – REPOJURN*, a. 03, n. 01, p. 13-41, jan./jun. 2023. p. 20. Segundo os autores: "A introdução de inovações normativas que propositadamente ou não prestigiem a integração entre diferentes portas de acesso à justiça pode criar condições para modelos muito mais complexos de articulação entre sujeitos do sistema". (Ibidem, p. 21).

197. MANCUSO, Rodolfo de Camargo. *Acesso à Justiça:* condicionantes legítimas e ilegítimas. Salvador: Juspodivm, 2019. p. 201.

198. Cf. subcapítulo 2.2.3.

199. Cf. subcapítulo 2.2.3.3.

200. Cf. subcapítulo 2.2.3.

o Poder Judiciário, por exemplo)[201], acredita-se que haveria uma tendência do consumidor em seguir a orientação sugerida.

A despeito disso, se o consumidor não procura o órgão regulador, cabe a este ir até a população, divulgando sua atividade em propagandas nos meios de comunicação, inclusive em redes sociais, disponibilizando folhetos explicativos, realizando palestras, seminários e *worshops* com a participação de toda a sociedade civil etc.[202] Pode, também, realizar pesquisas de opinião com os consumidores, o que serve não apenas como medição de sua satisfação com o serviço regulado, mas como meio de divulgar o trabalho do órgão regulador e de fortalecer o relacionamento com ele[203]. Outra alternativa interessante é o fomento pelo próprio Poder Judiciário ao uso do mecanismo, como abordado no subcapítulo anterior.

Não apenas a existência dessa via de resolução de conflitos deve ser divulgada ao jurisdicionado, mas também seu funcionamento e dinâmica processual. Aos interessados, deve ser devidamente esclarecido o modo pelo qual se dá a tutela por esse mecanismo, para possibilitar-lhe a escolha livre e consciente entre todas as "portas" disponíveis. Nesse sentido, "deve-se perquirir o grau de informatização de cada órgão decisório, verificando empiricamente se estão à disposição dos indivíduos sistemas eletrônicos com disponibilidade na internet, se as informações se encontram na íntegra nos bancos de dados, e se são facilmente visualizáveis em formato *user-friendly*"[204]. Como bem observado por Rodolfo de Camargo Mancuso, "sendo verdade que *quem quer os fins deve dar os meios,* [...] a busca por tais alvitres, fora e além da justiça estatal, depende em larga medida de uma eficiente *divulgação* quanto à sua existência, modalidades e meios de acesso"[205].

Além disso, claro, deve-se atentar para a publicidade do processo regulatório judicante, de matriz constitucional, com previsão expressa também

---

201. De acordo com o Índice de Confiança Social (ICS) levantado pelo Instituto IPEC, em 2023, empresas e bancos apresentam um índice de confiança de 62 e 61 pontos, respectivamente, em 7º. e 8º. lugares entre as instituições avaliadas. Isso os coloca à frente do Ministério Público (58 pontos, 10º. lugar), do Poder Judiciário (53 pontos, 14º. lugar) e dos Sindicatos (48 pontos, 18º. lugar), entre outros. Nas primeiras posições, figuram o Corpo de Bombeiros (87 pontos), a Polícia Federal (70 pontos), as Igrejas (70 pontos), as Escolas Públicas (67 pontos), as Forças Armadas (66 pontos) e a Polícia (64 pontos). (IPEC. Índice de Confiança Social (ICS). 2023. Disponível em: https://static.poder360.com.br/2023/07/230196_ICS_INDICE_CONFIANCA_SOCIAL_2023.pdf. Acesso em: 5 ago. 2023).

202. PECI, Alketa; CAVALCANTI, Bianor Scelza. A outra face da regulação: o cidadão-usuário de serviços públicos no novo modelo regulatório brasileiro. *Revista de Direito Público da Economia – RDPE,* Belo Horizonte, a. 1, n. 3, p. 9-31, jul./set. 2003. p. 16.

203. Ibidem, p. 24.

204. CABRAL, Antonio do Passo. *Juiz natural e eficiência processual:* flexibilização, delegação e coordenação de competências no processo civil. São Paulo: Thomson Reuters Brasil, 2021. p. 502.

205. MANCUSO, Rodolfo de Camargo. *Acesso à Justiça:* condicionantes legítimas e ilegítimas. Salvador: Juspodivm, 2019. p. 201.

infraconstitucionalmente[206]. Aliás, a publicidade é um dever da Administração Pública, encartado em um instituto ainda maior: o dever de transparência do Estado[207]. Não obstante, esse princípio não é absoluto, havendo hipóteses de sigilo de determinados atos. É o caso, por exemplo, das tratativas de negociação entre as partes durante o processo autocompositivo.

A Lei de Mediação e o CPC preveem, entre os princípios orientadores da prática autocompositiva, a confidencialidade (arts. 2º., VII, e art. 166, respectivamente). Conforme norma processual, "a confidencialidade estende-se a todas as informações produzidas no curso do procedimento, cujo teor não poderá ser utilizado para fim diverso daquele previsto por expressa deliberação das partes" (art. 166, § 1º., CPC). Essa medida possibilita aos participantes uma comunicação de forma aberta e sem restrições durante as negociações, por terem certeza de que seus argumentos não serão indevidamente utilizados contra eles em outra oportunidade, sobretudo quando não alcançado o acordo e o litígio deva ser resolvido por um meio heterocompositivo[208]. A razão de ser dessa norma, como se percebe, é similar ao motivo pelo qual o terceiro responsável pela solução adjudicada não seja o mesmo que conduziu a autocomposição[209].

Disso não decorre a inviabilidade de noticiar-se os termos finais do acordo firmado. Essa publicidade seria importante para orientar as partes, especialmente o consumidor, em relação à margem de negociação e os parâmetros médios das soluções autocompositivas em casos semelhantes aos seus. Medidas dessa natureza podem mitigar críticas como a de Marc Galanter, sobre a ausência de um valor de referência para apresentação de acordos, diante da falta de uma interpretação judicial sobre o tema[210]. Sendo necessário, poder-se-ia omitir alguns dados periféricos, como o nome do consumidor, mas, sobre o termo acordado (o "dispositivo" do acordo, em uma analogia com as decisões judiciais), incidiria o dever de publicidade. Essa medida manteria a relevante confidencialidade do procedimento, sem a qual estaria em risco o sucesso da mediação, além de cumprir com o dever de transparência na atividade estatal, inclusive sob o viés da informação ao administrado, imprescindível para uma boa aplicação do processo regulatório judicante.

---

206. Arts. 5º., XXXIII e LX; 37, *caput*; 93, IX, da CF; art. 2º., *caput* e parágrafo único, da Lei n. 9.784/1999; arts. 11 e 189 do CPC.
207. HEINEN, Juliano. *Curso de direito administrativo.* 4. ed. São Paulo: Juspodivm, 2023. p. 242.
208. TARTUCE, Fernanda. *Mediação no Novo CPC:* questionamentos reflexivos. 2016. Disponível em: http://www.fernandatartuce.com.br/wp-content/uploads/2016/02/Mediacao-no-novo-CPC-Tartuce.pdf. Acesso em: 5 ago. 2023.
209. Cf. subcapítulo 4.2.1.2.
210. Cf. subcapítulo 3.2.1.

O mesmo não se aplica às soluções adjudicadas, heterocompositivas, no bojo do processo regulatório judicante. Nesses casos, todo o procedimento deverá ser público, inclusive sua decisão final, devidamente motivada. Não obstante, situações excepcionais que ofendam a privacidade ou a honra de alguma das partes, por exemplo, analisada casuisticamente, poderiam ensejar a restrição da publicidade, na linha do que ocorre com o processo judicial. Essa transparência favorece atos cooperativos entre os órgãos reguladores e outras instituições, inclusive o Judiciário, pelo acesso aos debates travados nessa arena e, sobretudo, às provas eventualmente produzidas.

Já a divulgação da decisão final é imprescindível para a formação de uma "jurisprudência administrativa"[211] sobre os temas atinentes ao setor regulado. A necessidade de uma jurisprudência estável, íntegra e coerente também na esfera administrativa, é desdobramento inexorável dos princípios da igualdade e da segurança jurídica, pois mantém a coerência administrativa e protege a confiança do administrado[212]. A manutenção do padrão decisório adotado pela Administração Pública é uma das manifestações do fenômeno mais amplo da autovinculação administrativa[213], cuja principal função é limitar a discricionariedade administrativa a partir dos princípios da igualdade, da segurança jurídica, da boa-fé e da proteção da confiança legítima[214]. Nesse contexto, fala-se em "precedente administrativo"[215].

Notadamente menos estudado que seu equivalente judicial, o precedente administrativo pode ser conceituado como "a norma jurídica retirada de decisão administrativa anterior, válida e de acordo com o interesse pú-

211. A LINDB refere-se, no parágrafo único de seu art. 24, à "jurisprudência judicial ou administrativa majoritária", que deve ser levada em conta para a revisão dos atos administrativos e, por via de consequência, pelo administrador no próprio ato. O art. 50 da Lei n. 9.784/1999 também faz referência à necessidade de motivação dos atos administrativos quando não aplicarem "jurisprudência firmada sobre a questão".

212. DIDIER JÚNIOR, Fredie. Intervenção de *amicus curiae* em processo apto à formação de precedente administrativo obrigatório. *Civil Procedure Review*, v. 11, n. 2, p. 209-2018, 2020. p. 215.

213. DIDIER JÚNIOR, Fredie; FERNANDEZ, Leandro. Contribuições da decisão administrativa coordenada para o sistema brasileiro de justiça multiportas. *In:* CABRAL, Antonio do Passo; MENDENÇA, José Vicente Santos de (Coords.). *Decisão Administrativa coordenada:* reflexões sobre o art. 49-A e seguintes da Lei n. 9.784/99. São Paulo: Juspodivm, 2022. p. 180.

214. OLIVEIRA, Rafael Carvalho Rezende. Precedentes administrativos no Brasil. *In:* VALE, Luís Manoel Borges do; OLIVEIRA, Rafael Carvalho Rezende (Coords.). *Por uma teoria dos precedentes administrativos*. São Paulo: Juspodivm, 2022. p. 225.

215. Para Fredie Didier Júnior, "A *cognoscibilidade do Direito*, dimensão da segurança jurídica que garante a todos saber como o Direito é compreendido e aplicado, e a *igualdade*, que garante aos administrados o direito de ser tratado de modo semelhante pela Administração Pública, o que significa ser tratado de modo isonômico perante as decisões administrativas, impõem o desenvolvimento desse sistema de formação e aplicação de precedentes administrativos". (DIDIER JÚNIOR, 2020, p. 212). O autor identifica, ainda, uma série de dispositivos que consagram a ideia de um sistema de precedentes administrativos: art. 4º., X, XI e XII, da Lei Complementar n. 73/1993; arts. 2º., parágrafo único, XII, e 50, VII, da Lei n. 9.784/1999; arts. 18-A e 19, II, IV e VII, da Lei n. 10.522/2002; arts. 23, 24 e 30 da LINDB; arts. 19 a 24, do Decreto n. 9.830/2019; o art. 3º., LV, da Lei n. 13.874/2019.

blico, que, após decidir determinado caso concreto, deve ser observada em casos futuros e semelhantes pela Administração Pública"[216]. É dizer: "casos substancialmente similares deverão ter a mesma solução jurídica por parte da Administração Pública"[217]. Para o administrado, é um recurso adicional cuja finalidade é reduzir a arbitrariedade do Poder Público e prevenir abusos decorrentes de um decisionismo excessivamente casuísta; para a Administração Pública, serve para precisar os contornos do exercício da competência, assegurando uma padronização mínima na reação às situações repetitivas, trazendo mais celeridade e eficiência[218].

No que é aqui pertinente, como destacam Fredie Didier Júnior e Leandro Fernandez, em órgãos que cumulam funções decisórias (em uma espécie de tribunal administrativo) e funções regulatórias, o processo de decisão de casos concretos integra a dinâmica do processo regulatório. A solução desses casos, colmatando as lacunas e interpretando determinados atos pela via contenciosa ou consultiva, geram decisões que vinculam o regulador[219]. A ANP, por exemplo, em seu Regimento Interno prevê que, em "conciliação e arbitramento", atuará de forma a "utilizar os casos já mediados pela Agência como precedentes para novas decisões e como subsídios para a eventual regulamentação de conflito resolvido" (art. 49, IV).

Na linha da crítica de Owen Fiss[220], uma estratégia dos grandes litigantes é evitar a formação de "precedentes" contra si, utilizando-se, muitas vezes, do acordo fora do Judiciário para isso. A consolidação de uma jurisprudência sobre temas sensíveis e a aplicação de um sistema de precedentes administrativos decorrentes do processo regulatório judicante tem grande potencial para abrandar esse problema. Além disso, a informação ao jurisdicionado sobre os meios de resolução de conflitos é pressuposto de legitimidade de sua escolha por um deles, ao qual se dirigirá. É legítima a

216. OLIVEIRA, Rafael Carvalho Rezende. *Precedentes no direito administrativo.* Rio de Janeiro: Forense, 2018. p. 95.

217. CARVALHO, Gustavo Marinho de. *Precedentes administrativos no direito brasileiro.* São Paulo: Contracorrente, 2015. p. 120. O autor apresenta uma conceituação mais detalhada: "Precedente administrativo é a norma jurídica extraída por indução de um ato administrativo individual e concreto, do tipo decisório, ampliativo ou restritivo da esfera jurídica dos administrados, e que vincula o comportamento da Administração Pública para todos os casos posteriores e substancialmente similares".

218. MODESTO, Paulo. Autovinculação convencional da Administração Pública: o contrato de gestão no interior da Administração Pública brasileira. *In:* VALE, Luís Manoel Borges do; OLIVEIRA, Rafael Carvalho Rezende (Coords.). *Por uma teoria dos precedentes administrativos.* São Paulo: Juspodivm, 2022. p. 154-155.

219. DIDIER JÚNIOR, Fredie; FERNANDEZ, Leandro. Contribuições da decisão administrativa coordenada para o sistema brasileiro de justiça multiportas. *In:* CABRAL, Antonio do Passo; MENDENÇA, José Vicente Santos de (Coords.). *Decisão Administrativa coordenada:* reflexões sobre o art. 49-A e seguintes da Lei n. 9.784/99. São Paulo: Juspodivm, 2022. p. 182.

220. Cf. subcapítulo 3.2.1.

opção das partes por escolher uma entre as várias formas de resolução de conflitos disponíveis em função de sua estratégia de litigância, desde que se mantenham em equilíbrio as garantias fundamentais processuais[221]. A adequada consolidação e a divulgação dos atos regulatórios judicantes pretéritos, auto e heterocompositivos, amplia o acesso à justiça e garante maior segurança jurídica ao jurisdicionado, além de favorecer uma atuação mais eficiente da Administração Pública.

4.3.3. Devido processo legal regulatório judicante

A condição *sine qua non* para a legitimidade de qualquer meio de resolução de conflito (especialmente os jurisdicionais[222]) é seu exercício mediante um devido processo legal. Além disso, como observa Floriano de Azevedo Marques Neto, o processo é condição de validade de qualquer manifestação concreta do exercício das funções estatais, sendo uma decorrência e pressuposto do Estado Democrático de Direito[223]. Pode-se dizer que "o processo se torna um elemento efetivador dos princípios constitucionais democráticos, conferindo transparência, permeabilidade e segurança à atividade estatal"[224]. Por esse motivo, é inconcebível, a qualquer meio potencializador do acesso à justiça (dentro e fora do Judiciário), compactuar com eventual retrocesso garantístico[225]. Essa preocupação ganha relevo contemporaneamente, quando muitas medidas vêm sendo implementadas com foco principal na celeridade e no desafogo do Judiciário, deixando de lado outras garantias processuais fundamentais[226].

Essa percepção foi bem revelada nas noções de "devido processo legal arbitral" e "devido processo legal extrajudicial", destacando a necessidade de se pensar o devido processo legal considerando os atributos institucionais dos decisores e os objetivos buscados pelo processo. A construção dessa

221. CABRAL, Antonio do Passo. *Juiz natural e eficiência processual:* flexibilização, delegação e coordenação de competências no processo civil. São Paulo: Thomson Reuters Brasil, 2021. p. 506-509.

222. Sobre a jurisdicionalidade do processo regulatório judicante, cf. subcapítulo 4.3.4.

223. MARQUES NETO, Floriano de Azevedo. Ensaio sobre o processo como disciplina do exercício da atividade estatal. *In:* DIDIER JÚNIOR, Fredie; JORDÃO, Eduardo Ferreira (Coords.). *Teoria do processo:* panorama doutrinário mundial. Salvador: Juspodivm, 2007. p. 268.

224. CARNAES, Mariana. *Processo administrativo negocial:* balizas normativas para efetivas a negociação no âmbito regulatório. Londrina: Thoth, 2022. p. 33-34.

225. HILL, Flávia Pereira. Desjudicialização e acesso à justiça além dos tribunais: pela concepção de um devido processo legal extrajudicial. *Revista Eletrônica de Direito Processual -REDP,* Rio de Janeiro, a. 15, v. 22, n. 1, p.379-408, jan./abr. 2021. p. 391.

226. Alguns dos alvos de críticas a esse aspecto, abordados, ainda que *a latere*, nesta obra, são os julgamentos de casos repetitivos, os mutirões de conciliação e o condicionamento de acesso ao Judiciário.

concepção, muitas vezes, congrega elementos de diversas áreas do direito[227]. Destarte, o esboço de um "devido processo regulatório judicante" inspira-se na leitura constitucional do Direito Administrativo e Regulatório e do próprio Direito Processual.

A partir das ideias desenvolvidas nesta pesquisa, pode-se destacar um conteúdo mínimo para o estabelecimento do processo regulatório judicante como um devido processo legal, com patamar garantístico muito próximo ao oferecido pelo Judiciário e por outros meios de resolução de conflitos (alguns já mais facilmente aceitos como jurisdicionais): *i)* imparcialidade e independência dos terceiros intermediadores[228]; *ii)* contraditório e ampla defesa[229]; *iii)* motivação qualificada das decisões[230]; e *iv)* publicidade das decisões[231]. Diz-se conteúdo mínimo, pois, com o avançar do estudo do tema, outros aspectos importantes podem ser identificados com maior ou menor incidência, a depender do modo de ser do processo (sobretudo de seu caráter auto ou heterocompositivo)[232].

Como bem assevera Humberto Ávila, "o processo não é independente dos direitos fundamentais que se pretende, verdadeira ou supostamente, realizar. O processo, em vez disso, é instrumento para a realização desses mesmos direitos"[233]. Nas palavras de Cândido Rangel Dinamarco, "todo instrumento, como tal, *é meio;* e todo meio só é tal e se legitima em função dos *fins* a que se destina"[234]. A partir disso, Ada Pellegrini Grinover conclui: "o direito processual é instrumento de concretização do direito material"[235].

227. Como bem percebe Flávia Pereira Hill, ao referir-se à congregação entre o Direito Notarial e Registral e o Direito Processual, à luz da Constituição Federal, para identificação do devido processo legal extrajudicial. (Ibidem, p. 392).

228. Cf. subcapítulo 4.2.1.

229. Cf. art. 5º., LV, CF; art. 2º., Lei n. 9.784/1999.

230. Cf. art. 5º., LGAR; arts. 20 e 21, LINDB; art. 50, Lei n. 9.784/1999.

231. Cf. subcapítulo 4.3.2.

232. Exemplo disso é a garantia da igualdade e, em alguma medida, a da oficialidade identificadas na abordagem do subcapítulo 4.2.2.2, sobre a vinculação do agente regulado ao processo iniciado pelo consumidor e a prerrogativa do órgão regulador, de instaurar processo sancionador quando pertinente, a partir da reclamação do cliente.

233. ÁVILA, Humberto. O que é "devido processo legal?". *Revista de Processo,* São Paulo, v. 33, n. 163, p. 50-59, set. 2008. p. 54.

234. DINAMARCO, Cândido Rangel. *A instrumentalidade do processo.* 16. ed. São Paulo: Malheiro, 2022. p. 133.

235. GRINOVER, Ada Pellegrini. *Ensaio sobre a processualidade:* fundamentos para uma nova teoria geral do processo. Brasília: Gazeta Jurídica, 2018. p. 13. Nessa linha, Cândido Rangel Dinamarco identifica uma relação dúplice entre processo e direito. (DINAMARCO, Cândido Rangel. *A instrumentalidade do processo.* 16. ed. São Paulo: Malheiro, 2022. p. 162). No entanto, essa relação entre direito material e processual tem sido repensada na doutrina contemporânea. Hermes Zaneti Júnior defende uma teoria circular dos planos, porquanto o processo não apenas tutela direitos, mas cria direitos a partir das decisões judiciais. (ZANETI JÚNIOR, Hermes. Teoria circular dos planos (direito material e direito processual). *In:* AMARAL, Guilherme Rizzo; MACHADO, Fábio Cardoso (Orgs.). *Polêmica sobre a ação:* a tutela jurisdicional na perspectiva das relações entre direito material e processo. Porto Alegre: Livraria do Advogado, 2006). Para Antonio do Passo Cabral, a relação entre direito material e direito

Precisamente por esse motivo, é natural que haja maior ou menor conformação das garantias fundamentais processuais, a depender do meio de resolução de conflitos que se examine. Um significativo exemplo é a publicidade, exigida em processos judiciais e administrativos, mas mitigada na arbitragem e na mediação. Como bem observam Fredie Didier Júnior e Leandro Fernandez, "assumir a premissa da existência de diferentes portas adequadas para a solução de um problema pressupõe admitir a possibilidade de existência de distintos regimes jurídicos aplicáveis a cada uma – e de distintas fontes normativas"[236]. Para os autores, "o importante é perceber que um devido processo multiportas apenas é possível com o respeito às garantias inerentes a cada uma das portas, o que também deve ser observado em perspectiva dinâmica"[237].

Isso ocorre no devido processo legal regulatório judicante em relação à duração razoável do processo e ao tratamento paritário entre as partes. O primeiro, um dos mais importantes princípios norteadores do processo civil (senão o mais significativo deles), é alvo de grande preocupação no processo judicial, que tende a ser mais bem albergada no bojo do processo regulatório judicante. Isso porque é natural que um órgão com maior especialização (e menor volume de demandas) aja com maior celeridade[238]. Por outro lado, eventual tratamento díspar entre as partes no âmbito do processo regulatório judicante decorre do notório desequilíbrio entre eles (litigante eventual e litigante habitual)[239]. Essa disparidade serve para equilibrar as partes, motivo pelo qual suprimir ou reduzir em demasia alguma outra garantia da parte, em tese, mais favorecida, não se adequa ao devido processo legal esperado[240].

Fredie Didier Júnior e Leandro Fernandez entendem que, no contexto de um sistema de justiça multiportas, o devido processo deve observar outras

---

processual não é nem instrumental, como entende Dinamarco, tampouco circular, como defende Zaneti Júnior. Exemplificando sua teoria a partir da análise dos negócios jurídicos processuais e da autotutela, o autor conclui: "A relação contemporânea entre direito e processo assume uma configuração *coaxial*. São *eixos convergentes* e podem atuar em conjunto transformando as situações processuais e o próprio procedimento, dentro e fora do processo jurisdicional, moldando tanto a regulação primária como a regulação secundária". (CABRAL, Antonio do Passo. Da instrumentalidade à materialização do processo: as relações contemporâneas entre direito material e direito processual. *Civil Procedure Review*, v. 12, n. 2, p. 69-102, maio/ago. 2021. p. 97).

236. DIDIER JÚNIOR, Fredie; FERNANDEZ, Leandro. *Introdução à justiça multiportas:* sistema de solução de problemas jurídicos e o perfil de acesso à justiça no Brasil. São Paulo: Juspodivm, 2024, p. 307.

237. Ibidem, p. 307.

238. Um dos aspectos suscitados no subcapítulo 3.1.1.

239. Um exemplo seria a vinculação obrigatória ao agente regulado em se manter no procedimento instaurado pelo consumidor, cf. subcapítulo 4.2.2.2.

240. Por isso é reservado ao agente regulado não realizar a autocomposição ou submeter a decisão do órgão regulador ao controle judicial, cf. subcapítulo 4.3.5. Outra vedação seria a supressão ou a acentuada redução do contraditório ou a restrição de acesso ao procedimento, medidas que não se coadunam com o objetivo de reequilibrar as partes em situação material de desigualdade.

características, com notas contemporâneas do instituto. A primeira delas, a *informação*, diz respeito ao esclarecimento aos envolvidos no conflito sobre a existência de diversas portas para a solução do problema[241]. No processo regulatório judicante, são essenciais a divulgação[242] e o incentivo aos interessados[243] para servirem-se do órgão regulatório na resolução de seu conflito. Deve-se, ainda, atender à *integração*, que assegura o livre trânsito entre as portas e entre as técnicas de resolução de conflitos, e à *flexibilidade*, ambas mantendo grande conexão com o que se expôs aqui, sobre a cooperação interinstitucional[244].

Há, também, a necessidade de *preferência pela porta mais adequada*, considerando-se o contexto geral do conflito a ser tutelado[245]. A adequação do processo apresenta-se sob tríplice aspecto: subjetivo (adaptando-se ao sujeito que o maneja), objetivo (em relação ao objeto tutelado) e teleológico (considerando o fim pretendido)[246]. Sobre o aspecto subjetivo, reitera-se o natural desequilíbrio entre consumidor e agente regulado, exigindo uma postura ativa do terceiro intermediador para fornecer um procedimento e uma decisão mais adequados. Pelo viés objetivo, uma boa forma de garantir essa adequação é partir da crise de direito material, do conflito específico, para construir a solução adequada[247]. Importa notar que nem sempre a realidade fática corresponde a uma área específica do direito material, o que evidencia uma crescente interdisciplinariedade do direito contemporâneo. Assim, deve-se analisar a adequação do processo a partir não apenas da perspectiva do direito material, mas da realidade social em que está inserido, no universo das possíveis situações controvertidas derivadas daquela relação. Apenas assim é possível realizar-se um juízo de adequação das medidas processuais[248].

Por fim, o aspecto teleológico liga-se à última característica apresentada por Didier e Fernandez sobre o devido processo multiportas: *primazia da solução integral do problema jurídico*. Para os autores, o sistema de justiça

241. DIDIER JÚNIOR, Fredie; FERNANDEZ, Leandro. *Introdução à justiça multiportas:* sistema de solução de problemas jurídicos e o perfil de acesso à justiça no Brasil. São Paulo: Juspodivm, 2024, p. 309.

242. Cf. subcapítulo 4.3.2.

243. Cf. subcapítulo 4.2.2.

244. Cf. subcapítulo 4.3.1.

245. DIDIER JÚNIOR, Fredie; FERNANDEZ, Leandro. *Introdução à justiça multiportas:* sistema de solução de problemas jurídicos e o perfil de acesso à justiça no Brasil. São Paulo: Juspodivm, 2024, p. 309-310.

246. LACERDA, Galeno. O Código como sistema legal de adequação do processo. *In:* FABRICIO, Adroaldo Furtado *et al.* (Coords.). *Meios de impugnação ao julgado civil:* estudos em homenagem a José Carlos Barbosa Moreira. Rio de Janeiro: Forense, 2008. p. 252-253.

247. GRINOVER, Ada Pellegrini. *Ensaio sobre a processualidade:* fundamentos para uma nova teoria geral do processo. Brasília: Gazeta Jurídica, 2018. p. 14-16.

248. SALLES, Carlos Alberto de. *Arbitragem em contratos administrativos.* Rio de Janeiro: Forense; São Paulo: Método, 2011. p. 19-20.

multiportas deve assegurar não apenas uma solução ao problema jurídico, mas uma solução de modo integral[249]. A interdisciplinariedade é uma das notas características das complexas relações reguladas e dos múltiplos interesses ali envolvidos. Sendo os órgãos reguladores os maiores conhecedores da dinâmica regulatória, são eles também os mais indicados para desenhar o processo adequado à tutela de seus conflitos[250].Sua posição permite melhor interpretação sobre quais ferramentas terão maior potencial para determinados objetivos e quais poderão desestabilizar a política regulatória[251]. Por conseguinte, o órgão regulador é capaz de dar integral resolução ao conflito (jurídico, regulatório, social etc.), adequando-se teleologicamente ao fim pretendido pelo processo regulatório judicante.

O processo deve apresentar alguma destinação que "vá além da aspiração individual à satisfação de interesses e além da realização fragmentária de cada preceito jurídico concreto"[252]. A efetividade do processo conduz à capacidade de extrair dele todo o proveito que possa proporcionar, por meio de soluções jurídicas e socialmente legítimas. É dizer: "o processo deve ser apto a cumprir integralmente toda sua função sócio-político-jurídica"[253]. O potencial do órgão regulador em tutelar adequadamente toda a política regulatória, com notórios reflexos para além do conflito individual levado a ele, beneficiando a sociedade como um todo e, bem por isso, prevenindo novos conflitos, reforça sua efetividade. Portanto, o devido processo regulatório judicante assim o é por tutelar a relação jurídica e o conflito especifico em atenção às garantias fundamentais constitucionais, adequadas subjetiva, objetiva e teleologicamente.

---

249. DIDIER JÚNIOR, Fredie; FERNANDEZ, Leandro. *Introdução à justiça multiportas:* sistema de solução de problemas jurídicos e o perfil de acesso à justiça no Brasil. São Paulo: Juspodivm, 2024, p. 310.
250. Rodolfo de Camargo Mancuso destaca a dificuldade do Judiciário em lidar com questões multifacetadas: "[...] o Direito surge dos fatos (*ex facto oritur jus*), e não o contrário, de modo que sendo o plano ontológico formado de elementos de diversas naturezas, seria utópico fazer uma *incisão cirúrgica* nesse contexto unitário e complexo, para aí surpreender e destacar uma crise que seja *exclusivamente* jurídica, desconectada de outras referências. É dizer, não há como *blindar* ou *compartimentar* a crise jurídica, descolando-a totalmente do substrato sócio-político-cultural-econômico que lhe está subjacente: possivelmente aí esteja a causa mais consistente da baixa efetividade prática dos comandos condenatórios, porque estes se preordenam a incidir sobre a estreita *crise jurídica* que veio judicializada, com abstração dos demais tópicos conflitos que estão subjacentes". (MANCUSO, Rodolfo de Camargo. *Acesso à Justiça:* condicionantes legítimas e ilegítimas. Salvador: Juspodivm, 2019. p. 60).
251. Aplicando essa lógica à interpretação normativa: SUNSTEIN, Cass R.; VERMEULE, Adrian. Interpretation and institutions. *Michigan Law Review,* v. 101, p. 855-951, fev. 2003. p. 950.
252. DINAMARCO, Cândido Rangel. *A instrumentalidade do processo.* 16.ed. São Paulo: Malheiro, 2022. p. 152.
253. Ibidem, p. 246.

4.3.4. Ato regulatório judicante e sua natureza jurisdicional

As reflexões feitas até aqui, sobretudo em relação ao exercício da função judicante dos órgãos reguladores, levam à conclusão sobre a natureza jurisdicional do produto dessa atividade, do ato regulatório judicante. A fim de sustentar a posição adotada, apresenta-se, nesse ponto, alguns elementos colhidos da doutrina, harmônicos com o objeto de estudo e compatíveis entre si, a fim de evitar-se eventuais contradições internas. Justamente por isso é importante a abordagem pretérita, no capítulo inicial desta obra, sobre a jurisdição (extrajudicial) contemporânea, que fornecem relevantes subsídios à conclusão aqui defendida.

4.3.4.1. Características jurisdicionais do ato regulatório judicante

Ada Pellegrini Grinover vinculou o conceito de jurisdição à noção de acesso à justiça como ordem jurídica justa e, bem por isso, não identificou, no processo administrativo, a natureza jurisdicional, embora tenha destacado sua característica processual[254]. No entanto, a professora considerava apenas o processo administrativo para os atos executivos propriamente ditos (*v.g.*, processos administrativos normativos e processos sancionadores ou punitivos), olvidando-se do processo administrativo para o exercício de sua função judicante, sabidamente mais incomum que os demais. Partindo de seu próprio entendimento, de que "o efetivo acesso à justiça é aquele que gera acesso à ordem jurídica justa, por intermédio de uma tutela adequada que solucione os conflitos e leve à pacificação social"[255], sendo "regido pelos subprincípios da *universalidade* e da *adequação* dos instrumentos utilizados para atingir a solução dos conflitos"[256], a atuação dos órgãos reguladores para resolução de conflitos entre consumidores e agentes regulados (ou entre agentes regulados) encaixa-se sobremaneira no conceito de jurisdição da autora.

A dimensão que esses conflitos representam no Poder Judiciário[257] evidenciam o potencial de efetivação do acesso à justiça que a função judicante dos órgãos reguladores representa. Além disso, a competência e capacidade do regulador em compreender o conflito como um todo, não apenas o recorte apresentado no processo judicial, por exemplo, assenta sua adequação para tutela de litígios dessa natureza, seja pela via auto ou heterocompositiva. Há, portanto, uma busca da pacificação de modo amplo, não apenas social (retirando o conflito da sociedade) e das partes (que, voluntariamente, le-

254. GRINOVER, Ada Pellegrini. *Ensaio sobre a processualidade:* fundamentos para uma nova teoria geral do processo. Brasília: Gazeta Jurídica, 2018. p. 21-29.

255. Ibidem, p. 75.

256. Ibidem, p. 83. Grifo no original.

257. A esse aspecto dedica-se quase que inteiramente o capítulo 3 deste trabalho.

variam o conflito ao órgão que entendessem mais adequado a sua tutela, o que contribuiria para a aceitação do resultado), mas também coletiva, diante da manutenção, da efetivação ou do aprimoramento da política pública regulatória, com potencial de atingir toda a sociedade e prevenir inúmeros conflitos semelhantes. A processualidade arraigada no processo administrativo contemporâneo garante aos litigantes (especialmente ao consumidor) a manutenção das garantias constitucionais para tutela de seus interesses, reforçando seu caráter jurisdicional[258]. Como pontua Rodolfo de Camargo Mancuso, "o exercício da *jurisdição* está presente sempre e onde um agente, órgão ou instância se mostre capaz de prevenir ou compor um conflito de modo justo, tempestivo e sob uma boa relação custo-benefício"[259].

Esses atributos, embora relevantes, são insuficientes para assentar a natureza jurisdicional do ato regulatório judicante. Leonardo Greco aponta duas características essenciais ao conceito de jurisdição, sendo a primeira delas a imparcialidade dos responsáveis por seu exercício[260]. Essa imparcialidade, em sentido amplo, abrangeria a independência e a imparcialidade propriamente ditas, em sentido estrito[261]. A independência[262] exige que o julgador não esteja sujeito a qualquer pressão, risco de coação ou represálias em razão do conteúdo de suas decisões. A imparcialidade propriamente dita é a desvinculação do julgador em relação às partes e aos interesses em conflito[263]. Tais características, como visto, são ínsitas aos órgãos reguladores

258. "A essência participativa da função jurisdicional integra o seu conceito. Sem respeito ao devido processo legal, desnatura-se a jurisdicionalidade do ato. [...] Processo e jurisdição são círculos concêntricos: há processo (esfera maior) fora da jurisdição (esfera menor), mas inexiste jurisdição fora do processo. Em suma: o processo é o *método necessário* de exercício da jurisdição". (GONÇALVES, Marcelo Barbi. *Teoria geral da jurisdição.* Salvador: Juspodivm, 2020. p. 444-445. Grifo no original).

259. MANCUSO, Rodolfo de Camargo. *Acesso à Justiça:* condicionantes legítimas e ilegítimas. Salvador: Juspodivm, 2019. p. 432. O autor destaca a ocorrência de jurisdição e acesso à justiça fora do Judiciário, relacionada à solução justa, adequada e tempestiva das controvérsias: "Num senso renovado e aderente à contemporaneidade, o binômio *Jurisdição-Acesso à Justiça* se descola do Judiciário-Poder (dimensão estática) para consentir, como critério legitimante, que a resolução dos conflitos se faça de múltiplas formas, e pela intercessão de agentes ou órgãos diversos, *à condição* de que no final a controvérsia resulte composta de modo justo, econômico e sem dilações indevidas: dimensão dinâmica, aderente ao Judiciário enquanto *função*". (Ibidem, p. 201).

260. GRECO, Leonardo. *Instituições de processo civil:* introdução ao processo civil. 5.ed. Rio de Janeiro: Forense, 2015. v. 1. p. 82. Para o autor, jurisdição "é a função preponderantemente estatal, exercido por um órgão independente e imparcial, que atua na vontade concreta da lei na justa composição da lide ou na proteção de interesses particulares". (Ibidem, p. 76).

261. Ibidem, p. 77. O autor frisa que o fato de a jurisdição ser exercida por órgãos independentes e imparciais não significa, necessariamente, que deva ser exercido por um juiz, ampliando o leque de sujeitos aptos a tal atividade.

262. Chiovenda já destacava a necessidade de conferir a função jurisdicional a órgãos autônomos e independentes para impedir ingerências na administração da justiça e garantir efetivamente "a vontade da lei". (CHIOVENDA, Giuseppe. *Istituzioni di diritto processuale civile.* 2.ed. Napoli: Jovene, 1936. v. II. p. 5).

263. GRECO, Leonardo. *Instituições de processo civil:* introdução ao processo civil. 5.ed. Rio de Janeiro: Forense, 2015. v. 1. p. 78.

e aos julgadores propriamente ditos, servidores do órgão regulador (e, por isso, imparciais), cuja independência é assegurada pela estabilidade do cargo.

Afasta-se, aqui, a característica da "indiferença do terceiro", proposta no conceito de jurisdição de Marcelo Barbi Gonçalves. Para o autor, a imparcialidade (equidistância, capacidade do julgador de atuar segundo critérios lógicos-racionais, sem se deixar influenciar por ódio, amizade, compaixão ou medo) é insuficiente ao exercício da jurisdição, sendo necessária a indiferença, ou seja, uma posição de alheação do julgador diante do resultado do processo[264]. Bem por isso, destaca que entidades como Cade e OAB não proferem decisões jurisdicionais. Embora essas instituições sejam independentes, imparciais e tutelem expectativas de incidência normativa, falta-lhes indiferença em relação à controvérsia, "na medida em que são diretamente encarregados da proteção do interesse plasmado nas normas que devem atuar. Não são estranhas à realidade sobre a qual o seu provimento deve incidir"[265].

Deve-se contrastar esse posicionamento com a ideia de confiar os casos aos julgadores mais capacitados, como medida não apenas de eficiência, mas também de adequação (aspectos incluídos na acepção contemporânea de jurisdição), premissa justificadora da especialização judiciária em matéria regulatória e da assunção, pelos órgãos reguladores, da resolução de conflitos entre consumidores e agentes regulados, ambos já desenvolvidos neste trabalho. Nesse cenário, é difícil sopesar *expertise* e indiferença, porquanto, muitas vezes, é a proximidade do julgador com a matéria *sub judice* lhe permite apreciar os conflitos e dar uma resposta mais apropriada que qualquer outro, mantendo, ainda assim, sua imparcialidade[266]. Exatamente esse é o caso dos órgãos reguladores.

---

264. GONÇALVES, Marcelo Barbi. *Teoria geral da jurisdição*. Salvador: Juspodivm, 2020. p. 427. O autor sintetiza as principais distinções entre imparcialidade e indiferença quanto: "(i) ao *conteúdo:* a imparcialidade exige uma posição valorativa de igual consideração dos interesses colidentes; a indiferença impõe uma posição de alheação em relação a esses interesse; (ii) ao *foro:* a imparcialidade é interna; a indiferença é externa; (iii) à *técnica de determinação:* a imparcialidade se vale do raciocínio presuntivo; na indiferença, a exclusão é direta; (iv) quanto aos *fundamentos*: à base da imparcialidade está o afastamento do juiz que não tem aptidão para resolver o conflito de forma lógico-racional; a indiferença pode ou não lastrear-se nesse alicerce". (Ibidem, p. 429).

265. Ibidem, p. 430.

266. Além disso, pensando especificamente na figura do juiz, embora ele possa ser indiferente ao litígio em si, é difícil afirmar que não leva em consideração as consequências de sua decisão para o próprio Judiciário: ao deferir determinado pedido, pode-se criar uma avalanche de demandas judiciais sobre o mesmo tema, gerando, assim, um volume assombroso de trabalho para si, ponderando, também, a possibilidade de instaurar IRDR ou de noticiar os legitimados coletivos para eventual ajuizamento de ação coletiva. Todas essas medidas atingem diretamente a rotina de trabalho do Judiciário, sendo questionável sua indiferença em relação a elas, sem, contudo, aferir-se daí que o julgamento seria parcial. A imparcialidade, por isso, sobreleva a indiferença na atividade jurisdicional. Embora seja impossível analisar essa influência no raciocínio dos julgadores, a preocupação com a quantidade do acervo e a sobrecarga do Judiciário aparecem, mesmo *a latere*, em algumas decisões, como no

Portanto, como bem observa Leonardo Greco, a partir da experiência norte-americana das agências reguladoras (inspiração do modelo brasileiro), outros agentes públicos, no âmbito de órgãos especializados, podem compor litígios ou tutelar interesses. Desde que esses sujeitos sejam dotados de imparcialidade e independência (com garantias análogas às dos juízes) e exerçam suas atividades para reconhecer as posições de vantagem a quem é de direito, não sobrepondo sistematicamente o interesse do Estado ao do administrado, estarão atuando em função tipicamente jurisdicional[267].

O controle da imparcialidade do julgador é feito pela motivação da decisão. Fernão Borba Franco chega a afirmar que, em decisões administrativas, a fundamentação é mais importante que o dispositivo[268]. Essa motivação deve abranger a discussão dos pontos relevantes, de fato e de direito, tratados no processo, proibindo-se "tomar a parte pelo todo", ao desconsiderar fatos ou interesses relevantes à resolução do conflito em voga[269]. Daí decorre a necessidade, também nos atos regulatórios judicantes, de uma motivação qualificada, a partir dos comandos do art. 5º. da LGAR, dos arts. 20 e 21 da LINDB e do art. 50 da Lei n. 9.784/1999. Na mesma linha, o CPC considera como não fundamentada a decisão que "não enfrentar todos os argumentos deduzidos no processo capazes de, em tese, infirmar a conclusão adotada pelo julgador" (art. 489, § 1º., IV, CPC)[270], aplicável supletiva e subsidiariamente ao processo administrativo (art. 15, CPC).

---

julgamento do STF sobre a necessidade de requerimento prévio ao INSS para ajuizamento de ações (cf. subcapítulo 4.2.2).

267. GRECO, Leonardo. *Instituições de processo civil:* introdução ao processo civil. 5.ed. Rio de Janeiro: Forense, 2015. v. 1. p. 79.

268. FRANCO, Fernão Borba. Processo administrativo, teoria geral do processo, imparcialidade e coisa julgada. *In:* DIDIER JÚNIOR, Fredie; JORDÃO, Eduardo Ferreira (Coords.). *Teoria do processo:* panorama doutrinário mundial. Salvador: Juspodivm, 2007. p. 257. Segundo o autor, a motivação das decisões administrativas *lato sensu* "[...] é elemento fundamental para o controle do ato administrativo (permitindo que seja efetivo), para a garantia do administrado (serve como mecanismo de controle da imparcialidade do juiz administrativo e de publicidade efetiva do ato) e do próprio servidor (que, praticando uma motivação coerente com os elementos trazidos ao processo administrativo, pode justificar seu ato sem temer represálias), além, claro, do próprio Estado, pois com essas garantias serão observados os princípios da finalidade e a busca do interesse público primário". (Ibidem, p. 237).

269. Ibidem, p. 243-244.

270. Importante destacar que o STJ vem relativizando esse comando legal: "A jurisprudência desta Corte é pacífica ao proclamar que, se os fundamentos adotados bastam para justificar o concluído na decisão, o julgador não está obrigado a rebater, um a um, os argumentos suscitados pela parte em embargos declaratórios, [...]. Cabe ressaltar, nesse contexto, 'que o teor do art. 489, § 1º, inc. IV, do CPC/2015, [...] não significa que o julgador tenha que enfrentar todos os argumentos trazidos pelas partes, mas, sim, aqueles que sejam caazes de, em tese, negar a conclusão adotada pelo julgador'. (EDcl nos EREsp 1.523.744/RS, relator Ministro Og Fernandes, Corte Especial, julgado em 7/10/2020, DJe 28/10/2020)". (BRASIL. Superior Tribunal de Justiça (Terceira Turma). Agravo Interno no Agravo em Recurso Especial n. 2.246.617/SP. Relator Min. Marco Aurélio Belizze, 15 de maio de 2023. Diário de Justiça Eletrônico, 17 maio 2023).

Outra característica essencial da jurisdição, apontada por Leonardo Greco, é a "finalidade de tutelar interesses particulares"[271]. O autor alerta que o termo "particulares", nesse caso, não se contrapõe a "públicos". Em verdade, "a finalidade para a qual tende a jurisdição é a tutela, a proteção, o reconhecimento ou a prevalência das situações fático-jurídicas de que são titulares determinados sujeitos em relação a outros ou em relação a toda sociedade"[272]. Em linha semelhante, para Marcelo Barbi Gonçalves, a jurisdição é uma função de tutela de interesses[273]. Com base na doutrina de Antonio do Passo Cabral, entende-se por interesse a "expectativa de incidência normativa", o juízo de utilidade de um bem em relação a uma necessidade, um ato de inteligência[274].

Esse aspecto é importante ao objeto do presente trabalho por dois motivos. Primeiro: entender-se a jurisdição como tutela de interesses reforça o caráter jurisdicional da justiça conciliativa, à qual não se aplica (ou melhor, não se impõe) a lei, mas se tutela o interesse das partes na composição do conflito, que, por sua vez, tem base na autonomia privada (havendo aqui, em boa medida, a "expectativa de incidência normativa" do regramento da própria vontade). Segundo: a tutela de interesses (e não da vontade da lei) não deixa dúvidas sobre a incidência dos atos regulatórios normativos na resolução dos conflitos entre consumidores e agentes regulados, privilegiando, também, a política regulatória como um todo, especialmente os interesses coletivos subjacentes a ela, muitas vezes esquecidos na via judicial.

Portanto, a partir do conceito de jurisdição adotado neste trabalho[275], percebe-se que, da forma como aqui proposta, a atividade judicante dos órgãos reguladores é jurisdicional, por se tratar de *i)* função[276] e *ii)* tutela

---

271. GRECO, Leonardo. *Instituições de processo civil:* introdução ao processo civil. 5.ed. Rio de Janeiro: Forense, 2015. v. 1. p. 82.

272. Ibidem. Ainda, conforme o autor: "Muitos sustentam que a finalidade da jurisdição é o interesse público, a paz social. Sem dúvidas, colocando a administração da justiça à disposição dos cidadãos, o Estado busca alcançar a paz social, a convivência de todos em absoluta harmonia. Mas esse é um objetivo remoto e ideal. Não é a paz social que desencadeia o exercício da jurisdição, nem é a paz social que o juiz alcança quando termina de exercer a jurisdição".

273. GONÇALVES, Marcelo Barbi. *Teoria geral da jurisdição.* Salvador: Juspodivm, 2020. p. 426. A partir desse raciocínio, o autor afasta a ideia de que o escopo da jurisdição consista em fazer atuar a vontade concreta da lei, embora reconheça que, para satisfazer interesses, busca-se no ordenamento jurídico a regra aplicável ao comportamento devido no caso concreto. No entanto, esse busca é apenas o meio para tutelar o interesse, ou seja, o escopo da jurisdição não é aplicar a regra, embora indiretamente o faça para tutelar os interesses das partes.

274. CABRAL, Antonio do Passo. *Segurança jurídica e regras de transição nos processos judicial e administrativo:* introdução ao art. 23 da LINDB. Salvador: Juspodivm, 2020, p. 47.

275. Como sinalizado no subcapítulo 1.2.1.

276. Cf. subcapítulo 2.2.3.

de interesses[277] e também por ser exercida *iii)* por um terceiro imparcial[278]; *iv)* no processo[279]; *v)* com aptidão para o acesso à justiça[280].

4.3.4.2. *Diferenças entre os atos regulatórios normativos, executivos e judicantes*

A partir do exercício de cada função do órgão regulador, tem-se um ato regulatório de natureza diversa: executivo, normativo ou judicante. A natureza desses atos também varia de acordo com a atividade que os precede. Obviamente, há uma estreita relação entre a natureza do ato e a função, acompanhando, em boa medida, as características típicas do poder por ela reproduzido. Já se disse que os reguladores exercem funções correlatas às dos três Poderes (quase judiciais, quase legislativas e executivas - típicas de uma autarquia)[281]. Logo, é intuitivo que os atos regulatórios se aproximem aos atos típicos de cada Poder. A intenção, nesse ponto do estudo, é mais a de afastar as demais atividades regulatórias da função judicante, para destacar sua natureza jurisdicional e diferenciá-la de uma atividade administrativa dita ordinária, e menos a de aprofundar-se nas características de cada um e sua relação com o correlato Poder.

Sobre os atos regulatórios normativos, alvo de grande atenção da doutrina administrativista, já se tratou sobre sua formação, com destaque para a processualidade reforçada pela LGAR na edição de normas regulatórias. A atividade regulatória aqui é similar à legislativa, incrementada pelas exigências próprias da regulação, como o AIR e a motivação qualificada. Disso decorre a ausência de vocação para o acesso à justiça ou tutela de interesse especifico[282], sendo um ato puramente administrativo e, por sua natureza,

277. Como desenvolvido nesse subcapítulo 4.3.4.1.

278. A imparcialidade do regulador é examinada no subcapítulo 2.1.2. Tem-se, nesse ponto, a divergência da posição aqui adotada com o conceito expresso por Marcelo Barbi, quem exige um terceiro indiferente para identificação da jurisdição. As razões para a discordância são expostas nesse subcapítulo 4.3.4.1.

279. Por meio de um devido processo legal regulatório judicante, cf. subcapítulo 4.3.3.

280. Ponto inserido no conceito de jurisdição por Ada Pellegrini Grinover, a potencialidade de acesso à justiça a partir atuação dos órgãos reguladores na resolução de conflitos entre consumidores e agentes regulados permeia toda a presente obra.

281. Sobre as funções dos órgãos reguladores, cf. subcapítulo 2.2.

282. Na tipologia dos processos administrativos proposta por Odete Medauar, com base no art. 5º., LV, da Constituição, o processo administrativo normativo é exemplo da espécie "processos administrativos de gestão", pertencente ao gênero "processos administrativos em que há controvérsias, conflitos de interesses". Nesse gênero, a autora inclui alguns processos que, realmente, buscam alguma forma de tutela de interesse, com a referida "expectativa de incidência normativa", tais como "processos administrativos de outorga" (*v.g.*, licenciamentos de atividades e exercícios de direitos, licenciamentos ambientais, registros de marcas e patentes, isenção condicionada de tributos), "processos administrativos de verificação ou determinação" (*v.g.*, prestação de contas, lançamento tributário) e "processo administrativo de revisão" (*v.g.*, recursos administrativos). Em todos eles, porém, falta a

passível de revisão pelo Poder Legislativo e pelo Judiciário. O mesmo ocorre, por exemplo, com a expedição de licenças, realização de licitações ou concursos, atividades tipicamente administrativas, cerne do Poder Executivo. A dúvida se coloca em relação aos processos sancionadores no exercício da função executiva, especialmente quanto à celebração de TACs ou termos de compromisso[283].

Embora haja certa controvérsia sobre a natureza do compromisso de ajustamento, tem-se que se trata de "ato administrativo de natureza negocial"[284]. É inadequado falar em "transação" nesses casos, pois apenas o causador do dano se compromete, ao passo que o órgão público nada dispõe, exceto, implicitamente, a não proposição de ação de conhecimento para discutir as questões versadas no título[285]. Rodolfo de Camargo Mancuso conceitua o compromisso de ajustamento de conduta como "um meio consensual, extrajudicial, de prevenção ou resolução de conflitos envolvendo interesses metaindividuais, situando-se num ponto equidistante entre conciliação e mediação", não se confundindo com elas, mas usando algumas de suas características, "sempre ao pressuposto de que ao fim e ao cabo sobrevenha a *pacificação justa e tempestiva do conflito*"[286].

Esse ponto de vista poderia levar à conclusão de se tratar, também, de ato regulatório jurisdicional. No entanto, deve-se atentar para outra característica importante do compromisso. A impossibilidade de concessão pelo órgão público (regulador, no caso) deriva do fato de que o objeto do compromisso são direitos coletivos *lato sensu* dos quais ele não é titular[287]. Por isso, a margem de negociação do título se dá quanto à forma de cumpri-

---

vocação ao acesso à justiça, sendo um exercício típico da Administração Pública enquanto Poder Executivo. Por outro lado, nos "processos administrativos de gestão" (*v.g.*, licitações, concursos públicos, concursos de acesso ou promoção e processos administrativos normativos), não se vislumbra o referido interesse, apenas a atividade típica administrativa. (MEDAUAR, Odete. *A processualidade no direito administrativo.* 3. ed. Belo Horizonte: Fórum, 2021. p. 170).

283. Ao lado da classificação supracitada, Odete Medauar identifica outro gênero, os processos administrativos em que há acusados, denominados "processos sancionadores ou punitivos", divididos em "internos" (*v.g.*, processos disciplinares sobre servidores, alunos de estabelecimentos públicos etc.) e "externos" (que visam a infrações, desatendimento de normas e aplicação de sanções a administrados que não integram a organização administrativa, *v.g.*, sanções decorrentes do poder de polícia, da administração fiscal, da aplicação de penalidades a particulares que celebram contrato com a Administração, inclusive concessionários). (Ibidem, p. 170).

284. MAZZILLI, Hugo Nigro. *A defesa dos interesses difusos em juízo.* 32. ed. Salvador: Juspodivm, 2021. p. 522.

285. Ibidem, p. 522-523. Por esse motivo, Ricardo de Barros Leonel identifica, no compromisso de ajustamento, uma forma de "submissão" (espécie de conciliação, ao lado da transação e da desistência). (LEONEL, Ricardo de Barros. *Manual do processo coletivo.* 4.ed. São Paulo: Malheiros, 2017. p. 420).

286. MANCUSO, Rodolfo de Camargo. *A resolução dos conflitos e a função judicial no contemporâneo Estado de Direito.* 3.ed. Salvador: Juspodivm, 2020. p. 120. Grifo no original.

287. MAZZILLI, Hugo Nigro. *A defesa dos interesses difusos em juízo.* 32. ed. Salvador: Juspodivm, 2021. p. 524; LEONEL, Ricardo de Barros. *Manual do processo coletivo.* 4.ed. São Paulo: Malheiros, 2017. p. 420.

mento da obrigação[288], ao modo como se deverá proceder à reparação dos prejuízos, concretizar os elementos normativos para a efetivação do direito coletivo[289]. A atuação do órgão regulador (ou órgão público, de maneira geral), nesse cenário, é puramente executiva, na defesa da política regulatória e do interesse público subjacente a ela. Disso decorre sua parcialidade.

Não quer dizer, entretanto, que o regulador atuará como um verdadeiro acusador, tolhendo os direitos do regulado ou extrapolando seus limites legais em prejuízo do sujeito, mas é inegável sua "dúplice condição de parte e 'juiz' do processo"[290], inadequada a uma atividade jurisdicional, ainda que vocacionada ao acesso à justiça (sob a ótica do regulado), tutelando um interesse (tanto do regulado quanto da coletividade), na busca da resolução justa e tempestiva do conflito. Dessas características do compromisso de ajustamento de conduta, decorre sua natureza de título executivo extrajudicial (LGAR, art. 32). Esse aspecto merece uma brevíssima ponderação geral sobre a classificação dos títulos executivos, mormente a partir das reflexões feitas até aqui sobre os atos regulatórios.

Como se sabe, no CPC os títulos executivos são classificados em judiciais (art. 515) e extrajudiciais (art. 784). Em princípio, pela nomenclatura adotada, o critério eleito para classificação seria o *locus* de formação do título, se no Judiciário ou fora dele[291]. Se esse raciocínio se aplica aos títulos extrajudiciais, não se pode dizer o mesmo sobre os títulos judiciais, entre os quais figura a sentença arbitral. A partir disso, o critério parece ser a natureza jurisdicional do título[292]. Essa conclusão é reforçada ao analisarem-se algumas distinções no tratamento processual entre títulos executivos judiciais e extrajudiciais: a defesa do executado é mais restrita naqueles casos (art. 525, § 1º., CPC) e ampla nestes, incluindo "qualquer matéria que lhe seria lícito deduzir como defesa em processo de conhecimento" (art. 917, VI, CPC). Ademais, o portador do título executivo extrajudicial pode optar pelo

288. LEONEL, Ricardo de Barros. *Manual do processo coletivo*. 4.ed. São Paulo: Malheiros, 2017. p. 420.

289. DIDIER JÚNIOR, Fredie; ZANETI JÚNIOR, Hermes. *Curso de direito processual civil:* processo coletivo. 16.ed. São Paulo: Juspodivm, 2022. p. 404. Geisa de Assis Rodrigues afirma que "o compromisso tem que ser um meio através do qual se possa alcançar, pelo menos, tudo aquilo que seja possível obter em sede de eventual julgamento de procedência em ação judicial relacionada àquela conduta específica". (RODRIGUES, Geisa de Assis. *Ação civil pública e termo de ajustamento de conduta*. Rio de Janeiro: Forense, 2002. p. 175).

290. MARQUES NETO, Floriano de Azevedo. Ensaio sobre o processo como disciplina do exercício da atividade estatal. *In:* DIDIER JÚNIOR, Fredie; JORDÃO, Eduardo Ferreira (Coords.). *Teoria do processo:* panorama doutrinário mundial. Salvador: Juspodivm, 2007. p. 277.

291. A Lei de Mediação adota esse critério ao identificar o termo de mediação quando celebrado o acordo como título executivo extrajudicial e, caso seja homologado judicialmente, título executivo judicial (art. 20, parágrafo único).

292. Por esse motivo, talvez a melhor nomenclatura fosse títulos executivos jurisdicionais e extrajurisdicionais.

processo de conhecimento para obtenção de título judicial (art. 785, CPC). Tudo isso decorre, entende-se, da natureza jurisdicional do procedimento que precede a formação do título.

Nesse contexto, considerando o posicionamento até aqui adotado, ao menos o instrumento de transação referendado por conciliador ou mediador credenciado por tribunal (CPC, art. 784, IV) deveria ser considerado título executivo judicial, tanto quanto a decisão homologatória de autocomposição (art. 515, II e III, CPC). A necessidade de homologação apenas dá uma roupagem inequivocamente jurisdicional ao procedimento homologado (como ocorria na arbitragem e permanece na justiça conciliativa)[293], em razão do dogma da soberania Estatal no exercício dessa função. No entanto, o ato é jurisdicional desde sua gênese, diante das características da jurisdição aqui referidas, sendo desnecessária a chancela judicial para tanto. Nesses casos, pode-se dizer que o Judiciário apenas confirma a jurisdicionalidade dos atos, não lhes confere essa natureza.

4.3.5. Controle judicial do ato regulatório judicante

Um dos reflexos do reconhecimento da natureza jurisdicional de um ato é a mitigação da amplitude em relação ao seu controle pelo Judiciário[294]. Observe-se que a restrição do exame judicial não caracteriza o ato como jurisdicional, mas, ao contrário, há uma limitação do Judiciário em razão do prévio exercício da jurisdição. No entanto, "admitir a resolução de conflitos fora do Poder Judiciário não significa que a jurisdição possa ser prestada à revelia dos valores caros à normatividade estatal"[295]. Ou seja, "nenhuma jurisdição pode ser exercida à revelia de valores ínsitos ao Estado Democrático de Direito"[296].

293. Até a promulgação da Lei de Arbitragem, houve acentuado debate doutrinário sobre a natureza jurídica do ato homologatório, servindo para alicerçar a conclusão sobre a natureza jurisdicional da arbitragem, reconhecida pela Lei n. 9.307/1996, arrolando a sentença arbitral como título executivo judicial. Sobre o tema, Carlos Alberto Carmona, a partir das lições de Guido Zanobini, conclui que "é na função intelectiva que se concretiza o poder jurisdicional, e tal função é exercida apenas pelo árbitro e não pelo juiz que homologa a decisão arbitral". (CARMONA, Carlos Alberto. *Arbitragem e processo:* um comentário à Lei n. 9.307/96. 3.ed. São Paulo: Atlas, 2009. p. 273).

294. Para Paula Costa e Silva, apenas quando o Judiciário toma contato com a solução dada pelos meios extrajudiciais de resolução de conflitos (para sua revisão ou execução, por exemplo) é que se tem a noção da relevância que o Estado atribui àquele mecanismo específico e da amplitude do reconhecimento de tais atos, fundados na dignidade da pessoa humana e, como tal, na autonomia privada com a responsabilidade dela decorrente. (SILVA, Paula Costa e. *A nova face da Justiça:* os meios extrajudiciais de resolução de controvérsias. 2008. Relatório sobre conteúdo, programa e método de ensino (Título Acadêmico de Agregado em Direito) – Faculdade de Direito, Universidade de Lisboa, Lisboa, 2008. p. 47-48).

295. GONÇALVES, Marcelo Barbi. *Teoria geral da jurisdição.* Salvador: Juspodivm, 2020. p. 122.

296. Ibidem, p. 170.

O Poder Judiciário não pode ignorar as arbitrariedades praticadas por outras instituições no exercício da jurisdição, cabendo a ele verificar a observância de parâmetros mínimos de respeito às garantias processuais na prestação jurisdicional. Por isso, embora o Judiciário não detenha o monopólio da jurisdição, tem a "competência de controle de conformidade" com os valores caros ao ordenamento jurídico, exercendo uma "jurisdição de reserva", uma espécie de "guardião de garantias fundamentais" dos demais meios de resolução de conflitos[297]. O papel do Judiciário, nesse contexto, é de "controle, equilíbrio e garantia"[298].

4.3.5.1. Diante da natureza jurisdicional do ato

Marcelo Barbi Gonçalves identifica uma dificuldade que se coloca na análise do controle judicial do ato regulatório judicante: inexiste uma sistematização sobre as "técnicas de acomodação interjurisdicionais", quer dizer, sobre as garantias que devem ser respeitadas e a forma de interação do Judiciário com outros meios jurisdicionais[299]. Em vista disso, o autor, a partir de um método indutivo, utiliza-se de balizas relativas a meios específicos (arbitragem e homologação de sentença estrangeira, no caso) para apresentar algumas linhas gerais de critérios de controle jurisdicional pelo Judiciário[300]. Emprega-se, aqui, o mesmo raciocínio para estabelecer os limites do controle judicial do ato regulatório judicante[301], considerando sua natureza jurisdicional.

De início, como já assentado quando se tratou a respeito da natureza jurisdicional da arbitragem e da justiça conciliativa, não cabe ao Judiciário analisar o mérito do ato jurisdicional, apenas sua adequação formal, ou seja, garantir a jurisdicionalidade do ato. Por isso, não se deve recorrer à via

297. Ibidem, p. 192.

298. GRINOVER, Ada Pellegrini. *Ensaio sobre a processualidade:* fundamentos para uma nova teoria geral do processo. Brasília: Gazeta Jurídica, 2018. p. 129. Embora a autora utilize o raciocínio para analisar o ativismo judicial, a função de garantia do Judiciário, relacionada à observância da Constituição e da efetivação dos direitos fundamentais por ela garantidos se amolda à atividade de revisão e controle dos atos jurisdicionais, proporcionando, também, um equilíbrio entre os poderes.

299. GONÇALVES, Marcelo Barbi. *Teoria geral da jurisdição.* Salvador: Juspodivm, 2020. p. 194.

300. Ibidem, p. 194.

301. O alerta feito por Carlos Alberto Carmona sobre a arbitragem aplica-se também aos demais meios jurisdicionais de resolução de conflitos: o direito de impugnar o ato jurisdicional (por conta, exclusivamente, de *errores in procedendo*) não pode ser renunciado por qualquer das partes. Elas podem deixar de exercer esse direito, é verdade, mas é vedada a renúncia prévia à eventual anulação. Para essa conclusão, não é necessário um comando legal específico, uma vez que ela decorre do próprio texto constitucional, "pois impedir a análise dos motivos de nulidade significaria impedir a submissão ao Poder Judiciário de lesão de direitos, retirando qualquer controle sobre a atividade dos árbitros [e de qualquer atividade jurisdicional]". (CARMONA, Carlos Alberto. *Arbitragem e processo:* um comentário à Lei n. 9.307/96. 3.ed. São Paulo: Atlas, 2009. p. 422-423). Evidencia-se, novamente, a função de garantia do Judiciário diante dos demais meios jurisdicionais.

judicial pela mera inconformidade com a decisão regulatória ou arrependimento quanto aos termos do acordo. Deve-se demonstrar a infringência de algum pressuposto básico do exercício jurisdicional, mormente às garantias constitucionais e aos princípios relacionados à função judicante própria da entidade.

Isso não quer dizer que, após anulado o ato, fique obstada a tutela judicial. Se o consumidor não quiser mais submeter seu conflito ao órgão regulador, pois teve o ato regulatório pretérito anulado por reconhecimento de imparcialidade, por exemplo, poderá ajuizar demanda judicial para tutelar a questão, ou, até mesmo, submetê-la à arbitragem ou ao procedimento de mediação alheio ao regulador. A imunidade do exame de mérito da via judicial permanece apenas enquanto for hígido o ato jurisdicional.

Assim como ocorre na arbitragem e na mediação, a fonte da jurisdição na função judicante dos órgãos reguladores é autonomia da vontade, porquanto são as próprias partes, voluntariamente, que retiraram a apreciação da matéria do Judiciário para levá-la a outra arena, via de regra, mais adequada[302]. Por esse motivo, o princípio da autonomia da vontade na jurisdição não judicial não é "mais um elemento de fixação da jurisdição", senão um critério com primazia sobre os demais[303]. É dizer, havendo vício na voluntariedade quanto à submissão à jurisdição regulatória, o ato judicante também estará viciado.

Outro ponto essencial da jurisdição é a imparcialidade[304], de modo que o ato proferido por terceiro parcial será nulo. Como a imparcialidade se evidencia na motivação qualificada do ato judicante, a ausência de fundamentação também seria causa de nulidade[305]. Nos atos consensuais, por óbvio, não há que se falar em motivação. Para esses casos, a imparcialidade pode ser aferida pela postura do intermediador em fomentar a igualdade

302. Antonio do Passo Cabral, considerando a natureza jurisdicional da arbitragem, além da existência de jurisdições tradicionais, como as das comunidades indígenas, afirma que não o estatismo, mas a existência de um procedimento com garantias processuais, conduzido por um terceiro imparcial, seria a característica primordial para o reconhecimento da jurisdição. (CABRAL, Antonio do Passo. Per un nuovo concetto di giurisdizione. *In:* BRIGUGLIO, Antonio; MARTINO, Roberto; PANZAROLA, Andrea; SASSANI, Bruno (Eds.). *Scritti in onore di Nicola Picardi – Tomo I.* Pisa: Pacini Giuridica, 2016. p. 366).

303. GONÇALVES, Marcelo Barbi. *Teoria geral da jurisdição.* Salvador: Juspodivm, 2020. p. 205.

304. Tanto a Lei de Arbitragem (arts. 13, § 6º.; 21, § 2º.) quanto a Lei de Mediação (art. 1º., parágrafo único; art. 2º., I), preveem a imparcialidade como característica essencial do terceiro condutor do procedimento, impondo a ambos o dever de revelar às partes qualquer fato ou circunstância que possa gerar dúvida sobre sua imparcialidade (art. 14, § 1º., naquela; art. 5º., parágrafo único, nesta). A Lei de Arbitragem também prevê a nulidade da sentença arbitral se comprovado que foi proferida por prevaricação, concussão ou corrupção passiva (art. 32, VI), condutas tipificadas, mas igualmente afrontosas à imparcialidade.

305. A sentença arbitral sem algum de seus requisitos (relatório, fundamentação, dispositivo, data e local – art. 26) é nula (art. 32, III), podendo-se aplicar o mesmo raciocínio aos atos regulatórios judicantes.

entre as partes[306], "a fim de evitar que o contratante economicamente mais poderoso possa impor sua vontade através de um simulacro de processo"[307]. Esse cenário evidencia a necessidade de examinar-se a atuação do terceiro na condução do processo regulatório judicante, como antes realizada.

É de se salientar, por fim, que, tendo o devido processo legal como condição para o pleno exercício da jurisdição, a ofensa aos princípios processuais dele decorrente também podem ensejar a nulidade do ato regulatório judicante. Devem ser asseguradas garantias como o contraditório, intrinsecamente ligado ao devido processo legal e à própria atividade jurisdicional[308], bem como a ampla defesa, que, na justiça conciliativa, pode ser lida também como o acesso à informação e o direito de se retirar do procedimento a qualquer tempo, sem a obrigatoriedade da composição, por exemplo[309]. Busca-se, com isso, harmonizar a natureza jurisdicional do ato regulatório judicante e a função de garantia do Judiciário.

4.3.5.2. Diante da natureza administrativa ordinária do ato

Embora se entenda o ato regulatório judicante como ato jurisdicional, não se pode negar a tendência majoritária em reconhecê-lo como um ato administrativo ordinário. Muito disso deriva, como visto, do próprio conceito de jurisdição, conferindo ao ato administrativo que julga um conflito a mesma natureza do ato administrativo ordinário, embora sejam notadamente diversos: "a *função administrativa judicante* seria uma expressão na qual o substantivo prevaleceria sobre o adjetivo"[310]. Por esse motivo e diante da relevante interação entre órgão regulador e Judiciário (à qual se dedica boa parte deste trabalho), entende-se adequado analisar o controle do ato regulatório judicante caracterizado como um ato administrativo ordinário (mesmo discordando dessa conclusão, repita-se).

Por óbvio, a postura deferente do Judiciário, estudada no capítulo anterior, deve prevalecer também no controle do ato regulatório judicante[311].

306. A igualdade entre as partes é prevista na Lei de Arbitragem (art. 21, § 2º.) e na Lei de Mediação (art. 2º., II).

307. CARMONA, Carlos Alberto. *Arbitragem e processo:* um comentário à Lei n. 9.307/96. 3.ed. São Paulo: Atlas, 2009. p. 410.

308. "Há quem sustente que jurisdição e contraditório são sinônimos. Parece mais adequado entender que não se trata de expressões equivalentes, mas que, quando não se observa o contraditório, o ato não ostenta natureza jurisdicional. O processo inquisitorial não é jurisdicional". (GONÇALVES, Marcelo Barbi. *Teoria geral da jurisdição.* Salvador: Juspodivm, 2020. p. 445).

309. Essa possibilidade é prevista na Lei de Mediação, art. 2º., § 2º.

310. Ibidem, p. 314.

311. "[...] é inegável que o controle judicial dos entes dotados de *expertise* para lidar com complexas questões técnicas deve ter um tratamento processual diferenciado. [...] Nesse contexto, o que a Constituição proíbe é, apenas, que se exclua a alegação de violação de interesses da apreciação do

Essa deferência, como dito, não implicaria uma inviabilidade *a priori* de revisão do mérito (como ocorre com os atos jurisdicionais), mas imporia uma postura de respeito ao ato e, principalmente, ao processo administrativo desenvolvido. Um elemento importante para essa análise deferente nos atos judicantes é a voluntariedade das partes, ou seja, no exercício de sua autonomia privada, elas optaram por levar o conflito primeiramente ao regulador, sob as normas do procedimento por ele conduzido. Certamente, em determinados casos, a motivação do controle judicial seria a violação ao devido processo legal, na linha do abordado no subcapítulo anterior. Todavia, não se nega a possibilidade de a parte insatisfeita ou arrependida levar seu pleito a juízo como uma espécie de instância recursal, na tentativa de mudar a sorte do ato questionado.

Para cenários como esse, Marcelo Barbi Gonçalves suscita a possibilidade de "preclusões interjurisdicionais" (ou interinstitucionais, no caso). Se, na seara administrativa, a parte tivesse tido a possibilidade de um amplo debate, com apresentação de provas e consideração de seus argumentos no âmbito de um devido processo legal, não seria adequado permitir que voltasse a discuti-la novamente em outra arena. Haveria uma espécie de preclusão lógica[312] extraprocessual, alinhada à vedação do comportamento contraditório (*nemo potest venire contra factum proprium*)[313]. O autor também sugere a vedação de repetição, no processo judicial, de provas regularmente produzidas no processo administrativo. Parte-se da premissa de que, se há desrespeito ao devido processo legal administrativo, o ato é nulo; *contrario sensu*, se foram observadas as garantias constitucionais, o ato é válido, sendo ilógico repetir toda a instrução probatória perante o magistrado. Essa medida seria, ainda, um reconhecimento judicial da dignidade do processo administrativo[314].

Entende-se, porém, que o magistrado não deve estar vinculado a argumentos e provas do processo administrativo, a fim de manter sua indepen-

---

Poder Judiciário. Não se proíbe a limitação dessa apreciação, a qual, no caso de ente especializado, deve cingir-se a um controle 'fraco', cassando o ato manifestamente írrito". (Ibidem, p. 262).

312. Antonio do Passo Cabral compreende as estabilidades processuais como decorrentes de uma estrutura de vínculos em cadeia, que são grupos de posições jurídicas em uma relação de influência entre si. Em todos os atos da cadeia, a segurança jurídica, como continuidade, infunde previsibilidade e calculabilidade, inclusive em atos como alegações, declarações e requerimentos. Esses aspectos, relacionados à boa-fé e à proteção da confiança, geram preclusões lógicas (caso haja atos posteriores incompatíveis com a estabilidade anterior) e preclusões consumativas (exaurindo a faculdade de prática de conduta pelo exercício do poder de praticá-las anteriormente). O critério de vinculação para o que o autor chama de "esquemas argumentativos", é a intensidade do debate, isto é, a justa e exaustiva oportunidade de litigar uma única vez sobre detetermınada questão, sem limitações cognitivas ou defensivas. (CABRAL, Antonio do Passo. *Coisa julgada e preclusões dinâmicas:* entre continuidade, mudança e transição de posições processuais estáveis. 4. ed. Salvador: Juspodivm, 2021. p. 429-569).

313. GONÇALVES, Marcelo Barbi. *Teoria geral da jurisdição*. Salvador: Juspodivm, 2020. p. 204.

314. Ibidem, p. 261.

dência e podendo desconsiderar a atividade controladora da esfera judicial. Isso não impede a análise e consideração (igualmente deferentes) do debate travado em outra sede, especialmente para evitar eventual abuso do processo pelo autor[315], que, no limite, poderia valer-se dos diversos meios de resolução de conflitos para discutir seu pleito indefinidamente, desvirtuando o escopo da tutela jurisdicional. A cooperação interinstitucional seria um interessante canal para estreitar e calibrar o contato e o trânsito de informações entre as esferas administrativa e judiciária. O diálogo profícuo entre órgão regulador e Judiciário no controle dos atos regulatórios judicantes não ensejaria uma ofensa ao acesso à justiça ou macularia a imparcialidade do magistrado, mas representaria um desejável incremento na tutela adequada dos litígios entre consumidores e agentes regulados.

315. Michele Taruffo identifica que o abuso, então, ocorre quando há distorção do escopo do ato em razão de ter sido praticado para uma finalidade diversa daquela à qual seja funcionalmente orientado. (TARUFFO, Michele. *Ensaios sobre o processo civil:* escritos sobre processo e justiça civil. Porto Alegre: Livraria do Advogado, 2017. p. 79).

CONCLUSÃO

O presente estudo, como introdutoriamente anunciado, tem como temática central o tratamento adequado de conflitos oriundos dos setores regulados, notadamente entre consumidores e agentes regulados. O escopo principal da pesquisa é propor reflexões sobre o aprimoramento da função judicante dos órgãos reguladores para tutelar esses conflitos, além de, dada a expressiva quantidade de processos judiciais sobre tais matérias, sugerir técnicas de aperfeiçoamento da tutela judicial dessas demandas.

Antes de firmar as conclusões atinentes ao objeto precípuo da pesquisa, expostas nos capítulos 3 e 4, foram assentadas algumas premissas essenciais ao tema, estabelecidas sobretudo nos capítulos 1 e 2. À guisa de considerações finais, cumpre reiterar os pontos centrais e estruturantes do estudo desenvolvido.

A crise do Judiciário é a grande mola propulsora da terceira onda de acesso à justiça no Brasil, refletida em uma série de reformas legislativas com fito de acelerar o processo e, sobretudo, aliviar a sobrecarga do Judiciário. No entanto, corre-se o risco de os procedimentos modernos e eficientes abandonarem as garantias fundamentais do processo civil. Daqui decorre a primeira premissa essencial à pesquisa: toda técnica e método de resolução de conflitos, judicial ou extrajudicial, deve impreterivelmente atender às garantias processuais constitucionais. É dizer, a legitimidade de um meio de resolução de conflitos depende de seu desenvolvimento por um devido processo legal. Isso não enseja a definição estanque sobre os aspectos de um procedimento adequado, mas impõe a conformação das garantias constitucionais ao mecanismo aplicado. Bem por isso, fala-se em devido processo legal "arbitral" e devido processo legal "extrajudicial", por exemplo, destacando a constitucionalidade da arbitragem e dos procedimentos extrajudiciais realizados em cartório.

Indo além, afirma-se que tais mecanismos são, também, jurisdicionais. Isso porque proporcionam um patamar garantístico correspondente ao do processo judicial, respeitando as características próprias de seu procedimento. Ademais, funcionam como meios de promoção do acesso à justiça, lido contemporaneamente como acesso à ordem jurídica justa. Nessa linha, entende-se que os meios consensuais de resolução de conflitos, como conciliação e mediação são formas de exercício da jurisdição, ao lado do processo judicial, da arbitragem e do procedimento das serventias extrajudiciais. Muito antes de uma proposição doutrinária ou meramente teórica, a assunção dessa jurisdicionalidade ampla implica uma maior e mais cuidadosa atenção a esses procedimentos, com um pensar alinhado às garantias constitucionais, aos critérios de adequação dessas medidas e ao imprescindível diálogo entre eles e o Judiciário.

Ao analisar o cenário atual da litigiosidade brasileira, a fim de entender "quem" e "o quê" compõem os processos judiciais que abarrotam o Judiciário, percebe-se que bancos e empresas de telefonia destacam-se na quantidade de demandas de que são partes, sobretudo no âmbito do direito do consumidor. Observando apenas esse último aspecto, nota-se que a litigiosidade atual se concentra, na verdade, em setores específicos da sociedade, com características comuns, o que permite agrupá-los para análise conjunta. Trata-se dos setores regulados da economia.

Não se olvida que os setores regulados estão entre os mais peculiares e complexos da economia nacional. Em rasa síntese, trata-se, predominantemente, de particulares desempenhando função tipicamente estatal, a partir de uma concessão. Justamente por isso, nos setores regulados, a intervenção e a fiscalização do Estado são (ou deveriam ser) mais fortes e efetivas. Para isso, foram instituídos os órgãos reguladores, autarquias especiais, criadas por lei para intervenção estatal no domínio econômico, dotada de considerável autonomia frente à Administração direta, que concentra funções e competências para regulação de determinado setor da economia que demande significativa especialização, marcado pela busca de equilíbrio entre interesses envolvidos e neutralidade em relação a eles.

Para cumprir seu múnus principal, é essencial aos órgãos reguladores reunirem conhecimentos e especialidades sobre o setor objeto de sua regulação, sendo a capacidade técnica do regulador um requisito para a própria legitimação da regulação. Por sua própria razão de ser, os órgãos reguladores devem gozar de autonomia, considerando, sobretudo, a necessidade de se manterem equidistantes dos diversos interesses envolvidos e, por vezes, concorrentes. Essa autonomia é, como qualquer outra, por definição, limitada. Com o intuito de evitar o déficit democrático desses entes, eles devem vincular-se às pautas estabelecidas pelo legislador para as políticas públicas dos setores de sua atuação, implementadas nos setores regulados pelo manejo das polícias regulatórias, do que decorre inevitável dependência e complementaridade entre ambas.

Como dito, para consecução de seu objetivo, os órgãos reguladores são dotados de algumas funções essenciais ao desenvolvimento de suas atividades. Exercem, no mínimo, função administrativa ou executiva (*v.g.*, poder de polícia), função normativa (prerrogativa de editar atos normativos) e função judicante (atribuição para resolver conflitos entre os agentes regulados).

Sua função executiva se assemelha às atribuições dos órgãos da Administração Pública direta, no exercício do poder de polícia estatal. É a partir dessa função que esses entes concedem, permitem e autorizam serviços e uso de bens públicos, expedem licenças, autorizam reajuste e revisão ordinária e extraordinária de tarifas de serviços públicos para manter o equilíbrio econômico e financeiro das concessões etc. Atualmente, um grande instrumento para o exercício dessa função pelos reguladores é o TAC, previsto na LGAR e na LINDB.

A função normativa assemelha-se à atividade legislativa, com a edição de comandos gerais para o setor regulado. A relevância dessa função justifica-se tanto pela complexidade da regulação estatal quanto por sua dinamicidade, que requerem, na medida do possível, respostas ágeis e tempestivas, além de condizentes com o contexto regulatório e adequadas a ele. A fim de tornar o processo decisório desses entes mais claro e participativo, a LGAR preocupou-se com diversas garantias nessa tomada de decisão, como a proporcionalidade, a motivação qualificada, o consequencialismo, a colegialidade, a publicidade e a participação ampla, dando maior concretude às disposições principiológicas da LINDB. A utilização da AIR previamente à adoção e à alteração de atos normativos reflete bem essa preocupação contemporânea. Além disso, a previsão e o incentivo à articulação entre órgãos reguladores e outros entes, como Cade ou órgãos de defesa do consumidor, amplia o diálogo e a pluralidade de visões sobre a regulação, qualificando a decisão tomada.

Ponto central deste trabalho e menos explorada pela doutrina que as demais, a função judicante é a capacidade do regulador de resolver conflitos no setor regulado, seja entre os agentes regulados, seja entre eles e os consumidores, de forma auto ou heterocompositiva. Se é natural a atividade fiscalizatória, no exercício do poder de polícia (função executiva) e, mesmo com ressalvas, a regulamentação de determinadas matérias (função normativa) pela Administração Pública indireta, o mesmo não se pode dizer de uma atividade de resolução de conflitos, julgadora, jurisdicional (ou sua equivalente). Talvez por esse motivo o tema não seja abordado com a mesma dedicação e frequência que os demais. Soma-se a isso o fato de, tradicionalmente, meios e técnicas de resolução de conflitos (inserida, aqui, a atividade judicante como um todo) serem estudados pelo direito processual, afastando-se da doutrina administrativista, por sua vez, alinhada mais confortavelmente aos aspectos materiais das relações reguladas. Tudo isso resulta em uma certa lacuna no exame teórico e dogmático mais aprofundado da atividade judicante dos órgãos reguladores, com reflexos significativos na prática regulatória.

Embora a LGAR reconheça a função judicante das agências reguladoras ao determinar, na interação entre elas e órgãos de regulação estaduais, distritais e municipais, a possibilidade de "descentralização de suas atividades fiscalizatórias, sancionatórias e arbitrais", vedada a mesma prática para a competência normativa, poderia ter avançado na temática para reforçar essa função regulatória, sendo o silêncio normativo, talvez, um sintoma da ausência de estudos sobre o tema. Nessa linha, o PL n. 1.149/2021 propõe alteração na LGAR a fim de implementar câmaras de conciliação e mediação, para controvérsias derivadas da relação de consumo da contratação de serviços objeto de outorga e regulação. Tal previsão, embora seja muito genérica diante das peculiaridades dos conflitos nos setores regulados e tenha uma clara intenção de evitar o excesso de demandas judiciais, é uma boa oportunidade para debater o tema e, quem sabe, incluir algumas linhas legislativas mais claras sobre a função judicante dos órgãos reguladores.

Os órgãos reguladores estudados, quando exercem essa função, fazem-na timidamente, em um movimento mais de aproximação entre o consumidor e o agente regulado do que propriamente de resolução do conflito. Um dos motivos para essa negligência talvez seja a dificuldade de entender a relação entre consumidor e empresa privada como parte da relação regulada, que se reflete na atividade e na política regulatória. Essa mentalidade – equivocada – faz com que a relação entre o órgão regulador e o consumidor não esteja ainda consolidada.

Esse cenário merece reflexão. Não foi por acaso que o Legislador conferiu aos órgãos reguladores essa função judicante. Se, por óbvio, o conflito entre agentes regulados reflete-se diretamente na atividade regulada, o conhecimento do regulador sobre os conflitos entre consumidores e empresas também tem relevante papel na política regulatória, pois é capaz de revelar problemas sensíveis às políticas regulatórias, como a má prestação do serviço, sua baixa qualidade ou a abusividade de tarifas. Relembra-se que a atividade dos órgãos reguladores se baseia, também, na efetivação de políticas públicas, sendo o consumidor parte essencial do ciclo regulatório. Daí porque não pode o regulador omitir-se de tal múnus, desenhado institucionalmente como sua função. Por outro lado, pesquisa empírica sobre a utilização de meios de resolução extrajudicial de conflitos, no âmbito de serviços regulados por agências governamentais, identificou que parte da população ainda não conhece os órgãos reguladores, e muitos dos que conhecem não têm ciência da completude de sua atividade, sobretudo no que se refere a sua função judicante. Esse é um dos motivos que levam o consumidor ao Judiciário.

A partir do exame da resolução de litígios dos setores regulados pelo Poder Judiciário, o presente trabalho adota uma postura mais propositiva, como anunciado na introdução. O controle judicial dos atos regulatórios de forma direta, ou seja, o questionamento específico de ato dos órgãos reguladores em juízo, também é um tema bem explorado na doutrina administrativista, sobretudo em relação aos limites do Judiciário na revisão de decisões da Administração Pública. Embora a simples existência de um mecanismo de revisão, especialmente a revisão judicial, seja salutar à atividade regulatória, causando efeito positivo nos reguladores para, por exemplo, melhor explicitarem os motivos de suas decisões, a intervenção é, muitas vezes, desastrosa, prejudicando significativamente a política regulatória minuciosa e tecnicamente pensada para o setor.

Por esse motivo, o Judiciário deve adotar uma postura deferente na revisão dos atos regulatórios, quer dizer, uma postura autorrestritiva, com respeito à solução administrativa. Tal postura não implica, necessariamente, a manutenção da decisão administrativa, podendo o tribunal anulá-la, ao concluir que a decisão *sub judice* não seja razoável, coerente ou lógica, por exemplo, mantendo, ainda assim, uma deferência judicial, uma postura respeitosa. Não obstante, pela natureza multifacetada dos atos regulatórios, seu controle judicial merece maior cuidado.

Nesse ponto, entende-se ser positiva para o aprimoramento do controle judicial dos atos regulatórios a especialização judiciária. A despeito das críticas que sofra, tem-se que o modelo especializado seja a via capaz de proporcionar maior qualidade às decisões judiciais sobre matéria regulada, devido à complexidade e à especificidade do setor regulado, entre outros benefícios.

Propõe-se que a especialização em matéria regulatória congregue não apenas o controle judicial dos atos regulatórios, mas, também, outras ações, individuais e coletivas, que versem sobre as relações reguladas, mesmo de maneira reflexa e mediata. Esse modelo ensejaria uma análise judicial direta e indireta dos atos regulatórios, essa última a partir dos casos que, mesmo não se referindo expressamente à norma regulatória ou trazendo o regulador como parte, acabam por refletir-se em toda a política regulatória, como ocorre nas ações entre consumidores e agentes regulados, tema central desta pesquisa.

Com efeito, em um juízo especializado, concentrando as demandas oriundas das diversas composições possíveis das relações reguladas, podem-se, com maior facilidade, identificar problemas estruturais no setor regulado. Esses problemas podem ocorrer no próprio ato regulatório e, consequentemente, na atividade regulatória, justificando uma revisão judicial – ainda assim, mantendo a referida postura deferente. Porém, eles também podem ser identificados no cumprimento da norma pelo agente econômico ou na prestação do serviço, decorrente dos litígios entre consumidores e regulados. Nesses casos, a intervenção judicial na conduta do agente regulado a partir de um processo estrutural permite uma solução dialogada entre todos os envolvidos, destacando a participação do órgão regulador, para efetivar a política pública do setor regulado, inclusive atuando como entidade de infraestrutura específica (*claims resolution facilities*).

Um ponto merecedor de reflexão na especialização com essa concentração de competências é o inevitável conflito entre Justiça Federal e Estadual. Além disso, deve-se cuidar para não inviabilizar o acesso à justiça com a especialização. O contexto impõe um olhar para a especialização a partir da cooperação judiciária. Sugere-se a criação de um núcleo de cooperação envolvendo a Justiça Federal e a Estadual para atuar nas varas especializadas em matéria regulatória. Embora alguns casos permitam a identificação mais clara sobre sua competência (por exemplo, em regra, as ações questionando diretamente o ato regulatório são de competência federal, por terem o regulador - autarquia - como parte), muitas vezes há uma sobreposição de interesses e posições jurídicas dos envolvidos, que dificulta essa delimitação. A vara especializada favoreceria uma atuação conjunta nos casos de "competência mista", além de um maior diálogo entre os ramos judiciais. Ademais, pensando no acesso do cidadão ao juízo especializado, é importante que essa cooperação se dê entre "varas comuns" e vara especializada.

Delimitando o estudo nos litígios entre consumidores e agentes regulados, cuja demanda é acentuada no Judiciário, percebe-se uma influência da via eleita no resultado da pretensão (se por ação individual, coletiva ou julgamento de casos repetitivos), bem como um uso estratégico pelos agentes regulados (litigantes habituais), na proposta de acordos e na litigância das questões regulatórias. Sobre esse ponto, embora contemporaneamente haja forte política de incentivo à consensualidade, nem sempre essa postura será, sistematicamente, a mais benéfica. Isso porque o litigante habitual, que melhor performa no Judiciário, pode usar o acordo para evitar a composição de uma jurisprudência desfavorável a si (como o caso da política de acordos da Uber com os motoristas, na Justiça do Trabalho) ou como um mecanismo de pressão à parte mais fraca, forçando-o a aceitar um acordo em troca de um longo tempo de tramitação processual (postura clara no caso do acordo sobre os expurgos inflacionários, firmado no âmbito do STF). A disparidade entre consumidor e agente regulado (litigante eventual e habitual) impõe maior cuidado na judicialização desses conflitos.

Sobre a via de apreciação judicial, percebe-se que, quando o Judiciário é instado a tratar desses conflitos pela ação individual, tende a adotar uma postura mais favorável ao consumidor, ignorando a política regulatória. Por outro lado, quando provocado na via da ação coletiva ou, até mesmo, pelo julgamento de casos repetitivos, tende a ser mais deferente, embora, mesmo nesses casos, mantenha-se um tanto afastado da política regulatória. Por paradoxal que possa parecer, ambas as posturas soam equivocadas.

Primeiro, porque, embora o consumidor seja parte essencial da política regulatória e sua vulnerabilidade deva ser considerada na tutela dessas relações jurídicas, a aplicação irrefletida das regras consumeristas pode ensejar graves danos à política regulatória como um todo, pois considera, também, os consumidores potenciais, ou seja, aqueles que ainda não têm acesso ao serviço, mas devem tê-lo, diante da necessária universalização dos serviços públicos. Segundo, a deferência vista especialmente nas ações coletivas não decorre de uma postura respeitosa à política regulatória, mas da dificuldade que o Judiciário tem em lidar com as complexas questões técnicas regulatórias e com a sistemática da ação coletiva. Nesse cenário, a potencialidade de representação dos interesses mais vulneráveis pela ação coletiva acaba sucumbindo diante da realidade judicial e, bem por isso, favorecendo o agente regulado, mais bem preparado para a arena judicial.

A mesma vantagem do litigante habitual pode ser vista no julgamento de casos repetitivos, diante da possibilidade de indicar os casos sobre os quais deseja instaurar o procedimento, favorecendo seus interesses. Nesse ambiente, a potencialidade lesiva aos consumidores e ao sistema regulatório como um todo é mais significativa, diante da vinculatividade *pro et contra* da tese jurídica firmada em repetitivos. Na linha das críticas doutrinárias a esses mecanismos, notadamente quanto à ausência de um efetivo contraditório na formação da tese, entende-se que a comunicação ao órgão, ente ou agência reguladora, prevista nos arts. 985, § 2º., e 1.040, IV, do CPC, deve ser realizada antes do julgamento, possibilitando sua participação no debate sobre a tese jurídica fixada.

No entanto, de modo geral, defende-se a preferência pelas ações coletivas em detrimento dos julgamentos de casos repetitivos, em todos os casos passíveis de tutela por ambas as técnicas. Diante da alegada inconstitucionalidade das técnicas repetitivas, sobretudo do IRDR, a via da ação coletiva, já consagrada no Brasil (mesmo com as dificuldades do Judiciário quanto a essas demandas), é a mais adequada à tutela desses interesses coletivamente considerados, com potencial redistributivo, tendo em vista, também, a ausência de vinculação do resultado desfavorável ao indivíduo, preservando, assim, o acesso à justiça.

O problema da tutela coletiva das relações reguladas refere-se à participação do órgão regulador, a fim de ampliar o debate sobre o tema e levar a política regulatória à apreciação judicial. A forma mais adequada para intervenção, *a priori*, seria a atuação dos órgãos reguladores nas ações coletivas como *amicus curiae*, assentada na previsão geral dessa figura no CPC. Porém, essa possibilidade não impõe um dever de participação, mas uma faculdade, cabendo ao juiz decidir se admite ou não a participação desses sujeitos. O arbítrio dessa intervenção, nos casos em exame, não é recomendado. Por isso, propõe-se a intimação obrigatória dos órgãos reguladores para participarem das ações coletivas como *amicus curiae* a partir de uma interpretação análoga das disposições das leis de regência do Cade e da CVM.

Não obstante, tem-se como importante uma previsão legal nesse sentido, voltada aos órgãos reguladores. Os Projetos de Lei da Nova Ação Civil Pública preveem a intimação obrigatória dos reguladores nas ações coletivas que versarem sobre matéria regulada. A iniciativa é essencial a uma adequada tutela dos litígios dos setores regulados (sobretudo entre consumidores e agentes regulados) pela via coletiva, muito embora o texto projetado ainda necessite de alguma apuração em sua redação para melhor compreensão e aplicação. Justamente por se tratar de Projeto de Lei, esse é o momento oportuno para colocações doutrinárias de aperfeiçoamento da peça legislativa.

Entretanto, mesmo com essas proposições, pela natureza da relação regulada, entende-se que os conflitos entre consumidores e agentes regulados podem ser mais adequadamente tutelados pelos próprios órgãos reguladores. É nesse ponto que se insere o objeto principal do presente trabalho. Deve-se pensar em um desenho adequado a esses conflitos, no bojo da função judicante dos reguladores, com ampla divulgação ao jurisdicionado. A partir disso, haveria quase um sistema de retroalimentação da atividade: a utilização dessa via extrajudicial, ao mesmo tempo em que aprimoraria o próprio procedimento, reforçaria a confiança do consumidor no órgão regulador, ampliando, também, sua divulgação.

Como uma primeira aproximação ao tema, a pesquisa focou-se em delinear aspectos gerais e basilares para o aprimoramento da função judicante dos órgãos reguladores, exercida por meio de um devido processo legal regulatório judicante. As proposições podem ser implementadas de *lege lata*, embora seja bem-vinda sua positivação por meio de lei ou de normativa do próprio regulador. Para uma melhor sistematização da matéria, os pontos de reflexão foram classificados em fatores institucionais, subjetivos e processuais.

Os fatores institucionais levam em consideração as características ínsitas à instituição responsável pela tutela do conflito. Isso porque a preocupação com propostas de desjudicialização de conflitos e abertura do sistema de justiça multiportas deve estar menos em desafogar o Judiciário e mais em desenhar um meio adequado à resolução dos conflitos, atento às garantias constitucionais dos jurisdicionados. Sendo assim, o alívio ao Judiciário deve ser uma consequência natural da aptidão da nova via de acesso à justiça, não seu objetivo primário. Sem isso, corre-se o risco de apenas "mudar o problema de lugar", da esfera judicial para a extrajudicial.

Observando as características do órgão regulador, especialmente sua autonomia, especialização e afinidade com a matéria regulada, tem-se que sua capacidade institucional é superior à do Judiciário, por exemplo, favorecendo a assunção da resolução dos conflitos por esse ente. Além disso, conjugando suas funções e técnicas regulatórias, com a participação ativa do órgão regulador na resolução desses conflitos (função judicante), podem-se estabelecer medidas mais eficientes, em seu âmbito precípuo de atuação, visando a conter esses problemas na origem ou, caso já exista regulação sobre o tema, intensificar a fiscalização e aplicar eventuais sanções aos concessionários (função executiva e normativa).

Os fatores subjetivos dizem respeito aos sujeitos envolvidos na resolução dos conflitos, tanto os intermediadores do conflito quanto as partes, sobretudo na identificação dos motivos pelos quais elas buscariam esse mecanismo em detrimento dos demais. Sobre o terceiro intermediador, a maior garantia que o consumidor pode ter na resolução justa e adequada de seu conflito é a imparcialidade do mediador ou do julgador. A autonomia dos órgãos reguladores reflete-se na imparcialidade de seus servidores, que gozam de estabilidade e irredutibilidade dos vencimentos, em configuração semelhante às garantias do juiz. Tem-se, aqui, a primeira (e imprescindível) característica do terceiro intermediador nos processos regulatórios judicantes: deve ser um servidor estável do órgão regulador.

No processo autocompositivo, a atuação do mediador deve ser mais ativa, podendo propor soluções e cuidando para equilibrar as partes, diante da notória disparidade entre consumidores e agentes regulados. No processo heterocompositivo, o julgador deve ser pessoa diferente do mediador, para manter a imparcialidade e evitar o enviesamento cognitivo decorrente do contato com as tratativas de negociação entre as partes. No curso do processo, os julgadores poderão participar ativamente da instrução probatória, determinando a realização das provas que julgarem necessárias. Além disso, a depender do caso, é pertinente a intimação de interessados para complementar a instrução, em uma espécie de *amicus curiae* administrativo. O papel dos órgãos de defesa do consumidor, nesses casos, é relevante, pois permite ampliação do debate para a adequação da política regulatória, caso tenha sido negligenciada na gênese da norma ou na atividade objeto do processo regulatório judicante ou no caso de situação ainda sem uma regulação normativa específica.

Por outra perspectiva, tendo como premissa a liberdade de escolha dos jurisdicionados em relação ao meio de resolução para seu conflito, sobretudo o acesso incondicionado ao Judiciário, é importante analisar vantagens e incentivos do mecanismo proposto, bem como a motivação das partes para buscar o órgão regulador. Dois aspectos são relevantes sob o prisma do consumidor: o baixo custo e a acessibilidade. Sobre o primeiro, os reguladores devem oferecer de forma gratuita a ferramenta de resolução de conflitos ao consumidor, como ocorre atualmente. Em relação ao segundo, impõe-se a divulgação do mecanismo, além de um amplo e fácil acesso do consumidor ao procedimento, que deve ser fomentada, inclusive, pelos agentes regulados.

Tendo em vista que a iniciativa dos processos regulatórios judicantes é dos consumidores, a partir de suas reclamações, os incentivos aos agentes regulados devem ser pensados não sob o viés de acesso, como para os consumidores, mas para sua permanência no procedimento, além da aquiescência e do cumprimento das determinações regulatórias oriundas do processo judicante. Sobre o primeiro aspecto, entende-se que a disparidade entre consumidores e agentes regulados permite que esse último seja compelido a submeter-se ao processo regulatório iniciado pelo consumidor, gozando de todas as garantias constitucionais, inclusive a possibilidade de controle judicial do ato regulatório judicante. No que diz respeito à efetivação das decisões e à correção da conduta viciada, por uma análise de custo-benefício, pode-se suscitar o aumento do valor das sanções impostas pelos reguladores, em uma espécie de *punite damages*. Por outro lado, é importante pensar em mecanismos promocionais, com a instituição de sanções premiais para estimular o agente regulado a adequar sua conduta aos termos esperados pela política regulatória.

Por fim, os fatores processuais, ponto de destaque no presente trabalho, pressupõem o atendimento das garantias processuais constitucionais, estabelecendo um verdadeiro devido processo legal regulatório judicante. Sobre o procedimento em si, é imprescindível seu diálogo com o Judiciário, por meio da cooperação interinstitucional. Uma potencialidade dessa cooperação é a delegação, aos órgãos reguladores, da realização da audiência de conciliação e mediação prevista no art. 334 do CPC. Além disso, pode-se pensar em um diálogo entre regulador e Judiciário por meio de um expediente análogo à carta arbitral, uma espécie de "carta regulatória". O regulador poderia contar com o apoio judicial para efetivar medidas coercitivas, como a execução de multas e outras decisões condenatórias eventualmente proferidas, tanto no processo regulatório judicante (sobretudo entre consumidores e agentes regulados) quanto nos processos sancionatórios. Por outro lado, o Judiciário poderia aproveitar atividades probatórias desenvolvidas no processo regulatório, em atenção ao devido processo legal, em eventual processo judicial de controle dessa atividade, por exemplo.

A publicidade dos atos e decisões do órgão regulador também é outro aspecto importante. Essa publicidade abrange tanto a ampla divulgação do mecanismo quanto a transparência do processo e de seus atos finais. Nesse particular, embora a publicidade do meio autocompositivo seja mitigada, diante da confidencialidade da negociação em si, o termo final de acordo, assim como a decisão heterocompositiva, devem ser disponibilizados publicamente, para servir de diretriz aos demais consumidores e para evitar a manipulação pelos agentes regulados, como ocorre no Judiciário. O interessante é criar uma jurisprudência administrativa para esses casos, podendo-se, até, falar em "precedente administrativo".

Outro ponto importante é a natureza do ato regulatório judicante. Partindo das reflexões anteriores sobre a jurisdicionalidade ampla da arbitragem, os meios consensuais e as atividades extrajudiciais, conclui-se que o ato regulatório judicante tem natureza jurisdicional. A posição defendida funda-se em alguns aspectos centrais da jurisdição contemporânea. Em brevíssima síntese, o processo regulatório judicante é, inequivocamente, um meio de promoção do acesso à justiça, conduzido com imparcialidade à tutela de interesses dos envolvidos por meio de um devido processo legal, atento às garantias constitucionais pertinentes. Essas notas diferem-no das outras atividades exercidas pelo órgão regulador, na formação de ato regulatório normativo ou executivo.

Em razão dessa natureza, o controle judicial do ato regulatório judicante é, sobremaneira, mais restrito que o dos demais, restringindo-se, basicamente, à análise da jurisdicionalidade do ato, sem ingressar no mérito da questão. Utiliza-se, nesse ponto, o raciocínio aplicado especialmente na revisão de sentenças arbitrais, sendo insuficiente para provocação da via judicial a mera irresignação com o resultado obtido na tutela pelo regulador. Por outro lado, caso se entenda que o ato regulatório judicante não é jurisdicional, mas um ato administrativo ordinário, a postura do Judiciário em sua revisão deve manter-se deferente, mas considerar o elemento volitivo do sujeito que optou pela submissão do conflito ao órgão regulador, a fim de evitar a litigância reiterada e de má-fé da mesma questão.

Sabe-se que a proposta aqui apresentada depende, para sua concretização, de diversos fatores alheios ao processo e ao direito – como o aspecto cultural, uma das premissas da pesquisa. Porém, longe de esgotar o tema ou de acreditar que se trata de uma panaceia ao congestionamento Judiciário e à tutela adequada dos litígios de setores regulados, acredita-se que é missão (ou, ainda, um dever) do jurista contemporâneo contribuir para o incremento, o incentivo e a divulgação de meios que possam levar maior qualidade à tutela jurisdicional, afinados ao escopo constitucional do processo civil contemporâneo.

REFERÊNCIAS BIBLIOGRÁFICAS

ABBOTT, Felipe Gorigoitía; PACHECO, Claudio Meneses. Contra la conciliación intraprocesal en el proceso civil: reflexiones y propuestas de cambio. *In:* SIMONS, Adrian; MENDES, Aluisio Gonçalves de Castro; RAGONE, Alvaro Péres; LUCON, Paulo Henrique dos Santos (Coords.). *Estudos em homenagem a Ada Pellegrini Grinover e José Carlos Barbosa Moreira.* São Paulo: Tirant lo Blanch, 2019.

ABBOUD, Georges; CAVALCANTI, Marcos de Araújo. Inconstitucionalidades do incidente de resolução de demandas repetitivas (IRDR) e os riscos ao sistema decisório. *Revista de Processo,* São Paulo, v. 40, n. 240, p. 221-242, fev. 2015.

ABRÃO, Carlos Henrique; SANTOS, Eronides Aparecido Rodrigues dos; VERÇOSA, Haroldo Malheiros Duclerc; SZTAJN, Rachel. *Processo sancionador:* Banco Central e CVM - Lei n. 13.506/2017. São Paulo: Iasp, 2018.

ABREU, Rafael Sirangelo de. *Igualdade e processo:* posições processuais equilibradas e unidade do direito. São Paulo: Revista dos Tribunais, 2015. *Ebook.*

ACKERMAN, Bruce. The new separation of powers. *Harvard Law Review,* v. 113, n. 3, p. 633-725, jan. 2000.

ALBUQUERQUE, Kélvia. Avaliação de Resultado Regulatório - ARR. *7º. Seminário IBRAC de Regulação e Concorrência,* dez. 2021. p. 14. Disponível em: https://www.ibrac.org.br/UPLOADS/Eventos/547/ K%C3%A9lvia_Albuquerque.pdf. Acesso em: 4 ago. 2023.

ALBUQUERQUE, Kélvia. Análise de Impacto Regulatório no Brasil. *95ª. Reunião da Câmara de Saúde Suplementar,* Casa Civil, set. 2018. Disponível em: https://www.gov.br/ans/pt-br/arquivos/acesso-a-informacao/participacao-da-sociedade/camss-camara-de-saude-suplementar/apresentacao_css/95_apresentacao_air_brasil.pdf. Acesso em: 09 out. 2022.

ALCALÁ-ZAMORA Y CASTILLO, Niceto. *Proceso, autocomposición y autodefensa.* Contribuición al estudio de los fines del proceso. 3. ed. México: Universidad Nacional Autónoma de México, 1991.

ALENCAR, Letícia Oliveira Lins de. Participação popular na elaboração de atos normativos por agências reguladoras federais: uma análise da experiência acumulada nos últimos 20 anos. *Fórum de Contratação e Gestão Pública - FCGP,* Belo Horizonte, n. 192, dez. 2017.

ALMEIDA, Bruno Costa de. Agências reguladoras independentes, atividade regulatória e conflito normativo. *Revista Eletrônica de Direito Administrativo Econômico,* Salvador, n. 37, p. 1-30, fev./abr. 2014.

ALMEIDA, João Batista de. Os bancos contra os consumidores: aspectos da ação de descumprimento de preceito fundamental. *Revista dos Tribunais,* São Paulo, v. 891, p. 107-124, jan. 2010.

ALVIM, José Eduardo Carreira. *Justiça:* acesso e decesso. Disponível em: https://jus.com.br/artigos/4078/justica-acesso-e-descesso. Acesso em: 12 jan. 2022.

ANDRADE, Juliane Melazzi. *Justiciabilidade e não decisão:* quando Poder Judiciário não deve decidir. São Paulo: Juspodivm, 2023.

ARAGÃO, Alexandre Santos de. Considerações iniciais sobre a Lei Geral das Agências Reguladoras. *Revista de Direito da Administração Pública,* a. 5, v. 1, n. 1, p. 7-23, jan./jun. 2020.

ARAGÃO, Alexandre Santos de. *Agências reguladoras e a evolução do direito administrativo econômico.* 3.ed. Rio de Janeiro: Forense, 2013.

ARAGÃO, Alexandre Santos de. *Curso de direito administrativo.* 2. ed. Rio de Janeiro: Forense, 2013.

ARAGÃO, Alexandre Santos de. Arbitragem e regulação. *Revista de Arbitragem e Mediação,* São Paulo, v. 7, n. 27, p. 70-102, out./dez. 2010.

ARAGÃO, Alexandre Santos de. Serviços públicos e direito do consumidor: possibilidades e limites da aplicação do CDC. *Revista de Doutrina TRF4,* 30 jun. 2010. Disponível em: https://revistadoutrina.trf4.jus.br/index.htm?https://revistadoutrina. trf4.jus.br/artigos/edicao036/alexandre_aragao.html. Acesso em: 10 fev. 2023.

ARAGÃO, Alexandre Santos de. As agências reguladoras independentes e a separação de poderes: uma contribuição da teoria dos ordenamentos setoriais. *Revista Eletrônica de Direito Administrativo Econômico,* Salvador, n. 10, p. 1-50, maio/jul. 2007.

ARAGÃO, Alexandre Santos de. A consensualidade no Direito Administrativo. Acordos regulatórios e contratos administrativos. *Revista de Informação Legislativa,* Brasília, a. 42, n. 167, p. 293-310, jul./set. 2005.

ARAGÃO, Nilsiton Rodrigues de Andrade. Fundamentos da cooperação judiciária nacional. *In:* DIDIER JÚNIOR, Fredie; CABRAL, Antonio do Passo (Coords.). *Cooperação judiciária nacional.* Salvador: Juspodivm, 2021.

ARAGÃO, Nilsiton Rodrigues de Andrade. Potencialidades e limites da cooperação judiciária nacional. *Civil Procedure Review,* v. 11, n. 1, jan./abr. 2020.

ARENHART, Sérgio Cruz; OSNA, Gustavo; JOBIM, Marco Félix. *Curso de processo estrutural.* 2. ed. São Paulo: Thomson Reuters Brasil, 2022.

ARENHART, Sérgio Cruz; OSNA, Gustavo. Notas sobre a autocomposição no processo coletivo. *Revista de Processo,* São Paulo, v. 46, n. 316, p. 239-272, jun. 2021.

ARENHART, Sérgio Cruz. Processos estruturais no direito brasileiro: reflexões a partir do caso da ACP do Carvão. *In:* GRINOVER, Ada Pellegrini; WATANABE, Kazuo; COSTA, Susana Henriques da (Coords.). *O processo para solução de conflitos de interesse público.* Salvador: Juspodivm, 2017.

ARENHART, Sérgio Cruz. Decisões estruturais no direito processual civil brasileiro. *Revista de Processo,* São Paulo, v. 38, n. 225, p. 389-410, nov. 2013.

ARGUELHES, Diego Werneck; LEAL, Fernando. O argumento das "capacidades institucionais" entre a banalidade, a redundância e o absurdo. *Direito, Estado e Sociedade,* n. 38, p. 6-50, jan./jun. 2011.

ARIÑO ORTIZ, Gaspar. *Economia y Estado:* crisis y reforma del sector público. Buenos Aires: Abeledo-Perrot, 1993.

ARMONA, Carlos Alberto. *Arbitragem e processo:* um comentário à Lei n. 9.307/96. 3. ed. São Paulo: Atlas, 2009.

ASPERTI, Maria Cecília de Araujo. *A mediação e a conciliação de demandas repetitivas:* os meios consensuais de resolução de disputas e os grandes litigantes do Judiciário. Belo Horizonte: Fórum, 2020.

ASPERTI, Maria Cecília de Araujo; COSTA, Susana Henriques da. Julgamento em extinção? O estudo do "vanishing trial" de Marc Galanter e a transformação da atividade jurisdicional no Brasil. *Revista Direito Mackenzie*, v. 16, n. 1, p. 1-44, 2022.

ASSOCIAÇÃO BRASILEIRA DE JURIMETRIA. *Os maiores litigantes em ações consumeristas:* mapeamento e proposições. Brasília: CNJ, 2018. Disponível em: https://www.cnj.jus.br/wp-content/uploads/2018/01/ 3dd1ecf89ce5d-3d4cdd508462f9af1b6.pdf. Acesso em: 09 jan. 2022.

ASSOCIAÇÃO BRASILEIRA DE JURIMETRIA. *Relatório Analítico Propositivo Justiça Pesquisa:* Formas Alternativas de Gestão Processual. Brasília: Conselho Nacional de Justiça, 2020. p. 114. Disponível em: https://www.cnj.jus.br/wp-content/uploads/2020/08/Justica-Pesquisa_Relatorio_ABJ_2020-08-21_1.pdf. Acesso em: 10 jun. 2023.

AVELINO, Murilo Teixeira. Disposição de competência decisória por ato concertado entre juízes cooperantes. *In:* DIDIER JÚNIOR, Fredie; CABRAL, Antonio do Passo (Coords.). *Cooperação judiciária nacional.* Salvador: Juspodivm, 2021.

ÁVILA, Humberto. O que é "devido processo legal?". *Revista de Processo,* São Paulo, v. 33, n. 163, p. 50-59, set. 2008.

AZEVEDO, Júlio de Camargo; RAVAGNANI, Giovani. WhatsApp e inclusão digital: uma saída para as Defensorias Públicas. *Conjur,* 11 maio 2021. Disponível em: https://www.conjur.com.br/2021-mai-11/tribuna-defensoria-whatsapp-inclusao-digital-saida-defensorias-publicas#_ftn5. Acesso em: 1 dez. 2022.

AZEVEDO, Fernando Costa de. A proteção dos consumidores-usuários de serviços públicos no direito brasileiro: uma abordagem a partir do diálogo das fontes. *Revista de Direito do Consumidor,* São Paulo, a. 24, v. 102, p. 123-137, nov./dez. 2015.

BACELLAR, Luiz Ricardo trindade. Função jurisdicional das agências reguladoras. *Revista de Processo,* São Paulo, v. 28, n. 111, p. 148-161, jul./set. 2003.

BACK, Gabriela Cristina. *Arbitragem como método de resolução de conflitos de natureza transindividual.* 2018. Dissertação (Mestrado em Direito) – Programa de Pós-Graduação em Direito, Fundação Escola Superior do Ministério Público, Porto Alegre, 2018.

BARBOSA, Fabiano Jantália; ROCHA, Pedro Henrique Pessanha. *Processo administrativo sancionador no Banco Central:* principais inovações. Porto Alegre: Asbancos-RS, 2018.

BARROSO, Luís Roberto. Agências reguladoras. Constituição, transformações do Estado e legitimidade democrática. *In:* BINENBOJM, Gustavo (Coord.). *Agências reguladoras e democracia.* Rio de Janeiro: Lumen Juris, 2006.

BARROSO, Luís Roberto. Apontamentos sobre as Agências Reguladoras. *In:* FIGUEIREDO, Marcelo (Org.). *Direito e regulação no Brasil e nos EUA.* São Paulo: Malheiros, 2004.

BEDAQUE, José Roberto dos Santos. *Poderes instrutórios do juiz.* 4. ed. São Paulo: Revista dos Tribunais, 2009.

BEDIN, Gabriel de Lima; SPENGLER, Fabiana Marion. O direito de acesso à justiça e as constituições brasileiras: aspectos históricos. *Revista de Direitos Fundamentais e Democracia,* Curitiba, v. 14, n. 14, p. 135-146, jul./dez. 2013.

BENEDUZI, Renato Resende. Teoria geral do litígio. *In:* MENDES, Aluisio Gonçalves de Castro; BEDAQUE, José Roberto dos Santos; CARNEIRO, Paulo Cezar Pinheiro; ALVIM, Teresa Arruda (Coords.). *O novo processo civil brasileiro:* temas relevantes – estudos em homenagem ao professor, jurista e ministro Luiz Fux. Rio de Janeiro: LMJ Mundo Jurídico, 2018. V. II.

BEZ, Bianca. *Negociação, economia e psicologia:* por que litigamos? 2. ed. São Paulo: Juspodivm, 2021.

BINENBOJM, Gustavo. *Uma teoria do direito administrativo:* direitos fundamentais, democracia e constitucionalização. 3. ed. Rio de Janeiro: Renovar, 2014.

BOBBIO, Norberto. *Dalla struttura ala funzione:* nuovi studi di teori del diritto. Milano: Edizionidi Comunitá, 1977.

BONINI, Luiz Alberto; SBRAGIA, Roberto. O modelo de *design thinking* como indutor da inovação nas empresas: um estudo empírico. *Gestão e Projetos: GeP,* v.2, n. 1, p. 3-25, 2011.

BOTTINI, Pierpaolo Cruz. A reforma do judiciário: aspectos relevantes. *Revista Escola Nacional de Magistratura,* v. 2, n. 3, abr. 2007. Disponível em: http://www.btadvogados.com.br/pt/artigo/a-reforma-do-judiciario-aspectos-relevantes/. Acesso em: 24 out. 2020.

BRAGANÇA, Fernanda; LOSS, Juliana; BRAGA, Renata. Plataforma de solução de conflitos nas agências reguladoras e implantação da Resolução n. 358 do Conselho Nacional de Justiça (CNJ). *Revista Eletrônica do CNJ,* v. 6, n. 1, p. 45-55, jan./jun. 2022.

BRUFF, Harold H. Specialized Courts in Administrative Law. *Administrative Law Review,* Colorado, v. 43, p. 329-366, 1991.

BUCCI, Maria Paula Dallari. *Direito Administrativo e políticas públicas.* São Paulo: Saraiva, 2002.

BUCCI, Maria Paula Dallari. Políticas públicas e direito administrativo. *Revista de Informação Legislativa,* Brasília, a. 34, n. 133, p. 89-98, jan./mar. 1997.

BUENO, Cássio Scarpinella. *Curso sistematizado de direito processual civil:* teoria geral do direito processual civil: parte geral do código de processo civil. 10. ed. São Paulo: Saraiva Educação, 2020, v. 1.

BUENO, Cassio Scarpinella. *Novo CPC anotado.* São Paulo: Saraiva, 2015.

BUENO, Cássio Scarpinella. *Amicus Curiae:* uma homenagem a Athos Gusmão Carneiro. *In:* DIDIER JÚNIOR, Fredie; CERQUEIRA, Luís Otávio Siqueira de; CALMON FILHO, Petrônio; TEIXEIRA, Sálvio de Figueiredo. (Coords.). *O terceiro no processo civil e assuntos correlatos:* estudos em homenagem ao Professor Athos Gusmão Carneiro. São Paulo: Revista dos Tribunais, 2010.

BUENO, Cássio Scarpinella. *Amicus curiae no processo civil brasileiro:* um terceiro enigmático. São Paulo: Saraiva, 2006.

BURNHAM, William. *Introduction to the law and the legal system of the United States.* 4. ed. West, 2006.

BUZAID, Alfredo. A crise do Supremo Tribunal Federal. *Revista da Faculdade de Direito,* São Paulo, v. 55, p. 327-372, 1960.

CABRAL, Antonio do Passo. *Jurisdição sem decisão:* non liquet e consulta jurisdicional no direito processual civil. São Paulo: Juspodivm, 2023.

CABRAL, Antonio do Passo. *Convenções processuais:* teoria geral dos negócios jurídicos processuais. 4.ed. São Paulo: Juspodivm, 2023.

CABRAL, Antonio do Passo; MENDONÇA, José Vicente Santos de. Nota dos coordenadores. *In:* CABRAL, Antonio do Passo; MENDONÇA, José Vicente Santos de (Coords.). *Decisão administrativa coordenada:* reflexões sobre o art. 49-A e seguintes da Lei n. 9.784/99. São Paulo: Juspodivm, 2022.

CABRAL, Antonio do Passo. *Juiz natural e eficiência processual:* flexibilização, delegação e coordenação de competências no processo civil. São Paulo: Thomson Reuters Brasil, 2021.

CABRAL, Antonio do Passo. Da instrumentalidade à materialização do processo: as relações contemporâneas entre direito material e direito processual. *Civil Procedure Review,* v. 12, n. 2, p. 69-102, maio/ago. 2021.

CABRAL, Antonio do Passo. *Segurança jurídica e regras de transição nos processos judiciais e administrativos:* introdução ao art. 23 da LINDB. Salvador: Juspodivm, 2020.

CABRAL, Antonio do Passo; ZANETI JÚNIOR, Hermes. Entidades de infraestrutura específica para a resolução de conflitos coletivos: as *claims resolution facilities* e sua aplicabilidade no Brasil. *Revista de Processo,* São Paulo, v. 44, n. 287, p. 445-483, jan. 2019.

CABRAL, Antonio do Passo. Comentários ao art. 985. *In:* CABRAL, Antonio do Passo; CRAMER, Ronaldo (Coords). *Comentários ao novo Código de Processo Civil.* 2.ed. Rio de Janeiro: Forense, 2016. *Kindle.*

CABRAL, Antonio do Passo. Per un nuovo concetto di giurisdizione. *In:* BRIGUGLIO, Antonio; MARTINO, Roberto; PANZAROLA, Andrea; SASSANI, Bruno (Eds.). *Scritti in onore di Nicola Picardi - Tomo I.* Pisa: Pacini Giuridica, 2016.

CABRAL, Antonio do Passo. Despolarização do processo e "zonas de interesse": sobre a migração entre polos da demanda. *Revista da SJRJ,* Rio de Janeiro, n. 26, p. 19-55, 2009.

CABRAL, Antonio do Passo. Pelas asas de Hermes: a intervenção do *amicus curiae,* um terceiro especial. Uma análise dos institutos interventivos similares – o *amicus* e o *vertreter des öffentlichen interesses. Revista de Processo,* São Paulo, v. 29, n. 117, p. 9-41, set. out/2004.

CAHALI, Francisco José. *Curso de arbitragem.* 9. ed. São Paulo: Thomson Reuters, 2022. *Ebook.*

CALAMANDREI, Piero. Istituzione di diritto processuale civile. *Opere Giuridiche:* a cura di Mauro Cappelletti. Napoli: Morano, 1965. V. IV.

CALAMANDREI, Piero. Il rispetto della personalità nel processo. *In:* CALAMANDREI, Piero. *Processo e democrazia.* Confenze tenute alla Facoltà di Diritto Dell'Università Nazionale Del Messico. Padova: Cedam, 1954.

CÂMARA, Alexandre Freitas. *O novo processo civil brasileiro.* 3. ed. São Paulo: Atlas, 2017.

CAPPELLETTI, Mauro; GARTH, Bryant. Acess to justice: the worldwide movement to make rights effective. A general report. *In:* CAPPELLETTI, Mauro (Ed.). *Acess to justice.* Milan: Giuffrè; Alphen aan den Rijn: Sijthoff & Noordhoff, 1978. v. 1: A world survey, t. 1.

CAPPELLETTI, Mauro. La giustizia dei poveri. *In:* CAPPELLETTI, Mauro *Processo e ideologie.* Bologna: Il Molino, 1969.

CARDOSO, André Guskow. O incidente de resolução de demandas repetitivas – IRDR e os serviços concedidos, permitidos ou autorizados. *Revisa de Direito Administrativo Contemporâneo,* São Paulo, v. 23, p. 139-172, mar./abr. 2016.

CARMONA, Carlos Alberto. *Arbitragem e processo:* um comentário à Lei n. 9.307/96. 3. ed. São Paulo: Atlas, 2009.

CARNAES, Mariana. *Processo administrativo negocial:* balizas normativas para efetivas a negociação no âmbito regulatório. Londrina: Thoth, 2022.

CARNELUTTI, Francesco. *Istituzione del nuovo processo civile italiano.* 3. ed. Roma: Foro Italiano, 1942, t. I.

CARNELUTTI, Francesco. *Sistema di diritto processuale civile.* Padova: Cedam, 1936. V. I.

CARNELUTTI, Francesco. Lite e funzione processuale (postilla). *Rivista di Diritto Processuale Civile,* v. V, p. 23-37, 1928.

CARVALHO, Brayner Cristian Mello; CORRÊA, Gabrielly Ezequiel; PINTO, João Pedro Ribeiro de Moura Buzato; LAZARIN, Nilson Mori. Sistemas de reputação e sua influência: um comparativo. *XIII Computer on the Beach,* Itajaí, maio. 2022.

CARVALHO, Gustavo Marinho de. *Precedentes administrativos no direito brasileiro.* São Paulo: Contracorrente, 2015.

CASIMIRO, Lígia Maria Silva Melo de; MAIA, Isabelly Cysne Augusto. Reflexões sobre a "articulação das agências reguladoras com os órgãos de defesa do consumidor e do meio ambiente" (artigos 31 a 33 da Lei n. 13.848/2019). *In:* SCHIER, Adriana; FORTINI, Cristiana; MELO, Lígia; VALLE, Vanice (Coords.). *Marco legal das agências reguladoras na visão delas:* comentários à Lei n. 13.848/2019 e à IN n. 97/2020. Belo Horizonte: Fórum, 2021.

CAVALCANTI, Marcos de Araújo. *Incidente de resolução de demandas repetitivas (IRDR).* São Paulo: Revista dos Tribunais, 2016.

CHASE, Oscar G. *Law, culture, and ritual:* disputing systems in cross-cultural contexto. New York: New York University Press, 2005.

CHERMAN, Yuri César. *A atuação das agências reguladoras perante conflitos consumeristas por meio da administração concentrada:* análise pautada no princípio da eficiência. 2017. Dissertação (Mestrado em Direito) – Programa de Pós-graduação em Direito, Centro Universitário de Brasília, Brasília, 2017,

CHIOVENDA, Giuseppe. *Istituzioni di diritto processuale civile.* 2. ed. Napoli: Jovene, 1936, v. II.

CINTRA, Antonio Carlos de Araújo; GRINOVER, Ada Pellegrini; DINAMARCO, Cândido Rangel. *Teoria geral do processo.* 31. ed. São Paulo: Malheiros, 2015.

COELHO, Fernanda Rosa. Critérios de escolha da causa-piloto e controle da representatividade das partes no incidente de resolução de demandas repetitivas. *Revista da Faculdade de Direito da Universidade de São Paulo,* São Paulo, v. 116, n. 2, p. 305-328, 2021.

CONSELHO NACIONAL DE JUSTIÇA. *Justiça em números 2023:* ano-base 2022. Brasília: CNJ, 2023. Disponível em: https://www.cnj.jus.br/wp-content/uploads/2023/08/justica-em-numeros-2023.pdf. Acesso em: 30 ago. 2023.

CONSELHO NACIONAL DE JUSTIÇA. *Ações coletivas no Brasil:* temas, atores e desafios da tutela coletiva. Brasília: CNJ, 2018. Disponível em:

https://bibliotecadigital.cnj.jus.br/jspui/handle/123456789/290. Acesso em: 19 fev. 2023.

CONSELHO NACIONAL DE JUSTIÇA. *Políticas públicas do Poder Judiciário:* os maiores litigantes em questões consumeristas: mapeamento e proposições. Brasília: CNJ, 2018. Disponível em: https://www.cnj.jus.br/wp-content/uploads/2021/09/just-pesquisa-maiores-litigantes2018.pdf. Acesso em: 12 jan. 2023.

CONSELHO NACIONAL DE JUSTIÇA. *Os 100 maiores litigantes.* Brasília: CNJ, 2012. p. 8. Disponível em: https://www.cnj.jus.br/wp-content/uploads/2011/02/100_maiores_litigantes.pdf. Acesso em: 09 jan. 2022.

COSTA, Eduardo José da Fonseca. *Levando a imparcialidade a sério:* proposta de um modelo interseccional entre direito processual, economia e psicologia. Salvador: Juspodivm, 2018.

COSTA, Susana Henriques da; FRANCISCO, João Eberhardt. Acesso à justiça e a obrigatoriedade da utilização dos mecanismos de *online dispute resolution:* um estudo da plataforma consumidor.gov. *In:* WOLKART, Erik Navarro *et. al.* (Coords.). *Direito, processo e tecnologia.* São Paulo: Revista dos Tribunais, 2020.

COSTA, Susana Henriques da. Acesso à justiça: promessa ou realidade? Uma análise do litígio sobre creche e pré-escola no município de São Paulo. *In:* GRINOVER, Ada Pellegrini; WATANABE, Kazuo; COSTA, Susana Henriques da (Coords.). *O processo para solução de conflitos de interesse público.* Salvador: Juspodivm, 2017.

COSTA, Susana Henriques da; FERNANDES, Débora Chaves Martines. Processo coletivo e controle judicial de políticas públicas – relatório Brasil. *In:* GRINOVER, Ada Pellegrini; WATANABE, Kazuo; COSTA, Susana Henriques da (Coords.). *O processo para solução de conflitos de interesse público.* Salvador: Juspodivm, 2017.

COUTURE, Eduardo J. *Fundamentos del derecho procesal civil.* 3. ed. Buenos Aires: Roque Depalma Editor, 1958.

COZER, Cristiano. O termo de compromisso na esfera de atuação do Banco Central do Brasil. *Revista de Direito Recuperacional e Empresa,* v. 13, jul./set. 2019.

CRUZ, Verônica. Estado e regulação: fundamentos teóricos. *In:* RAMALHO, Pedro Ivo Sebba (Org.). *Regulação e Agências Reguladoras:* governança e análise de impacto regulatório. Brasília: Anvisa, 2009.

CUNHA, Leonardo Carneiro da. Comentários ao Código de Processo Civil: arts. 188 ao 293, *In:* MARINONI, Luiz Guilherme (Dir.); ARENHART, Sérgio Cruz; MITIDEIRO, Daniel (Coords.). *Coleção comentários ao Código de Processo Civil.* 2.ed. São Paulo: Thomson Reuters Brasil, 2018. V. III.

CUNHA, Lorraine de Paiva; NEVES, Rubia Carneiro. O termo de compromisso de cessação e o acordo administrativo em processo de supervisão na esfera de atuação do banco Central do Brasil. *Revista da Procuradoria-Geral do Banco Central,* v. 12, n. 2, p. 43-56, mar. 2019.

CYRINO, André Rodrigues. Separação de poderes, regulação e controle judicial: por um *amicus curiae* regulatório. *Revista Brasileira de Direito Público – RBDP,* Belo Horizonte, a. 5, n. 19, p. 67-95, out./dez. 2007.

DALLARI, Dalmo de Abreu. *Elementos da teoria geral do estado.* 22. ed. São Paulo: Saraiva, 2001.

DANTAS, Bruno; FREIRE, Alexandre. Transparência decisória nas agências reguladoras e prestação de contas ao cidadão. *Jota,* 25 abr. 2023. Disponível em: https://www.jota.info/opiniao-e-analise/artigos/ transparencia-decisoria-nas-agencias-reguladoras-e-prestacao-de-contas-ao-cidadao-25042023. Acesso em: 29 abr. 2023.

DASSO JÚNIOR, Aragon Érico. Estado Regulador, regulação e agências reguladoras: uma contribuição teórica a partir do caso brasileiro. *Revista Derecho y Economia,* La Molina, Peru, v. 1, p. 1-23, 2012.

DI PIETRO, Maria Sylvia Zanella. Prefácio. *In:* SCHIER, Adriana; FORTINI, Cristiana; MELO, Lígia; VALLE, Vanice (Coords.). *Marco legal das agências reguladoras na visão delas:* comentários à Lei n. 13.848/2019 e à IN n. 97/2020. Belo Horizonte: Fórum, 2021.

DI PIETRO, Maria Sylvia Zanella. *Parcerias na Administração Pública:* concessão, permissão, franquia, terceirização, parceria público-privada e outras formas. 5. ed. São Paulo: Atlas, 2006.

DIAS, Daniel; QUIRINO, Carina de Castro; RODRIGUES, Eduardo Oliveira. O balanço do consumidor.gov.br merece reclamação no próprio consumidor.gov.br? *Jota,* 05 abr. 2018. Disponível em: https://www.jota.info/

opiniao-e-analise/artigos/o-balanco-do-consumidor-gov-br-merece-reclamacao-no-proprio-consumidor-gov-br-05042018. Acesso em: 28 fev. 2022.

DIAS, Handel Martins; JOÃO, Alexandre Lipp. A tutela de situações jurídicas coletivas no direito brasileiro: uma comparação entre as ações coletivas e o incidente de resolução de demandas repetitivas instituído pelo novo Código de Processo Civil. *In:* VELANDIA CANOSA, Eduardo Andrés (Org.). *II Congresso de Derecho Procesal Jairo Parra Quijano,* Tendencias Contemporaneas del Derecho Procesal. Bogotá: Universidad Libre, 2017.

DIDIER JÚNIOR, Fredie; FERNANDEZ, Leandro. *Introdução à justiça multiportas:* sistema de solução de problemas jurídicos e o perfil de acesso à justiça no Brasil. São Paulo: Juspodivm, 2024.

DIDIER JÚNIOR, Fredie; FERNANDEZ, Leandro. O sistema brasileiro de justiça multiportas como um sistema auto-organizado: interação, integração e seus institutos catalisadores. *Revista do Poder Judiciário do Estado do Rio Grande do Norte – REPOJURN,* a. 03, n. 01, p. 13-41, jan./jun. 2023.

DIDIER JÚNIOR, Fredie. *Curso de direito processual civil:* introdução ao direito processual civil, parte geral e processo de conhecimento. 24. ed. São Paulo: Juspodivm, 2022, v.1.

DIDIER JÚNIOR, Fredie; ZANETI JÚNIOR, Hermes. *Curso de direito processual civil:* processo coletivo. 16. ed. São Paulo: Juspodivm, 2022, v. 4.

DIDIER JÚNIOR, Fredie; FERNANDEZ, Leandro. Contribuições da decisão administrativa coordenada para o sistema brasileiro de justiça multiportas. *In:* CABRAL, Antonio do Passo; MENDENÇA, José Vicente Santos de (Coords.). *Decisão Administrativa coordenada:* reflexões sobre o art. 49-A e seguintes da Lei n. 9.784/99. São Paulo: Juspodivm, 2022.

DIDIER JÚNIOR, Fredie. *Cooperação judiciária nacional:* esboço de uma teoria para o direito brasileiro. 2. ed. Salvador: Juspodivm, 2021.

DIDIER JÚNIOR, Fredie. Do que se ocupa um(a) processualista? *Civil Procedure Review,* v. 12, n. 3, p. 119-127, set./dez. 2021.

DIDIER JÚNIOR, Fredie. Intervenção de *amicus curiae* em processo apto à formação de precedente administrativo obrigatório. *Civil Procedure Review,* v. 11, n. 2, p. 209-2018, 2020.

DIDIER JÚNIOR, Fredie; ZANETI JÚNIOR, Hermes. Ações coletivas e o incidente de resolução de demandas repetitivas – espécies de processo coletivo no direito brasileiro. *In:* DIDIER JÚNIOR, Fredie; CUNHA, Leonardo Carneiro da (Coord.). *Julgamento de casos repetitivos.* Salvador: Juspodivm, 2016.

DIDIER JÚNIOR, Fredie; ZANETI JÚNIOR, Hermes. Justiça multiportas e tutela constitucional adequada: autocomposição em direitos coletivos. *In:* ZANETI JÚNIOR, Hermes; CABRAL, Trícia Navarro Xavier (Coords.). *Justiça Multiportas:* mediação, conciliação, arbitragem e outros meios de solução adequada de conflitos. Salvador: Juspodivm, 2016.

DINAMARCO, Cândido Rangel. *A instrumentalidade do processo.* 16. ed. São Paulo: Malheiros, 2022.

DINAMARCO, Cândido Rangel. *Litisconsórcio.* 9. ed. São Paulo: Malheiros, 2021.

DINAMARCO, Cândido Rangel. *Instituições de direito processual civil.* 10.ed. São Paulo: Malheiros, 2020.

DINAMARCO, Cândido Rangel. *A nova era do processo civil.* 4. ed. São Paulo: Malheiros, 2013.

DINAMARCO, Cândido Rangel. *A arbitragem na teoria geral do processo.* São Paulo: Malheiros, 2013.

DINAMARCO, Cândido Rangel. *Execução civil.* 8. ed. São Paulo: Malheiros, 2000.

DINAMARCO, Cândido Rangel. Limites da sentença arbitral e de seu controle jurisdicional. *Revista do Advogado,* v. 21, n. 65, p. 40-49, 2001.

ECONOMIDES, Kim. Lendo as ondas do "Movimento de Acesso à Justiça": epistemologia versus metodologia? *In:* PANDOLFI, Dulce et al. (Coords.). *Cidadania, justiça e violência.* Rio de Janeiro: FGV, 1999.

ESPIRITO SANTO, Paulo André. A aplicabilidade da decisão coordenada nos processos administrativos sancionadores. Por que não? *In:* CABRAL, Antonio do Passo; MENDONÇA, José Vicente Santos de (Coords.). *Decisão administrativa coordenada:* reflexões sobre o art. 49-A e seguintes da Lei n. 9.784/99. São Paulo: Juspodivm, 2022.

FAVERO, Gustavo Henrichs. *Jurisdição extrajudicial pelos notários e registradores.* 2023. Tese (Doutorado em Direito) – Faculdade de Direito, Universidade de São Paulo, São Paulo, 2023.

FEITOSA, Douglas de Lima; GARCIA, Leandro Sumida. Sistemas de reputação: um estudo sobre confiança e reputação no comércio eletrônico brasileiro. *Revista de Administração Contemporânea,* v. 20, jan./fev. 2016.

FERNANDES, Eduardo Rossi. *As sanções administrativas aplicadas pela Agência Nacional de Energia Elétrica (ANEEL):* um estudo sobre a regulamentação e as práticas da agência. 2013. Dissertação (Mestrado) – Economia, Universidade de Brasília, Brasília, 2013.

FERRAZ JÚNIOR, Tercio Sampaio; MARANHÃO, Juliano Souza de Albuquerque; AZEVEDO, Paulo Furquim de. *As inter-relações entre o processo administrativo e o judicial, sob a perspectiva da segurança jurídica do plano da concorrência econômica e da eficácia da regulação pública.* São Paulo: USP, 2011. Disponível em: https://www.cnj.jus.br/wp-content/uploads/2011/02/relat_pesquisa _usp_edital1_2009. pdf. Acesso em: 4 fev. 2023.

FERRAZ JÚNIOR, Tércio Sampaio. Como regular agências reguladoras? *Revista Brasileira de Direito Público,* Belo Horizonte, a. 6, n. 22, p. 7-23, jul./set. 2008.

FERREIRA, Maria Fernanda Pires de Carvalho; PIRES, Priscila Giannetti Campos. Da interação entre as agências reguladoras e os órgãos de defesa da concorrência (artigos 25 a 28 da Lei n. 13.848/2019). *In:* SCHIER, Adriana da Costa Ricardo; FORTINI, Cristiana; CASIMIRO, Lígia Maria Silvia Melo de; VALLE, Vanice Regina Lírio do (Coords.). *Marco legal das agências reguladoras na visão delas:* comentários à Lei n. 13.848/2019 e à IN n. 97/2020. Belo Horizonte: Fórum, 2021.

FIGUEIREDO, Bianca Fernandes. Consumidor.gov.br: a exigência de utilização da plataforma digital de solução adequada de conflitos antes do ajuizamento de ação de consumo com fator de eficiência do Poder Judiciário, à luz da análise econômica do direito. *Revista CNJ,* Brasília, v. 4, n. 1, p. 19-36, jan./jun. 2020.

FISS, Owen. Against Settlement. *The Yale Law Journal,* v. 93, n. 6, p. 1073-1090, maio 1984.

FISS, Owen. The forms of justice. *Harvad Law Review,* v. 1, v. 93, p. 1-58, nov. 1979.

FORGIONI, Paula A.; CIAMPOLINI, Cesar. A importância da especialização judicial para a atração de investimentos. *Conjur*, 10 mar. 2021. Disponível em: https://www.conjur.com.br/2021-mar-10/forgioni-ciampolini-especializacao-judicial-atracao-investimentos. Acesso em: 8 jun. 2023.

FORTINI; Cristiana; FAJARDO, Gabriel. A nova Lei das Agências Reguladoras: impressões iniciais. *Conjur*, 27 jun, 2019. Disponível em: https://www.conjur.com.br/2019-jun-27/interesse-publico-lei-agencias-reguladoras-impressoes-iniciais. Acesso em: 10 set. 2022.

FORTINI, Cristiana; CAVALCANTI, Marjorie Wanderley. Lei Federal n. 13.848/2019: a Lei Geral das Agências Reguladoras (artigos 1º. ao 3º. da Lei n. 13.848/2019). *In:* SCHIER, Adriana; FORTINI, Cristiana; MELO, Lígia; VALLE, Vanice (Coords.). *Marco legal das agências reguladoras na visão delas:* comentários à Lei n. 13.848/2019 e à IN n. 97/2020. Belo Horizonte: Fórum, 2021.

FRANCO, Fernão Borba. Processo administrativo, teoria geral do processo, imparcialidade e coisa julgada. *In:* DIDIER JÚNIOR, Fredie; JORDÃO, Eduardo Ferreira (Coords.). *Teoria do processo:* panorama doutrinário mundial. Salvador: Juspodivm, 2007.

FRANCO, Marcelo Veiga. *Administração Pública como litigante habitual:* a necessária mudança da cultura jurídica de tratamento dos conflitos. Londrina: Thoth, 2021.

FULLER, Lon L. The forms and limits of adjudication. *Harvard Law Review*, v. 92, n. 02, p. 353-409, dec. 1978.

FUX, Luiz; BODART, Bruno. *Processo civil e análise econômica.* 2. ed. Rio de Janeiro: Forense, 2021.

GABBAY, Daniela Monteiro; CUNHA, Luciana Gross (Orgs.). *Litigiosidade, morosidade e litigância repetitiva no Judiciário:* uma análise empírica. São Paulo: Saraiva, 2012.

GALANTER, Marc. The hundred-year decline of trials and the thirty-year war. *Stanford Law Review*, California, v. 57, n. 5, p. 1255-1274, abr. 2005.

GALANTER, Marc. Why the "haves" come out head: speculations on the limits of legal change. *Law & Society Review*, v. 9, n.1, p. 95-160, 1974.

GIDI, Antonio. O Projeto CNJ de Lei de Ação Civil Pública. Avanços, inutilidades, imprecisões e retrocessos: a decadência das ações coletivas no Brasil. *Civil Procedure Review (special edition)*, 2021. Disponível em: https://papers.ssrn.com/sol3/ papers.cfm?abstract_id=3724081. Acesso em: 20 fev. 2023.

GODINHO, Heloísa Helena Antonacio M. O controle externo das agências reguladoras (artigos 14 a 16 da Lei n. 13.848/2019). *In:* SCHIER, Adriana; FORTINI, Cristiana; MELO, Lígia; VALLE, Vanice (Coords.). *Marco legal das agências reguladoras na visão delas:* comentários à Lei n. 13.848/2019 e à IN n. 97/2020. Belo Horizonte: Fórum, 2021.

GOLDBERG, Stephen; SANDER, Frank; ROGERS, Nancy; COLE, Sarah Rudolph. *Dispute resolution:* negotiation, mediation and other processes. 4. ed. Nova York: Aspen Publishers, 2003.

GONÇALVES, Marcelo Barbi. *Teoria geral da jurisdição.* Salvador: Juspodivm, 2020.

GORETTI, Ricardo. *Mediação e acesso à justiça.* 2.ed. Salvador: Juspodivm, 2021.

GRAMCKOW, Heike; WALSH, Barry. Developing specialized court services: international experiences and lessons learned. *Justice & Development Working Paper Series,* Washington, n. 24, 2013.

GRAU, Eros Roberto. *O direito posto e o direito pressuposto.* São Paulo: Malheiros, 1996.

GRECO, Leonardo. Controle jurisdicional da arbitragem. *In:* TUPINAMBÁ, Carolina. *Soluções de conflitos trabalhistas:* novos caminhos. São Paulo: LTr, 2018.

GRECO, Leonardo. *Instituições de processo civil:* introdução ao processo civil. 5.ed. Rio de Janeiro: Forense, 2015. v. 1.

GRECO, Leonardo. Novas perspectivas da efetividade e do garantismo processual. *In:* SOUZA, Márcia Cristina Xavier de; RODRIGUES, Walter dos Santos (Coord.). *O novo Código de Processo Civil:* o projeto do CPC e o desafio das garantias fundamentais. Rio de Janeiro: Elsevier, 2012.

GRECO, Leonardo. *Jurisdição voluntária moderna.* São Paulo: Dialética, 2003.

GREGORINI, Pedro Augusto; BERTRAN, Maria Paula. Litígios envolvendo brancos no Brasil: a primeira radiografia. *Jota,* 24 fev. 2023. Disponível em:

https://www.jota.info/opiniao-e-analise/artigos/litigios-envolvendo-bancos-no-brasil-a-primeira-radiografia-24022023. Acesso em: 25 fev. 2023.

GRINOVER, Ada Pellegrini. *Ensaio sobre a processualidade:* fundamentos para uma nova teoria geral do processo. Brasília: Gazeta Jurídica, 2018.

GRINOVER, Ada Pellegrini. Os fundamentos da justiça conciliativa. *Revista de Arbitragem e Mediação,* v. 4, n. 14, p. 16-21, jul./set. 2007.

GRINOVER, Ada Pellegrini. A iniciativa instrutória do juiz no processo penal acusatório. *Revista do Conselho Nacional de Política Criminal e Penitenciária,* v. 1, n. 18, p. 15-26, jan./jun. 2005.

GUARANYS, Marcelo Pacheco dos; ALBUQUERQUE, Kelvia Frota de. Hora de avançar com a Avaliação de Resultado Regulatório no Brasil. *Jota,* 8 nov. 2021. Disponível em: https://www.jota.info/tributos-e-empresas/regulacao/avaliacao-de-resultado-regulatorio-brasil-08112021. Acesso em: 28 dez. 2022.

GUERRA, Sérgio. *Agências reguladoras:* da organização administrativa à governança em rede. 2.ed. Belo Horizonte: Fórum, 2021.

GUERRA, Sérgio; SALINAS, Natasha Schmitt Caccia. Resolução eletrônica de conflitos em agências reguladoras. *Revista Direito GV,* São Paulo, v. 16, n. 1, p. 1-36, 2020.

GUERRA, Sérgio. *Controle judicial dos atos regulatórios.* Rio de Janeiro: Lumen Juris, 2005.

GUIMARÃES, Luis Gustavo Faria. Comentários sobre a Lei Geral de Agências Reguladoras. *Revista Brasileira de Direito Público – RBDP,* Belo Horizonte, a. 18, n. 70, p. 85-115, jul./set. 2020. p. 96.

GUTHRIE, Chris; KOROBKIN, Russel. Psychology, economics, and settlement: a new look at the role of the lawyer. *Texas Law Review,* v. 76, p. 78-141, 1997.

HEINEN, Juliano. *Curso de direito administrativo.* 4. ed. São Paulo: Juspodivm, 2023.

HELLWIG, Guilherme Centenaro. *Internacionalização regulatória no Sistema Financeira Nacional.* Rio de Janeiro: Lumen Juris, 2019.

HILL, Flávia Pereira. Desjudicialização e acesso à justiça além dos tribunais: pela concepção de um devido processo legal extrajudicial. *Revista Eletrônica de Direito Processual - REDP,* Rio de Janeiro, a. 15, v. 22, n. 1, p.379-408, jan./abr. 2021.

HILL, Flávia Pereira. Desjudicialização da solução dos conflitos. *In:* HILL, Flávia Pereira. *Lições do isolamento:* reflexões sobre Direito Processual em tempos de pandemia. Rio de Janeiro: edição do autor, 2020.

HILL, Flávia Pereira. Mediação nos cartórios extrajudiciais: desafios e perspectivas. *Revista Eletrônica de Direito Processual – REDP,* Rio de Janeiro, a. 12, v. 19, n. 3, p. 296-323, set./dez. 2018.

HOLPERIN, Michelle; MENDONÇA, José Vicente Santos de. ARR, aprendizagem regulatória e o direito ao erro do administrador. *Jota,* 1 mar. 2023. Disponível em: https://www.jota.info/opiniao-e-analise/colunas/reg/arr-aprendizagem-regulatoria-e-o-direito-ao-erro-do-administrador-01032023. Acesso em: 4 ago. 2023.

JOBIM, Marco Félix. *Medidas estruturantes na jurisdição constitucional:* da Suprema Corte Estadunidense ao Supremo Tribunal Federal. 3. ed. Porto Alegre: Livraria do Advogado, 2022.

JORDÃO, Eduardo. Acabou o romance: o art. 22 da LINDB e o reforço do pragmatismo no direito público brasileiro. *In:* JORDÃO, Eduardo. *Estudos antirromânticos sobre controle da Administração Pública.* São Paulo: Juspodivm, 2022.

JORDÃO, Eduardo. Passado, presente e futuro: ensaio sobre a história do controle judicial da administração pública no Brasil. *In:* JORDÃO, Eduardo. *Estudos antirromânticos sobre controle da Administração Pública.* São Paulo: Juspodivm, 2022.

JORDÃO, Eduardo. Revolução secreta também no controle público? *In:* JORDÃO, Eduardo. *Estudos antirromânticos sobre controle da Administração Pública.* São Paulo: Juspodivm, 2022.

JORDÃO, Eduardo; CABRAL JÚNIOR, Renato Toledo. A teoria da deferência e a prática judicial: um estudo empírico sobre o controle do TJRJ à Agenersa. *In:* JORDÃO, Eduardo. *Estudos antirromânticos sobre controle da Administração Pública.* São Paulo: Juspodivm, 2022.

JORDÃO, Eduardo; REIS, Vinicius Cardoso; CABRAL JÚNIOR, Renato Toledo. O controle das agências reguladoras federais no STF como instância recursal: um estudo empírico. *In:* JORDÃO, Eduardo. *Estudos antirromânticos sobre controle da Administração Pública.* São Paulo: Juspodivm, 2022.

JORDÃO, Eduardo. *Controle judicial de uma administração pública complexa:* a experiência estrangeira na adaptação da intensidade do controle. São Paulo: Malheiros, 2016.

JUSTEN FILHO, Marçal. *O direito das agências reguladoras independentes.* São Paulo: Dialética, 2002.

KOMESAR, Neil K. *Imperfect alternatives:* choosing institutions in law, economics, and public policy. Chicago: University of Chicago Press, 1994.

LACERDA, Galeno. O Código como sistema legal de adequação do processo. *In:* FABRICIO, Adroaldo Furtado *et al.* (Coords.). *Meios de impugnação ao julgado civil:* estudos em homenagem a José Carlos Barbosa Moreira. Rio de Janeiro: Forense, 2008.

LAENDER, Gabriel Boavista. Características e oportunidades da desregulação: a busca por um novo modelo de atuação estatal. *Revista de Direito, Estado e Telecomunicações,* v. 1, n. 1, p. 181-202, 2009.

LEAL, Fernando. Os impactos dos planos econômicos e a encruzilhada do Supremo. *Jota,* 15 ago. 2016. Disponível em: https://www.jota.info/ stf/supra/os-impactos-dos-planos-economicos-e-encruzilhada-supremo-15082016. Acesso em: 31 mar. 2023.

LEMES, Selma Maria Ferreira. Anotações sobre a Nova Lei de Arbitragem. *Revista de Arbitragem e Mediação,* São Paulo, v. 47, p. 37-44, out./dez. 2015.

LEMES, Selma Maria Ferreira. *A arbitragem em propriedade intelectual.* 1997. Disponível em: http://www. Selmalemes.adv.br/artigos/artigos60.pdf. Acesso em: 12 jan. 2022.

LEONEL, Ricardo de Barros. Processo coletivo: preocupações legislativas. *Conjur,* 30 out. 2020. Disponível em: https://www.conjur.com.br/2020-out-30/ricardo-leonel-processo-coletivo-preocupacoes-legislativas. Acesso em: 20 fev. 2023.

LEONEL, Ricardo de Barros. *Manual do processo coletivo.* 4.ed. São Paulo: Malheiros, 2017.

LIMA, Artur Carnauba Guerra Sangreman. A atividade regulatória do Estado e seus fundamentos. *Revista Acadêmica da Faculdade de Direito do Recife,* v. 89, n. 2, p. 209- 231, jul./dez. 2017.

LORENCINI, Marco Antônio Garcia Lopes. "Sistema Multiportas": opções tratamento de conflitos de forma adequada. *In:* SALLES, Carlos Alberto de; LORENCINI, Marco Antônio Garcia Lopes; SILVA, Paulo Eduardo Alves da (Coords.). *Negociação, mediação, conciliação e arbitragem:* curso de métodos adequados de solução de controvérsia. 4. ed. Rio de Janeiro: Forense, 2021.

LUCHIARI, Valeria Ferioli Lagrasta. *Mediação judicial:* análise da realidade brasileira: origem e evolução até a Resolução n. 125, do Conselho Nacional de Justiça. Rio de Janeiro: Forense, 2012.

LUPI, André Lipp Pinto Basto; BONSERE, Silvana Fátima Mezaroba. Processo administrativo sancionador do Banco Central: avanços e controvérsias. *Revista da Procuradoria-Geral do Banco Central,* v. 15, n. 1, p. 94-112, jun. 2021.

MAJONE, Giandomenico. Do Estado positivo ao Estado regulador: causas e consequências da mudança no modo de governança. *Revista do Serviço Público,* a. 50, n. 1, p. 5-36, jan./mar. 1999.

MANCUSO, Rodolfo de Camargo. *A resolução dos conflitos e a função judicial no contemporâneo Estado de Direito.* 3.ed. Salvador: Juspodivm, 2020.

MANCUSO, Rodolfo de Camargo. *Acesso à Justiça:* condicionantes legítimas e ilegítimas. Salvador: Juspodivm, 2019.

MANCUSO, Rodolfo de Camargo. *Incidente de resolução de demandas repetitivas.* 2. ed. Salvador: Juspodivm, 2019.

MANCUSO, Rodolfo de Camargo. O direito à tutela jurisdicional: o novo enfoque do art. 5º, XXXV, da Constituição Federal. *Revista de Processo,* São Paulo, v. 101, n. 926, p. 135-175, dez. 2012.

MARANHÃO, Juliano. A revisão judicial de decisões de agências regulatórias: jurisdição exclusiva? *In:* PRADO, Mariana Mota (Org.). *O Judiciário e o Estado Regulador Brasileiro.* São Paulo: FGV Direito SP, p. 26-46, 2016.

MARINONI, Luiz Guilherme; ARENHART, Sérgio Cruz; MITIDIERO, Daniel. *Novo curso de processo civil:* teoria do processo civil. 3. ed. São Paulo: Revista dos Tribunais, 2017, v. 1, *Ebook*.

MARQUES NETO, Floriano de Azevedo; PALMA, Juliana Bonacorsi. Diálogos fora de esquadro: o controle das agências reguladoras pelo Tribunal de Contas da União. *Revista Brasileira de Estudos Políticos*, Belo Horizonte, n. 120, p. 203-236, jan./jun. 2020.

MARQUES NETO, Floriano de Azevedo. Governança pública na regulação. *In:* DI PIETRO, Maria Sylvia Zanella (coord.). *Tratado de direito administrativo:* funções administrativas do Estado. São Paulo: Revista dos Tribunais, 2014. v. 4.

MARQUES NETO, Floriano de Azevedo. Ensaio sobre o processo como disciplina do exercício da atividade estatal. *In:* DIDIER JÚNIOR, Fredie; JORDÃO, Eduardo Ferreira (Coords.). *Teoria do processo:* panorama doutrinário mundial. Salvador: Juspodivm, 2007.

MARQUES NETO, Floriano Peixoto de Azevedo. A nova regulação estatal e as agências independentes. *In:* SUNDFELD, Carlos Ari (Coord.). *Direito Administrativo Econômico.* São Paulo: Malheiros, 2006.

MARQUES NETO, Floriano de Azevedo. *Agências reguladoras independentes:* fundamentos e seu regime jurídico. Belo Horizonte: Fórum, 2009.

MARQUES NETO, Floriano de Azevedo. Parecer. Poder de sanção – órgão regulador – ANEEL. *Revista de Direito Administrativo,* Rio de Janeiro, v. 221, p. 353-370, jul./set. 2000.

MARQUES, Claudia Lima. Direito do consumidor pode ser considerado um sucesso no Brasil. *Conjur,* 28 mar. 2018. Disponível em: https://www.conjur.com.br/2018-mar-28/garantias-consumo-direito-consumidor-considerado-sucesso-brasil. Acesso em: 11 jan. 2023.

MARRARA, Thiago. Coordenação administrativa e decisão coordenada: reflexões e lamentos sobre as mudanças da lei de processo administrativo federal. *In:* CABRAL, Antonio do Passo; MENDONÇA, José Vicente Santos de (Coords.). *Decisão administrativa coordenada:* reflexões sobre o art. 49-A e seguintes da Lei n. 9.784/99. São Paulo: Juspodivm, 2022.

MARTINS, Pedro Batista. Arbitrabilidade objetiva, interesse público, indisponibilidade de direitos e normas de ordem pública. *Revista Interesse Público*, Belo Horizonte, n. 50, p. 86-102, jul./ago. 2008.

MARTINS-COSTA, Judith; PARGENDLER, Mariana Souza. Usos e abusos da função punitiva (*punitive damages* e o direito brasileiro). *Revista CEJ*, n. 28, p. 15-32, jan./mar. 2005.

MATTOS, Paulo Todescan Lessa. A formação do Estado Regulador no Brasil. *Novos Estudos – CEBRAP*, São Paulo, n. 76, p. 139-156, nov. 2006.

MAZZILLI, Hugo Nigro. *A defesa dos interesses difusos em juízo*. 32. ed. Salvador: Juspodivm, 2021.

MAZZOLA, Marcelo. *Sanções premiais no processo civil:* previsão legal, estipulação convencional e proposta de sistematização (*standards*) para sua fixação judicial. São Paulo: Juspodivm, 2022.

MEDAUAR, Odete. *A processualidade no direito administrativo*. 3. ed. Belo Horizonte: Fórum, 2021.

MEDAUAR, Odete. *Direito administrativo moderno*. 21. ed. Belo Horizonte: Fórum, 2018.

MEDAUAR, Odete; SCHIRATO, Vitor Rhein; OLBERTZ, Karlin; SANTOS DE ARAGÃO, Alexandre; SCHWIND, Rafael Wallbach. *Poder de polícia na atualidade*. Belo Horizonte: Fórum, 2013.

MEDEIROS NETO, Elias Marques de; RIBEIRO, Flávia Pereira (Coords.). *Reflexões sobre a desjudicialização da execução civil*. Curitiba: Juruá, 2020.

MELLO, Celso Antônio Bandeira de. *O conteúdo jurídico do princípio da igualdade*. 3. ed. São Paulo: Malheiros, 2010.

MENDES, Aluisio Gonçalves de Castro. O juiz competente e a especialização judicial no Código-Modelo de Processo Coletivos. *Revista de Processo*, São Paulo, v. 31, n. 133, p. 267-277, mar. 2006.

MENDONÇA, José Vicente Santos de. Dois futuros (e meio) para o projeto de lei do Carlos Ari. *In*: LEAL, Fernando; MENDONÇA, José Vicente Santos de (Coords.). *Transformações do direito administrativo:* consequencialismo e estratégias regulatórias. Rio de Janeiro: Escola de Direito do Rio de Janeiro da Fundação Getulio Vargas, 2016.

MERÇON-VARGAS, Sarah. *Meios alternativos na resolução de conflitos de interesses transindividuais.* 2012. Dissertação (Mestrado) – Faculdade de Direito, Universidade de São Paulo, São Paulo, 2012.

MESQUITA, Alvaro Augusto Pereira. O papel e o funcionamento das agências reguladoras no contexto do Estado brasileiro. Problemas e soluções. *Revista de Informação Legislativa,* Brasília, a. 42, n. 166, p. 23-40, abr./jun. 2005.

MIGLIAVACCA, Carolina Moraes. *Amicus curiae no Código de Processo Civil de 2015:* suas duas funções. Londrina: Thoth, 2021.

MIRAGEM, Bruno. A regulação do serviço público de energia elétrica e o direito do consumidor. *In:* DI PIETRO, Maria Sylvia Zanella; SUNDFELD, Carlos Ari (Org.). *Doutrinas Essenciais de Direito Administrativo.* São Paulo: Revista dos Tribunais, 2012. v. VI.

MIRANDA, Ana Paula Mendes de. Cartório: onde a tradição tem registro público. *Antropolítica,* Niterói, n. 8, p. 59-75, 1. sem. 2020.

MODESTO, Paulo. Autovinculação convencional da Administração Pública: o contrato de gestão no interior da Administração Pública brasileira. *In:* VALE, Luís Manoel Borges do; OLIVEIRA, Rafael Carvalho Rezende (Coords.). *Por uma teoria dos precedentes administrativos.* São Paulo: Juspodivm, 2022.

MODESTO, Paulo. Decisão coordenada: experimentação administrativa processual. *In:* CABRAL, Antonio do Passo; MENDONÇA, José Vicente Santos de (Coords.). *Decisão administrativa coordenada:* reflexões sobre o art. 49-A e seguintes da Lei n. 9.784/99. São Paulo: Juspodivm, 2022.

MOREIRA NETO, Diogo de Figueiredo. *Mutações do direito público.* 16. ed. Rio de Janeiro: Renovar, 2006.

MOREIRA NETO, Diogo de Figueiredo. Novos institutos consensuais da ação administrativa. *Revista de Direito Administrativo,* Rio de Janeiro, v. 231, n. 1, p. 129-156, mar. 2003.

MOREIRA NETO, Diogo Figueiredo. *Direito regulatório.* Rio de Janeiro: Renovar, 2003.

MOREIRA NETO, Diogo de Figueiredo. Consideraciones sobre la participacion em el derecho comparado Brasil-España. *Revista da Administración Pública,* v. 152, p. 73-91, maio-ago. 2000.

MOREIRA, José Carlos Barbosa. A Emenda Constitucional n. 45 e o processo. *In:* MOREIRA, José Carlos Barbosa. *Temas de direito processual:* nona série. São Paulo: Saraiva, 2007.

MOTTA, Paulo Roberto Ferreira. *Agências reguladoras.* Barueri: Manole, 2003.

NAVES, Rubens. Agências reguladoras: origens e perspectivas. *In:* FIGUEIREDO, Marcelo (Org.). *Direito e regulação no Brasil e nos EUA.* São Paulo: Malheiros, 2004.

NEGRÃO, Theotonio. *Uma nova estrutura para o Judiciário.* São Paulo: Revista dos Tribunais, 1974.

NEVES, Sérgio Luiz Barbosa. A responsabilidade das autoridades regulatórias perante os Tribunais de Contas. *In:* MENDONÇA, Maria Lírida Calou de Araújo e; BESTER, Gisela Maria; CADEMARTORI, Luiz Henrique (Coords.). *Direito e Administração Pública II.* Florianópolis: Conpedi, 2014.

NIEVA-FENOLL, Jordi. Mediação: uma "alternativa razoável ao processo judicial? *Revista Eletrônica de Direito Processual – REDP,* Rio de Janeiro, a. 8, v. XIV, p. 213-228, jul./dez. 2014.

NOHARA, Irene Patrícia. Motivação do ato administrativo na disciplina de Direito Público da LINDB. *In:* VALIATI, Thiago Priess; HUNGAO, Luis Alberto; CASTELLA, Gabriel Morettini e (Coords.). *A Lei de Introdução e o Direito Administrativo Brasileiro.* Rio de Janeiro: Lumen Juris, 2019.

NUSDEO, Fábio. *Fundamentos para uma codificação do direito econômico.* São Paulo: Revista dos Tribunais, 1995.

OLIVEIRA, Daniela Olímpio de. Acesso à justiça e processualidade na Administração Pública. *In:* MAIA, Benigna Araújo Teixeira; BORGES, Fernanda Gomes e Souza; HILL, Flávia Pereira; RIBEIRO, Flávia Pereira; PEIXOTO, Renata Cortez Vieira (Orgs.). *Acesso à justiça:* um novo olhar a partir do Código de Processo Civil de 2015. Londrina: Thoth, 2021.

OLIVEIRA, Fabiana Luci de; RIBEIRO, Leandro Molhano (Coords.). *Utilização de meios de resolução extrajudicial de conflitos no âmbito de serviços regulados por agências governamentais.* Brasília: Ministério da Justiça, 2013.

OLIVEIRA, Rafael Carvalho Rezende. Precedentes administrativos no Brasil. *In:* VALE, Luís Manoel Borges do; OLIVEIRA, Rafael Carvalho Rezende

(Coords.). *Por uma teoria dos precedentes administrativos.* São Paulo: Juspodivm, 2022.

OLIVEIRA, Rafael Carvalho Rezende. *Precedentes no direito administrativo.* Rio de Janeiro: Forense, 2018.

OLIVEIRA, Rafael Carvalho Rezende. *Curso de direito administrativo.* 5. ed. São Paulo: Método, 2017.

OSNA, Gustavo; FRANCISCO, João Eberhardt; AZEVEDO, Júlio Camargo de; CINTRA, Lia Carolina Batista; ASPERTI, Maria Cecília de Araújo; SOUZA, Michel Roberto Oliveira de. Primeiras impressões dos recentes projetos de ação coletiva (parte II). *Jota,* São Paulo, 19 nov. 2020. Disponível em: https://www.jota.info/paywall?redirect_to=//www.jota.info/opiniaoenalise/artigos/ primeiras-impressoes-dos-recentes-pro-jetos-de-acao-coletiva-parte-ii-19112020. Acesso em: 25 mar. 2023.

OTEIZA, Eduardo. Punto de vista: Marc/Adr y diversidad de culturas: el ejemplo latinoamericano. *In:* CABRAL, Trícia Navarro Xavier; ZANETI JÚNIOR, Hermes (Coords.). *Justiça multiportas:* mediação, conciliação, arbitragem e outros meios de solução adequada para conflitos. Salvador: Juspodivm, 2016.

PARO, Giácomo; MARQUES, Ricardo Dalmaso; DUARTE, Ricardo Quass. *On-line dispute resolution* (ODR) e o interesse processual. *In:* WOLKART, Erik Navarro *et.al* (Coord.). *Direito, processo e tecnologia.* São Paulo: Revista dos Tribunais, 2020.

PECI, Alketa; CAVALCANTI, Bianor Scelza. A outra face da regulação: o cidadão-usuário de serviços públicos no novo modelo regulatório brasileiro. *Revista de Direito Público da Economia - RDPE,* Belo Horizonte, a. 1, n. 3, p. 9-31, jul./set. 2003.

PEIXOTO, Ravi. O art. 26 da LINDB como cláusula geral para a realização da autocomposição pela Administração Pública: uma análise dos limites e possibilidades. *Civil Procedure Review,* v. 12, n. 3, p. 67- 92, set./dez. 2021.

PEIXOTO, Renata Cortez Vieira; SANTOS, Clarice. A desjudicialização como diretriz do processo civil brasileiro. *In:* MAIA, Benigna Araújo Teixeira; BORGES, Fernanda Gomes e Souza; HILL, Flávia Pereira; RIBEIRO, Flávia Pereira; PEIXOTO, Renata Cortez Vieira (Orgs.). *Acesso à justiça:* um novo olhar a parti do Código de Processo Civil de 2015. Londrina: Thoth, 2021.

PEÑA, Eduardo Chemale Selistre. *Poderes e atribuições do juiz.* São Paulo: Saraiva, 2014.

PEREIRA, Luiz Fernando Casagrande. A homologação do acordo dos planos econômicos. *Jota,* 19 fev. 2018. Disponível em: https://www.jota.info/opiniao-e-analise/artigos/homologacao-do-acordo-dos-planos-economicos-19022018. Acesso em: 31 mar. 2023.

PFEIFFER, Roberto Augusto Castellanos. Código de Defesa do Consumidor e serviços públicos: balanço e perspectivas. *Revista de Direito do Consumidor,* São Paulo, a. 25, v. 104, p. 65-98, mar./abr. 2016.

PINHO, Humberto Dalla Bernardina de. A ressignificação do princípio do acesso à justiça à luz do art. 3º. do CPC/2015. *Revista de Processo,* São Paulo, v. 41, n. 254, p. 17-44, abr. 2016.

PONTES DE MIRANDA, Francisco. *Comentários ao Código de Processo Civil.* 3. ed. Rio de Janeiro: Forense, 1997. T. II.

PONTIFÍCIA UNIVERSIDADE CATÓLICA DO RIO GRANDE DO SUL (PUCRS). *Demandas judiciais e morosidade da justiça civil.* Porto Alegre, 2011, p. 17. Disponível em: https://www.cnj.jus.br/wp-content/uploads/2011/02/relat_pesquisa_pucrs_edital1_2009.pdf. Acesso em: 30 jan. 2022.

POSNER, Richard. *Economic analysis of law.* 8. ed. Nova York: Aspen, 2011.

POSNER, Richard. Will the Federal Courts of Appeals survive until 1984? An essay on delegation and specialization of the judicial function. *Southern California Law Review,* California, v. 56, p. 761-791, 1983.

RABELO, Cilana de Morais Soares. *Meios democráticos de solução de conflitos no âmbito das agências reguladoras – ARCE:* um estudo de caso. 2008. Dissertação (Mestrado em Direito) – Centro de Ciências Jurídicas, Fundação Edson Queiroz, Fortaleza, 2008.

RAGAZZO, Carlos Emmanuel Joppert; FRANCE, Guilherme de Jesus; VIANNA, Mariana Tavares de Carvalho. Regulação Consensual: a experiência das agências reguladoras de infraestrutura com termos de ajustamento de conduta. *Revista Estudos Institucionais,* Rio de Janeiro, v. 3, p. 91-119, 2017.

REALE, Miguel. *Revogação e anulamento do ato administrativo.* 2. ed. Rio de Janeiro: Forense, 1980.

RIBEIRO, Moacir. *Cooperação judiciária nacional:* o(s) dever(es) de engajamento e a relação jurídica processual entre juízos. Londrina: Thoth, 2023.

RODRIGUES, Daniel Colnago. *Intervenção de terceiros.* 2. ed. São Paulo: Thomson Reuters Brasil, 2021. *E-book.*

RODRIGUES, Geisa de Assis. *Ação civil pública e termo de ajustamento de conduta.* Rio de Janeiro: Forense, 2002.

ROMANI, Caio Augusto Tedesco. Desnecessidade, inutilidade e inadequação do Projeto de Lei 533/2019: uma análise interdisciplinar. *Revista de Processo,* v. 47, n. 334, p. 49-64, dez. 2022.

ROQUE, André Vasconcelos; DELLORE, Luiz; GAJARDONI, Fernando da Fonseca; MACHADO, Marcelo Pacheco; OLIVEIRA JÚNIOR, Zulmar Duarte de. Releitura do princípio do acesso à Justiça: a necessidade de prévio requerimento e o uso da plataforma consumidor.gov.br. *Migalhas,* 17 jun. 2019. Disponível em: https://www.migalhas.com.br/coluna/tendencias-do-processo-civil/304544/releitura-do-principio-do-acesso-a--justica--a-necessidade-de-previo-requerimento-e-o-uso-da-plataforma-consumidor-gov-br. Acesso em: 10 jan. 2023.

ROQUE, André Vasconcelos. Ações coletivas e procedimentos para a resolução de casos repetitivos. *In:* DIDIER JÚNIOR, Fredie; CUNHA, Leonardo Carneiro da (Coords.). *Julgamento de casos repetitivos.* Salvador: Juspodivm, 2016.

ROQUE, André Vasconcelos. A evolução da arbitrabilidade objetiva no Brasil: tendências e perspectivas. *Revista de Arbitragem e Mediação,* São Paulo, v. 9, n. 33, p. 301-307, abr./jun. 2012.

SADDI, Jairo. Mecanismos alternativos de solução de controvérsias na Lei 13.506/17: uma análise econômica. *In:* ALVES, Rui Fernando Ramos; ROCHA, Pedro Henrique Pessanha; BARBOSA, Fabiano Jantália (coords.). *O novo regime sancionador nos mercados financeiros e de capitais:* uma análise da Lei 13.506/17. São Paulo: Iasp, 2019.

SADEK, Maria Teresa; LIMA, Fernão Dias de; ARAÚJO, José Renato de Campos. O Judiciário e a prestação da justiça. *In:* SADEK, Maria Teresa (Org.). *Acesso à Justiça.* São Paulo: Fundação Konrad Adenauer, 2001.

SALLES, Carlos Alberto de. *Arbitragem em contratos administrativos.* Rio de Janeiro: Forense; São Paulo: Método, 2011.

SALLES, Carlos Alberto de. Mecanismos alternativos de solução de controvérsias e acesso à Justiça: a inafastabilidade da tutela jurisdicional recolocada. *In:* FUX, Luiz; NERY JÚNIOR, Nelson; WAMBIER, Teresa Arruda Alvim (Coords.). *Processo e Constituição:* estudos em homenagem ao Professor José Carlos Barbosa Moreira. São Paulo: Revista dos Tribunais, 2006.

SAMPAIO, Patrícia; WADA, Ricardo Morishita. A regulação e o Judiciário: o caso do setor de eletricidade. *In:* PRASO, Mariana Mota (Org.). *O Judiciário e o Estado Regulador brasileiro.* São Paulo: FGV Direito SP, 2016.

SANDER, Frank. Varieties of dispute processing. *Pound Conference:* perspectives on justice in the future. Minnesota: West Publishing Co., 1979.

SANTOS, Boaventura de Sousa. *Para uma revolução democrática da justiça.* Coimbra: Almedina, 2015.

SANTOS, João Marcelo dos. Riscos e impactos negativos do art. 985, § 2º., do Novo Código de Processo Civil. *Revista Opinião.Seg,* São Paulo, n. 12, p. 66-71, ago. 2016. Disponível em: https://www.editoraroncarati.com.br/v2/phocadownload/opiniao_seg /12/files/opiniao12.pdf. Acesso em: 18 jun. 2023.

SANTOS, Marcela de Oliveira; AVELAR, Mariana Magalhães. O processo decisório das agências reguladoras: desafios e oportunidades (artigos 7º e 8º, da Lei n. 13.848/2019). *In:* SCHIER, Adriana; FORTINI, Cristiana; MELO, Lígia; VALLE, Vanice (Coords.). *Marco legal das agências reguladoras na visão delas:* comentários à Lei n. 13.848/2019 e à IN n. 97/2020. Belo Horizonte: Fórum, 2021.

SARAVIA, Enrique. Introdução à teoria da política pública. *In:* SARAVIA, Enrique; FERRAREZI, Elisabete (orgs.). *Políticas públicas.* Brasília: ENAP, 2006. V. 1.

SCHIER, Adriana da Costa Ricardo; LIMA, Maria Cristina. O processo decisório das agências reguladoras: elementos de instrução à decisão regulatória (artigos 4º. ao 6º. da Lei n. 13.848/2019). *In:* SCHIER, Adriana; FORTINI, Cristiana; MELO, Lígia; VALLE, Vanice (Coords.). *Marco legal das agências reguladoras na visão delas:* comentários à Lei n. 13.848/2019 e à IN n. 97/2020. Belo Horizonte: Fórum, 2021.

SCHNEIDER, Andressa Caroline. Repensando o conflito entre Bacen e Cade sob a perspectiva da interpretação conforme à Constituição e do diálogo das fontes. *Cadernos do Programa de Pós-Graduação em Direito PPGDIR/ UFRGS*, Porto Alegre, v. XI, n. 2, p. 264-292, 2016.

SCHWIND, Rafael Wallbach. Decisão coordenada: pressupostos, direito comparado e primeiras análises. *In:* CABRAL, Antonio do Passo; MENDONÇA, José Vicente Santos de (Coords.). *Decisão administrativa coordenada:* reflexões sobre o art. 49-A e seguintes da Lei n. 9.784/99. São Paulo: Juspodivm, 2022.

SICA, Heitor Vitor Mendonça. Congestionamento viário e congestionamento judiciário. *Revista de Processo,* São Paulo, v. 39, n. 236, p. 13-26, out. 2014.

SILVA, Erica Barbosa e; TARTUCE, Fernanda. Previsões sobre a via extrajudicial no novo CPC. *In:* FREIRE, Alexandre; DANTAS, Bruno; NUNES, Dierle; DIDIER JÚNIOR, Fredie; MEDINA, José Miguel Garcia; FUX, Luiz; CAMARGO, Luiz Henrique Volpe; OLIVEIRA, Pedro Miranda de (Orgs.). *Novas tendências do processo civil:* estudos sobre o projeto do Novo Código de Processo Civil. Salvador: Juspodivm, 2014, v. II.

SILVA, Irapuã Santana do Nascimento da. Existe possibilidade de acordo no novo CPC? *In:* CABRAL, Trícia Navarro Xavier; ZANETI JÚNIOR, Hermes (Coords). *Justiça multiportas:* mediação, conciliação, arbitragem e outros meios de solução adequada para conflitos. Salvador: Juspodivm, 2016.

SILVA, José Afonso da. *Do recurso extraordinário no direito processual brasileiro.* São Paulo: Revista dos Tribunais, 1963.

SILVA, Marcos Rolim da. *Regulação econômica e processo civil:* tutela individual e coletiva na solução de conflitos envolvendo serviços públicos. São Paulo: Juspodivm, 2022.

SILVA, Paula Costa e. *A nova face da Justiça:* os meios extrajudiciais de resolução de controvérsias. 2008. Relatório sobre conteúdo, programa e método de ensino (Título Acadêmico de Agregado em Direito) – Faculdade de Direito, Universidade de Lisboa, Lisboa, 2008.

SILVEIRA, Bruna Braga da. *Litigiosidade repetitiva, processo e regulação:* interações entre o Judiciário e o regulador no julgamento de casos repetitivos. Salvador: Juspodivm, 2020.

SIQUEIRA, Fernando. Carta arbitral: um mecanismo de cooperação. *Migalhas,* 23 out. 2017. Disponível em: https://www.migalhas.com.br/depeso/267498/carta-arbitral--um-mecanismo-de-cooperacao. Acesso em: 23 jul. 2023.

SIQUEIRA, Francisco José de; ROMAN, Flávio José. ADPF 165: memorial apresentado pelo Bacen à Procuradoria-Geral da República. *Revista de Direito Bancário e do Mercado de Capitais,* São Paulo, v. 49, jul. 2010.

SOUSA, Rosalina Freitas Martins de. *A função jurisdicional adequada e a releitura do princípio da inafastabilidade do controle jurisdicional (CRFB/88, art. 5º, XXXV).* 2023. Tese (Doutorado em Direito) – Faculdade de Direito do Recife, Universidade de Pernambuco, Recife, 2017.

SOUTO, Marcos Jurena Villela. As agências reguladoras e os princípios constitucionais. *In:* SOUTO, Marcos Jurena Villela. *Direito Administrativo em Debate – 2ª série.* Rio de Janeiro: Lumen Juris, 2007.

SOUTO, Marcos Juruena Villela. *Direito administrativo regulatório.* Rio de Janeiro: Lumen Iuris, 2005.

STIGLER, George J. The theory of economic regulation. *The Bell Journal of Economics and a Management Science,* v. 2, n. 1, p. 3-21, 1971.

SUNDFELD, Carlos Ari. *Direito Administrativo Econômico.* São Paulo: Malheiros, 2020.

SUNDFELD, Carlos Ari; JURKSAITIS, Guilherme Jardim. Uma lei para dar mais segurança jurídica ao direito público e ao controle. *In:* LEAL, Fernando; MENDONÇA, José Vicente Santos de (Coords.). *Transformações do direito administrativo:* consequencialismo e estratégias regulatórias. Rio de Janeiro: Escola de Direito do Rio de Janeiro da Fundação Getulio Vargas, 2016.

SUNDFELD, Carlos Ari. *Fundamentos de direito público.* 4. ed. São Paulo: Malheiros, 2009.

SUNDFELD, Carlos Ari. Introdução às agências reguladoras. *In:* SUNDFELD, Carlos Ari (Coord.). *Direito Administrativo Econômico.* São Paulo: Malheiros, 2000.

SUNSTEIN, Cass R. Law and administration after Chevron. *Columbia Law Review,* Chicago, v. 90, n. 8, p. 2071-2120, dez. 1990.

SUNSTEIN, Cass. Stigler's Interest-Group Theory of Regulation: A Skeptical Note. *Promarket:* insights shaping the future of capitalismo. Chicago, 16 abr. 2021. Disponível em: https://www.promarket.org/ 2021/04/16/george--stigler-theory-regulation-capture-cass-sunstein/. Acesso em: 20 dez. 2022.

SUNSTEIN, Cass R. On Overruling Chevron. *Harvard Law School,* Cambridge, p. 1-16, nov. 2020.

SUNSTEIN, Cass R.; VERMEULE, Adrian. Interpretation and institutions. *Michigan Law Review,* v. 101, p. 855-951, fev. 2003.

SUPERIOR TRIBUNAL DE JUSTIÇA; FGV PROJETOS. *Um modelo de ombudsman bancária para o Brasil:* Resultados do I Seminário Ombudsman como forma de desjudicialização dos conflitos na relação de consumo, realizado nos dias 12 e 13 de setembro de 2016, em Brasília. Brasília, 2016. Disponível em: https://mediacao.fgv.br/wp-content/uploads/2016/10/Conclusoes_ombudsman.pdf. Acesso em: 3 jan. 2023.

SURGIK, Aloísio. *A origem da conciliação.* 1984. Tese (Doutorado em Direito) – Faculdade de Direito, Universidade de São Paulo, São Paulo, 1985.

TALAMINI, Eduardo. O *amicus curiae* e as novas caras da Justiça. *In:* TALAMINI, Eduardo; SICA, Heitor Vitor Mendonça; CINTRA, Lia Carolina Batista; EID, Elie Pierre (Coords.). *Partes e terceiros no processo civil.* Salvador: Juspodivm, 2020.

TALAMINI, Eduardo. A participação do Cade e das agências reguladoras em processo judicial. *V Jornadas Brasileiras de Direito Processual Civil,* 2003. p. 19. (Versão escrita da palestra proferida no evento).

TARTUCE, Fernanda. *Mediação no Novo CPC:* questionamentos reflexivos. 2016. Disponível em: http://www. fernandatartuce.com.br/wp-content/uploads/2016/02/Mediacao-no-novo-CPC-Tartuce.pdf. Acesso em: 5 ago. 2023.

TARUFFO, Michele. *Ensaios sobre o processo civil:* escritos sobre processo e justiça civil. Porto Alegre: Livraria do Advogado, 2017.

TARUFFO, Michele. Um'alternativa alle aternative: modelli di risoluzione dei conflitti. *Revista de Processo,* São Paulo. v. 32, n. 152, p. 319-31, out. 2007.

TEMER, Sofia. *Participação no processo civil:* repensando litisconsórcio, intervenção de terceiros e outras formas de atuação. Salvador: Juspodivm, 2020.

TEMER, Sofia. *Incidente de resolução de demandas repetitivas.* 2. ed. Salvador: Juspodivm, 2017.

TROCKER, Nicolò. *Processo civile e costituzione.* Problemi di diritto tedesco e italiano. Milano: Giuffrè, 1974.

TUCCI, José Rogério Cruz e. *Precedente judicial como fonte do direito.* 2.ed. Rio de Janeiro, GZ, 2021.

TUCCI, José Rogério Cruz e. Contra o processo autoritário. *Revista de Processo,* São Paulo, v. 242, p. 49-67, abr. 2015.

UHDRE, Dayana de Carvalho. Regulação bancária: observações acerca de uma possível compatibilização entre preocupações concorrenciais e setoriais. *In:* MOREIRA, Egon Bockmann; MATTOS, Paulo Todescan Lessa (Coords.). *Direito concorrencial e regulação econômica.* Belo Horizonte, 2010.

UZELAC, Alan. Mixed blessing of judicial specialisation: the devil is in the detail. *Russian Law Journal,* v. II, n. 4, p. 146-168, 2014.

VALENTE, Patrícia. *Análise de impacto regulatório:* uma ferramenta à disposição do estado. Belo Horizonte: Fórum, 2013.

VALLE, Vanice Regina Lírio do. Planejamento na função regulatória e deferências judicial (artigos 17 a 21 da Lei n. 13.848/2019). *In:* SCHIER, Adriana; FORTINI, Cristiana; MELO, Lígia; VALLE, Vanice (Coords.). *Marco legal das agências reguladoras na visão delas:* comentários à Lei n. 13.848/2019 e à IN n. 97/2020. Belo Horizonte: Fórum, 2021.

VASCONCELOS, Antônio Gomes de. As múltiplas dimensões da cooperação judiciária na administração da justiça brasileira. *In:* DIDIER JÚNIOR, Fredie; CABRAL, Antonio do Passo (Coords.). *Cooperação judiciária nacional.* Salvador: Juspodivm, 2021.

VERISSIMO, Marcos Paulo. Defesa do consumidor, processo coletivo e judicialização da regulação tarifária das telecomunicações no Brasil. *In:* SALLES, Carlos Alberto de (Coord.). *As grandes transformações do processo civil brasileiro:* homenagem ao professor Kazuo Watanabe. São Paulo: Quartier Latin, 2009.

VILELA, Danilo Vieira. *Agências reguladoras e a efetivação da ordem econômica constitucional brasileira.* Salvador: Juspodivm, 2018.

VITORELLI, Edilson. *Processo civil estrutural:* teoria e prática. 4. ed. São Paulo: Juspodivm, 2023.

VITORELLI, Edilson. *O devido processo legal coletivo.* 3. ed. São Paulo: Thomson Reuters Brasil, 2022, *Ebook.*

VITORELLI, Edilson; BARROS, José Ourismar. *Processo coletivo e direito à participação:* técnicas de atuação interativa em litígios complexos. São Paulo: Juspodivm, 2022.

VITORELLI, Edilson. Acordo coletivo dos planos econômicos e por que ele não deveria ser homologado. *Jota,* 15 jan. 2018. Disponível em: https://www.jota.info/opiniao-e-analise/artigos/acordo-coletivo-dos-planos-economicos-e-por-que-ele-nao-deveria-ser-homologado-15012018. Acesso em: 31 mar. 2023.

VITORELLI, Edilson. Levando os conceitos a sério: processo estrutural, processo coletivo, processo estratégico e suas diferenças. *Revista de Processo,* São Paulo, v. 43, n. 284, p. 333-369, out. 2018.

WADA, Ricardo Morishita. (Coord.). *Mapeamento dos conflitos de consumo de energia elétrica:* um estudo de caso no estado do Rio de Janeiro. Rio de Janeiro: Escola de Direito do Rio de Janeiro da Fundação Getulio Vargas, 2015.

WATANABE, Kazuo. Relação entre demanda coletiva e demanda individual. *Revista de Processo,* São Paulo, v. 31, n. 139, p. 28-35, set. 2006.

WATANABE, Kazuo. Cultura da sentença e cultura da pacificação. *In:* YARSHELL, Flávio Luiz; MORAES, Maurício Zanoide de. *Estudos em homenagem à Professora Ada Pellegrini Grinover.* São Paulo: SJP, 2005.

WATANABE, Kazuo. Acesso à justiça e sociedade moderna. *In:* GRINOVER, Ada Pellegrini; DINAMARCO, Cândido Rangel. *Participação e processo.* São Paulo: Revista dos Tribunais, 1988.

WELSCH, Gisele Mazzoni. *Legitimação democrática do Poder Judiciário no novo Código de Processo Civil.* São Paulo: Revista dos Tribunais, 2016.

WOLKART, Erik Navarro. *Análise econômica do processo civil:* como a economia, o direito e a psicologia podem vencer a tragédia da Justiça. 2. ed. São Paulo: Thomson Reuters Brasil, 2020.

ZANETI JÚNIOR, Hermes. *O valor vinculante dos precedentes:* teoria dos precedentes normativos formalmente vinculantes. 4. ed. Salvador: Juspodivm, 2019.

ZANETI JÚNIOR, Hermes. Comentários aos arts. 926 a 928. *In:* CABRAL, Antonio do Passo; CRAMER, Ronaldo (Coords). *Comentários ao novo Código de Processo Civil.* 2. ed. Rio de Janeiro: Forense, 2016. *Kindle.*

ZANETI JÚNIOR, Hermes. Teoria circular dos planos (direito material e direito processual). *In:* AMARAL, Guilherme Rizzo; MACHADO, Fábio Cardoso (Orgs.). *Polêmica sobre a ação:* a tutela jurisdicional na perspectiva das relações entre direito material e processo. Porto Alegre: Livraria do Advogado, 2006.

ZIMMER, Markus B. Overwiew of specialized courts. *International Journal for Court Administration,* ago. 2009.

ANOTAÇÕES

ANOTAÇÕES

ANOTAÇÕES

EDITORA
*Jus*PODIVM
www.editorajuspodivm.com.br

Impresso por:

Docuprint
CNPJ 01.036.332/0001-99

JUS3609